# 商业·洞察

## 2020

杨宇东　蔡云伟　主编

复旦大学出版社

# 序 新冠时期的商业

汇聚第一财经采编团队名记专栏作品的《商业·洞察》系列出到了第四本，书中稿件发布的时间都是在 2020 年，正遇上史无前例的新冠肺炎疫情全球大流行，使得这本文集含有了特殊的意味和价值。

新冠肺炎疫情至今已导致全球两亿多人感染、四百余万人死亡，主要经济体纷纷封国闭关，这场至今还在肆虐的疫情给人类社会带来的巨大冲击已经无法用简单的数字来衡量，没有一个个体和企业能够从中幸免。虽然经济有冷热周期，行业有新老更迭，间歇性的经济和金融危机也穿插在近百年来的经济发展史中，但是当如此当量的疫情暴发之后，当人心的惶恐、社会的停滞、商业的萧条如此真实地浮现在身边时，我们已经无法用传统的社会和经济学说来解读这场全球危机，现实已经魔幻！这让我想起魔幻现实主义作家加西亚·马尔克斯那本著名的小说《霍乱时期的爱情》，用一场跨度五十年的爱情故事呈现出了爱情的所有可能性，而这场疫情危机让世界陷入一场真实的魔幻中，作为媒体，我们能不能在这么重要的一个历史时刻，去发现商业世界在常态环境下不可能发生的那些奇异反应和多变命运，看到特殊环境下，经济和商业社会呈现出来的各种可能性？在讲述故事、揭示事件背后脉络的同时，为未来的政府部门、企业经营提供有价值的特殊时期商业决策参考案例。

企业，作为最重要的市场主体，因为新冠疫情陷入了前所未有的集体困境之中，它们的反应、变化和命运备受关注。在《商业·洞察 2020》收录的众多专栏稿件中，我们可以看到第一财经记者们敏锐地记录了各行各业应对疫情巨震的众生相。所谓"新闻是历史的底稿"，在未来，这些观察类稿件所选取的新闻事件，无疑会成为观察新冠肺炎疫情对经济社会造成冲击和影响的典型案例，我认为这是本书的重要价值之一。

但我更想强调的还是财经媒体的洞察力，一个浸淫条线多年的记者必须具备深厚的行业洞察力，本书中的专栏作者从事行业报道都至少有5年以上的时间，在第一财经长期养成的深度思考习惯有助于记者建立更全面和透彻的观察能力，所以在本书收录的文章里，我们可以看到关于新冠肺炎疫情背后的粮食危机、疫情防控决策复盘、财政政策调整、延迟退休新政影响、自动驾驶上半场结束、芯片紧缺下的供应链危机等诸多热点话题，涉及社会治理、全球产业和供应链重构、新能源变局、中国企业硬实力提升等一系列中长期挑战，相关稿件对于这些事件都有专业解读和剖析。对于记者们来说，能够亲身参与到这个历史大事件之中，并且以前所未有的角度，以更宏大更深刻更复杂多元的角度去观察和思考，自身也一定是受益匪浅的。

今年我们还第一次收录了一组摄影作品，那是一财摄影记者在疫情期间和疫情后拍摄的城市对比主题，同一个空间，完全不同的情景，看完之后感慨良多，好的摄影作品不只是记录历史时刻，也是另一种洞察能力。这些摄影作品又让我想起了《霍乱时期的爱情》，它是一部爱情小说，但又不止于描写爱情，就像《明镜周刊》的评论："加西亚·马尔克斯把爱情写成了一种救世恩典，一种使生命具有意义的伟大力量"，因为大疫情时期的特殊性，希望第一财经记者在此期间的财经观察，能够让读者们不只是感受到商业的逻辑和趋势，更能够看到在大事件背景下，经济社会遭遇巨震之后，市场、人性和商业史的深邃之处。

杨宇东

2021年9月7日

# 目录 Contents

商业·洞察 2020
BUSINESS·INSIGHTS

## 一、姗言两语
■ 陈姗姗 / 001

- 001 疫情致业务量负增长，为什么上海机场会好过些
- 004 航空货运的春天来了吗
- 006 美国给航司员工发百亿红包，各国是如何救助航空业的
- 008 机票退款从现金变为代金券，旅客该接受吗
- 010 从"周末随心飞"看航企的花式自救
- 014 上半年航企多亏损，为何只有这家盈利了
- 016 航空市场何时复苏？
- 018 "随心飞"火了，来说说航司们的"套路"
- 021 上市航司三季报比拼，哪家恢复最快
- 024 "双11"电商盛宴，快递公司赔本赚吆喝
- 027 快递用户信息泄露谁之过？
- 030 谁能分羹疫苗运输的"蛋糕"

## 二、乐言商业
■ 乐琰 / 032

- 032 去哪儿要"独立估值"，是准备上市还是重塑自身？
- 035 疫情之下的旅游产业，如何转危为机
- 038 零售业自救：重构"人、货、场"，在线业务与前置仓面临大考
- 041 "五一"旅游或现"补偿性消费"？安全出行最重要
- 044 全时遇危机：便利店博弈需要过几关
- 047 银泰加码新世界，能否助力老字号升级转型
- 050 伊藤忠商事拟100%收购全家，中国门店未来何去何从
- 053 阿里与百联共同孵化新零售，不仅仅是便利店
- 056 疫情之下的购物中心，是时候调整了
- 059 环球影城来了，是分流迪士尼还是促进发展？
- 062 丁真很好，但文旅业发展不能只靠一个小伙

## 三、推本溯源
■ 李溯婉 / 065

- 065 中国汽车制造让内外销相互搀扶跨越疫情的篱笆
- 068 没有车展的4月，自主与外资新能源车约战云端
- 071 口罩比卖车更吸睛，比亚迪制造天平哪边偏？
- 074 自主品牌能否重新攻破40%的"市占率红线"
- 077 车企"抓大放小"成趋势 小型车市场如何竞争
- 080 比亚迪的想象空间还有多大

## 四、燕说车市　　　　　　　　　　　　　　　■ 杨海艳　/ 083

- 083　新宝骏能否靠智能化蹚出新路
- 086　车企老总化身"李佳琦",云卖车能为行业带来什么?
- 088　蔚来"绑定"特斯拉求带货
- 090　4月车市没有报复性消费
- 092　车企转型,从换标开始?
- 094　结盟真的是传统车企的最优解?
- 096　高端自主品牌蚕食部分二线合资品牌的市场空间
- 098　中国汽车品牌欲"夺回"行业标准定义权
- 101　跨国零部件巨头"瘦身",聚焦电气化
- 103　围猎欧洲纯电动车市场,中国车企能站稳脚跟吗?
- 105　切入高端市场,车企转型出行服务商的"第三种模式"
- 107　零跑造"芯",能否超车?

## 五、唐言柳语　　　　　　　　　　　　　　　■ 唐柳杨　/ 109

- 109　长安汽车开始触底反弹了吗
- 112　长安福特开始反弹,神龙汽车为何还在持续下滑
- 115　二线豪华车品牌的最大症结是失去了自我身份认定
- 118　撕开雷诺在华战略转型的"遮羞布"
- 120　合资自主究竟是真命题还是伪命题?
- 123　韩系车突围之战,从中级车切入战场
- 125　东风汽车重构自主乘用车业务矩阵
- 127　汽车4S店乱象,为何屡禁不绝?

## 六、秀言城事　　　　　　　　　　　　　　　■ 李秀中　/ 129

- 129　中欧班列逆势受宠,政府该完全放手了?
- 133　"成都东进""重庆西扩",双城经济圈重磅开局,破解"中部塌陷"
- 136　国家级新区审批冻结后,这批省级新区依托国家战略崛起
- 139　中欧班列变局:未来将形成数个枢纽节点
- 142　航空枢纽争夺战:哪些城市能拿下第五航权?
- 145　"西部硅谷"兴衰史,四川乐山的这10年
- 149　贵阳大数据产业"退烧",两大新目标能否顶上?
- 153　7个中西部省会首位度超30%,"一市独大"引高层关注
- 156　RCEP正式落地,西南省份收获一大波红利

## 七、婷见影视　　　　　　　　　　　　　　　■ 葛怡婷　/ 159

- 159　电视剧收视全线飘红,但留给视频平台的利好有限
- 163　《寄生虫》之后《王国》热播,奈飞布局亚洲,加码与韩国合作
- 167　好莱坞裁员、降薪成普遍现象,流媒体争夺家庭娱乐时间
- 170　《花木兰》放弃北美院线,中国市场成好莱坞回暖的风向标

## 八、晓说消费　　　　　　　　　　　　　　　■ 刘晓颖　/ 174

- 174　特殊情况下应该怎么卖货?疫情或加速零售业未来发展
- 177　2020年的餐饮业:有人黯然关店,有人乘机扩张

# 目 录

179　小众美妆品牌的春天

181　即使在家也要动起来，运动服饰依旧好卖

## 九、快消栾谈

■ 栾　立 / 183

183　葡萄酒进口量大跌，国产葡萄酒弯道超车良机？

186　白酒行业中为什么没有"后浪"

189　"假"奶粉和真缺德

191　中国三千亿茶叶市场，为什么没有百亿茶企？

194　为何原奶企业一提被收购就股价暴涨？

196　养元入天丝红牛局，一场理论上的强强联合

199　网红饮料品牌为何急着着陆

## 十、知晓健康

■ 马晓华 / 202

202　化妆品新规将出台，有人被闷头一棒，有人却收大礼包

206　疫情初期决策复盘：稍纵即逝的三个关键"战机"

214　不合格口罩到底还有多少？产业链的最大纰漏找到了

220　医美行业乱象：从业者不专业，假产品泛滥

## 十一、晋谈养老

■ 郭晋晖 / 225

225　13省份实现养老保险省级统筹，全国统筹渐行渐近

229　累计结余6万亿元，投资比例仅20%，养老金面临贬值风险

233　长护险全国扩围筹资难：脱离医保后，谁来出钱？

237　延迟退休方案已趋于成熟：养老金领取机制、退休年龄怎么改

241　最大一波"婴儿潮"人口两年后退休，专家建议延迟退休"分步快走"

## 十二、财税益侃

■ 陈益刊 / 244

244　政府内部利益调整！"不差钱"的深圳也在压减财政支出

248　特别国债发行方式之争：央行"印钞"买国债可行吗？

252　中央财政掏钱助西部追上东部！高层文件400字作出详细部署

255　海南自贸港重构税收制度：减税负、简税制，不当"避税天堂"

260　税收立法关键年：两部新法基本确定，房地产税法暂缓

264　《预算法实施条例》历时5年终于落地，国库管理权究竟归谁

268　个税改革两周年：超1亿人免缴，中产将成下阶段受益者？

272　财政资金直达机制转向常态化：涉及哪些资金？谁将受益？

## 十三、一佳之言

■ 刘　佳 / 277

277　红包大战能缓解互联网的流量焦虑吗？

280　科技抗疫，为什么区块链却缺位了？

282　怒摔杯、抢公章，当当版"庆俞年"没有赢家

284　百度突围直播，能靠YY吗？

287　越投入越亏损，会员涨价能打破视频行业的烧钱僵局吗？

## 十四、宁可直说　　　　　　　　　　　　　■ 宁佳彦 / 290

- 290　知识付费迎来跨年窗口：是商业模式还是知识的胜利？
- 293　特殊时期，我们对科技的特别希冀
- 295　没实力，再 luckin 的公司也会在资本市场 out
- 297　工业互联网百花齐放，也暗藏合纵连横
- 300　"双 11"在即，广告主和媒介都有点慌
- 302　网约车，行向何方

## 十五、如数家珍　　　　　　　　　　　　　■ 王　珍 / 305

- 305　打开智慧生活的万花筒，5G 只是一个支点
- 308　小米系联手飞科做厨电，能否打破"美苏九"格局？
- 311　中国面板业：艰难的当下，向好的未来
- 314　大尺寸柔性屏或将成今年彩电市场的爆点
- 316　5G 商用在即，广电"全国一张网"呼之欲出
- 318　牵手京东、拼多多后，国美这个"6·18"能翻多大盘？
- 321　中国 OLED 产业三路齐发，与韩企并跑至少还要两三年
- 324　家电业流行相互举报，良性竞争才能保障行业健康发展
- 326　智能电视运营市场熟了？
- 328　家电自营渠道新一轮"三国杀"上演
- 331　方洪波减持，格力集团"移情别恋"，家电业转型不易
- 334　手机企业要革彩电业的命，路还远

## 十六、娜姐笔记　　　　　　　　　　　　　■ 李　娜 / 336

- 336　5G 手机厂商的全球之战，人才抢夺只是个开始
- 338　鸿蒙发布 5 个月，华为的生态战略进展如何
- 340　复盘非典疫情走势，手机厂商在"战疫"期等待拐点
- 342　"芯片"计划浮出水面，OPPO 选择了一条最难的路
- 345　美国出口新规"卡"了华为什么技术？
- 347　玩家激增，A 股龙头涨停，TWS 耳机成长空间还有多少
- 349　华为高端芯片"绝版"之后，下一步怎么走？

## 十七、滴水成海　　　　　　　　　　　　　■ 王　海 / 352

- 352　新文化牵手李佳琦是不错的"组合拳"吗
- 355　5G 催动电商直播产业升级
- 357　主流电商大力布局直播，但它并非万能
- 359　入局买菜大战，拼多多拼什么

## 十八、科技心语　　　　　　　　　　　　　■ 钱童心 / 361

- 361　不被马斯克看好的富士康又要造车了
- 364　丰田借高精地图，推自动驾驶中国落地
- 366　美国远程医疗如何在疫情中受益
- 368　禁止 TikTok 将加剧美国科技企业的垄断格局
- 370　TikTok 被强行收购动了谁的利益？
- 372　半导体利好来了，中国 IDM 模式迎机遇？
- 374　"苹果税"矛盾升级，平台商业模式遭受挑战
- 376　关掉 Jet.com 后，沃尔玛把手伸向 TikTok
- 378　特斯拉寻求掌控电池的话语权

381 美征收关税增加电动车供应链的成本，特斯拉的盈利能力堪忧

## 十九、海斌访谈

■ 彭海斌 / 384

384 小米不到"无人区"
387 自动驾驶上半场基本结束了
389 英伟达收购 Arm，引发中国芯片企业广泛担忧

## 二十、精华实报

■ 胡军华 / 391

391 "乱封路"拆台稳经济努力
393 方便面保供应遇阻，怨谁？
395 麦当劳、肯德基为何不喊"救救我"
398 消协缺钱，消费者缺专业知识
400 越南禁止出口大米，中国农民应该高兴
402 特斯拉称王，敲响4S店的丧钟

## 附一 一财朋友圈

/ 404

404 2020的地产"转会期"比以往来得更早一些——罗韬
407 "抢菜大战"能否助力生鲜电商迎来春天——邱智丽
409 如何看待疫情下医生好感度倍增？——吕进玉
411 保供稳价更要保质，食品安全的风险意识不能丢——陈慧
413 湖北逐步解封，离鄂复工人员需更多温情和支持——陈慧
416 公立医疗机构"火线"入局互联网医院的背后——吕进玉
418 地产规模经济告终——罗韬
421 医疗投资切忌"风口论"——邱智丽
423 疫苗接种挑战知多少——吕进玉
425 "后浪"B站的新机和隐忧——邱智丽
427 螺蛳粉火起来靠什么——陈慧
430 行业最后一块蛋糕——童装的红利有多大——陈慧
432 互联网医疗企业赚钱不靠医疗靠什么——吕进玉
434 陷退市预警，拉夏贝尔何以至此——陈慧
436 中国企业能借功能性护肤品弯道超车？——吕进玉
438 包装水市场还有多少想象空间——陈慧
441 生物药企密集赴港上市为哪般——吕进玉
443 《原神》出圈，阿里游戏奇袭，腾讯错过了什么？——邱智丽

附二 时间轴索引 / 445
附三 城市原力 / 455

后记 / 464

# 一、姗言两语

陈姗姗 | 第一财经产经频道主编，首席记者，毕业于上海外国语大学国际新闻专业，复旦大学EMBA，关注航空等大交通物流以及工业制造业领域超过十年，"姗言两语"专栏通过解析热点产业事件，揭示背后的商业逻辑。

chenshanshan@yicai.com

## 疫情致业务量负增长，为什么上海机场会好过些

近日，上海机场（600009.SH）率先发布了 2019 年年报，不出意外，归属于上市公司股东的净利润达到 50.30 亿元，同比增长 18.88%。

上海机场上市公司的主要资产为上海浦东机场，2019 年的营业收入达到 109.45 亿元，同比增长 17.52%。

机场的收入来源一般分为传统的航空业务收入和非航空性收入：航空业务收入主要来自航司缴纳的飞机停场费和起降费、旅客服务费等，这与机场的航班量和旅客吞吐量密切相关；非航空性收入则来自在机场开设的商业、餐饮、免税店等的租金。

查看上海机场的 2019 年报可以发现，其非航空性收入的绝对值（68.61 亿元）和增幅（28.39%），远高于航空性收入（40.84 亿元）和增幅（2.88%）。其中，非航空性收入中的商业餐饮收入（54.63 亿元，主要是商业租金等）已经占到了总收入的半壁江山。

这也是上海机场这几年净利润持续增长的一个重要原因。而非航空性收入增长的一个重要推动力，是《上海浦东国际机场免税店项目经营权转让合同》的实施。

这份合同是上海机场在2018年9月与日上免税店签订的。合同规定,从2019年到2025年,日上上海需要把42.5%的销售额作为"租金"交给浦东机场,或者7年中给浦东机场410亿元作为保底销售提成,两者取其高。

上海机场的公告披露,预计2019年—2025年每年保底销售提成35.25亿元、41.58亿元、45.59亿元、62.88亿元、68.59亿元、74.64亿元、81.48亿元,合计410亿元。

如果把上述销售额提成的方式换成大白话,就是你在浦东机场的免税店里买了1 000元的化妆品,有425元其实是归浦东机场的。

如果是取保底销售提成的方式,用410亿元除以7年,再除以浦东机场免税店总面积1.69万平方米,相当于浦东机场每年收取日上上海免税店的平均"租金"高达34.6万元/平方米。

上海机场在2019年报中表示,因受新冠肺炎疫情冲击,浦东机场2020年主要业务量将出现负增长,不过,预计上海机场2020年的业绩受到疫情的影响将远小于其他机场。因为根据上面提到的协议,如果免税店的销售额不理想,日上免税店将要在2020年向上海机场缴纳至少41.58亿元的保底销售提成。

这对日上免税店来说可不是个好消息。自2018年3月开始,中国国旅(601888.SH)旗下的中免公司,收购了运营上海两大机场免税店业务的日上上海,此前,国内大多数机场、码头的免税业务都属于中免公司。

近年来,不少国内机场都在与免税店运营商重新签署新的租赁协议,合同细节都与上海机场类似:包括销售提成或保底租金两部分。

表1 二线机场进境免税招标结果

| | 中标公司 | 进境免税店招标面积(平方米) | 保底租金(万元/年) | 提成比例 | 坪效(万元/平米) | 保底销售额(万元) | 2017年出入境旅额(万元) | 单人销售额(万元) |
| --- | --- | --- | --- | --- | --- | --- | --- | --- |
| 西安咸阳机场 | 深免 | 576 | 885 | 8% | 1.54 | 1.11 | 203 | 54 |
| 昆明长水机场 | 中免 | 489 | 619 | 9% | 1.27 | 0.69 | 340 | 20 |
| 重庆江北机场 | 中出服 | 572 | 1 373 | 27% | 2.40 | 0.51 | 270 | 19 |
| 大连周水子机场 | 中出服 | 295 | 2 159 | 34% | 7.32 | 0.64 | 151 | 42 |
| 天津滨海机场 | 珠免 | 110 | 6 000 | 39% | 54.55 | 1.54 | 245 | 63 |
| 南京禄口机场 | 中免 | 600 | 3 300 | 33% | 5.50 | 1.00 | 315 | 32 |

# 一、姗言两语

一般来说，能从免税生意上赚到大钱的，都是国际航线占比较高的大流量枢纽机场，疫情暴发以来国际航线的锐减，直接带来的将是免税客源和收入的损失，再加上保底租金合同，对机场免税店运营商来说可谓双重打击。

对于机场上市公司来说，在传统航空性收入受限的情况下，势必需要越来越依赖于免税店等非航业务的增长，这也是未来的大势所趋。

从非航空业务收入占机场总营收的比重来看，国际上不少成熟机场的非航收入已经占到总收入的50%以上。例如，2016年法兰克福机场的非航空业务收入占比为65%，新加坡樟宜机场为60%，中国香港机场为67%。但我国大多数机场的非航收入还没有超过总收入的一半。

除了上海机场和首都机场，广州机场、深圳机场、厦门空港等其他主要上市机场的非航收入占比均在50%以下。

2020年4月2日

分享链接

# 航空货运的春天来了吗

从4月中旬开始,汉莎航空将全面恢复其日常情况下每天3班到上海的航班和2班到北京的航班的运行,不过,这些客机运载的不是客人,而是货物。

最近一段时间,汉莎航空的不少客机都在从事这样一份特殊工作。上周执行了3班中德之间的往返"客改货"航班,这周则增加到10班。

据汉莎货运航空中国首代糜冬梅介绍,这些"客改货"的飞机上,主要是从中国采购并运往德国的人道主义救援物资,包括防护服、口罩等,由于防疫物资的运输需求不断增加,汉莎货运在华的全货机运行也将在下周恢复至新冠肺炎疫情暴发前的密度。目前,汉莎货运机队拥有波音777和MD11全货机总计13架。

这与民航局不久前发布的给航空货运航班"开绿灯"政策不无关系,通过挪出许多大型机场的高峰时刻,鼓励中外航空公司执行货运加班包机,引导闲置客机执行货运航班。

因此,包括汉莎航空在内的越来越多的中外航空公司,开始加入"客改货"的行列,有些航司甚至拆掉了客机上的座椅,为运货腾出更大的空间。

根据民航局的最新统计,4月6—12日,中外航空公司共有国际货运航班预先飞行计划4 445班,已超过疫情发生之前的1 014班,增幅为338%。

这样的"客改货"赚钱吗?糜冬梅透露,"客改货"运输防疫救援物资,一般是按照成本来定价,不会在疫情期间靠此赚钱,不过,对于全货机的运输,除了防疫物资,还有正常客户的订单货物,如高精尖零部件、电商护肤品等,这部分自由销售的舱位还是会按照市场定价,由于此前使用的客机腹舱运力因为全球航班的停飞而大减,全货机的市场运价已经比去年同期高出两倍以上。

这其实也是目前所有"客改货"承运人的现状。对于没有固定货运客户的航空公司来说,用客机运货可以减少停场成本,飞起来后还能覆盖可变成本,即使没有赚到多少利润,也比让大量客机停在机场晒太阳强得多。

# 一、姗言两语

对于拥有固定货运客户和服务能力的专业货运航空公司来说，目前的确可以说是迎来了春天。糜冬梅预计，除了防疫物资的运输需求至少会持续到5、6月份，不少汉莎航空的长期客户的正常订单，也因为疫情推迟了3—6个月，预计在疫情恢复后会有一波爆发式的运输需求。

相比之下，国内的航空货运公司又如何？先来看一组民航局披露的数据。

目前，我国只有173架全货机（美国有超过550架），仅占我国民航运输机队的4.5%，我国现有10家公司拥有全货机（其中，国有6家，社会资本4家），与55家航空公司相比，份额是非常小的。

国内航空货运之所以发展缓慢，与其承运人的商业模式有关：传统航司的货运业务销售主要靠代理人来揽货，客户由货代掌握，他们赚取的是中间差价，传统航司承担的更多只是运输环节，不仅没能享受跨境电商进出口额连年持续增长的红利，反而面临"十年九亏"的尴尬局面。

在美国，全货机拥有者主要是FEDEX和UPS等物流快递巨头，它们直接面对客户，同时也拥有定价权以及门到门的全流程服务能力，在成本控制和运力及网络的把控上都有强大的话语权。

由此可见，将货源和客户掌握在自己手里，比拥有更多的全货机更重要，而这也是国内不少快递巨头和传统货航正在努力的方向。

目前，顺丰速运和圆通快递都已经拥有了自己的全货机，并在向国外布局自己的运力网络，而在原中国货运航空公司的基础上，整合东航货运机队、地面运输、仓储等业务成立的东航物流，也在从单纯的货运承运人向现代物流服务商转型，在国有三大航货运资产混改方面走在了前面。

2020年4月9日

分享链接

# 美国给航司员工发百亿红包，各国是如何救助航空业的

疫情之下，美国要给航空公司及旗下员工发现金红包了。

美国财政部长姆努钦近日表示，已与美国航空、达美航空、美联航、美西南航空等多家美国大型航司就员工薪资补贴支持方案达成共识。

为应对疫情对美国经济的冲击，美国政府将向航空企业提供总额高达320亿美元的薪资补贴，以维持航空从业人员的岗位。其中，客运航司、货运航司以及其他航空相关企业（配餐、安检、票务、行李等）可分别获得最高250亿、40亿以及30亿美元的薪资补贴。

据了解，这320亿美元薪资补贴将以美国政府直接发放（现金）+直接贷款的形式拨款给相关航空企业。

目前，多家美国航司已陆续发布拟获得的薪资补贴资金：美国航空将获得58亿美元的薪资补助（其中，现金41亿美元，低利率贷款17亿美元）；达美航空将获得54亿美元的薪资补助（其中，现金38亿美元，低利率贷款16亿美元）；美联航将获得50亿美元的薪资补助（其中，现金35亿美元，低利率贷款15亿美元）；美西南航空将获得33亿美元的薪资补助（其中，现金23亿美元，低利率贷款10亿美元）。

除320亿美元薪资补贴外，还有针对美国航空业的460亿美元流动资金支持措施，这460亿美元将以直接贷款+贷款担保的形式提供给航空企业。其中，客运航司、货运航司以及其他在维护国家安全方面至关重要的企业可分别最高获得250亿、40亿以及170亿美元的直接贷款及贷款担保。

不过，美国政府给美国航司发的这些红包，并不是没有任何要求与限制的。据了解，航空公司要想获得资金支持，需要向美国政府发行股票认购权或债券，并且资金不能用于股息或其他资本分配和限制股权回购；此外，航司不可强制无薪休假、裁员或降薪，不得申请破产，高管薪酬也要受到限制。

除了美国，不少国家政府也已经出台相关政策措施，支持受新冠肺炎疫

# 一、姗言两语

情冲击的航空业。

新加坡政府对航空业追加拨出3.5亿新元（约17.5亿人民币）的援助。具体措施包括对着陆费、航司办公室和贵宾厅的租金回扣和停泊费的减免，以及对航司工作人员的就业补贴。

澳大利亚政府宣布对支线航空给予3亿澳元，其中，约1.98亿澳元将用于在未来6个月支持支线航空运输企业的网络，并预计资助138个高度依赖支线航空服务的地区。此外，还有约1亿澳元将用于帮助支线航空运营商。

新西兰政府则为新西兰航空提供了9亿新西兰元的资金和一份24亿美元的债务融资协议，用以支持新西兰航空公司继续运营。

根据国际航协的最新分析报告，全球航空公司将在第二季度净亏损390亿美元。

分析基于国际航协上周发布的疫情对航空运输业的影响评估，即严格的旅行限制将持续三个月。基于这一假设，同比2019年，全年需求将下降38%，全年客运收入暴跌2 520亿美元。第二季度的需求跌幅将达71%，为全年之最。

聚焦到中国，民航局新闻发言人、航空安全办公室主任熊杰近日透露，因受新冠肺炎疫情影响，一季度全行业累计亏损398.2亿元，其中，航空公司亏损336.2亿元。

在我国，民航局和财政部已对不停航的国际航班实行每座公里的补贴，并对起降费、过夜费的项目进行减免。不过，多位行业内人士均认为，今年的新冠疫情对民航的冲击远远大于2003年的"非典"，出现当时爆发式的恢复可能有难度。

2020年4月17日

分享链接

# 机票退款从现金变为代金券，旅客该接受吗

五一前夕，中国民航局下发了《关于进一步明确民航机票退款有关问题的通知》，对航空公司和机票代理针对疫情期间的大量旅客退票方式问题，提出了五点要求。

要求包括明确航司和票代应当按照运输总条件和客票使用条件中列明的退款具体形式和相关限制，办理后续票务相关事宜；若使用不一致方式（如代金券）退款，应当征得旅客同意；票代不得以航空公司欠款为由拒绝旅客的现金退款请求，以及明确了对航司和票代违规办理退票造成社会不良影响的处罚。

这一文件除通知到国内航司、销售代理企业和OTA外，也已通知各家外国航空公司。

据笔者了解，此次局方文件的出台，主要是由于多家外航推出以代金券代替现金给旅客退票的政策，而且很多代金券的使用条件非常苛刻，如仅限旅客本人使用、一年有效等，而旅客主要从代理人或OTA购票，结果导致大量投诉指向机票代理。

自1月下旬开始，受新冠肺炎疫情影响，众多旅客取消了春节期间的出行计划，尤其是1月23日民航局发布免收退票费的要求后，大量退票的积聚，导致航空公司的现金流瞬间紧张，这在多家航司发布的债券募集说明书中都有透露。

东方航空截至2月18日为旅客免费办理退票金额预计达40亿元，而公司截至2019年二季度末的流动资金只有9.5亿元；厦门航空1月20日至2月5日累计退票金额约6.5亿元，而公司截至2019年一季度末的流动资金只有4.92亿元。

更多民营中小航司的资金链就更紧张了，因此，有不在少数的旅客在1月底就已经提交退票申请，但至今未能收到退款。

# 一、姗言两语

最近一段时间，不少外航为了缓解压力，推出了代金券来替代退票费的政策。有的航司是可以退现金或者退代金券两种选择，有的航司则只退代金券，并要求仅限旅客本人使用、且需要在一定期限内使用。

笔者咨询的法律专业人士认为，对于这种"商家因不可抗力无法提供服务是否必须退款"的情况，目前国内相关法律并无针对性的条文规定，主要还是要看交易双方的合同，也就是航空公司的运输总条件。

笔者翻看了多家航司的运输条件，东航是按票面显示的付款方式退还，国航是按原支付方式进行退款，南航和海航的运输条件中则未有明确说明。

在这场疫情之下，航空公司受到的冲击巨大，一季度国内航空业亏损额就接近 400 亿元，随着海外疫情的蔓延，国外航空公司受到的影响更大，一些航司用代金券替代退款，也是无奈之举。

不过，航空公司在选择退代金券时，其实可以考虑适当放宽使用限制，如允许旅客将代金券转让给直系亲属、延长代金券有效期（爱尔兰航空的代金券有效期长达 5 年）、代金券可分多次使用等，甚至可以像海航、卡航等航司一样，旅客若选择退代金券，航司还额外赠送更多的消费额度。

此次局方文件的出台，也对航空公司使用代金券的退票方式进行了明确的规范，但也给直接面对旅客的票代和 OTA 带来更大压力，毕竟，机票代理能否从航空公司要到退票现金，还有待航空公司尤其是外航对局方文件的落实程度。

2020 年 5 月 10 日

分享链接

# 从"周末随心飞"看航企的花式自救

最近几天,一款名为"周末随心飞"的产品刷爆了朋友圈。

这一产品是东航借"6·18"电商大促的日子推出的"套票优惠"。

用户花3 322元购买这款产品后,可在2020年12月31日前,在东航APP任意兑换周末东航除港澳台外的所有国内航班经济舱,无兑换次数限制。

此外,同一张"周末随心飞"产品仅可存在3张未使用的客票,同一日期同一始发地仅可存在1张未使用的客票,兑换航班需不晚于航班起飞前5天(含),如无法成行,须至少提前4天(含)退票。这意味着,虽然兑换次数不限,但由于兑换航班需要至少提前5天,理论上用户每周末的飞行次数将限制在3段。

从上述规则可以看出,东航此次推出的"周末随心飞",目标受众非常精准:满足两地分居、异地工作和异地求学人士的出行需求,也对旅游爱好者、摄影师、中老年旅行团等高出行频次群体相当友好。

在此之前,也有一些航空公司销售过年票/套票之类的产品,不过大多是针对飞行频率比较高的商务人群,或针对部分特定区域市场航线,所售的舱位及价格也都偏高。

此次3 322元的价格,瞬时引发了消费者的购买热情,当日东航APP一度被挤爆,客服电话也一度无法接入。有网友甚至根据"随心游"的规则,设计出长达半年的"浪迹天涯之旅"。

| 行程 | 路径 | 选择航班1 | 选择航班2 |
| --- | --- | --- | --- |
| 第一周 | 全国—成都 | 全国各地出发前往成都,航班灵活度很高<br>四川省内玩上一周也不会无聊 | |
| 第二周 | 成都—拉萨 | MU5825 09:30—11:55<br>成都前往拉萨 | 拉萨及周边游览、羊卓雍错、纳木错、羊湖等、避暑度假两不误 |
| 第三周 | 拉萨—西宁—祁连—西宁 | MU2440 17:30—19:40<br>拉萨前往西宁,7月环青海湖很合适 | 可以考虑下祁连山门源油菜花7月十几号是最好的时机 |

一、姗言两语

（续表）

| 行程 | 路径 | 选择航班1 | 选择航班2 |
|---|---|---|---|
| 第四周 | 西宁—西安—克拉玛依 | MU2153 07:10—08:30 西宁前往西安休息一天，逛吃逛吃 | MU2321 15:10—19:20 西安直飞克拉玛依，走独库公路 |
| 第五周 | 阿克苏—西安—贵阳 | MU2190 14:15—17:50 自驾完独库公路阿克苏回西安休整一晚 | MU2149 07:55—09:40 西安前往贵阳，开始避暑之旅，结合华夏航空贵州省内通航几十元的票价游贵州 |
| 第六周 | 贵阳—兰州—敦煌 | MU2422 11:35—13:40 贵阳—兰州，兰州玩一天美食 | MU2749 10:50—12:45 兰州—敦煌，当地游玩后—嘉峪关 |
| 第七周 | 嘉峪关—银川—阿拉善左旗—乌海—银川 | MU9882 12:35—14:20 银川吃喝玩乐 | 当地自驾阿拉善左旗、石嘴山、乌海 可游玩腾格里沙漠、沙湖、金沙湾等 |
| 第八周 | 银川—呼和浩特—海拉尔 | MU8192 16:10—17:30 银川飞西安 MU2355 20:55—22:50 西安—呼和浩特 | FM9127 13:00—15:10 夏季畅游呼伦贝尔大草原 |
| 第九周 | 海拉尔—上海 | FM9128 16:00—21:45 包邮区逛吃逛吃 | 南京、苏州、无锡、常州、杭州、湖州等 选择也很丰富 |
| 第十周 | 上海—广州 | FM9307 10:30—12:55 食在广州，满足自己的胃 | 配合当地行程一周时间可以逛不少地方 |
| 第十一周 | 广州—西安—阿勒泰 | MU2259 11:25—13:50 广州前往西安，在西安休整下准备进疆 | MU9651 11:30—15:15 前往阿勒泰，9月底的喀纳斯值得去 |
| 第十二周 第十三周 | 新疆内部深度游，一路追随秋天的足迹，从北疆的阿勒泰到南疆的喀什，深度游玩 | | |
| 第十四周 | 喀什—西安—三亚 | MU2294 14:30—18:50 喀什回西安休息一晚后出发去三亚度假 | MU2331 13:20—18:20 错峰淡季去温暖的三亚度假、发呆挺合适 |
| 第十五周 | 三亚—长沙—成都 | MU2920 14:25—16:30 去长沙吃文和友、喝茶颜悦色 | MU2374 11:05—12:55 去四川看看大熊猫，吃美食。巴适得很 |
| 第十六周 | 成都—北京 | MU5232 07:55—10:35 北京的秋天很适合一逛 | 北京的秋天是一年中最适合旅游的时候，悠哉地逛北京的大小景点，赏自然风光 |
| 第十七周 | 北京—哈尔滨 | MU9667 14:10—16:20 入冬了去哈尔滨看冰雕 | 逛完哈尔滨逛雪乡，回来去亚布力滑雪 |

（续表）

| 行程 | 路径 | 选择航班1 | 选择航班2 |
| --- | --- | --- | --- |
| 第十八周 | 哈尔滨—合肥—昆明 | MU9631 06:00—09:00 去合肥转转，吃点美食，去温暖的昆明 | MU5077 12:50—15:40 昆明滇池边喂喂海鸥，闲逛几天周边 |
| 第十九周 | 昆明—迪庆 | MU5939 09:55—11:15 看雪山的旺季 | 迪庆看雪山，周边转一转，去丽江 |
| 第二十周 | 丽江—上海 | MU9719 09:00—12:30 直接回家，没有丽江直飞的城市可以通过上海转机回到家中 | |

可以说，这是一款疫情之下特殊时期推出的特殊产品，笔者与东航设计产品的人士交流时了解到，公司主要是希望利用周末客座率不高、空余座位较多的情况，刺激更多有刚性探亲或有灵活旅行需求的乘客选择东航飞行。本来旅客只要坐1次飞机，但是一看交3次的钱就能够无限飞，他可能就愿意多掏钱多坐飞机；如果是选择飞西藏、新疆等航线，可能飞一个来回就赚回了票价。

此外，这样的产品还能够为公司带来现金流，因为它是一个预付费产品，先充值再乘机，据说第一天就卖出了超过10万套，相当于获得了3亿元以上的无息贷款。

这对疫情之下普遍填不满飞机又缺少现金流的航空公司来说，可以算"双赢"之举。

今年以来，"飞的不如停的多"的国内航空公司一直在想方设法开拓机票以外的收入来源。除了降低成本和缩减投资，通过各种"副业"增加创收也成了疫情中各家航司的"非常"举措。

比如航空餐做得较好的厦航和川航，都推出了"外卖"业务，承接机关、团体、企业、事业单位的集体配餐；春秋航空的员工则在朋友圈做起了"微商"，争相帮公司的"绿翼商城"卖产品。

更有越来越多的航司加入了带货直播的行列，而且各家航司直播的渠道、邀请的主播、带货的产品可谓五花八门。

已经做完多场直播的春秋航空，其主要在微博等社交平台上进行直播，除了邀请旅游达人，也请过自家的董事长做客直播间，直播的产品包括特价机票、酒店客房、各地特产等；天津航空则是自家员工除了卖机票，还带着大家"云旅游",通过播边玩的形式推介不同地方的旅游产品。

深圳航空则更加"特立独行",不仅选择装机量更高的淘宝而非社交平台,还邀请了明星演员刘涛带货,直播中也不是直接销售机票,而是销售 2 折、3 折的公务舱折扣券,还有深航自己开发的文创产品。

与机票相比,消费者在购买这种有效期长、可退的虚拟票券类产品时不会有太多顾虑,因为你不需要过多地考虑是否能用掉、要怎么用掉,需要考虑的只有如何尽快锁定这个物超所值的票券。

从另一个角度看,航空公司能够通过疫情自救,更加重视不同旅客的特定需求,通过精细化管理细化产品定位,甚至开拓更多机票以外的辅营收入,或许是这场疫情带给航空公司的最大收获。

2020 年 6 月 21 日

分享链接

# 上半年航企多亏损，为何只有这家盈利了

上周末，所有航空上市公司的 2020 年上半年报全部出齐。不出意外，大多数航司在上半年都是亏损的业绩，只有华夏航空一家获得 823 万元的微利。

由于疫情期间的航班大幅停飞，航空公司收入锐减，飞机租金、停场费等固定成本则仍需要支付，早在一季报时，每家上市航司就公告了每天百万元级到千万元级不等的亏损。

按理说，机队规模大的航空公司，每天的亏损额会更多，不过上半年的财报数据显示的各家航司亏损情况，却并不与机队的规模成正比。

国有三大航中，机队规模从小到大的排序是南航、东航和国航，亏损额按大小排序却正好相反：国航、东航和南航归属上市公司股东的净利润分别为亏损 94.41 亿元、85.42 亿元、81.74 亿元。

在三大航中，国航一直是盈利能力最强的航司，今年上半年亏得最多，与其所在的北京大本营受疫情影响更严重，以及国泰航空的巨亏拖累国航的投资收益不无关系。

今年上半年，国航的投资损失为 28.71 亿元，去年同期则为投资收益 2.97 亿元，其中，对国泰航空的投资损失就达到 23.73 亿元，去年同期则为投资收益 1.99 亿元。

此外，上半年北京的疫情一度影响了国航的主基地收益，而欧美疫情的持续也对国际航线占比最高的国航影响最大。

如果再加上规模稍小一些的航司，上半年亏损最多的也并不是规模更大的国有三大航，而是国内第四大航空海航控股（亏损 118.23 亿元）。

机队规模比春秋航空少四架的吉祥航空，亏损额也比春秋航空多了近 3 亿元，这也反映出春秋航空在疫情中的抗跌性。

这与春秋航空的低成本基因不无关系，不仅公司的单位成本低于三大航，公司全窄体机的机队布局（96 架 320 飞机），以及运力投放更聚焦国内及周

边国际市场,也使疫情中的航班及客座率恢复相对其他航司更快些。

半年报显示,春秋航空上半年国内航线的可用座位公里较去年同期仅下降2.9%,恢复水平远超行业其他公司,5月开始国内航线运力已实现单月同比增长,客座率也是逐月提升,6月国内客座率已恢复至78.4%。此外,2019年和2020年上半年,公司的单位管理费用为0.0042元和0.0040元,远低于行业可比上市公司的水平。

在所有上市航司中,机队规模只有50架的华夏航空是上半年唯一获得盈利的国内航司。

作为国内首家专注于支线航空的航空公司,华夏航空有三分之一的收入来自运力购买协议(向地方政府/机场出售航班运力,机票仍由航司销售,政府/机场按照运力购买应支付的固定金额与航司机票收入之间的差额进行实际结算)。

也就是说,华夏航空只要飞一班,就能拿到一班的钱,至于航班客货收入多少,都由地方政府/机场自负盈亏,类似于业内的以保底形式的"政府包机"。

这是华夏航空受疫情影响较小的重要原因之一。2019年,华夏航空归属于上市公司股东的净利润同比大涨102.96%,就与上述"保底补贴"大增有较大的关系。根据年报,2019年华夏航空的其他收益5.52亿元,同比增长94.57%,主要为航线补贴。而在华夏航空2020年的半年报中,主要为航线补贴的"其他收益"为1.82亿元,占利润总额的1 521.75%。

值得注意的是,华夏航空上半年的应收账款达到11.34亿元,去年同期为9.85亿元,应收账款增加主要是因为受疫情影响,部分地区应收款项的回款时间延长,这或许是来自部分地方政府/机场的航线补贴到位不够及时给华夏航空带来的隐患。

2020年8月31

分享链接

# 航空市场何时复苏？

今日航空股逆大盘之势上涨，海航控股（600221）更是涨停。

然而，目前的航空市场并没有恢复到疫情前的水平。国际航协最新公布的全球航空客运定期数据，对航空客运市场复苏的预期依旧悲观：预计到2024年，全球航空客运量才能恢复到2019年的水平。

放眼全球，目前仍有部分国家的新冠肺炎疫情遏制缓慢，这些国家占据全球航空旅行市场的40%左右，其他国家出于疫情防控采取的入境限制措施，也使得国际航空市场的复苏受到了限制。

这严重打击了依靠人员流动才能赚到现金的航空公司的业绩，尤其是疫情严重国家以及国际客运业务量占比较大的航空公司。

比如美国，仅第二季度，美联航、美航、达美三大航司的亏损就接近100亿美元，这是在此前任何一个年份都没有出现过的数字。

虽然整个欧洲的新冠肺炎确诊人数不及美国的2/3，但欧洲三大航同样躲不过巨额亏损和大规模裁员。

相较于"哀鸿遍野"的欧美，国内的几家上市航司虽然在上半年大多依旧是亏损的业绩，但大多数航司的二季度亏损额比一季度明显缩小。

民航局的统计数据也显示，今年二季度，全民航整体亏损342.5亿元，较第一季度减亏38.5亿元，整个上半年，全行业的亏损额达到740.7亿元。

对于已经进入的下半年，航空市场又将如何走？笔者近期参加了不少国内上市航司的业绩交流会，发现他们的预期普遍比国际航协的预判要乐观一些，这与国内疫情所处的阶段以及国内航空公司的收入来源构成不无关系。

对于国内的航空公司来说，来自国内航空市场的收入占较大的比重，这也是上半年南航亏损额在国有三大航中相对较少的重要原因之一。在三大航中，国际航线占比最多的是国航，上半年的亏损额也最多，其次是东航，然后是南航。

评估航空市场是否复苏，主要看三个层面：一是运力是否恢复到疫情前的水平；二是客座率是否恢复到疫情前的水平；三是票价和座公里收入是否恢复到疫情前的水平，达到第三阶段，航司的盈利也就有希望恢复至疫情前的水平了。

目前，大多数国内航司还处于第一阶段或第二阶段。南航认为，如果国内疫情不出现大规模的复发，可能在年内就可以恢复到第三阶段。

东航则认为，随着各家"随心飞"产品的推出以及团队旅游政策的开放，对后期的旅游市场有信心，商务旅客量也从6月开始逐步提升，暑假结束后商务客环比还在不断增加，因此，对后期商务市场的恢复比较有信心。

国航的预计更保守些，称如果疫情不出现重大反复，疫苗正常研制，大概明年春节后的2月会恢复到疫情前的正常水平。

国际市场的恢复则要比国内更困难些，目前连第一阶段的航班量恢复都没有达到，不过也是在逐渐向好。

不久前，中美航班量翻番，欧洲不少国家的回国航班也从一周一班增加到一周两班，日韩等国家更是开始实施"一国一策"的航班审批，实际上，民航局之前出台的"五个一"限制航班量的政策已经被打破了。

从这方面来看，国内和周边航线占比高的航空公司，恢复的速度要比远程国际航线占比多的航司快，低成本航空由于成本优势，在低票价的市场环境下对业绩的冲击也更小些。

2020年9月9日

分享链接

# "随心飞"火了，来说说航司们的"套路"

今日，东航推出了两款全新的"随心飞"产品："西域随心飞"和"湾区随心飞"。

与之前推出的"周末随心飞"和"早晚随心飞"可兑换东航所有国内航线不同，这次上线的两款"随心飞"，是东航"随心飞"从时间维度向空间维度的首次转变："西域随心飞"覆盖陕西、甘肃、青海、新疆和宁夏，"湾区随心飞"覆盖广东、香港和澳门。

从6月18日东航率先推出"周末随心飞"以来，"随心飞"产品在国内航空公司中开始了接力。海航、祥鹏、春秋、南航、山航、吉祥、深航等各大中小航司纷纷跟进，推出自己的创新产品。

总体来看，"随心飞"产品的基本原则就是旅客支付一定费用后，可以在一定时间内"无限飞"，讲究"只要入了坑，多飞不收钱"，让那些本来一年只飞1—2次的旅客，入手"随心飞"之后，多花了一两千块，多飞个十来次。一句话：旅客便宜多飞，航司填满空座，刺激地方消费。

从实际销售情况来看，"随心飞"产品也的确可以用"大火"来形容，由于旅客集中抢购，导致不少航空公司的 App 在销售当日宕机，随后微博上也掀起了一轮又一轮"随心飞"们的各地游玩美图。

"随心飞"卖得如火如荼，航司到底能赚钱吗？从专业角度看，"随心飞"的设计没有那么简单，背后有不少"套路"。

首先，"初级会计师"的算法：旅客有没有边际贡献，机票本身能不能赚钱。

一个航班的成本很高，但一个空余座位的成本却很低，也就是说，当一个航班马上要飞了，上面还有很多空座，这时一个旅客到登机口，航司多拉这位旅客要多付多少成本？其实平均下来只要100元。因为航班的很多成本都是固定的，如飞机成本、航材租赁等，多一位旅客不会多，少一位旅客不会少。真正和旅客相关的，叫作旅客边际成本，只有机场旅客服务费、旅客体重增加的燃油、销售代理费、值机手续费和餐食等，这些也就 100 元左右。

如果按这个标准粗算，海航的 2 699 元"嗨购自贸港"可以飞 27 趟，东航的 3 322 元"周末随心飞"可以飞 33 趟，南航的 3 699 元"快乐飞"可以飞 37 趟，春秋航空的 2 999 元的"想飞就飞"估计可以飞 45 趟。实际上，大家在年底产品到期前，很多都飞不了这么多趟。从机票本身来看，航司推"随心飞"产品是赚钱的。

其次，"中级会计师"想得会多一点：商务旅客消费降级的机会损失。

航司们搞"随心飞"最怕的是什么？试想一家大企业客户，本来半年商务出差买机票要花 1 000 万元，一看有"随心飞"，秘书算了算公司出差的人头，只要买 100 套就够了。下半年，这家大客户买"随心飞"花了 33 万元，省下了买机票的 1 000 万元，对航司来说损失就大了。

所以，为了不让商务旅客消费降级，各航司可以说是绞尽脑汁，设计出各种限制规则。

比如东航的"周末随心飞"只能周末飞（出差大多在工作日），要提前 5 天订票（出差经常临时走），不能改签且 4 天内不能退票（出差行程需要随时改签）。南航的"快乐飞"虽然工作日也能用，但同一始发地和目的地的航线只能飞两次，一般出差都是集中去几个地方，所以也能"劝退"商务客。

最后，"高级会计师"还会进一步考虑：会不会挤占座位，带来机会损失。

国内航班的订票周期都很短，特别是疫情下，有八成以上的旅客都是在 5 天内买票，所以，航司规定"随心飞"旅客提前 5 天订票，确实是能劝退商务客，但另一方面也可能"随心飞"旅客坐满整个航班，让正常买票的旅客买不到票。

比如东航"周末随心飞"第三周的数据，top10 的热门航线，"周末随心飞"旅客占比都在 80% 以上，也就是说，普通旅客基本上都买不到票，特别是成都—拉萨的航线，基本上整条航线都成为"随心飞"专机了。这个机会损失有多少？热门航线被占满，流失一个旅客估计要损失 1 000 元。

相关数据显示，也正是由于"随心飞"坐满了航班，很多旅客只能买其他航司的机票，才带动了其他航司共飞航线的收益明显上涨。所以，后续其他航司推出的"随心飞"产品，都多了一个"小字条款"：海航是每班限制兑换20个"随心飞"座位，祥鹏是每班10个，南航是每天2万个座位。

因此，"随心飞"们不是想卖就能卖，背后套路满满。不过，大家的目标都是一样的，要追求的是航司、旅客、政府多方共赢，这恰恰考验着航司的智慧。

近日，东航等航司推出了更多覆盖不同时间段或者区域的"先购买、再选择""随心飞"产品，预计这很可能将成为未来航司设计产品的常态，甚至会进一步细分和升级。

从这一角度来看，航空公司能够通过疫情自救，更加重视不同旅客的特定需求，通过精细化管理细化产品定位，甚至开拓更多机票以外的辅营收入，或许是这场疫情带给航司和旅客们的最大收获。

2020年9月10日

分享链接

一、姗言两语

# 上市航司三季报比拼，哪家恢复最快

截至今日，中国国航、东方航空、南方航空等8家国内上市航空公司都已披露了今年的前三季度成绩单，从三季度的营收和利润表现来看，国内的航空公司正在逐渐走出疫情的重创，不过几家航司的恢复程度不一。

从各家公司的三季报数据来看，第三季度的营业收入全部超过第一季度，这与三季度是传统旺季也有一定关系，不过与去年同期相比仍有差距。

其中，华夏航空的营业收入恢复程度最佳，其三季度的营业收入已经恢复到去年同期的86.2%，这与其业务模式有关。

作为国内首家专注于支线航空的航空公司，华夏航空有三分之一的收入来自运力购买协议（向地方政府/机场出售航班运力，机票仍由航司销售，政府/机场按照运力购买应支付的固定金额与航司机票收入之间的差额进行实际结算）。

也就是说，华夏航空只要飞一班，就能拿到一班的钱，至于航班客货收入多少，都由地方政府/机场自负盈亏，类似于业内的以保底形式的"政府包机"。

这也是华夏航空受疫情影响较小的重要原因之一。在华夏航空2020年的半年报中，主要为航线补贴的"其他收益"，达1.82亿元，占利润总额的1 521.75%。几天前，华夏航空又公告称，公司近日获得政府补助合计2.97亿元，将计入公司2020年度损益，预计将增加公司2020年度税后净利润2.53亿元。

川航、厦航和春秋等中型航空公司的恢复程度也位居前列，第三季度的营业收入已恢复至去年同期的65%左右。

在归属股东/母公司净利润（净亏损）这一指标上，南航、春秋、吉祥、华夏、厦航和深航6家航空公司在第三季度实现了单季度盈利，其余5家航司第三季度仍延续了上半年的亏损。

今年上半年，由于疫情期间的航班大幅停飞，航空公司收入锐减，飞机租金、停场费等固定成本则仍需要支付，几乎所有航空公司都是亏损的业绩，只有华夏航空一家获得了 823 万元的微利。

从三季度的净利润恢复情况来看,厦航在第三季度归属母公司所有者净利润已恢复到去年同期的 75% 左右,其次是华夏航空,第三季度的归属于股东的净利润恢复到去年同期的 72.4%。

| 航空公司 | Q1 | Q2 | Q3 |
| --- | --- | --- | --- |
| 国航 | -48.05 | -46.36 | -6.71 |
| 东航 | -39.33 | -46.09 | -5.63 |
| 南航 | -52.62 | -29.12 | 7.11 |
| 海航 | -62.95 | -55.29 | -38.04 |
| 春秋 | -2.27 | -1.81 | 2.59 |
| 吉祥 | -4.91 | -1.84 | 1.96 |
| 华夏 | -0.96 | 1.04 | 1.63 |
| 山航 | -5.94 | -7.02 | -3.87 |
| 川航 | -15.87 | -6.81 | -1.28 |
| 厦航 | -9.22 | -5.48 | 5.51 |
| 深航 | -12.95 | -9.30 | 2.39 |

在国有三大航中,南方航空的归属于股东的净利润恢复到去年同期的 30%,是三大航中唯一在第三季度实现盈利的航司,而且恢复情况与春秋、吉祥两家民营航司打平。

据记者了解,这与南航的货运物流资产仍在上市公司报表内有一定的关系,国航和东航经过混改,货运物流资产已从上市公司报表剥离。

疫情期间,客运航空遭受重创,而货运航空由于供不应求一直火爆,拥有全货机的航空公司比"客改货"的航空公司就更具成本和运力优势。

值得注意的是,在三大航中,国航此前一直是盈利能力最强的航司,今年前三季度则是三大航中亏损最多的,这与其所在的北京大本营受疫情影响更严重,以及国泰航空拖累国航的投资收益不无关系。

今年上半年,国航的投资损失就达到 28.71 亿元,去年同期则为投资收益 2.97 亿元,其中,对国泰航空的投资损失达到 23.73 亿元,去年同期则为投资收益 1.99 亿元。

此外,上半年北京的疫情以及到北京的国际航线需要先在第三地经停下客检测,也影响了国航的主基地收益,欧美疫情的持续对国际航线占比最高

# 一、姗言两语

的国航影响最大。

不过,第三季度亏损最多的并不是运力规模更大的国有三大航,而是国内第四大航空海航控股。

在上半年亏损118.23亿元后,海航控股在第三季度又亏损38.04亿元,而且在8家上市航司中,只有海航的现金是净流出,意味着仍需要持续的救助。

与国外的航空公司相比,国内航司的情况还显得相对乐观一些。不久前,国际航协就发布最新预测,2020年下半年,遭受新冠疫情重创的航空业预计将再消耗770亿美元,由于新冠疫情令全球旅行业几乎陷入停顿状态,二季度航空公司已经消耗了510亿美元。

在此之前,国际航协就预计,到2024年,全球航空客运量才能恢复到2019年的水平。为此,国际航协呼吁各国政府延长已经到期的薪资支持计划,否则,将有更多航空企业宣告破产。

今年上半年,包括美国、欧洲多个国家在内的各国政府,都对本国航空业出台了相关扶持政策,然而,由于不少国家的新冠肺炎疫情遏制缓慢,使得国际航空市场的复苏依然受到限制。

这严重打击了依靠人员流动才能赚到现金的航空公司的业绩,尤其是疫情严重国家以及国际客运业务量占比较大的航空公司。

比如美国,仅第二季度,美联航、美航、达美三大航司的亏损就接近100亿美元,这是在此前任何一个年份都没有出现过的数字。

虽然整个欧洲的新冠肺炎确诊人数不及美国的2/3,但欧洲三大航同样躲不过巨额亏损和大规模裁员。

2020年10月31日

分享链接

# "双11"电商盛宴,快递公司赔本赚吆喝

又是一年"双11",由于今年的预售提前,"双11"的战线也被拉长,从11月1日开始,消费者就开始"剁手"了。

随之而来的,也是快递件量从11月开始的激增。11月1日上午,菜鸟发送的天猫"双11"物流订单量已破1亿单,截至11月1日18时,全国(不含港澳台)有337个城市已经收到当天购买的双11包裹。

今天可以说是"双11"大促的第二波,然而几家快递上市公司的股价却是清一色的下跌。

| 全部 | 最新价 | 涨跌 | 涨跌幅 |
| --- | --- | --- | --- |
| 顺丰控股 002352 | 80.40 | -2.26 | -2.73% |
| 韵达股份 002120 | 18.42 | -0.28 | -1.50% |
| 圆通速递 600233 | 12.97 | -0.01 | -0.08% |
| 申通快递 002468 | 13.31 | -0.09 | -0.67% |

一边是电商平台的红火,一边却是快递人的吐槽:"双11"只要不亏钱,不丢件,少投诉,安稳度过就是赚到了。

鲜明的对比背后,是近年来电商件在加盟制快递网点中的业务占比越来越大,很多都超过了50%,然而,电商递送的价格则是没有最低只有更低,消费者享受着包邮福利的背后,是平台商家对快递价格的不断打压。

那么,看起来陪本赚吆喝的事情,快递公司为什么一直在坚持做呢?这要从中国加盟制快递公司特殊的运营模式说起。

圆通快递(600233)、中通快递(纽交所代码:ZTO,港交所代码:2057)、申通快递(002468)、韵达快递(002120)被业内称为"三通一达",

在这些加盟制快递巨头内部,总部把运单预收费作为主要的收入来源,加盟商每收一单快件,就要向总部缴纳一元钱或更多的运单费。这样,加盟商数量越大,递送量越大,总部销售的运单就越多,获得的收入也就越多。此外,各地网点如果需要总部投建的转运中心进行中转分拨,还会缴纳一定的中转分拨费用。

各地的加盟商才是真正对快件递送的成本和价格负责的一方。他们要自行购买车辆、招聘员工或者将下属的站点分包。因此,我们平时看到的快递价格并不是由总部制定,而是各个地方加盟网点自行确定的。一些网点甚至还把定价权下放给旗下站点的承包商,只要有的赚,承包商也可以再跟顾客讨价还价。

所以,真正承受快递价格不断下降压力的是地方加盟网点,支撑它们能够继续做大规模的,则是快递总部对优势网点的补贴,没有补贴的网点,就只能退出经营,不久前多地出现的末端网点停摆现象就是由于这个原因。

随着对地方加盟网点的补贴持续,"三通一达"的总部也开始承受更大的成本压力,这从几家上市快递公司的三季报业绩中可见一斑。

今年前三季度,除了直营模式的顺丰控股净利润同比增长 29.84%,韵达和申通的净利润分别同比下滑了 47.83% 和 99.53%,圆通速递也只微增 0.69%。

相比之下,前三季度的快递件量并没有相应地下滑,前三季度快递件量累计同比增长 27.9%,尤其是 5—9 月行业件量增速持续创 3 年多来的新高。

上述反差,正是价格战和补贴的结果。数据显示,今年 5—9 月,快递价格的跌幅已经创 6 年来之最,表明了行业价格超预期的惨烈。需求的井喷叠加价格战的惨烈,反映到通达快递总部和网点,就是干的活更累,但赚的钱却更少,甚至出现亏损的情况。

不过,多位快递业内人士认为,价格战的持续也将推动行业的加速整合,价格战强度越高,行业整合的速度就越快,整合阵痛期就越短。

事实上,在今年的快递价格战之下,原本在一线梯队里的部分快递公司已经开始出现掉队的势头。

2019 年前三季度,通达系公司的件量增速平均比行业高出 15 个百分点,但到今年三季度,申通、百世的件量增速已经落后行业 10 个百分点。相比之下,中通的市场份额则在逐步提升,甚至在港股上市时提出了 2022 年件量份额提升至25%的目标（2019年为19.1%）。

业内普遍认为，快递行业激烈的价格战在明年仍将持续一段时间，后年价格战有望逐步缓和，行业的集中度也将进一步提高。

2020年11月11日

分享链接

# 快递用户信息泄露谁之过？

近日，有媒体援引邯郸市公安局相关消息称，不法分子通过有偿租用圆通员工系统账号盗取个人信息，再层层倒卖给下游犯罪人员，涉案嫌疑人涉及河北、河南、山东等全国多个省份，涉案金额120余万元，目前已被警方抓获。

之后，针对公安机关破获涉嫌非法获取并使用快递运单信息的案件，圆通速递（600233.SH）随即发布声明称，案件是公司主动发现并报案，公司坚决配合公安机关严厉打击涉及用户信息安全的违法行为。

笔者近日与多家快递企业和相关业内人士进行了交流，发现快递用户信息遭泄露并不是第一次，而且不只是圆通，还涉及其他不少快递公司，已经形成了贩卖快递用户信息的"黑产"链条。

在这一"黑产"链条上，不仅有快递企业的员工，还有做"海淘"代购的商家，以及层层贩卖信息的"黄牛"。他们将包含快递客户姓名、住址、电话的信息层层出售，每条售价从几角到几元不等。

这里所说的快递企业员工，其实并不一定是快递公司总部的涉及信息管理的人员，而是快递公司的加盟网点。

在中国，大多数壮大起来的民营快递企业，都是通过加盟制迅速扩张。在这些快递企业中，总部把运单预收费作为主要的收入来源，加盟商每收一单快件，就要向总部缴纳一元钱或更多的运单费。这样，加盟商数量越大，递送量就越大，总部销售的运单就越多，获得的收入也就越多。此外，各地网点如果需要总部投建的转运中心进行中转分拨，还要缴纳一定的中转分拨费用。

各地的加盟商才是真正对快件递送的成本和价格负责的一方。他们要自行购买车辆、招聘员工或者将下属的站点分包。因此，消费者平时看到的快递价格并不是由快递公司的总部制定的，而是各个地方的加盟网点自行确定的，加盟商在自己的区域内需要自负盈亏。

这样的发展模式，导致一些加盟商甚至旗下的承包商，会为了获得更多的利益，与"黄牛"联手出售用户信息，赚到比送快递更多的利润，尤其是在这几年快递价格战愈演愈烈的情况之下。

近年来，随着几家民营快递巨头陆续上市，如何规范旗下的加盟商，以维护公司的品牌和监控服务质量，已成为几家公司的当务之急，包括建立公司诚信体系的"黑名单"、建立加盟商管控和处罚条例，甚至与重要加盟商通过资本层面绑定或者直接收归直营等。

圆通速递就在回应中透露，今年7月底，公司总部实时运行的风控系统就监测到，河北省区下属加盟网点有两个账号存在非该网点运单信息的异常查询，判断为明显的异常操作，于第一时间关闭风险账号，同时立即成立由质控、安保、信息中心、网管等部门及河北省区组成的调查组，对此事件开展调查取证。调查发现，疑似有加盟网点个别员工与外部不法分子勾结，利用员工账号和第三方非法工具窃取运单信息，导致信息外泄，其中存在敏感字段信息约43 000条。公司随后立即向当地公安部门报案，并全力配合调查。

事实上，包括圆通在内的快递总部近年来都在尽力从技术层面和管理层面保障信息系统的安全性，配合打击非法售卖和使用快递用户信息的行为，然而，快递用户信息泄露现象依然屡禁不止，这与各环节的监管和惩罚力度有待进一步加强有关。

2016年，国内70家大型快递物流企业曾共同成立快递物流"黑名单"查询系统，把盗窃快件、泄露客户信息、倒卖客户信息等12种违规违法行为列入"黑名单"。参与快递物流企业"黑名单"系统的企业承诺，5年之内不使用"黑名单"上的快递人员。

2018年5月1日，我国第一部专门针对快递业的行政法规《快递暂行条例》规定，经营快递业务的企业及其从业人员不得出售、泄露或者非法提供快递服务过程中知悉的用户信息，情节严重的最高处10万元罚款。

即使在这样的政策环境下，信息泄露行为也依然不止，说明相关部门的监管手段依然相对滞后，违法成本依旧太低。

不过，更严格的监管政策已经在路上。刚刚结束征求意见的《个人信息保护法（草案）》明确提出，企业出现相关违法行为，可对其处以5 000万

# 一、姗言两语

元以下或上一年度营业额百分之五以下的罚款,同时要对直接责任人处以 10 万元以上 100 万元以下的罚款。

希望更多有关个人信息保护的法律法规能够尽快出台,也希望相关的监管和惩罚能够落到实处。

2020 年 11 月 30 日

分享链接

# 谁能分羹疫苗运输的"蛋糕"

新冠疫情期间,不少航空货运和物流企业因为运送了大量的口罩和防护用品到各国而业绩大增,如今,这些企业又开始为运输新冠肺炎疫苗摩拳擦掌了。

汉莎货运航空中国首席代表縻冬梅近日就对笔者透露,目前不少在研新冠疫苗已经进入第三期临床阶段,估计在2021年第一季度会陆陆续续出来,预计疫苗运输在明年第二季度也会慢慢走向高峰。

笔者也从多个渠道了解到,根据预估,最终将有100亿剂疫苗在全球范围内运输,这对航空货运来说是一个巨大而又全新的市场。

国际航空运输协会(IATA,下称国际航协)发布的最新报告就指出,仅仅按向全球78亿人每人提供一剂疫苗计算,就将装满8 000架波音747全货机。举个例子,联邦快递2019年的飞机数量为639架,以此计算,至少需要13个联邦快递机队才能完成此任务。

除了需要运输飞机的支持,相关设备的需求量也将激增。DHL与美国麦肯锡咨询公司合作展开的一项研究显示,在未来数月内,物流行业必须承担起不少于100亿单位疫苗、大约20万个托盘的运输任务,运输这些货物大约需要1.5万个航空货运班次,为此还需要约1 500万个便携式疫苗冷却器。

不过,这样一个潜力巨大的市场并不是谁都有能力涉足的。由于需要低温控制,新冠疫苗的运输需要具备冷链运输能力的物流企业,尤其是在医药冷链运输方面有经验的企业。

汉莎货运航空很早之前就涉足了医药冷链物流运输,并认证了国际航协制定的医药物流标准CEIV-Pharma,拥有该资质就可以运输新冠疫苗。此外,公司还在全球多个国家投资了温控货运站,在上海就与浦东机场合资建设了拥有三块不同温度区域的货运站,一个可控温在2—8度,另一个在15—25度,还有一个则可以深度冷却到零下12—零下20度。

縻冬梅介绍,目前不同厂家的新冠疫苗产品对温控要求并不一样,大多数是2—8度,还有一些是零下12度—零下20度,有些则需要深度冷却到零下 70 度。疫苗在规定的温度范围外哪怕是停留极其短暂的时间，都有很大的变质风险。

这一温度要求就已经把很多企业阻挡在疫苗运输市场之外。在此之前，只有联邦快递、DHL 等少数国际快递物流巨头拥有跨国运输疫苗的经验。

目前，联邦快递、UPS、DHL 等也都在加紧扩建冷链仓库。联邦快递在过去三年里就在全球网络中增加了十个冷链设施，目前在全球拥有 90 多个此类设施。DHL 全球货运位于上海的空运设施近日也再次获得国际航协颁发的医药物流验证中心认证，可存储不同温控需要的冷链运输货物。

据笔者了解，国内一些空运相关企业也已经开始做准备。东航旗下的东航物流此前就运输过其他疫苗，目前在针对新冠疫苗的技术细节做准备；没有全货机的吉祥航空（603885）等航司，也在为利用客机腹舱带货运输疫苗做准备，包括储备冷柜、干冰等。

要把疫苗运输到医院等终端消费者，还需要当地医药冷链物流企业的支持。目前，我国主要的疫苗物流配送企业包括国药控股（01099.HK）、上海医药（601607）、九州通（600998）等。

联邦快递亚太、中东和非洲地区总裁裴佳华则指出，运输新冠肺炎疫苗涉及诸多环节，这将是一项复杂而重要的工作，要跨越各大洲运输数十亿剂疫苗，无论从规模上、技术上还是从管理（海关）要求上来看，都十分复杂。"运输只是复杂的物流链中的一个环节，应对这样大规模的挑战，需要创新的存储和数据管理解决方案，还需要制药公司、政府和医疗保健供应商跨多个工作流程的最高程度的协调与协作。"

2020 年 12 月 4 日

分享链接

# 二、乐言商业

乐 琰 | 第一财经产经频道副主编、资深记者。毕业于上海交通大学国际经济与贸易专业。从2003年开始进入媒体工作，长期专注于旅游酒店和商业零售产业领域的报道。在第一财经有"你不知道的商业秘密"专栏、"乐言商业"日报专栏和同名电视节目，"乐言商业"电视节目于每周四的第一财经电视午间新闻时段播出。曾经撰写《我就是喜欢创业》一书，参与撰写反映改革开放30年的《30年30人》等书籍。
leyan@yicai.com

## 去哪儿要"独立估值"，是准备上市还是重塑自身？

告别2019年，迎来2020年，就在辞旧迎新之际，去哪儿网CEO陈刚发布全员信称，要打造"独立估值"，而这样的举动一时间被业界热议和解读为"去哪儿可能是要独立上市或者进行独立的融资行为"。

其实，自从数年前去哪儿被携程收编麾下并成为携程系的一员后，去哪儿的个体标签已经有逐步被淡化之感。去哪儿的创始人，人称"CC"的庄辰超与携程创始人之一的梁建章都是理工科"神童"级人物，学霸式的背景和类似的创业经历，加之当年去哪儿的业务线与携程有很大的重合度，一时间引爆了"去携大战"，两位业界大佬甚至一度处于"王不见王"的状态，无论是"口水仗"还是"价格战"，都进行得如火如荼。

然而，最终还是资本说了算。在被合并入携程系后，庄辰超离开了去哪儿。根据笔者的了解，在之后的双方整合过程中，携程一直都是相对强势的一方，可是在长期对立竞争的情况下，去哪儿也有很固守的一面，因此，两者在"联姻"的数年内，磨合成为一项颇为复杂的工作，尤其是两者都有的"同类项"业务的协调。

## 二、乐言商业

经过多年的整合后,虽然去哪儿一直都保持独立运作,然而在外界看来,携程作为 OTA(在线旅游平台)"大家长"的强势地位已然巩固,被其纳入麾下的去哪儿、艺龙等几乎都被淡化了原本的品牌,包括独立的宣传动作也减少了很多。

此时不得不提陈刚,陈刚被任命为去哪儿网 CEO,也成为整合去哪儿与携程业务的关键人物,其作风颇为雷厉风行且快人快语。从陈刚的角度而言,其非常希望大家依然认识到去哪儿的独立存在价值。

于是,在 2020 年新年之际,陈刚发布内部信表示:"我们没有流量干爹,我们只有不输给任何企业的脑袋和组织,所以,我们持续投入资源给能领事情并做好的人。坚持企业家精神。到独立估值的阶段,需要我们以创业者的身份重新定义我们这一代去哪儿人。我所理解的企业家精神主要包括两个方面:一个是创新,我们需要做出差异化的署名作品;一个是坚持。创业当然不容易,要不然要我们干嘛?总有顺风逆风,我们幸运的是有去哪儿这样一个两亿用户的大平台提供粮草和团队支持。"

这样的话语是否意味着去哪儿要独立上市呢?

笔者从知情人士处了解到,陈刚的内部信最重要的是告诉员工,去哪儿必须体现自身的独立价值,不能过于被淡化品牌感,需要在业务层面相较于携程做出自己的特色。至于是否会独立上市,当然并不排除这种可能性,只是这并非此次陈刚发布内部信的根本原因。

为了激励员工更好地打造一个独立存在价值的去哪儿,2019 年去哪儿网已经完成薪资结构调整,将原有的最高 18 个月的年薪收入提升到最高 21 个月。

但问题是,在携程"笼罩"下的去哪儿如何体现独立性呢?

陈刚的策略是用产品来驱动,以战略地图+OKR 的战略作为运营体系,以 DMAIC 的基础工作方法来运作。

笔者了解到,最初是以低价机票比价为特色的去哪儿,在并入携程系后,其最初的比价特色已经被淡化,与携程一样涉足机票和酒店等预订业务的去哪儿一直在强调当地游玩这一功能。简而言之,携程的主要收入来自机票和酒店的预订,这些都属于旅游产品线的"行前"生意,到了旅游目的地后所发生的玩乐则属于"行中"生意,面对"行前"生意规模庞大的携程,去哪儿如今主打的是当地玩乐的"行中"服务特色,陈刚也希望去哪儿团队可以在2020年进一步通过业务特色来体现自身的独立存在价值。

从投资角度而言，如果未来去哪儿真的独立上市也很符合逻辑，此前艺龙与同程合并上市实现了资本运作，若去哪儿真能打造好自身的特色业务，也是具有独立上市条件的。更重要的是，携程系背后的投资者们也需要通过资本运作实现自身价值与回报，这几家相关同业公司的资本联动会是不错的选择。

必须要注意的是，在强势携程的引领下，去哪儿、艺龙等的发展多少都会有局限性，尤其是在规避内部同类项竞争方面，携程的产品线会相对占据主导地位，这种格局之下，去哪儿要让消费者很直接地看到自身独立价值与产品特点，还是需要花一番功夫的。

2020年1月6日

分享链接

二、乐言商业

# 疫情之下的旅游产业，如何转危为机

对于所有的消费产业而言，这场疫情所带来的影响都是前所未有的，尤其是旅游业，在春节黄金周遭遇滑铁卢，实属罕见。如今疫情还未过去，但旅游业者必须考虑如何自救，走出困境。

对比2019年春节假期，2月4日至10日，全国旅游接待总人数4.15亿人次，实现旅游收入5 139亿元，全国零售和餐饮企业实现销售额约1万亿元。今年的对应数据是，1月24日至1月30日，全国出行人数1.5亿人次，同比大降63.9%。春节期间的餐饮行业收入预计减少5 000亿元。春节当日的影院票房收入只有区区180万元，仅为去年同比的0.12%。今年春节旅游业损失大约在5 000亿元左右。

面对如此巨大的经济损失，如今很难开展组团业务的旅游企业该如何转危为机？笔者认为有以下几大招数。

第一招，进行人才培训和内部交流。疫情发生以来，除了最初需要海量退单，比较忙碌之外，其余时间，业者几乎没有生意，这就是最好的"练内功"时间。平时导游、客服、产品经理等都非常忙碌，不少旅游企业高层更是每天只睡3—4个小时，疫情来袭，旅游业务停摆后，大家反而有时间进行内部交流和培训。比如春秋旅游正式开启线上培训，第一讲便是春秋集团董事长王正华的视频授课。携程也开始了复工培训，其向合作伙伴、全行业数千万从业者，与全国高校、旅游院校全面开放近2 000门培训课程。同程旅游更是推出直播课堂等。

第二招，进行差异化产品研发。以往，价格战和同质化产品是旅游业界的两大问题，这也让行业整体的毛利率降低，产品质量难以提高。疫情发生后，更多的旅游业者看到，不能再以价格战、贴钱做超低价营销来度日，而是要赚取到更高的利润来弥补疫情带来的经济损失。这也就意味着旅游企业必须提高产品研发的能力，做出更符合消费者偏好的产品，这反而促进了行业规范和业务能力的提升。

第三招，企业多样化转型。对于旅游企业而言，虽然现在旅游组团业务是无法开展了，但客户还在，尤其是几大在线旅游平台多年积累下来的客户群体基数巨大。只要客户在，就有可为。所以，部分业者可以或者已经开始转型生活服务类电商销售，比如在途牛特产频道上线的"高品质出行伴侣"，为旅途中的游客解决礼物选购、携带麻烦、托运超重等问题的频道，已然成为疫情影响下途牛寻求机会中最热闹的"新战场"。同程国旅携手咪店跨界合作，旅游顾问"升级"电商店主，在原有旅游产品销售的基础之上，增添更多品类，全面满足用户旅游+吃喝玩乐的需求。同程国旅与咪店合作后，其全国旅游顾问在咪店的单日销售流水就迅速突破了千万元大关，旅游顾问的周提成最高可以达到万元以上，甚至超越了传统旅游旺季。

第四招，抓住社区化服务商机。既然旅游平台在疫情期间可以转型销售生活类商品，那么一些中小旅游企业今后完全可以走社区化道路。即把旅游服务、生活服务等都更靠近社区客户，无论是否在疫情期间，这样的设置都会给自己带来生意。社区服务点相当于一个前置仓，只要可以打通后台供应链，就可以增加社区客户数量和黏性。

第五招，提升人工智能等无人化服务技术。虽然此前已经有很多旅游酒店类企业进行了人工智能化服务，但体验感都没有这次疫情期间所带来的感受强烈。诸多酒店业者反映，疫情期间，更多的客人和工作人员都需要"无接触式"或者"少接触式"服务，这样的需求背后是需要技术支持的。平时的机器人送餐或自助式登记、洗衣等服务对于客人而言是可选可不选的，但疫情之下，大家的安全意识陡增，这也促进了一系列人工智能化服务的提升。比如华住要求旗下酒店向客人强化无接触服务的推行，包括自助入住、机器人送物、零秒退房、远程办理入住到店取房卡、早餐分餐制。"在线问诊"服务同步上线华住会App，面向客人推出24小时免费远程咨询问诊服务。

第六招，企业联合，共渡难关。此前各大旅游企业之间竞争激烈，甚至一度出现疯狂的价格战，疫情来袭后，不少旅游平台之间反而开始有微妙的合作变化。比如笔者在一个医护人员和酒店群内看到，很多不同旅游平台的业者一起协力协调酒店资源和医护人员入住事宜等。一些旅游企业表示，疫

二、乐言商业

情反而让大家看到,有时候共同合作才能解决问题,也能让行业进步。当然,共同建言,呼吁政府和各界的支持也是旅游业者的共渡难关之举。目前,一系列的支持政策已经出台,旅游业者正在积极复工中。

2020 年 2 月 24 日

分享链接

# 零售业自救：重构"人、货、场"，在线业务与前置仓面临大考

疫情的突然来袭，使得零售业者措手不及，这是一个"冰火两重天"的场景——购物中心门可罗雀，超市卖场销售火爆。

"宅家经济"使得各类民生用品变得非常紧俏，一些日用品和食品类的刚需产品热销，工作人员"轮轴转"都不一定来得及应对；然而，百货和购物中心却门庭冷落，大量主打体验式消费业态的门店关停。

疫情何时彻底结束，还未可知，但生活还要继续，零售业者如何自救成为业内热议的话题。

在笔者看来，塞翁失马焉知非福，有时候危中也有机，在大家力所能及的范围内，必要地重构"人、货、场"，以此改善自身业务结构，抓住甚至发展新客流是完全可行的。当然，这也考验了零售业者的在线业务能力和前置仓的布局实力。

第一，对于零售企业内部人员，可以做心理疏导和人员培训，进行适当的转岗。步步高等同时具有超商和百货业态的零售商，目前采取的就是经过培训后把百货业态方面闲置的人员调到需要人手的超商部门，以平衡人员。同时，也有盒马与西贝互相对接员工的做法，沃尔玛则欢迎受疫情影响的企业员工到沃尔玛全国400多家大卖场、社区店和山姆会员商店上班，截至2月17日，全国已入职兼职人员超过3 000人。

在此期间，也应该做好员工心理疏导，因为疫情之下，员工的焦虑情绪会增加，这是需要企业管理层疏导和处理的。

第二，商品架构的重整。这包括品类管理、包装和营销等。疫情之下，生鲜食品、奶蛋类、方便面、面粉等都需要增加补货，而一些非刚需类的用品可以在堆头摆放和促销方面做调整，让出超市的C位空间放置热销品堆头，并进行适当的促销。

在包装方面，由于"宅家经济"促使大多数人在家做饭，因此，一些分

切好的半成品净菜会比较受欢迎，业者可以在此类货品上进行分切包装，增加半成品货量。还有一些库存类商品也可以在此时进行消化。在营销方面，商家也在下功夫，除了促销之外，更有业者拿出此前广受关注的热销品来吸引客流。家乐福方面告诉笔者，其首批 10 000 瓶飞天 53°500 ml 贵州茅台酒将上线家乐福上海 10 家指定门店，供消费者预约选购。

第三，向线上转型。很多实体零售商已经喊了"新零售"口号很多年，但是真正做到线上线下融合且产生巨大经济效益的业者屈指可数。说句不客气的话，不少实体零售商所谓的 O2O，其实是在烧钱赶潮流，冷暖自知。

但疫情之下，反而促使了很多实体零售企业不得不在线上开展业务，并且加强对在线客户的引流，以此保持自家的客户量以及客户黏性。比如首批试点的银泰导购在家直播累计时长已超过 10 000 分钟，累计观看量超过 10 万人次，部分导购直播 3 小时的客流相当于开工 6 个月。最近一个月，步步高的线上业务从占比 2%～3%增加到 10%以上，其今年目标是将线上业务发展到占整个公司的 20%。永辉超市到家服务全国订单量在 2 月 8 日单日突破 30 万单，是历年春节单日最高峰；除夕到初六，每日优鲜小程序相比去年同期的订单量则增长 309%，实收交易额增长 465%。

第四，物流和前置仓的考验。要实现数字化，必须打通供应链，尤其是物流和前置仓。此前，不少零售商都布局了前置仓网点，更多的是作为单纯的仓库用途。疫情之下，物流的到家能力和前置仓的布局成为重大考验，也是零售商自救的关键点之一。

疫情期间，很多消费者采取在线订购、送货到家服务，所以，不少零售商不仅启用自己的物流体系，也接入诸多第三方物流加强配送，而能否到家，还要视前置仓的布局而定，这不仅仅是简单的仓库概念，还在于业者布局的广泛程度、网点位置和辐射范围以及仓储容量等。"抵达"才能赢。比如，家乐福小程序上线一周时间，累计用户超 50 万个，3 小时销售额突破 100 万元，渠道占比呈现 55%的增长。依托苏宁物流的配送能力，最快一单仅用时 6 分 35 秒就完成了配送。

第五，社区化的商机要抓住。疫情，让大家看到，社区商业是具有市场的，有一部分具有一定实力的业者，也可以尝试通过对社区用户进行微信定点推送或社群营销等方式，来了解社区用户的消费习惯，并且在社区范围加强物流配送和供货等布局，甚至提供一些人性化的附加服务，以此加强客户黏性。

第六，精细化资金规划。目前已经有不少支持性的政策出台，零售企业的管理者要有合理的资金规划和现金流测算，比如与金融机构保持密切联系，灵活但谨慎地应用资金杠杆，需要在供应链方面投入一定的资金来延续发展，同时也要保有一定的资金实力来渡过疫情，维持可持续发展才是科学之道。

2020 年 3 月 4 日

分享链接

## "五一"旅游或现"补偿性消费"？
## 安全出行最重要

今年的疫情让旅游业者受到不小的影响，故而也更看重商机，希望能化危为机，而小长假绝对是拉动旅游消费的绝佳机会，就在日前，"五一"连休5天的消息登上热搜榜。这是自2008年调整节假日放假方案后"五一"首次放假5天，也是国内疫情得到有效控制后的首个5天的小长假。

有数据显示，4月9日消息公布后的一天时间内，携程旅游板块跟团游、自由行等产品搜索量环比增长超300%。携程旅游预计，"五一"热门的旅游目的地有三亚、上海、厦门、安吉、重庆、成都等。

不少旅游业者认为，"五一"国内旅游市场的复苏脚步将进一步加快，并呈现三大趋势：旅游人次有望达到近期新高，为清明假期的两倍以上，并出现今年首个旅游高峰；中短途、省内游继续复苏，旅游企业"保供应"加速市场回暖；在疫情防控背景下，"预约游"将成"五一"出游的关键词。从清明到"五一"，假期从3天增至5天，或将有效刺激更多旅客选择3天以上的多日游、过夜游。因此，今年"五一"小长假出现补偿性消费的概率较大。

相比以往假期出游的整体涨价，今年"五一"小长假因为还处于疫情之下，所以整体价格会有所优惠，其实，在此前的清明假期时，已有不少景区采取免费等优惠措施，吸引了诸多游客。

公开数据显示，2019年"五一"期间，国内旅游接待总人数1.95亿人次。按今年清明假期的恢复趋势，有业者估测今年"五一"小长假期间，全国旅游总人次有望接近去年的50%以上。

无论数据预测是否准确，在笔者看来，今年疫情对旅游业的冲击是必然的，一批中小型旅游企业受挫极为严重，因此，从旅行社、酒店、景区到相关餐饮等业者都非常期待依靠小长假或优惠措施来扳回一局，但旅游市场的恢复必须有序且安全第一，需要科学而谨慎地恢复营业和出游。

前不久，黄山旅游无奈对客源限流就是一个案例，这个事件告诉大家，复工是必须的，但首先要考虑的是疫情之下恢复旅游消费的安全。

所以，笔者认为，首先，"五一"小长假可以适当出游，可还是应该以本地游为主，莫急于做长线出行。在选择具体的旅游产品时，也尽量选择相对空旷的场所，不要集中在室内，避免人群集中接触。

其次，从经营者的角度而言，促销是可以的，但必须适当控制力度，不要大量以低价甚至完全免费的方式去收揽太多游客，如果需要有一些免费门票的发放，则一定要注意控制在一个合适的比例，不可大量铺开，不可操之过急。

同时，景区或一些相关旅游经营场所应该注意游客的承载量，比如，某一个景区最大的日客流量如果在1万人次左右，在疫情期间，就不能以上限每天1万人次为标准，而是要控制比例，来保证游客与游客之间有一定的空间，保持安全。再如，大巴车上尽量只坐50%的游客，以此保障人与人之间的安全间距。旅游业者需要考虑自身的承接能力和安全系数。

据了解，文化和旅游部、国家卫生健康委近期联合印发《关于做好旅游景区疫情防控和安全有序开放工作的通知》（下称《通知》），《通知》明确，要坚持防控为先，实行限量开放。疫情防控期间，旅游景区只开放室外区域，室内场所暂不开放，接待游客量不得超过核定最大承载量的30%，收费景区在实施临时性优惠政策前要做好评估，防止客流量超限。

上述《通知》就是告诉旅游从业人员，在假期等商机恢复旅游经营时，必须对客流量和安全系数有所考量。

再次，景区等旅游经营者还需要注意管理和科学制度的建立，如预约制度、游客分餐管理等，这些都需要业者提前做好估测和准备。未得到预约资格的游客，切莫在当日前往景区，避免过多人群集中，甚至出现交通堵塞、用餐座位不足等现象。

此外，"云旅游"也可以成为疫情之下所衍生的新型休闲方式。旅游当然需要体验感，但也可以通过高科技来获得一些不一样的体验感受，有些项目或许通过VR以及在线解说等更容易被游客所接受。

今年3月，文旅部公布的一组数据显示，疫情期间，各大在线旅游平台纷纷推出"云旅游"项目，各地博物馆推出2 000余项网上展览，春节期间总浏览量超过50亿人次。就在前不久，"云游故宫"项目上线，公开数据显示，4月5日—6日，故宫博物院在抖音共同开启2020故宫首次直播，这次

二、乐言商业

特别策划的"云游故宫"直播吸引了超过966万名网友。而"云游故宫"系列也让大家看到了不一样的故宫——特别的视角,尤其是配上专业讲解后,让人获益匪浅。所以,"云旅游"也是疫情之下让景区和旅行社等业者逐步安全复苏的不错方式。

2020年4月20日

分享链接

# 全时遇危机：便利店博弈需要过几关

又一家便利店遇到麻烦。就在这几天，北京全时（OurHours）便利店官方发出《全时便利店停止营业告知函》，称因公司经营战略调整，全时北京区域所有门店将于 2020 年 5 月 20 日 24 点 0 分结束经营，在此之前，全时将继续提供服务，并对全场商品进行 6—7 折销售。

但上述公告发布不久后就被删除了。有消息称，全时便利店已通知几大供应商暂停供货，对于此前合作还未到货款结算期的供应商，全时尚未结算货款。

这并非零售圈内第一次出现关店危机，笔者调查发现，7-11、罗森、好德等都做过关店调整，有时候甚至规模不小。此前，邻家便利店也宣告停业，因为公司账户内无可支配资金。

先不说疫情对实体零售的影响，就单说便利店，也不是一件容易的生意，参与其博弈需要认清自身实力。

首先，便利店对选址有很高的要求，需要综合考虑客流量、交通枢纽、街口位置、周边环境等。繁华地带的街角转口处向来是便利店业者的必争之地，因为客流与优质的交通位置，有时候甚至为了抢这样的一个位置，还会有品牌内部的竞争，着实耗费了很多不必要的成本。

另外，很多便利店都需要超长时间甚至 24 小时营业，所以，倒班的人工费用是翻倍的，加上水电、其他营销等成本，便利店的成本不低。因此，大家看到便利店内的商品会比大卖场贵一些。

根据毕马威联合中国连锁经营协会发布的《2019 中国便利店发展报告》，中国便利店运营成本高企，2018 年便利店年平均费用的 60%支出为职工薪酬，34%为房租，近 95%的成本为硬性支出，两项合计年平均支出为 238 万元。

这就要求便利店业态有良好的资金支持。在与竞争对手无休止的竞争中，一定要有充足的现金流支持才能支持便利店完成良好的选址争夺和规模化扩张，否则，就谈不上未来的发展。

据笔者的了解，全时便利店成立于2011年，大股东为北京复华卓越商业管理有限公司。截至2018年7月，全时已经拓展至北京、南京、天津、长沙、成都、重庆、杭州、苏州、武汉、廊坊等10个城市，门店数近800家，在北京就有400多家门店。然而，受复华控股集团资金链问题的影响，全时便利店的兄弟品牌"地球港""全时生活"相继关门停业，全时便利店也一度出现了持续多月的缺断货现象。经营陷入尴尬后，全时寻求买家，由于全时便利店（北京）的负债情况可能比较复杂，与股东集团（复华）等关联公司有些交叉担保等情况，让一些潜在买家有所顾虑。

所以，与其与竞争对手高价争夺地盘，不如先衡量资金情况，认清自己。邻家便利店的停业，就是因为公司账户内无可支配资金。搞不清楚这一点，或者铤而走险，迟早会遭遇全盘皆输的局面。

此外，便利店的经营需要大量细节，如果缺乏专业人士的SKU管理，仅仅是制造概念，或者是背后的资本方希望圈地后快速扩张，继而通过出售项目来回笼资金，这样就做不好零售业。我们可以看到，无人便利店之所以还不成熟，就是由于其技术仅限于前台无人而后台有人，后台的管理和成本还不低，这是一个"伪无人"的概念，也缺乏很多便利店应该有的细节，所以，这类业态会遭遇很多挑战。

尽管如此，有数据表明，越来越多的业者去做"小而美"，因为"大而全"的成本更高，投资回报周期更长。

2019年，毕马威中国和中国连锁经营协会联合发布的《2019中国便利店发展报告》显示，2018年便利店行业增速达到19%，市场规模超过20 000亿元。与之对应的，大型超市及百货销售额增速已连续4年下滑，2017年的增速甚至为负。

零售是非常区域化的业态。就便利店而言，在华南和华东市场更加容易被接受，而在北方市场，大卖场业态会更适合，"小而美"的便利店业态不如南方市场好做。全时便利店的大部分项目都集中在北京，这也给其自身经营增加了难度。

总而言之，真正的零售业并非赚快钱的业态，投资者也好，经营者也罢，必须认清自己的资金实力、管理专业度和市场环境等，再决定要不要入场，不是盲目投入，莫名烧钱，具体业务上缺乏专业度，连自己都没有认清，就去与所谓的竞争对手争夺，一旦任何一个环节出现问题，等待这类业者的只能是失败。

2020 年 5 月 12 日

分享链接

二、乐言商业

# 银泰加码新世界,能否助力老字号升级转型

"十里南京路,一个新世界",这句话对于很多上海消费者而言都异常熟悉。

上海新世界是有着百年历史的老字号企业,新世界的前身是1915年创建的新世界游乐场,1958年,合并组建新世界百货商场。1988年8月,该公司由全民企业改制成为南京路上的商业股份制企业;1992年5月,获准向社会公开募股;1993年1月19日,在上海证券交易所挂牌上市。

就在近期,新世界(600028.SH)发布公告称,"股东沈国军与公司第二大股东昝圣达签署了一致行动协议。"

目前,昝圣达个人持有新世界3.65%的股份,综艺控股持有13.07%的股份,合计持股比例为16.72%。这份协议签署之后,沈国军及其一致行动人的合计持股比例将达到25.22%。值得注意的是,上海市黄浦区国有资产监督管理委员会对新世界目前的持股比例为20.73%,另通过上海新世界(集团)有限公司持股1.55%,合计持股22.28%。也就是说,双方的持股比例相距约3%,沈国军及其一致行动人的持股比例超过了新世界当前实控人上海市黄浦区国资委。

从白手起家到如今拥有银泰系的商业版图,沈国军作为银泰的创始人,一直以来都很喜好运用资本手段进行市场扩张,比如数年前,银泰系频频举牌杭州百大集团(600865.SH)及鄂武商A(000501.SZ),来争夺第一大股东的地位。这次其通过一致行动人加码新世界的举措也是如此。

尽管银泰系在浙江甚至其他区域市场占有一席之地,但其在上海的发展并不顺利。十多年前,其尝试在上海南站开设第一个上海市场的银泰系百货项目,计划中的上海南站店采取大量品牌折扣商的模式经营,这也是一贯定位中高端时尚百货的银泰百货第一次尝试做大面积折扣商铺模式。当时银泰系已经投资了数千万元,然而却因为当时的市场环境和自身考量等因素,其

将彼时尚未开业的上海首个百货项目出售。此后，银泰系在上海市场一直没有打开格局。

来看新世界，其拥有上海新世界城有限公司、新世界丽笙大酒店有限公司、上海蔡同德药业有限公司等10多家全资或控股子公司，项目中还包括杜莎夫人蜡像馆，加之其毗邻南京路步行街，绝对是商旅联动的绝佳位置。因此，在笔者看来，银泰系此番正是用自己惯用的资本手段，通过新世界来曲线进入和扩大上海市场业务版图。

然而，随着这几年电商和购物中心业态的崛起，百货业越来越尴尬。据2018年中国百货商业协会90家样本企业年度经营统计数据显示，2018年销售业同比减少的企业达到42%，其中降幅超过10%的企业有6家。2019年全年共有19家百货店关门，新开大型百货不到10家，苏宁收购37家万达百货，后者从此退出历史舞台，新世界、百盛、世纪金花、茂业、乐天、远东、广百等均有门店关闭。

从业务结构来看，百货商场是新世界营业收入的主要来源。新世界2019年的年报显示，期内营业收入16.5亿元，同比下降40.5%；实现归属母公司的净利润0.4亿元，同比下降86.6%，报告期内，新世界的毛利率和净利率均出现下降。销售毛利率由2018年的31.66%下降至30.33%，销售净利率由9.85%下降至2.25%。2020年一季报显示，新世界的净利润亏损1 392.2万元，同比下降117.32%。

银泰系虽然也是经营百货业态出身，但其从2015年强化与阿里巴巴集团合作，推动银泰商业的互联网化进程，因此，这几年其线上线下融合业务进展不错。

国家统计局的数据显示，"宅经济"带动新型消费加快发展，引发数字经济、平台经济、网络经济、信息经济增长。防疫期间，居家消费需求大幅增长。同时，线下企业为应对疫情冲击，积极开拓线上销售业务，互联网销售逆势增长。1—3月份，全国实物商品网上零售额同比增长5.9%，增速比1—2月份加快2.9个百分点，占社会消费品零售总额的比重为23.6%，比上年同期提高5.4个百分点。其中，通过互联网销售的吃类和用类商品同比分别增长32.7%和10.0%，增速分别比1—2月份加快6.3和2.5个百分点。

在与电商的激烈竞争以及如今在疫情之下，实体零售业的数字化转型迫在眉睫。如果银泰系此番加码新世界后，能促进新世界的数字化升级，也是有利于新世界未来发展的。但效果如何，还要看两者未来的整合与策略，毕竟，银泰和新世界是两家经营风格并不太相同的零售企业，数字化转型不是一蹴而就的。

2020 年 5 月 15 日

分享链接

# 伊藤忠商事拟 100% 收购全家，中国门店未来何去何从

原本就拥有控股权的日本伊藤忠商事准备加码全家便利店业务。有消息称，日本伊藤忠商事正以每股 2 300 日元（约合人民币 150 元）的价格对全家便利店的股份进行公开收购，收购过程自 7 月 9 日开始，预计将持续到 8 月 24 日。预计收购金额在 5 000 亿至 6 000 亿日元（约合人民币 326 亿元至 392 亿元）。

公开资料显示，收购前，伊藤忠商事已持有日本全家逾 50% 的股份，此次收购结束后，伊藤忠商事的持股比例将提高到 100%。全家是日本最大的便利店之一，截至 5 月底，全家在日本拥有 1.66 万家分店，每天约有 1 000 万人到店消费。伊藤忠商事成立于 1858 年，最初从事麻布生意，现在是全球性的贸易公司，涉及纺织、机械、金属、能源、化工、食品、信息和金融等领域。

有业内观点认为，伊藤忠商事原本就是全家的控股方，收购全家便利店可以进一步延伸产业链，从而提升集团的竞争力，对双方而言是利好的。虽然疫情发生以来，远程办公导致商务区客流减少，人们倾向网购，这也对实体便利店造成一定的影响，但是伊藤忠商事既然此次加码全家，就说明其对于便利店业务的长期看好。

值得注意的是，此番加码全资收购，是日本全家的控股方行为，那么，此举会对中国全家的门店产生影响吗？

笔者 7 月 13 日就此事联系了中国全家方面，其表示伊藤忠商事此番加码收购日本全家与中国全家无关。

根据笔者了解，日本全家与顶新集团在 2000 年左右签署品牌授权合作，共同在中国市场开设全家便利店。公开资料显示，顶新集团持有中国大陆全家 59.65% 的股权，中国台湾全家持有中国大陆全家 18.3% 的股权，其余股权由日本全家、伊藤忠商事株式会社、FMCH（FamilyMart China Holding）持

有。从这个资本纽带关系来看，中国大陆市场的全家便利店与日本全家乃至伊藤忠商事不无关系。

去年，日本全家与中国合作伙伴顶新集团关系紧张，甚至双方一度对簿公堂。有知情人士向笔者透露，主要是费用问题，顶新集团应向日本全家支付品牌使用费等一系列费用，同时也要按股权比例分配股东共有利润。品牌使用费等属于不论是否盈利都要支付，利润分配则是获得盈利后发生，双方就上述经济利益分配产生分歧，日本全家一度妥协，但也就此埋下"导火索"。

尽管之后双方的纠纷"不了了之"，且对于后续如何处理，日本全家与顶新集团双方都三缄其口，但双方的关系始终非常微妙，更为微妙的是，双方的授权合作究竟到什么时候终止？

根据笔者从业内得到的信息，目前并没有明确的日本全家与顶新集团双方合作何时到期的时间表，但是业内估计不会太久远，对于顶新集团而言，一旦品牌授权合作协议到期，无非就是继续与日本全家（伊藤忠商事）签约合作，或者是不续约，当然是否续约也要看双方的意愿。从伊藤忠商事方面来看，全家目前在中国市场发展不错，中国连锁经营协会发布的"2018年中国便利店百强榜"上，全家排第七，排名在罗森和7-11之前，所以，日本全家或将以抬高品牌使用费来谈续约，这也符合商业逻辑。

那么问题来了，如果续约，伊藤忠商事方面是否提价？若提价，顶新集团是否接受？如果顶新集团不接受提价或者双方根本不续约，那就意味着顶新集团目前在中国大陆市场的数千家门店需要改换门庭。而改换门庭也很复杂，鉴于其中很高比例的门店是加盟店，未来是跟着顶新集团发展，还是归于伊藤忠商事方面重新签约合作？又或者退出全家系而直接改换其他便利店同业的品牌？一切皆有可能。

有便利店业内人士向笔者透露，伊藤忠商事此番加码日本全家，自然是看好未来业务，而且全资拿下全家后，也有利于伊藤忠商事未来在该业务板块进行更加便利的资本运作，至于和顶新集团方面的问题，或许再过一段时间，在双方合约到期后，就可以见分晓。

无论如何，目前在实体零售业受到电商冲击和疫情影响之下，便利店业态算是相对比较有前景的细分市场。便利店主要满足即时性消费，受电商的影响相对较小，超市、大卖场与电商销售有时会此消彼长，超市、大卖场受电商的冲击较大。相对其他细分业态而言，便利店的投资回报率还算可观，这也是投资者、经营者持续加码便利店业态的根本缘由。

毕马威在2019中国便利店大会上发布的《2019中国便利店发展报告》显示，2018年，便利店行业迎来更多指导性政策支持，形势整体趋好。新举措通过明确政策导向、加强资金支持以及改革监管模式等手段促进便利店行业发展。2018年，中国便利店整体行业保持稳定高速增长，行业增速达到19%。市场规模超过2 000亿元，单店日均销售额超过5 300元，较2017年同期增长约7%。

2020年7月13日

分享链接

二、乐言商业

# 阿里与百联共同孵化新零售，不仅仅是便利店

面积比普通便利店略大，店内除了基本便利店所具备的陈列外，还划分了烘焙区、生鲜果蔬区、个人护理、花卉和简餐服务区等。这是阿里与百联共同投资与打造的新零售品牌逸刻。

逸刻其实已经低调打造了一段时间，其一直都在研究商业模型和定位，鲜在公众面前展示。根据公开资料显示，上海逸刻新零售网络科技有限公司注册资本10亿元，百联集团控股的上海商投控股有限公司持股57%，阿里巴巴创业投资管理有限公司持股43%。二者的分工是：逸刻便利门店运营由百联团队来主导，后台系统则由阿里来开发，比如淘鲜达的结账系统等。

然而，便利店市场的竞争是激烈的。

根据中国连锁经营协会的调查数据，大部分城市便利店的发展保持了较快的发展速度。其中，西安市的便利店增长率达到24.6%，是所有城市中发展最快的，其次是北京和厦门，大连、兰州、哈尔滨的便利店发展同比出现了一定的下滑。从全国范围来看，由于一线城市房租、人力成本的持续高企，便利店的经营压力空前巨大，而随着二、三线城市消费水平的不断提高，便利店市场存在着较大的发展空间，但市场发展的潜力因地域而存在着较大的差别。其中，上海、广州、深圳的便利店市场发展已基本成熟。随着门店资源逐渐稀缺，竞争压力逐渐增大，市场发展空间越发有限。

在这样巨大竞争压力的背景下，笔者在最初知晓阿里与百联要联手打造便利店时，就有一些疑惑，毕竟，便利店市场中各大品牌你争我夺，光是选址就已经硝烟弥漫，更何况如今市场格局已形成，后来者要居上并不容易。

如今，根据逸刻现场的布置，笔者认为，与其说逸刻是便利店，不如说是融合了便利店、面包房、生鲜超市、健与美小店、花店和简餐厅的综合业

态。这也可见阿里和百联的逸刻新零售团队希望做出差异化。

在笔者看来，逸刻有几大商业逻辑。第一，逸刻门店选址在商圈或办公楼区域，针对年轻客户群，这类客户群体的消费力较强，对商品和便捷性的要求也很高，所以，逸刻门店内有不少中高端护理用品、进口商品等；第二，融合了面包房、生鲜超市、健与美小店、花店和简餐厅的逸刻，相当于把年轻白领的日常消费场景全覆盖了，从早餐、午餐、下午茶、水果、日用品到化妆与保健品、晚餐等都包罗了，逸刻甚至通过"逸小兔"早餐门店、流动早餐车来力拓早餐市场；第三，消费场景全覆盖使逸刻的客单价与消费频次要比普通便利店高，其利润空间也会更高。

如今，线上的获客成本越来越高，对于阿里这类电商而言，创造更多线下消费场景相当于获得了客流，然后通过O2O的方式将实体店客流导流到线上，再通过会员管理等方式增加客户黏性。

在数字化发展的背景下，消费人群、消费特征、需求结构和购买方式发生着巨大变化。对于百联系而言，实体零售商需要注入新零售元素，并结合技术手段来进行数字化管理，做到"线上线下一盘货"，光靠实体店的不完全数据和经验得出的结论，是模糊的且难以真正了解顾客的关联消费，如果结合科技手法，就能精准触达消费端。因此，逸刻目前也在通过小程序等方式获得更多客户画像，掌握大数据后，对于门店选址、货品调整、价格、供应链管理等都有帮助，能更精准地进行营销。

根据计划，逸刻到今年年底要扩张到150—200家门店，其中，要布局40家"逸小兔"早餐门店，包括20家"网订柜取"模式及20辆"逸小兔"流动早餐车。

笔者认为，逸刻的全覆盖场景消费模式和数字化运作有其优势，的确可以吸引年轻客流，但这类业态也存在挑战。第一，餐饮尤其是现场制作餐点需要符合很多条件并获取相关证照，这会给门店拓展带来门槛和难度。第二，鲜食、鲜花等货品的损耗率比较高，这也给门店增加了成本风险。第三，日化和保健品虽然客单价高，但周转率不高，业者需要考虑库存管理问题。第四，这类覆盖白领客户群生活方式的业态适合开设在办公区域，但办公区域门店在周末的生意会比较冷清，如何弥补双休日的营业额也是个问题。

此外，连锁店必须规模化才能有后续效应，逸刻刚起步，相对全家这类动辄数千家门店的便利店同业者而言，规模还很小，虽然从注册资本情况来看，目前逸刻背后有 10 亿元经费可以"燃烧"，但经费总有"烧"完的一天，关键是逸刻需要自身"造血"，走可持续发展的道路。

2020 年 8 月 19 日

分享链接

# 疫情之下的购物中心，是时候调整了

今年年初发生的疫情对实体零售业产生了巨大影响，尤其是购物中心，相比售卖生活刚需品的超商，购物中心的货品大多属于非刚需品，且电影院和儿童连锁教育等体验式业态也鉴于安全考虑而纷纷关闭，于是，客流、收益直线下滑，让购物中心损失惨重。

然而，有危也有机，遭遇疫情的2020年从某种意义而言成为实体零售商的一个转折点，也使购物中心行业发生了深刻的变化，让更多的业者从模式、业态、渠道和资本等多个方面重新审视和转型升级购物中心项目。

先来看一组数据。中国连锁经营协会近日联合CBRE世邦魏理仕共同起草的《2019—2020上半年度中国购物中心发展力报告》显示，今年一季度受疫情影响，可选择性消费行业销售额萎缩明显。生活日用品、药品等必要性消费受到的影响较小，餐饮行业销售额同比下降了44%，珠宝、服饰等品类的零售额下降幅度在30%—40%，线上销售渠道占比一向较高的化妆品行业的损失也在10%以上。基于良好的疫情控制情况，近九成受访者预计能在2020年内恢复正常经营，但大多数零售商暂缓实体店扩张计划，数字化销售渠道预计将变得日益重要。

从上述数据可见，购物中心今年业绩受挫明显，但同时也正在恢复中，而经历了一场疫情的购物中心越来越意识到自身的问题和新商机。

在笔者看来，商业地产经历了20多年的发展后，慢慢步入了同质化时代，疫情让更多的业者意识到必须要做出自己的特色，更清晰自身的定位。为了做出特色，购物中心要在招商和品牌组合上有所突破，不能停留在那几家大众化品牌和传统的业态思维中。曾有业者与笔者交流，其所在的新购物中心项目地理位置不具备优势，因此很难招到知名品牌，于是其另辟蹊径，找各类潮牌和首饰店合作，一举成为时尚地标项目，并配合夜间经济，在今年疫情期间获得了不错的客流和收益。

在业态方面，体验式业态是这几年购物中心最为强调的，可惜疫情使得体验式业态的代表——电影院和儿童教育连锁产业受挫，于是，很多购物中心开始重新思考如何调整业态的问题。目前,融创、新城控股、爱琴海购物公园等都在新项目中植入新业态,如室内游乐项目、动物主题项目、运动场馆、戏剧演出等,以此吸引客流,弥补电影院和儿童教育连锁业态的损失。当然,目前电影市场正在复苏,购物中心也期待接下来在安全第一的前提下,电影院的上座率有所提升。

此外,未来新购物中心项目的动线设计和商业布局也要转型。比如设置更多可灵活操作的空间,既可做商铺,也可做活动场地,一旦有需要,就可以灵活转变,增加商场收益的可能。这种设计上的特色化也是给商场自身树立一个标志,包括建筑语言、建筑品质、空间氛围、空间体验等方面的标志化。

疫情对实体业者最大的促进莫过于加速线上发展。在笔者看来,直播带货只是表面形式,网红直播的边际效应会递减,腰部及腰部以下网红的带货能力与流量并不十分理想,但关键是背后的供应链和议价能力、大数据的收集、线上线下"一盘货"的打通。如今百联等业者都在疫情之下积极布局线上业务,希望加速打通线上线下供应链,通过科技收集大数据并精准营销。《中国购物中心数字化转型调研报告》指出,96%的受访企业有数字化转型战略,其中,10%的企业表示有很多成功项目,44%的企业表示目前还在转型过程中。

更进一步说,科技赋能是购物中心未来非常重要的趋势和必备技能。新城发展控股有限公司副董事长曲德君在与笔者交流时指出,科技的运用不仅涉及基础设施、安保体系等,也涉及数字化运营,帮助业者全渠道经营、精准化营销和全周期服务。商场内的客流动线、购买记录、消费偏好等大数据的收集,能描绘出具体的客户画像,从客户端的需求切入,进行精准营销并适当调整购物中心的运营,这是高性价比且一击即中的模式。

此外,金融化也是购物中心这类商业地产项目未来发展的一大方向,目前资产证券化正在加速。4月30日,中国证监会、国家发改委联合发布《关于推进基础设施领域不动产投资信托基金(REITs)试点相关工作的通知》。公开数据显示,全球有17个国家是在经济低迷或者下行背景下推出了REITs,根本原因在于REITs市场的建设对于经济发展有着至关重要的作用,能够引领经济走出危机、摆脱低迷,乃至为经济的持续发展提供新动能。因此,购物中心公募REITs或许已经逐渐具备了推出市场的时机。

中国连锁经营协会会长裴亮强调，未来的消费主渠道主要由三大部分组成：一是还在持续增长的线上和"到家"业务；二是贴近社区和消费者的社区小型的零售店铺，比如便利店；三是购物中心，购物中心必将成为消费者体验消费的"主战场"。同时，购物中心也会成为整个零售创新、商业创新的"主战场"。

2020 年 9 月 6 日

分享链接

# 环球影城来了,是分流迪士尼还是促进发展?

北京环球度假区 11 月 16 日亮相 2020 中国国际旅游交易会,宣布首批 21 家旅游渠道官方授权合作伙伴,包括北京神舟国际旅行社、广之旅、驴妈妈、美团、去哪儿、同程、途牛、携程、中国旅游集团、中青旅遨游和众信旅游等。未来,北京环球度假区还将陆续携手更多旅游渠道合作伙伴,全面布局线上线下渠道。

环球主题公园及度假区是康卡斯特 NBC 环球的下属业务板块。康卡斯特 NBC 环球全资拥有好莱坞环球影城、奥兰多环球度假区和日本环球影城,并通过许可协议授权经营新加坡环球影城。北京环球度假区由北京国际度假区有限公司开发、建设、运营。北京国际度假区有限公司是由北京首寰文化旅游投资有限公司和康卡斯特 NBC 环球下属业务板块——环球主题公园及度假区共同所有的合资公司,股权比例分别为 70% 和 30%。北京环球度假区包括主题公园、城市大道及两家度假酒店。北京环球影城细分七大主题景区。

此次宣布首批 21 家旅游渠道授权合作伙伴被业界解读为是北京环球影城即将开业运营的信号。而只要提起环球影城,就必然会让大家想到迪士尼,这是全球最知名的两大主题乐园,且受欢迎程度不相上下。

一旦环球影城开业,是否会对迪士尼造成分流?这是人们最为关心的问题。在笔者看来,环球影城和迪士尼并非分流的关系,而是具有差异化的共存,并且可以互相促进发展。

首先,环球影城和迪士尼在内容 IP 方面是有明显差异的。环球影城的几大板块运用的 IP 主要是"侏罗纪公园""未来水世界""功夫熊猫""哈利波特系列""变形金刚"等,迪士尼则更多的是"公主系列""玩具总动员""漫威系列""星球大战"等。这些不同的 IP 配上不同的故事,是百花齐放的,就好像你不会因为吃了土豆就不吃青菜了,这些都是不同口味的餐食,可以并存。而且不同的故事所展现出来的线下游乐体验感也是不同的，迪士尼更多的是梦幻系列，其惊险刺激度相对较低，而环球影城一些骑乘类项目的惊险程度较高。这些都是不一样的体验，并不存在互相之间的绝对替代性。

其次，两者主要客群年龄层的差异化。大家关心的是客源是否会分流，但实际上根据业界的不完全统计显示，环球影城的主要客群年龄层偏成人甚至单人玩家，而迪士尼的主要客群年龄层则偏相对低龄化和家庭客源。最为明显的是，不少成年男性更偏向环球影城，而女性和家庭客则更偏向迪士尼乐园。虽然客群必然会有重叠之处，但主要客群的差异化意味着人们并不会因为去了迪士尼就不去环球影城，反之亦然。

最后，从地理位置而言，上海的迪士尼乐园会更吸引长三角游客，去北京环球影城则是华北区域的游客更方便，所以这也是差异化。再进一步说，在美国加州，环球影城和迪士尼乐园是两者并存的，两者不但没有互相分流客源，反而是互相促进发展。很多游客来到加州的几大首选旅游目的地就是迪士尼乐园、环球影城和星光大道等，这些因为电影产业而衍生的旅游项目可以说是联动发展的，不少旅游路线完全是串联了两大主题乐园出售，这种捆绑不仅没有分流客源，而且促进更多的游客同时光顾加州迪士尼乐园和环球影城。

目前，国内旅游市场和消费者信心正在加速复苏。中秋和国庆假期，国内旅游收入已同比恢复近7成。2020年是上海迪士尼乐园开业的第四个年头，四年来，上海国际度假区累计接待游客约6 600万人次，2019年旅游产业总收入突破100亿元人民币，同比增长17%，已然成为上海市和全国重要的新兴旅游目的地。上海国际旅游度假区紧贴广大游客、市民的旅游、休闲及娱乐需求，聚焦打造"休闲度假好去处"及"文旅融合发展示范区"的目标，度假区运营总体安全有序，全域旅游态势初步形成，影视产业发展得以突破。同样地，北京环球影城的开业也可以期待其对北京市乃至全国旅游市场的拉动。从全国市场来看，迪士尼和环球影城的并存是利好于中国旅游市场整体发展的，两者可以互相促进，吸引更多的客源，拉动消费。

在笔者看来，所谓的对分流客源的担忧，实质上是一些主题景点经营者自身竞争力的不足，例如，一些主题公园项目的硬件和软件都有缺陷——游乐设备的陈旧、IP打造不够或内容的粗制滥造，一旦新的主题乐园开业，客人自然流向更优质的新项目。如果业者可以做强自己，练好内功，做出差异化特色，更多的新乐园开业只会产生聚集效应，吸引更多游客，而不是此消彼长。

2020 年 11 月 16 日

分享链接

# 丁真很好，但文旅业发展不能只靠一个小伙

阳光的笑容、质朴的眼神、美丽的雪山、奔驰的白马，这些都是一个20岁小伙子的标志，他叫丁真，因为一次偶然的网络传播，他"出圈"了，成为这几天的热搜。有公开数据显示，微博热搜关于丁真的话题有20个，累计阅读量突破42亿人次。

丁真让他的家乡理塘——这座海拔4 000米的县城走到聚光灯下。大批去过若尔盖、九寨沟、稻城亚丁、四姑娘山的旅客，借丁真的视角看到格聂神山、无边的毛垭草原与白马。也正是因为丁真的热度，携程等在线旅游平台上"理塘"的搜索量一周暴涨620%，有业者预测，理塘或将成为元旦假期的热门旅游目的地，这样的热度也使得各地都开始争夺丁真，希望助力自家的旅游业，吸引游客。

在笔者看来，淳朴可爱的丁真很好，他的走红有偶然性——完全没有预设过他的视频会火爆；但他的走红也有必然性——原生态的美正是压力过大的人群所缺乏和渴望的，人们在关注丁真的同时，其实是在映射自己的内心。然而，不管怎样，丁真火爆之后，各地对他的争夺，希望带旺各地旅游业的心情可以理解，但旅游业的发展和提升真的靠一个小伙就能改变吗？当然不是，丁真可以作为旅游形象大使，为其家乡代言，但真正的文旅业开拓与发展还得靠产业链上的业者，从基建、营销、规划和可持续发展等方面全面努力。

首先，发展文旅业自然需要有资源，有些资源是天然形成的，有些则是依靠人文艺术的加持和打造，这两种方式皆可。丁真视频中的格聂神山，海拔6 204米，当地还有理塘草原、勒通古镇、千户藏寨旅游景区、白塔公园、冷古寺等。不仅是四川，其实各地都有自己独特的旅游资源，关键是业者需要懂得合理开发和运用。比如规划，当年水乡乌镇，就是中青旅结合专家一起规划打造的，在一众水乡旅游中脱颖而出。所以，各地旅游业者在争夺丁

真的时候，不如花点时间想一想，如何定位和规划手中已有的旅游资源。

其次，文旅产业需要一定的基建来支持。旅游业的几大要素是吃、住、行、游、购、娱，其中最为基本是吃、住、行，也就是餐饮、住宿和交通，如果游客难以抵达，或抵达后食宿配套不足，那根本无法做好旅游生意。笔者曾经到访过一个风景优美的湖泊，但是要抵达那里，必须开车数小时，经过无人区，危险度极高，公共交通十分不发达，且当地的客房数量也不多。这样的情况，即便你争夺到丁真，获得了大量的客源，请问要如何让普通游客们到访？即便抵达了，当地的餐饮和住宿也是承受不了的。所以，在一窝蜂涌向丁真之前，业者得先自审一下基础建设情况和接待能力，做好基础工作是很有必要的。

再次，文旅业需要合理营销，懂得可持续发展。或许有人说，大家争夺丁真，也就是图个热闹，并不是真的要这个年轻人一下子在全国推广各地旅游业。但需要注意的是，过度营销会消耗资源，一时的流量和热搜是可以达到的，那么之后的可持续发展呢？我们看到过太多昙花一现的话题和热点人物，由于并没有扎实的内在基础，或过多消耗而在一段时间后陷入沉寂。丁真是个阳光的小伙子，他的身上有着太多天然的美好，他需要去学习和提升，让自己成为常青树，而不是昙花。

各地的旅游营销也是一样，或许今天一个网络话题可以将部分景点推上热搜，但游客是否真的买账，是否能维持长期的客流，需要合理化推广，切不可急功近利，过度商业化，最终失去了质朴的天然美，游客必然也不会买单。

笔者比较欣慰的是，看到与丁真签约的四川省甘孜州理塘县文旅体投资发展有限公司目前并没有过度营销，该公司甚至暂时拒绝了一切找上门的综艺节目，因为其希望丁真可以持续发展，而不是短期燃烧热度。

此外，为了更好地可持续发展，业者必须懂得科学管理和打造周边。不少景区和项目主要的收入就是门票，非常单一化，所以，除了涨价，似乎没有其他方式来改善收益。其实，开发夜游、通过演艺项目延长游玩时间、打造周边产品、增加各类消费可能等都是旅游业者应该去思考和改善的。现在已经有部分景区在开发衍生产品，也有取得一定成效的，但与海外成功的同业者相比，还有很大的差距。

同时，业者应该依托科技，大力发展智慧旅游，提升效率。根据文化和旅游部的消息，近日十部门联合印发《关于深化"互联网+旅游"推动旅游业高质量发展的意见》，该文件设定的具体目标是：到 2022 年，"互联网+旅游"发展机制更加健全，旅游景区互联网应用水平大幅提高。建成一批智慧旅游景区、度假区、村镇和城市。到 2025 年，"互联网+旅游"融合更加深化，以互联网为代表的信息技术成为旅游业发展的重要动力。国家 4A 级及以上旅游景区、省级及以上旅游度假区基本实现智慧化转型升级。依托网络平台的定制化旅游产品和服务更加普及。全国旅游接待总人数和旅游消费规模大幅提升。

所以，丁真很好，大家喜欢这个小伙子也很自然，但旅游业的发展还是要靠业者自身练内功，抓住消费者的心才是硬道理。

2020 年 12 月 1 日

分享链接

# 三、推本溯源

李溯婉 | 2000年大学毕业之后从事财经媒体工作至今。于2004年加入《第一财经日报》，现任汽车频道主编。"推本溯源"专栏主要是通过观察分析汽车产业最新发生的事件，追溯其背后的故事或商业逻辑。
lisuwan@yicai.com

## 中国汽车制造让内外销相互搀扶跨越疫情的篱笆

突如其来的疫情，设了一道篱笆，横行挡道，打乱外贸的步伐。

随着海外疫情蔓延，纺织服装出口订单大规模取消，不少服装外贸企业顿时陷入基本无单可接的困境，正在国内寻找客户拓展内销应急。鞋产品外贸的现状与纺织品服装的情况类似，因担忧疫情堵塞"出口"，有的鞋企甚至准备将工厂里原先面对海外采购商的样品展厅变成"商铺"，试水 M2C（生产厂家对消费者）的模式来撬动内销，希望通过减少中间流通环节以成本优势来吸引国内消费者。与鞋服这些出口量占比较高的行业相比，汽车出口受疫情冲击的程度相对小些，并非哀鸿一片。

作为全球第一大汽车生产国和第一大车市，中国 2019 年的汽车产量为 2 572.1 万辆，逾 90% 的产品内销，出口为 102.4 万辆，占中国汽车产量的比重不足 4%。受疫情影响，今年 1—2 月，我国汽车出口 11.3 万辆，同比下降 19.4%，其中，2 月份出口 4.5 万辆，同比下降 22%，与同期销量下跌八成的内销市场相比，情况不算很糟糕。

中国汽车主要对东南亚、中东、南美地区出口，在当前疫情重灾区的欧美市场甚少涉足，因此，受疫情的侵蚀程度没有纺织服装等行业那么明显。

不过，目前海外疫情短期可能继续恶化，将进一步波及汽车进出口贸易。在疫情席卷下，多家跨国巨头皆难以幸免，全球上百家汽车工厂进入"休眠"状态。其中，丰田在欧洲、北美的工厂相继停产之后，上周又宣布日本国内5家工厂生产线暂时停工，最长的停工将至本月中旬。这些生产线按下暂停键，除了零部件供应链、物流受疫情冲击之外，与疫情拖累市场疲软也有关。

国际疫情继续蔓延，或将让已逐渐复工复产的中国汽车制造面临二次冲击。乘联会秘书长崔东树认为，疫情会干扰中国车企出海的节奏和规划，预计今年汽车出口将下滑10%左右。

江淮、奇瑞、长安以及长城等车企均表示，疫情对出口销量以及海外市场零售量的影响当前还无法评估。加快"出海"的长城，今年年初先后宣布收购通用汽车的泰国罗勇府制造工厂以及印度塔里冈工厂，还计划未来进军欧盟市场，一旦疫情加重，其受到的冲击也会加剧，因此正持续关注海外市场的演变。

为了应对国内外贸易环境的骤变，车企纷纷使出浑身解数，更灵活地协调好国内外市场。从本月起，广汽集团旗下的广汽本田完成对本田汽车（中国）有限公司的吸收合并。本田汽车（中国）成立于2003年，是中国汽车史上首个产品100%出口的整车制造企业，由广汽集团等多家车企参与投资。不过，由于拓展海外市场难度大，本田汽车（中国）5万辆/年的产能一直未能充分利用。进行吸收合并后，广汽本田保留本田汽车（中国）原有的整车生产出口和全球KD零部件供应两大业务，本田汽车（中国）的整车生产线除了继续生产CITY车型并出口至墨西哥市场外，还于2020年4月起投产内销车型，首款车型为雅阁。全球出口KD零部件供应业务则将面向Honda在泰国等13个国家和地区的整车工厂供应量产零部件。

加上这次吸收合并的整车生产线，广汽本田迈入四条生产线的阶段，将产能扩展至77万辆，更重要的是整合资源，打通内外销通道，根据内外销市场情况进行生产调配，增强抗风险能力。

广汽集团旗下另一家车企广汽乘用车也在加快内外销两条腿走路。今年第一季度，由于国内疫情严重，内销市场缩水，广汽乘用车联动全球经销商合作伙伴，出口业务覆盖面增加至海外26个国家，海外销量同比增长114%，其中，3月份首次实现了单月出口量超2 000辆，相对缓解了内销下降的压力。

三、推本溯源

面对疫情存在的诸多不确定性，内外销市场相互搀扶，能相对有效地降低风险。上汽通用五菱正是通过内外销两条腿走路而逐步走出疫情的阴霾，其3月份终端零售突破13万辆，一举成为国内汽车企业3月份销量冠军。与此同时，上汽通用五菱海外业务实现逆势增长。一季度上汽通用五菱整车及KD件累计出口突破20 752台/套，同比增长254%，海外市场实现"开门红"。原版全球车宝骏530目前拓展到中东市场，首批订单的1 660辆在2月25日陆续发运到中东，并在3月份收获2 554辆的追加订单。

当前，随着国内疫情逐渐得以控制，以及各行各业复工复产的步伐加快，内销市场正在复苏中，在一定程度上可成为中国制造暂时的"避风港"。中国制造正在内外销融合以及市场多元化等方面加把劲。狂妄的疫情终将会过去，经历一场"战疫"的中国制造，在加剧的洗牌中将会增强体质并找到自己新的空间。

2020年4月8日

分享链接

# 没有车展的 4 月，自主与外资新能源车约战云端

原计划于 4 月举行的北京车展因疫情没有如期而至，近年来常在车展上作为主角的新能源汽车，纷纷转到云端火拼。

4 月以来，新能源新车扎堆在线上推出，自主品牌阵营有东风风行全能纯电 MPV 菱智 M5EV、广汽蔚来首款纯电 SUV HYCAN007、广汽新能源纯电动 SUV 埃安 V、小鹏汽车 P7 和长安欧尚 X7 EV 等多款新车。外资品牌也强势来袭，其中，特斯拉推出 Model 3 长续航版本，丰田汽车更是自 4 月下旬起一口气将三款纯电动车推入中国市场，其中包括其全球首款量产纯电动车型 C-HR EV、奕泽 E 进擎和雷克萨斯品牌量产纯电动车型 UX 300e。外资不惜将全球最新的电动技术率先导入中国，与自主品牌互下"战书"全面开火。

从 2010 年我国将新能源汽车产业纳入战略产业以来，以比亚迪为首的自主品牌借政策东风迅速成长，齐力将中国新能源车市推至世界第一的位置。直至 2019 年，国内销量排名前十的新能源车型依然清一色属于自主品牌。

然而，进入 2020 年，由于多重因素叠加，国内新能源汽车格局变幻莫测。特斯拉的国产，如鲇鱼般搅动新能源车的江湖，对比亚迪等自主品牌构成威胁。第一季度，虽然比亚迪新能源汽车（混动+纯电动）以 22 192 辆的总销量依然比特斯拉领先 4 000 多辆，但值得注意的是，特斯拉 Model 3 在第一季度上险量以 16 015 辆超过比亚迪和北汽新能源旗下所有纯电动车型的销量而拔得头筹，成为自主品牌的"公敌"。

不过，由于第一季度情况特殊，整个车市偏离正常轨道，随着国内疫情得以有效控制、车企有序复工复产以及新能源补贴新政在近日尘埃落定，自主和外资新能源汽车新一轮较量从 4 月真正拉开帷幕，从续航、价格、技术和服务等多个维度开战。

按目前发布的新能源汽车新政，补贴从 2020 年延长至 2022 年，今年补贴小幅退坡 10%，续航 300 公里以下的车型取消补贴，进一步倒逼电动车在

## 三、推本溯源

高续航里程、高端车型这条路上持续升级。4月份密集新推出的电动车续航基本都超过 300 公里，东风风行菱智 M5EV 综合工况续航里程为 350 公里，雷克萨斯 UX 300e 的 NEDC 综合续航里程达到 400 公里，广汽新能源纯电动 SUV 新车埃安 V 则推出 400 公里、530 公里和 600 公里三个续航版本。

目前，续航超 400 公里的纯电动车新车不断涌现，自主与外资品牌在最长续航上更是你追我赶。特斯拉在本月推出续航里程直接来到 668 公里的国产 Model 3 长续航版，刷新广汽新能源量产车埃安 LX 去年创下 650 公里的最高续航纪录，但仅隔十多天，自主纯电动车又迅速超越特斯拉冲入 700+ 纯电时代。小鹏汽车通过与宁德时代合作，于 4 月 27 日推出的新车小鹏 P7 的 NEDC 综合续航里程最高可达 706 公里，成为国内续航里程最长的智能电动车。小鹏汽车董事长何小鹏称，经调查发现，电动车消费者对续航和充电最为关注。

为了消除消费者对电动车续航里程的顾虑，无论是自主品牌还是外资品牌皆通过技术创新加足马力前进，一时难分伯仲。不过，在品牌力方面，特斯拉等外资品牌明显更胜一筹。

自主纯电动新车售价主要集中在 10 万—20 万元，而外资品牌电动车价格普遍超过 20 万元。值得注意的是，2020 年补贴新政首设新能源乘用车补贴前售价须在 30 万元以下（含 30 万）的价格门槛，但特斯拉 Model 3 和雷克萨斯 UX 300e 等外资品牌电动车售价皆超过 30 万元，对补贴弃权而直接参与市场竞争。新上市的小鹏 P7，多个版本集中在 20 万—30 万元，四驱高性能版售价也冲上 30 万元，但其对标的竞品并非特斯拉 Model 3，而是售价 60 万元以上的 Model S，期望通过价格错位竞争来撬动市场。价格战向来是自主品牌与合资品牌争夺市场的武器，但这并非"良方"，比亚迪、广汽、小鹏等自主品牌皆强调智能化以及自动驾驶等技术在未来电动车市场竞争中的重要性，并加快这些方面的投入。

特斯拉、丰田等跨国巨头不断带着电动新车来袭，让自主新能源车压力倍增，但同时也倒逼自主品牌车企加速技术革新，在相互竞争中逐渐攻克新能源车现有的痛点。众多新能源新车正密集上市，有望扭转当前国内新能源车市低迷的状态。

今年第一季度，国内新能源乘用车的销量为 11.4 万辆，同比下降 56.4%，而同期欧洲新能源汽车销量陡增，同比增长 79%，达 23.4 万辆，由此可见德法英等国传统车企在提速进入电动时代。这些跨国车企巨头为顺利通过"双积分"年考,将加快将电动车技术和车型导入中国,一旦"沙丁鱼"们群起而动,其进攻力不会亚于特斯拉。自主和外资新能源车的厮杀已剑拔弩张,交战中死伤难免,但交战之后的幸存者将更有力量,未来一起抢占传统燃油车的"疆土"。

2020 年 4 月 28 日

分享链接

三、推本溯源

# 口罩比卖车更吸睛，比亚迪制造天平哪边偏？

因为疫情，卖车的比亚迪也造起了口罩，还将其卖到国外，不过，比亚迪最近因此遇到了点麻烦。

近日，有消息传出，美国加州紧急事务办公室表示，由于未能拿到认证，比亚迪将退还该州为一单口罩购买合同所支付的预付款4.95亿美元的一半，即2.475亿美元。如果到5月31日前，比亚迪仍未取得美国认证，其将要退还全部订金。

此前，加州政府计划在2个月内向比亚迪采购3亿个N95口罩，每个口罩的采购价为3.3美元；另外再采购1亿个医用外科口罩，每个采购价为0.55美元，总的采购金额超过10亿美元。4月25日，300万个一次性医用外科口罩已运到加州，这是比亚迪与加州政府签订合同后交付的第一批货。如果口罩生意进展顺利，这将让车市中压力陡升的比亚迪好好喘口气。

4月28日，比亚迪在一季度财报中预测，由于"口罩生产预计将为集团的销售收入及盈利增长带来正面贡献"等因素，该公司2020年上半年的净利润将在16亿元至18亿元之间，同比增长幅度在10%至23.8%之间。因疫情及宏观经济下行对汽车行业整体市场的需求冲击较大，比亚迪今年第一季度新能源汽车销量断崖式下滑70%，受此影响，其第一季度净利润只有1.13亿元，同比下降84.98%。

当前，全球车市被疫情逼入前所未有的境地，各国销量一个比一个惨。4月份，美国新车销量下降46.6%，澳大利亚下跌48.5%，巴西缩水76.0%，法国、西班牙、英国和意大利4月份乘用车销量分别下滑88.8%、96.5%、97.3%和97.6%。印度跌得更狠，4月份国内零售销量直接归零。中国车市先行一步经历至暗时刻，在2月份销量大幅缩水八成之后，目前正逐月回暖。按中汽协最新的数据，中国汽车4月份销量增长4.4%至207万辆。不过，由于市场竞争激烈，比亚迪4月份新能源汽车销量依然下降45.87%，其汽车整体销量未能实现正增长。

在国内车市最糟糕的时候,比亚迪等一批中国车企纷纷扎堆造口罩。今年1月31日,比亚迪董事长王传福在该公司高管微信群里宣布造口罩的决定。疫情暴发后,各路企业涌入造口罩的热潮中,引发原材料和生产设备价格暴涨。比起许多行业的企业跨界造口罩,车企相对容易一些,比亚迪直接自己动手DIY组装生产设备。从2月份量产开始,比亚迪在目前口罩的日产量已高达2 000万只,成为当时世界上最大的口罩生产商之一。至于大家抢得头破血流的熔喷布从何而来,比亚迪一直对此三缄其口。不过,从熔喷布的用途也可以窥见一二,其不仅用于口罩,也是电池隔膜材料之一,靠电池起家的比亚迪因此抢占先机。

在汽车市场不景气时,口罩成为比亚迪突围的新出口,尤其是在海外市场。虽然口罩远低于电动车的出口单价,但其因量大而带来的利润不容小觑。电动大巴是定制化,出口各国的价格不一样,比亚迪此前未公开价格,不过,曾有报道称比亚迪纯电动大巴的出口价格是80万美元。此外,美国洛杉矶郡大都会交通局(LA Metro)在2017年曾宣布向比亚迪一次性采购60辆纯电动大巴,金额约为4 496万美元。迄今为止,比亚迪在美国市场接的最大的纯电动大巴订单是洛杉矶市今年2月向比亚迪采购134辆车,假如按80万美元一辆来算,也不过1亿美元,总额与10亿美元的口罩订单相比明显逊色。

可惜,比亚迪口罩出口加州突生变数。按比亚迪相关人士5月11日的说法,此次是N95口罩订单延迟交付,而非订单取消,受影响的仅为N95口罩的交付,比亚迪N95口罩的NIOSH认证时间延误,导致产品5月份的交付延迟,产品品质并没有问题,比亚迪退还回去的是加州提前给的N95口罩部分订金,实际N95口罩还没有发出。此外,比亚迪一次性医用口罩的交付未受影响,同时加州还追加了一次性医用口罩的新订单。除去国内口罩市场供应外,比亚迪在4月和软银集团达成协议合作生产口罩,还拥有美国其他州及其他各个国家的订单,正在加班加点生产口罩,因此,加州口罩订单对该公司的经营影响不大。

值得注意的是,口罩生意再怎么火爆,也只是比亚迪在途中的一个驿站,其主战场依然是汽车,虽然汽车及相关产品在比亚迪2019年的营业额占比从上年的59%下跌至49%,但依然远比其他产业重要,近年来,比亚迪还不惜出售一些电子业务来更加聚焦新能源汽车业务,在当前特殊时期涉足口罩业

## 三、推本溯源

务无疑只是权宜之计，作为高端制造业的新能源汽车才是长远发展之计。

面对电动车企特斯拉和动力电池企业宁德时代等竞争对手的猛攻，已失去全球电动车销量冠军宝座的比亚迪，亟须重新调整步伐，借助刀片电池等新技术在新能源汽车领域开始新一轮的战斗。国内疫情影响明显消减以及新能源汽车补贴延长两年，这给比亚迪在新能源汽车带来新契机，而未来随着新能源汽车的重要零部件半导体和电池等板块剥离独立上市，也将缓解比亚迪的资金压力并提升其竞争力。

2020 年 5 月 11 日

分享链接

# 自主品牌能否重新攻破40%的"市占率红线"

中国车市在疫情的冲击下结束2020年的上半场，以V形反弹迎来下半场。不过，与众多合资品牌"历劫"后快速复苏有所不同，自主品牌依然普遍承压，尤其是多家新造车企业已陷入危机中。随着合资品牌加快蚕食SUV以及新能源等市场，自主品牌未来的走势将更加不明朗。

一汽丰田在7月1日晒出6月销量同比增长30%的成绩单，广汽本田、广汽丰田等合资企业则在端午假期里依然加班生产，加足马力冲刺全年产销目标。不仅在燃油车领域，丰田、大众等跨国车企在电动车领域的火力之猛也前所未有。市值首超2 000亿美元而成为全球市值最高的汽车公司特斯拉，目前在华更是如日中天。面对合资、外资品牌不断增加"弹药"，自主品牌的处境不容乐观。

SUV曾是自主品牌最"豪横"的细分市场之一，但在今年5月SUV品牌销量前十名中，自主品牌仅占到三个席位，合资占了七个席位，而几年前这一比例恰好反过来。在新能源车市里，自主品牌直至2019年依然包揽销量前十，但今年格局也已变化，5月特斯拉Model3的销量遥遥领先，以11 095辆位居榜首，宝马5系也挤入前十。因多个细分市场逐步失守，今年5月自主品牌乘用车的市场占有率进一步下滑至34.1%。

在车市寒流以及合资的冲击下，自主品牌乘用车的市占率自2018年起节节败退，前年下跌至42.1%，去年进一步跌破40%的"市占率红线"（这一比例直被认为是判断自主品牌成功与否的界限），至今跌跌不休。这一幕此前也曾发生过，2010年自主品牌的市占率为45.6%，随着连年下降，到2014年，自主品牌失守40%的"市占率红线"，跌至38.4%。

2015年是自主品牌的转折之年，国家推出小排量汽车购置税减半的政策，自主品牌从中受益。不过，彼时自主品牌迎来拐点的更重要原因是抓住SUV的风口而密集投放新产品，传祺GS4、比亚迪宋、宝骏560等新车加入支援

## 三、推本溯源

SUV盟主哈弗H6，助推2015年自主品牌的市占率回升至41.3%，并由此迎来新一轮的快速发展，2017年的市占率冲高至48.8%。

然而，在SUV布局稍慢的合资品牌迅速调整战略，凭着产品和品牌优势切入紧凑型SUV等市场。值得注意的是，即使合资品牌来势汹汹，自主品牌也并非一片哀鸿。5月份SUV销量前三名依然被长城哈弗H6、长安CS75以及吉利博越包揽。作为一线自主品牌，吉利、长城和长安在5月份的销量同比呈现两位数强劲增长，但仅靠这三家发力，自主阵营还是难以重拾涨势。问题在于，广汽传祺、上汽乘用车、比亚迪、奇瑞等这些曾经快速崛起的自主品牌后继乏力。

目前，部分自主品牌在技术、性能和品质上已优于二线合资品牌，但在品牌向上的道路上仍然艰难。近年来，自主品牌试图在品牌向上寻求突破，吉利、长城和奇瑞分别推出高端品牌领克、WEY和星途，广汽传祺则推出GA8、GS8和GM8等高端产品推动品牌向上。近期，广汽密集推出这三驾马车的改款、附属或换代产品，继4月份推出传祺GS8S新车之后，6月份又推出GM8大师版以及搭载最新的ADiGO智能物联系统的全新一代GA8，寄望以此扭转目前同比负增长的走势。

不过，品牌向上并非一蹴而就，尤其在轿车市场，自主车企要打一场硬仗。轿车销量前十名绝大多数被合资包揽，而中高级轿车细分市场更是被合资品牌重兵把守，自主品牌要杀出重围应是道阻且长。吉利博瑞自2015年上市之后，月均销量3 000辆左右，而广汽传祺GA8从2016年5月上市至今的4年时间里，平均月销量在1 500辆左右，这些自主中高级轿车表现差强人意，距离雅阁、凯美瑞等合资热销车型动辄上万辆的月销量依然存在差距。

合资品牌在燃油车领域已形成强大的比较优势，加之国内外环境发生深刻的变化，导致自主品牌向上的难度系数不断加大。而汽车产业加快朝"四化"转型，智能电动车被认为给自主品牌弯道超车创造机会。虽然特斯拉刚夺走比亚迪在国内的新能源车销冠军宝座，但真正的较量才刚开始，自主品牌扎堆在此，与合资、外资品牌一较高低。

比亚迪新推出首款搭载刀片电池的纯电动新车型汉，寄望以此走出低谷。去年4月份才上市的广汽新能源埃安S，在今年5月份的销量就仅次于Model3排第二，广汽新能源紧接着在7月2日推出在里程、科技和服务三方面升级的2020款广汽新能源埃安S，以此开启今年下半场的攻势。吉利、长城等自主品牌也频频"触电"。与此同时,蔚来、小鹏等造车新势力也在提速前进,但造车新势力鱼龙混杂,出现多家企业"出师未捷身先死"的现象。

今年下半年,自主与合资的争夺战无疑将升级,皆力争将上半年被疫情吞噬的市场夺回来,自主品牌要重新攻破40%的"市占率红线"阻力很大。不少自主品牌除了加速进攻智能电动车,还加快"汽车下乡"的步伐,通过渠道下沉撬动市场,多方寻找机会,重归上行的轨道。

2020 年 7 月 2 日

分享链接

三、推本溯源

# 车企"抓大放小"成趋势 小型车市场如何竞争

尽管当前小型车市场的空间缩小、竞争加剧，但车企们并没有选择放弃这一市场的争夺。

离开主流市场一段时间的飞度在 8 月 26 日重新归来。作为广汽本田 Honda 旗下的品牌，进入中国市场 16 年的飞度曾是中国 A0 级轿车市场的销量冠军，即使在 2019 年受到"国六"标准阻碍的情况下依然实现超 11 万辆的销量，成为唯一一款年销破 10 万辆的 A0 级轿车。然而，作为 A0 级"神车"之一的飞度，上个月因老款仅销售两辆而遭到疯狂吐槽。

如此惨淡的成绩单，与新老车型正处于换代交替期有关，但不仅仅如此。多重因素叠加，让飞度接受前所未有的挑战。

从去年 6 月开始，第三代飞度便陷入去库存而没有新车销售的窘境。这与广州、上海等多个城市从去年 7 月 1 日起实施"国六"标准有关。为何在主要销售地区"国六"标准实施一年多时间后才推出符合"国六"标准的第四代飞度？

广汽本田内部人士曾透露，新车研发和生产有一定的周期，恰好要在冠道以及飞度的新车排序作出选择，综合市场调查、利润等多方面因素，最终决定先在去年推出符合"国六"标准的冠道新车，而暂时"牺牲"售价最低的飞度。

广汽本田 Honda 品牌旗下有冠道、雅阁、奥德赛、皓影、缤智、凌派、飞度七大系列车型，难以做到一下全部推出符合"国六"标准的新车。不同于全球车型飞度，大中型 SUV 冠道是中国特供车型，在一定程度上更容易根据中国市场情况尽快调整。

从当前的市场来看，广汽本田在去年"抓大放小"先推出 20 万元以上的中高端车型冠道的战略无疑是正确的。

据乘联会的数据，在上半年轿车市场上，价格在 20 万元以上的高端轿车份额首次超过价格在 10 万元以下的低端轿车，前者累计销量达到 102.3 万辆，同比降幅为 10.8%；后者的市场销量仅为 88.6 万辆，同比降幅高达 38.9%。

国内车市的升级其实从去年就已开始，主流消费群体的换购需求，为豪华车和中高级车创造了新空间，此外，在智能化和新能源趋势之下，消费者对于新的高端产品的需求也逐渐旺盛起来。即使在今年受新冠肺炎疫情的影响下，中高端车也比低端车抗压。疫情被认为对中低收入阶层消费能力的冲击远大于中高收入阶层。而小型轿车飞度所在的 10 万元以下的细分市场明显受到重创，力帆等以小型车为主的自主品牌更是在垂死挣扎中。

不仅是中国低端轿车市场承受压力，美国市场也如此。近日，据《朝日新闻》报道，丰田将在美国市场退出小型车的销售，其目前在美销售的唯一小型车雅力士委托的代工方马自达已经在 6 月份停止生产，待库存清空后将停止销售。作为退出小型车销售的补充，丰田将资源集中到美国畅销的 SUV 等大型车上。疫情使得美国汽车的销售结构进一步分化，与丰田在美国"抓大放小"的举措类似，通用、福特也宣布削减在美的小型车甚至是轿车业务。

小型车的春天是否一去不复返了？也未必。丰田小型车 YARiS L 家族致炫和致享 7 月份在中国的销量为 12 318 辆，1—7 月份累计销售 67 490 辆，今年连续七个月蝉联小型车销量榜首。满足"国六"排放标准的 YARiS 家族全员逆势跑赢大盘，主要原因是竞争对手本田第三代飞度因为没有满足"国六"排放而在很多城市都停止销售，以及大众换代后的 Polo plus 涨价自废武功。

全新一代飞度自 26 日上市之后，势必会蚕食致炫等车型的市场份额。第四代飞度从设计、科技以及营销等多方面争取年轻人，尤其是 Z 世代的年轻人，为此还专门提出"Z 圈营销"的概念。

此前，不仅是本田，丰田、大众、现代等跨国车企巨头也纷纷在华推出"年轻化"战略，以小型车来撬动年轻消费者的市场，并与自主品牌在小型车市场"火拼"。随着中国车市从增量到存量的深度调整，以及恰值"70 后""80 后"车主正进入换购高峰期，一些车企在最近一两年对小型车的态度明显不如对利润丰厚的中高级车"热情"，尤其是在"国六"以及疫情的冲击下，情不自禁地将天平往中高级车倾斜。

不过，这是车企根据市场变化而进行的阶段性调整，虽然当前小型车的市场空间缩小，竞争不断加剧，但许多车企在中国依然不会放弃对这一细分市场的争夺，这是培养基盘客户的主要途径，从入门级车型开始，然后步步为营，为中高级车打好基础。至于当前小型车市场能否走出低谷而实现复苏，这有赖于年轻人这一"后浪"发力。

2020 年 8 月 26 日

分享链接

# 比亚迪的想象空间还有多大

比亚迪（002594.SZ）的股价正不断创新高，继9月15日一度封停突破百元之后，16日继续攀升，收盘价为105.40元，涨幅为4.05%，以2 875亿元的市值位居中国整车企业市值榜榜首。与全球车企第一股特斯拉一样，比亚迪借助投资者对新能源汽车的热情迎来高光时刻，但也不尽然，比亚迪在今年以来股价一路飙升，靠的不仅仅是新能源汽车。

16日凌晨的苹果发布会上，苹果并没有发布万众瞩目的iPhone12，而新款iPad成为主角之一。业内有消息传出，比亚迪电子将为苹果代工2020款的新iPad，股价上涨与此有关。比亚迪至今未对此作出回应。由于代工保密协议等原因，代工企业往往不便对外公布与品牌商的具体合作情况。

还有另一种说法是，比亚迪最近股价上涨，或与它即将向戴姆勒供应刀片电池有关，比亚迪同样对这一消息不予置评。

被特斯拉抢走全球新能源汽车销量冠军宝座的比亚迪，经历了补贴退坡以及新冠肺炎疫情等多重压力，截至今年8月底，其新能源汽车依然未能止跌，为了弥补新能源汽车销量下滑的遗憾，比亚迪今年除了推出刀片电池以及首款搭载刀片电池的汉纯电动新车之外，还开始造口罩、筹备半导体公司剥离上市以及加快在电子板块的步伐。

为了更聚焦新能源汽车领域的发展，比亚迪曾在2015年将深圳比亚迪电子部件有限公司忍痛割爱，将其作价23亿元卖给合力泰科技股份公司。今非昔比，新能源汽车板块自2019年7月以来"跌跌不休"，比亚迪正在不断调整战略，在开发新能源汽车相关新技术和新产品的同时，也将老本行的电池业务以及电子代工等业务进一步加强。

据比亚迪2020年上半年度报告，该公司在今年上半年的营收为605.03亿元，同比下滑2.70%，但归属上市公司股东的净利润是16.62亿元，同比增长14.29%。在营收缩水的同时反而赚了更多钱，这主要是手机、电池与光伏等业务在"救场"。今年上半年，比亚迪汽车及相关产品业务的收入约人民币320.72亿元，同比减少5.62%；手机部件及组装业务的收入约人民币233.80

亿元，同比增长 0.24%；二次充电电池及光伏业务的收入约人民币 47.91 亿元，同比增长 7.59%。三大业务占比亚迪总收入的比例分别为 53.01%、38.64% 和 7.92%。

因此，比亚迪手机部件及组装业务在疫情影响下依然保持增长。许多人只知道比亚迪是新能源汽车领军者，但往往不知道其还是手机行业的隐形巨头。比亚迪从 2003 年开始开展手机代工业务，凭着比富士康更低的报价抢走后者不少订单。

比亚迪电子 CEO 王念强去年曾表示，全球平均每 10 部手机中就有 2 部应用了比亚迪电子的技术，主要客户包括华为、三星、苹果、小米、vivo 等智能移动终端厂商。

此外，比亚迪还是全球领先的二次充电电池制造商之一，主要客户包括三星、Dell 等消费类电子产品领导厂商，以及科沃斯、iRobot 等全球领先的机器人专业制造品牌厂商。其实，比亚迪的产品覆盖消费电子、物联网、机器人、人工智能及新型智能产品等领域，但因为不生产自有品牌的整机产品，所以往往不为人所知。

从多元化到逐渐聚焦新能源汽车，比亚迪通过打造汽车自有品牌快速提升知名度。不过，在今年疫情以及国内新能源汽车市场整体滑坡的情况下，比亚迪反而靠手机代工等业务来拉升业绩，渡过难关。

手机等代工业务虽然稳健发展，但毕竟没有更多的自主空间，比亚迪势必会在已占到总收入半壁江山的新能源汽车领域加大投入。不过，特斯拉以及众多合资品牌加快电动化的步伐，加上一年多以后新能源汽车补贴将完全取消，比亚迪的电动车盈利能力将面临较大挑战。

正因此，比亚迪依然要不断靠手机等代工业务源源不断地"造血"，但仅此还不够，比亚迪还要拓展新的经济增长点。在云轨新业务于国内进展不大顺利的情况下，比亚迪开始寻找新的突围路径，将作为汽车核心零部件的半导体以及电池等板块尽快剥离出去独立上市，这是比亚迪正在推进的计划。

一直以来，极少有企业能够在一个行业里很好地兼顾自有品牌与代工两条腿走路。比亚迪之所以在手机代工业务上稳定发展，正是因为其没有自有的手机品牌，但在汽车板块迥然不同，由于存在自有品牌，与别的汽车品牌商存在竞争关系，其电池与半导体等汽车核心零部件在对外供应的过程中有一定难度，这也是比亚迪电池装机量逐渐落后于没有自有汽车品牌的电池供应商宁德时代的原因之一。将这些核心零部件板块独立出去能否化解矛盾，这对比亚迪而言是一大考验。

2020 年 9 月 16 日

分享链接

# 四、燕说车市

杨海艳｜第一财经汽车记者。毕业于山东大学中文系。从 2009 年开始进入媒体工作，长期专注于汽车、出行等相关领域的报道。
yanghaiyan@yicai.com

## 新宝骏能否靠智能化蹚出新路

车企们正加快在智能互联领域的探索步伐。

1 月 13 日，新宝骏在南宁市发布了两款量产车型 RC-6 和新宝骏 E300。亮点之一是这两款车均搭载了 HUAWEI HiCar 智能生态平台，而这也是华为自去年 4 月份首次以智能汽车增量部件供应商身份亮相上海车展后，新的解决方案在汽车领域的首次合作落地。

不同于苹果 CarPlay 和百度 CarLife 的手机投屏方案，HUAWEI HiCar 使用的是车机芯片的运算能力，手机只扮演应用提供者的角色，HUAWEI HiCar 可以使车机和手机实现硬件互助，比如共享手机 AI 算力等。

新宝骏搭载 HUAWEI HiCar 智慧互联产品后，可以与多达 1.3 亿个华为智能终端与智能设备完全打通。基于分布式技术，搭载 HUAWEI HiCar 的新宝骏还将实现多项黑科技的落地，如手机与车机的无感连接、车内摄像头疲劳检测、车内一键远程控制家居、Android 应用生态共享等。

2019 年被认为是 5G 商业化应用的元年，在此之前，业内一致认为，随着 5G 时代的到来，自动驾驶的应用会在车企身上进一步提速。但事实上，由于政策、法规以及基础设施的滞后，去年以来，自动驾驶的落地步入"冷静期"，车企和互联网以及产业链上相关公司在智能互联领域的探索步伐却在加速。

当汽车不再被简单当作一种出行工具，智能化到底能够将汽车的内涵和边界拓展到什么样的程度？当汽车作为一个移动出行空间，围绕人、车以及生活，到底能够在多大程度上刷新移动出行生态圈的概念？经由生态圈的合作，新的出行方式能否为传统的汽车制造企业带来差异化的更有竞争力的生存模式？

针对上述问题，所有的车企都在按照自己的节奏和路线进行探索，从上汽荣威和阿里巴巴联合推出全球首款互联网汽车开始，智能化就已经成为车企集中努力的方向之一。不过，与别的车企更多地将智能化作为一种"锦上添花"的功能不同，承担着上汽通用五菱转型重任的新宝骏已经将智能化作为未来发展的最为重要的支点。

自2019年4月11日品牌发布及首款车型RS-5发布以来，新宝骏已经与斑马、博泰两大智能车的方案供应商联手，推出了RS-5、RC-6、RM-5、RS-3共4款智能互联汽车产品。据了解，截至目前，以"年轻、科技、网联、智能"为品牌基因的新宝骏，累计已经实现了10万辆销量。在2019年车市整体下滑的大背景下，作为一个新生品牌，这样的销量成绩可以算是开了一个好局，在Wey和领克"向上"突破受阻，合资车型下压的大背景下，新宝骏要获得更大的发展，就必须在差异化领域做到更加极致。

差异化的体现之一就是速度，在与华为合作时，新宝骏一直在抢跑。"在智能化已经成为所有车企努力方向的背景下，我认为速度和效率也是竞争力的一种。"上汽通用五菱（SGMW）副总经理兼新宝骏销售公司总经理张子盛这样说。

其次，在合作的广度与深度上，虽然几乎所有车企都在打智能牌，业内都在畅想人与车、生活的无缝连接，但事实上，真正做到这一点的企业目前尚未诞生。新宝骏在联合华为、博泰之外，还将与爱奇艺、美团、喜马拉雅、酷我、苏宁、携程、百度云等众多生态伙伴牵手，希望在生态圈的落地上能先人一步。

另外，在智能化的解决方案上，新宝骏也采取了多条腿走路。"我们认为现在的车联网从三年以后来看都是不清楚的，因为未来很快会有5G等新的技术出来，也会有物联网的技术出来，没有哪一个车联网说确保自己是非常正确的。"张子盛谈道，在车联网解决方案上，目前新宝骏的合作方有三个。

  在智能化的道路上，新宝骏希望做到万无一失。毕竟，格局裂变当前，进攻便是最好的防守。但智能化能否为其蹚出一条新路，还有待观察。

2020 年 1 月 14 日

分享链接

# 车企老总化身"李佳琦",云卖车能为行业带来什么?

疫情之下,本来已经进入冰河期的汽车产业再遇冰点,倒逼车企和经销商将营销战场从线下搬到线上,无论是新车发布、试驾、销售还是提车,只要消费者想,都可以通过"云端"一键直达。部分车企老总为了吸引流量和关注,不惜亲自披挂上阵,化身"李佳琦"。

"希望大家选购我们的车辆,我们的智能网联车辆和新能源车辆基本都安装了独特的空气净化装置。大家看我的眼睛睁得这么大,这一定是真的。"2月14日,上汽乘用车公司副总经理俞经民化身主播,与网红"G僧东"通过直播为自家旗下的荣威、名爵两个品牌造势。

上汽首开先河之后,越来越多的车企老总和销售负责人加入了"云上营销"的队伍。其中,东风乘用车公司副总经理颜宏斌不惜化身大厨,在快手直播"一碗热干面",以吸引消费者的关注。从做饼干到品咖啡,造车新势力蔚来汽车无疑是春节期间直播频率最高的一个品牌。

分众传媒创始人兼董事长江南春在一次直播分享中谈到,在线化和数字化是中国各行各业的必然趋势,这次疫情让人们再次深刻理解了20年前的一个广告"要么电子商务,要么无商可务"。

在某些消费场景和领域,上面的结论确实是经验之谈,比如线上买菜。然而,买车不是买菜,汽车是一个重线下和体验的行业,随着电子商务的发展,几乎所有的消费行业都能够通过"上网"获得新的契机,但汽车电商依然不温不火。那么,疫情之下的"被迫"数字化,能为行业带来什么?

让我们先来看一组数据,据企业和平台公布的数据,上汽乘用车在2月14日发起的主题为"特别的爱给特别的你"的直播在多个平台累计吸引近50万人观看。威马汽车此前进行了超过290场直播,累计吸引了超过50万人次观看。由颜宏斌发起,东风风神共推出6场品牌官方蓝V、40场东风风神金牌销售全天候在线直播,在快手共获得近10万人次观看,点赞人数超过20

万次。而在易车联合经销商发起的大型直播中，首场吉利品牌5个多小时的专场直播吸引了84万人围观，用户互动超过10万次。

"从数字上看，此次疫情期间车企和经销商的直播，无论是在流量还是在互动上，与以往相比都有一些提升。"某车企线上营销的负责人和笔者谈到，出于工作需要，他和部门同事春节至今一直在关注各大车企的线上营销情况。"不得不说，和口红以及鞋包等比起来，汽车直播的流量还是太低了。也暴露出很多问题，比如绝大部分4S店的直播都非常地不专业，能看出来可能是没有经过准备，就是单纯地为了满足厂家的KPI要求。"但是他也谈到，随着越来越多的车企加入线上营销的阵营，直播的话题性、互动性以及策划的多样性开始体现。

"不过，买车还是一个十分具体、需要对服务、价格以及售后等进行综合考虑、且决策周期相对较长的行为，所以，如果说想要通过直播的模式就卖出去多少车，那是不可能的。"他谈到，疫情期间的云上营销对于车企和经销商来说都是一场练兵。

上述数据对于车企来说，更重要的意义在于以下几个方面：一是可以更加直观地获知消费者在消费过程中的关注重点、喜欢的互动和沟通模式；二是通过在线直播的方式，在疫情之下，可以一直维持品牌的声量以及与用户的沟通频次，为用户此后的消费决策提供潜在的影响；三是车企老总做直播，在一定程度上可以丰富品牌的标签以及人设，拉近与消费者的距离。

"经过这次全行业的操练，我们可以通过互联网足不出户地发现自己品牌和竞品以及豪华品牌的销售人员对于自家产品的理解程度，对于需求上存在的短板与不足，此后的培训就可以朝着这方面去补短。"这位人士谈到，另外，在话题营销和具体的交流方式上，企业也发现了此前的一些不足之处。在他看来，这些经验和收获是远比现在卖出去几辆车更值得庆祝的事情。

2020年3月2日

分享链接

# 蔚来"绑定"特斯拉求带货

两年前,蔚来汽车创始人李斌谈论特斯拉中国本土化生产时,曾说过一句让人印象深刻的话:"加州温室里的花朵,到中国来未必能适应激烈充分的市场环境"。但两年后,蔚来汽车却选择抱特斯拉的大腿。

日前,蔚来汽车推出一项新的营销举措,其内容为:即日起只要到店试驾蔚来车型,并最终选择蔚来或者特斯拉车型的用户,均可获得3张NIO Power 一键加电服务体验券。据了解,该体验券单张价格为380元,合计价值1 140元。

为什么蔚来汽车的态度会有如此大的变化?今年一季度中国新能源汽车销量数据可以现出端倪。据乘联会的数据显示,3月份特斯拉在中国市场的销量为1.02万辆,远高于2月份的3 900辆,刷新了其在中国市场的单月销量纪录,单一车型的交付量在新能源车销售榜单上排名第一。据工信部日前发布的数据,今年一季度,国内新能源汽车产销分别完成10.5万辆和11.4万辆,同比分别下降60.2%和56.4%。如果刨除新能源商用车,一季度特斯拉在国内新能源汽车市场的份额已经超过了15%。

值得一提的是,目前国产特斯拉Model 3入门车型价格已下探至30万元以下,如今又推出国产长续航版本,补贴后售价低至33.9万元,这样的定价对蔚来、小鹏等造车新势力来说压力颇大。

上海地区一家蔚来中心的销售顾问认为,蔚来汽车推出上述营销活动,一方面是为了推广蔚来的充电服务板块NIO Power业务;另一方面,1 000元的成本如果能为蔚来带来一个进店试驾的有效流量或者更多的话题,性价比已经非常高了。与此同时,一键加电这项营销活动仅针对最后在蔚来或特斯拉之间下订单的客户,其他品牌暂不包括。带给用户的潜台词是,蔚来汽车与特斯拉才是真正的竞争对手,也潜在地维护和巩固了品牌形象。

"目前来看,试驾过我们车型的消费者成交的概率非常大。所以对我们来说,最大的问题就是要如何去扩大我们的知名度和影响力。"该销售顾问告诉笔者。在蔚来过去的订单中,有很多是用户的转介绍,但要有更大规模的市场，必须要"破圈"，扩大圈层之外的影响力。

很难说蔚来的这项举措能够为自己带来多少流量和话题，但从另外一个侧面看，蔚来汽车的行为其实在某种程度上已经证明，在中国的新能源汽车市场，特斯拉已经从一个后来者变成了"领头羊"，无论是在市场端还是在资本端，特斯拉带来的效应都已经十分明显。

比如自特斯拉国产敲定，相关产业链的配套企业的股价就快速上扬，而与特斯拉相关的几乎所有的概念股都迎来了上涨。在近期，特斯拉宣布未来将在中国市场的车型中使用宁德时代的无钴电池，"钴业三巨头"（洛阳钼业、华友钴业及寒锐钴业）的股价立即应声跌停，而被点名的宁德时代的股价再迎上涨。哪怕有专家指出，特斯拉所打出的"无钴"概念事实上只是磷酸铁锂电池的另外一种说法，也没有立即扭转股价的跌势。

从国产落地至今，特斯拉的"鲶鱼效应"正在充分显现，更有人认为，特斯拉正在从鲶鱼变成鲨鱼。国内新能源车企的负责人在聊到特斯拉时，都会"淡定"地表示，特斯拉并非直接的竞争对手，新能源汽车的目标是要和传统汽车抢市场，特斯拉的进入有利于共同做大新能源汽车市场，带来产业链成本的下降。但事实上，目前新能源车面临的续航、成本以及充电基础设施不完善等多重痛点，短期内市场难以大幅提升的背景下，如何从传统燃油车和特斯拉的夹缝中抢市场，对于车企尤其是造车新势力来说至关重要。

特斯拉在全球范围内的热度不减，也让业内反思，新能源汽车能够取代传统车型，利器并非简单的能源变化，而是智能化和创新。眼下国内的新能源汽车市场，虽然年销量规模已经到达百万辆级别，但是绝大部分车型只是完成了动力形式的转换，在创新尤其是面向未来的智能化、自动驾驶领域的短板仍然十分明显。

2020 年 4 月 16 日

分享链接

# 4月车市没有报复性消费

随着疫情的缓解，复工复产走入正轨，车市也在逐渐回暖。近日，多地政府拟出台相关刺激政策，车市会迎来报复性消费吗？

据全国乘联会的统计数据，4月前两周（1—12日）的乘用车市场零售总体回升相对较快。前两周日均零售2.77万辆，同比降幅已经收窄至12%。全国乘联会秘书长崔东树认为，从恢复进度看，需求爆发式增长的现象还不突出，目前逐周快速提升的销量同比表现还是平稳。尽管政府拟出台车市刺激政策，部分城市政策实际落地生效，但政策启动期的效果一般不是很突出，等到政策退出前的末班车效果才明显。

为拉动汽车消费，目前相关部门及20个省份出台了各有侧重的扶持政策，这些专门针对汽车消费出台的政策会带来诸多利好，但具体效果短期内还不好判定。总的来看，政策非常重要，但汽车消费不完全靠政策拉动，还和宏观经济紧密相关，尤其是中低收入人群的收入情况，如果他们的收入能够稳定增加，就有助于支撑汽车市场发展。

威马汽车创始人沈晖认为，报复性消费的规模和力度不会很大。报复性消费的主体，是那些消费能力在疫情中没有受到损失，只是因为隔离和4S店未复工等外在原因，而达不成消费的人群。

中汽协副总工程师许海东在谈到疫情对于车市消费的影响时说，一是国内运输业、旅游业、餐饮业、零售业、制造业等多行业受疫情影响，从业人员的收入受影响导致汽车消费能力受损。二是随着疫情在欧美的暴发，我国外向型的劳动密集型产品出口下降明显。随着海外疫情的加剧，外向型出口企业又面临3个月到半年的停工，员工收入下降，也将影响汽车消费。

"中汽协预计二季度中国汽车市场会有较大复苏，但难以恢复到去年同期水平。"许海东表示，下半年汽车行业销售水平有望恢复或超过去年同期，但仍将受到海外疫情防控进展的不确定因素影响。

除了宏观经济因素，中国汽车保有量也是车市消费需要考虑的因素之一。很多人会用2003年"非典"之后消费市场的暴发来预测当下车市，但一个非

## 四、燕说车市

常明显的数据是，2003年国内汽车的千人保有量仅为18.44辆，但到了2019年，据世界银行公布的数据，我国汽车的千人保有量已经达到173辆，而在北京、上海等一线城市和东部发达地区，比如苏州，千人保有量在2018年已经超过350辆。在当下城市限购以及道路交通条件下，汽车保有量不可能出现无休止的上涨。

其次，从政策层面看，虽然多地出台了促进汽车消费的政策，但这一政策并没有触及地方政府防控汽车总量无休止增长的底线，比如北京的稳定汽车消费政策，更多的是支持和鼓励换购以及新能源汽车的消费，而非简单的拉动消费。在汽车牌照等资源紧缺的情况下，消费暴发的可能性并不大。

不确定性之下，车市的增长点将会集中在哪些方面？新能源迎来利好是业内的共识。

从目前来看，包括北京、广州等多地政府推出的稳定汽车消费的政策，都提到对于新能源汽车的支持，这无疑将在一定程度上拉动市场消费。另外，特斯拉的口碑效应，新基建的加速，尤其是充电网络的加速布局，都有利于新能源汽车的普及。

与此同时，业内认为，虽然车市可能出现负增长，但消费升级的趋势不会改变。一方面缘于豪华车价格的下探，过去几年间，重点消费品类，特别是中国豪华车渗透率从2013年的5%上升到2018年的12.4%，2019年，国内豪华车市场销量突破220万辆。另一方面，相对于普通的消费者，中产阶层以及豪华车的消费者抗风险的能力相对更强。比如此前别克提供的数据，虽然受到疫情影响，但别克此前推出的豪华mpv车型GL8 Avenir艾维亚的预订数据中，售价接近53万元的4座版竟然占据了最大的份额。另外，从3月份的车市销量数据可见，与今年3月份国内车企整体下滑40%的零售相比，豪华市场仅下滑20%，明显要优于整体市场的表现。

2020年4月19日

分享链接

# 车企转型，从换标开始？

为表明电气化和智能化转型的决心，越来越多的车企开始换标。

日前，上汽荣威发布全新 R 标，这是上汽荣威电动化之路的新起点，上汽荣威旗下的电气化车型都将搭载全新的 R 标，传统燃油车将采用焕新后的狮标。

对于一个品牌来说，品牌标识和 logo 实际上是品牌价值最为直观的体现。那些历史久远的品牌，每一次品牌标识的改变，都伴随着品牌理念和价值的转变。

车企转型，从换标开始。这样的案例并非仅有荣威一家。如果你熟悉大众、宝马以及奔驰等拥有百年或者近百年历史的传统汽车品牌，就会发现，每一次品牌换标的背后，都是一次转型的尝试。而在面向电气化和智能化的转型时，这些品牌同样也没有闲着。

在"2019 法兰克福车展大众汽车集团之夜"上，大众集团全新车标的首次亮相便出现在 ID.3 纯电动车型上，从此，全新 VW 标识便与新能源车型有了千丝万缕的联系。全新的 VW 标识摒弃了现有标识的镀铬外观以及三维造型，观感更具数字感和未来感。宝马集团也采取了相同的策略，今年 3 月初，全新的车标便首次搭载于极具未来科技感的纯电动概念车 BMW i4 车型上。

不止是汽车行业，在各大消费领域，品牌标识的每一次变化都潜藏着企业想要改变消费者对于品牌认知的野心。不过，换标能否改变大众对于品牌的认知，这种看上去的表面功夫到底有没有用？

从消费心态来讲，对于一个成熟或者正在发展的品牌来说，随意地更换 logo 显然不利于受众对于品牌的认知，而且会在受众心中产生不信任感。但是，当企业面临品牌战略调整，旧的 logo 已无法符合时代发展的要求时，更新 logo 则变得重要且迫切。

里斯战略定位咨询高级顾问刘坤认为，传统车企要改变或者加深消费者对于旗下电气化和智能化车型的认知，就有必要启动全新的品牌或者标识。比如特斯拉，大家一听就马上与新能源、智能化联系起来，但是如果你提到

## 四、燕说车市

大众、宝马,消费者对于它们的认知还局限于传统燃油车时代的特征。

启动新的品牌或者新的标识刷新消费者的认知只是第一步,有必要但并不能保证结局圆满,最终还是要依赖于产品和服务说话。对于电气化车型来说,消费者在选择时对于服务的保障要求相对于传统车的更高。

在换标的同时,服务上的升级成为主流,荣威 R 标意味着荣威瞄准中高端新能源推进品牌转型升级再次出发,R 标旗下车型将配合全新数字化手段,在服务等方面实施变革。宝马也正在向一种新型关系品牌转变,新的传播 logo 表达出更多开放和清晰的态度,也是为了更好地迎接品牌数字化所带来的机遇与挑战。为抢跑电气化时代,宝马计划在 2023 年累计向市场推出 25 款新能源车型。大众更是不甘人后,计划在 2020—2024 年向混合动力、电气化和数字化领域投入 600 亿欧元。

到底谁能够在"新四化"的浪潮中站立潮头,现在回答这个问题还有点早。不过,从纷纷换标这件事来看,虽然市场前景充满未知,但大家都希望让自己看起来不再原地踏步。

2020 年 5 月 18 日

分享链接

# 结盟真的是传统车企的最优解？

6月10日，特斯拉的股价大涨接近9%，收盘价首次攀升至1 000美元以上，市值达到1 901亿美元，超越丰田汽车跃升为美股市值第一的汽车公司。而此时距离特斯拉成立才17年。

同一天，大洋彼岸的福特汽车和大众汽车双双发声，表示两者已签署战略联盟协议，将在中型皮卡、商用车和电动车领域展开技术合作。竞争对手一夜变战友，在最近的汽车行业并不少见。除了大众和福特结盟之外，丰田汽车近期也与中国一汽集团、东风汽车、广汽集团、北汽集团以及北京亿华通共同成立联合燃料电池系统研发（北京）有限公司，以推进氢燃料电池车在华研发、落地和普及。

更早之前，一汽集团、东风汽车和长安汽车三大车企宣布投入160亿元成立中汽创智科技有限公司，共同致力于电动平台及先进底盘控制、氢燃料动力平台、智能驾驶及中央计算平台等领域的核心技术的研发。2019年，戴姆勒与宝马宣布在出行业务领域建立合作关系。

汽车产业诞生100余年来，车企之间的战略合并、战略收购重组屡见不鲜。但在技术和关键业务领域大规模深度合作、共享以及联营却并不多见。毕竟，核心技术所构建的壁垒是车企立身之本，怎么会轻易与人分享？

但就像特斯拉美股市值超过丰田汽车一样，汽车产业正在发生深刻的变革。过去的历史和积淀一夜之间成为向前的"包袱"，在面向电气化、智能化转型的背景之下，巨额的投资只是考验中的一环，更具挑战的是，未来市场到底将走向何方？

以电气化为例，通用汽车早在几年前就开始电气化、自动驾驶的布局，今年3月更是宣布将投资200亿美元用于生产和研发电动汽车，背后的代价却是传统业务在全球的紧缩。即便如此，资本市场依然对通用汽车非议不断，认为通用汽车在电气化等方面已经落后于大众汽车这样的竞争对手。

大众汽车是转型最为决绝的传统车企，该公司计划在2020—2024年间投入600亿欧元用于混合动力、电动出行以及数字化等领域的研发工作，在2029年年底前推出多达75款电动车型以及60款混合动力汽车。

# 四、燕说车市

大众汽车大手笔投资的背后同样出现了传统汽车业务的萎缩。受"柴油门"事件影响，大众汽车不得不一再通过裁员等方式节省开支。据外媒报道，迪斯在任职大众汽车CEO期间，通过了全球范围内裁员3万人的计划，此举帮助大众汽车节省了37亿欧元的开支，但也引发了大众汽车工会的不满。触怒工会导致的后果之一是迪斯近期向监事会申请续约其工作合同至2025年时遭到了拒绝，毕竟，大众汽车工会的劳工领袖控制着大众集团监事会19个席位中的9个。

即便是付出了这么高的代价，大众汽车在电动化和智能化领域的转型也难言顺利。毕竟，截至目前，对大众集团来说至关重要的两款车型，高尔夫8和ID.3电动车的软件问题仍然未能全然解决。

固有的技术短板，加上在未来的智能化领域尚未获得验证的盈利方向，让这些大企业的转型充满迷茫。"智能化其实是一个非常大的概念，是一个很宽的赛道，需要持续的高投入，且很多投入可能是浪费的。"里斯战略定位咨询高级顾问刘坤此前曾和笔者交流过这样的观点。

据全球咨询公司AlixPartners发布的报告，去年全球汽车制造商的已动用资本回报率（ROCE）与2015年相比平均下降了47%。此外，从2015年到今年第一季度，供应商和汽车制造商的债务负担分别增加了33%和36%。在今年3月初至5月22日期间，受疫情影响，全球汽车制造商和50家供应商的账目上又新增了721亿美元的债务，其中包括197亿美元的有期债项和524亿美元的已使用循环信用贷款。

如此背景之下，要在确定的现在和不确定的未来之间作出抉择并加大投入，合作可能是降低风险的正确选择。

但当昔日的竞争对手选择牵手时，问题当然也会发生，如不同企业文化之间的融合、合作过程中的分工和信任问题、组织架构和管理职能设置等，都会遇到挑战。对于消费者来说，他们可能还会担忧，当车企之间共享平台技术、动力总成、关键零部件时，不同品牌的汽车会不会变得雷同而乏味？某些零部件或设计缺陷导致大规模召回的概率是否也会变得更大？这些都需要时间来回答。

2020年6月12日

分享链接

# 高端自主品牌蚕食部分二线合资品牌的市场空间

7月,中国品牌在乘用车的市场份额占比达到35.1%,环比提升1.7个百分点,结束了自3月起连续下降的趋势。

以PSA为代表的法系品牌基本上已放弃了中国市场,以现代起亚为代表的韩系品牌也正在谷底挣扎,加之美系品牌的上汽通用销量连续下滑,长安福特回暖的速度依然缓慢,这给中国高端品牌的成长提供了市场空间和时间窗口期。

红旗、WEY以及领克等品牌自2017年开展自主高端化运动,至今虽然仅三年时间,但WEY和领克的市场总销量双双突破30万辆,红旗在今年或将达到20万辆。除了销量之外,售价的突破以及品牌口碑的树立也是这一轮中国品牌在高端化方面取得的成功。

以领克为例,据吉利汽车发布的2019年财报,领克品牌的平均售价达到15.6万元,已经完全进入了二线合资品牌的价格区间,而今年5月上市的领克05,平均售价超过20万元,更是进入了包括大众、通用等主流合资品牌的价格区间之中。"最初消费者选择领克品牌,是因为有沃尔沃汽车作为背书,但三年以来,他们对于沃尔沃的这种品牌依赖在减弱。领克品牌潮流、性能的调性开始被市场接受。"领克汽车销售有限公司总经理林杰在与笔者交流时谈道。

这种转变并非一蹴而就,中国汽车产业走过了30年,从最开始的合资品牌市场换技术,到自主品牌走性价比路线,从农村包围城市。30年中,自主车企以及大集团旗下的自主品牌,一次次发起向高端市场冲刺的信号,但在2017年之前几乎没有品牌获得成功。

2018年,中国车市出现28年来的首次下滑,2019年下行的趋势延续,今年上半年在疫情冲击之下,所有的品牌都在集体"渡劫",但为什么恰恰在这么困难的局面之下新的自主高端品牌能够崛起?

一是二线合资品牌和弱势自主品牌的衰退让出了部分市场空间。简单测算一下,在2019年上半年,美系、韩系、法系车在市场上的份额分别为9.58%、4.69%和0.73%,但到了今年上半年,上述三大系别汽车的市场份额

# 四、燕说车市

分别为 9.33%、4.18% 和 0.31%，以中国乘用车市场 2 500 万辆的销量初步计算，让出来的市场就差不多达到 30 万辆。

二是从消费环境来看，随着中国制造实力的提升，年轻消费者对于外资品牌的迷恋已经逐渐成为过去时，"国潮"的兴起带来消费的回归，消费者不再迷恋品牌，而是关注产品的性价比以及附加值。So. Car 产品战略咨询创始人张晓亮在和笔者交流时也说道，如果时间倒退几年，领克、WEY 以及红旗可能不会在市场上获得成功。就像几年前观致汽车走高端败北一样，在业内看来，彼时的车市消费理念尚不具备培育一个高端品牌的条件。

2020 年上半年，中国的汽车保有量已经突破 3.6 亿辆，一二线乃至三四线市场都已经进入"换购"时代，车不仅仅作为一种出行工具，消费者在选择时会更多考虑个性化和品质化的需求。在张晓亮看来，无论是大众还是丰田等品牌的传统车型，和越来越个性化的消费需求相比，都显得有点"无聊"了。跨国车企虽然强调本土化，但其出发点仍然是在全球化基础上的本土化。致力于高端的中国品牌，除了经过几十年的发展，在技术上已有一定的积累之外，中国作为本土车企的主场，对年轻消费者的需求更加看重。

"现在的市场已经都不再是细分的概念，而是微分的概念。可能每个人都需要有与他人不一样的地方。"林杰说。

如何去体察这些需求？无论是蔚来汽车还是领克，都通过推出 App 的方式建立与用户的直联，根据用户的产品反馈进行改进。除了迭代速度，中国车企在智能化方面无疑也是领先全球的，欧洲和日本在互联网科技上的应用落后于中国，在汽车智能化领域也不可能如本土高端品牌一样投入，而这些都是目前中国高端品牌的优势。

未来，这些高端自主品牌如何能够将在认知和功能点上的优势变成持续的体系优势，并实现与合资品牌的抗衡？长城汽车董事长魏建军的认知非常清晰。他认为在传统车企转型升级的过程中，电池、互联等技术上的变革都不是最终的挑战，挑战最大的是体制、机制、文化的变革。要持之以恒地培育成功一个高端品牌，这三年的成绩还只是开始。

2020 年 8 月 12 日

分享链接

# 中国汽车品牌欲"夺回"行业标准定义权

北京车展今日正式落幕,由于疫情隔阻,海外车企全球CEO几乎都无法亲临现场,国际车展在事实上成为中国车企的主场,让笔者感受最为深刻的,是本土车企对于未来汽车市场各领域标准的自我意识萌发。

吉利汽车在车展上正式发布了《家轿颠覆者宣言》。"中国家轿的标准为什么一定要让外国人来定义?"吉利汽车总裁、CEO安聪慧在现场发问,他谈到,中国消费者更讲究大、要面子、功能多。但是很多用户需求被一些强势品牌主机厂定义了。

这是一种现实,虽然汽车被发明至今已有100余年,但在中国,汽车走入寻常百姓家,无论是曾经风靡一时的"老三样""新三样",还是后来的国民车夏利、QQ,都有赖于合资合作的推动。通过合资合作,以市场换技术,也为中国自主汽车企业的发展提供了流程体系、标准认知,建立和健全了中国的汽车产业链。

经历30年的发展,中国一跃成为全球第一大汽车市场,消费市场的逐渐成熟,差异化的需求亟待中国车企不再追随。经历了前期的学习模仿,中国车企对市场和消费者也有了自己独立的判断,本土企业在对于本土消费者的文化和消费心理的理解上,相较于外资和合资车企,有更加敏感的体会,且更容易作出改变。在此前的SUV浪潮中,最先发现并把握住这片蓝海的,正是本土车企。

安聪慧和笔者聊到,从车展可以看到,自主品牌无论是新势力还是传统车企,基础都已经提升。现在看全世界最好的装备都在中国,国外的企业都在买中国的装备,中国的人才储备、对互联网的接受程度、对新事物的接受程度都是最高的,这也奠定了整个中国汽车产业发展的基础。主机厂很多国外的设计师已经开始向中国设计师学习。

因此,吉利汽车提出,要全面实现燃油车整车OTA,全面普及"全方位健康车",重构家轿空间新标准,为中国消费者重新定义家轿。

这只是第一步,伴随着5G时代的到来,中国车企在车联网以及智能化等领域已经走到了全球的最前沿。在这一背景下,不再跟随,建立自己的标准和本土化的适应策略,是中国车企在未来的全球化竞争中能够获得突破的必然之举。

上汽通用五菱副总经理练朝春之前在和笔者聊及中国本土汽车智能化的未来时也谈到,业内所谓的智能汽车定义各不相同,比如车联网或者ADAS智能驾驶,无论是在分级还是定义的使用场景上,都来自西方,智能驾驶在国外所定义的场景可能是基于高速公路路况之下,但在中国会更关注城市道路交通,二者之间差异悬殊。所以在他看来,不能简单地将别人的智能化标准作为自己的标准。

在全球范围内,汽车行业的主导权也并非由一国或一家企业所掌握。100多年来,汽车工业的重心由欧洲转移至美国,再到日本。奔驰作为汽车的发明者首开先河,但福特的"T型车"和流水线是让汽车走向普及的关键,日本企业主导的精益化生产和管理模式至今仍被绝大部分车企奉为圭臬,而新的能源模式的切换,以及智能汽车时代的到来,中国这个全球第一大汽车市场,眼下确实有了换道先跑的优势。

"这个时代是共性的,中国跟世界上的潮流切换得非常一致、非常快,甚至于领先。"上汽集团技术中心副总设计师兼全球设计总监邵景峰认为,中国市场以现在的体量是很容易成为定义者的,中国的年轻消费者已经逐渐形成了自己的消费逻辑,很多大厂商必须跟随。上汽名爵近期发布的MG领航和MG5两款车型,就试图向市场传达中国品牌的原创力。上汽乘用车副总经理俞经民认为,以荣威RX5为代表的自主品牌第一代SUV展现了很强的原创力,但第二代车型如果再讲原创力已经不够,还必须要在智能、科技、品质上真正能与合资品牌抗衡。MG领航就试图成为中国自主SUV第二代的领航者,而作为上汽乘用车旗下的全球化品牌,名爵也希望利用二代SUV车型在全球市场获得认可。

传统车企正试图将行业标准的定义权和主导权从外资企业手中夺回,国内造车新势力则更进一步,希望成为"用户型"企业,快速反馈、快速迭代,这种模式正随着当下汽车智能化水平的提升成为现实。传统整车厂乃至整个行业都在思考,未来汽车的定义到底应该由谁来主导?毫无疑问,当中国的企业不再跟随时,用户需求将成为未来车企唯一要遵从和关注的。眼下的C2B模式以及"客制化"还只是开始,短期内中国的消费者可能成为最早的"尝鲜"一族。

2020 年 10 月 6 日

分享链接

# 跨国零部件巨头"瘦身"，聚焦电气化

全球汽车市场回暖缓慢，电气化市场蕴含的巨大潜力正推动零部件企业加速转型。

10月2日，博格华纳宣布以33亿美元（约合221亿元人民币）收购德尔福科技。在业内人士看来，双方强强联合的背后凸显两个行业特点：一是以两家公司为代表的发动机及变速器等传统业务已进入转折期；二是向电动化转型已经成为跨国汽车零部件企业应对现实挑战的共同选择。

全球排名第四的零部件供应商大陆集团日前预测，受疫情影响，全球汽车市场要到2050年前后才能恢复到2017年的水平。

为此，大陆集团作出了一个在业内看来十分大胆的决策，即2030年以后，市场前景有限的产品将不再列为核心业务，并逐步退出燃油喷射部件的业务。在此背景下，大陆集团于2019年将原动力总成事业群独立出来，成立纬湃科技，以更加灵活的架构和组织专注于电气化业务。纬湃科技首席执行官Andreas Wolf告诉笔者，该公司预计未来电气化市场的年增长率高达30%，"电气化将会是未来驱动系统的核心，如果我们能够把握主流趋势，势必在电气化的大潮中为公司带来源源不断的收益"。

Andreas Wolf认为，截止到目前，内燃机仅有柴油机和汽油机两种形式，但未来10年电驱系统将具备大量不同类型。根据全球车企的规划，到2025年，约有40%的新乘用车和轻型商用车的传动系统将采用电气化元件，而汽车制造商们计划在2030年前投资约3 000亿美元，用于开发电气化技术。与传统燃油车相比，咨询公司罗兰贝格在今年1月发布的报告提到，到2025年，电动汽车中所需要的电子元件将比2019年内燃机汽车中的电子元件多出70%。

在电气化驱动系统领域，目前纬湃科技已经推出集成式轴驱系统、48伏系统以及第三代高度集成的电动轴驱系统（EMR3）。和集成式轴驱系统相比，EMR3可以降低约40%的成本。

中国将仍然是全球车企和零部件企业竞争的中心地带。据国家工信部此前的数据，目前国内的新能源汽车保有量已经达到480万辆，全产业链投资已经超过2万亿元。预计到2025年，中国所有上市的新车型中，有25%将是纯电动或插电式混合动力的新能源车。因此，纬湃科技选择将亚太区全新的研发中心落户天津，该中心预计于2021年落成并投入使用。这也是纬湃科技未来在中国市场的混合动力及电气化动力总成技术的研发基地。

传统零部件公司机构庞杂，要快速地适应未来市场的高速增长，并基于不同的国家和地区推出属地化的解决方案，必须要改变过去固有的思维和组织模式。在笔者看来，传统零部件公司的转型已经迫在眉睫，拆分和兼并重组有利于大公司以更加灵活的组织机构和更高效的行动来把握先机。但这种模式也存在挑战，不同的组织机构和文化体系如何在短时间做好融合协同、全力进入市场，仍存在挑战和疑问。

2020年10月24日

分享链接

# 围猎欧洲纯电动车市场，中国车企能站稳脚跟吗？

特斯拉在中国生产的 model 3 出口欧洲，首批 7 000 辆，这在海外市场引起广泛关注。此前，中国被认为是世界工厂，但不是汽车出口大国。当特斯拉宣布即将批量出口中国制造的 model 3 至欧洲 10 余个国家进行销售时，有一种观点是，现在中国希望利用电动汽车改变这种状况，与内燃发动机时代不同的是，中国真的有机会成为电动汽车出口市场上的一个重量级选手。

除了特斯拉，宝马此前也宣布在全球范围销售的 iX3 电动运动型多用途车将由宝马与中国合作伙伴的合资企业华晨宝马生产，沃尔沃在美国销售的部分车型也来自中国工厂。外资品牌将中国产电动车出口全球，在一定程度上证明了"中国制造"已经在国际市场上获得了认可。同时，中国作为全球第一大电动车市场，在供应链的成熟度等方面逐渐与全球主流市场媲美。

在传统燃油车为主流的时代，中国车企在国际市场上更多扮演着追随者的角色。随着电气化和智能化时代的到来，中国在全球汽车产业中不再仅仅起到制造基地的作用，而是从幕后行至台前，与全球车企同台竞争。

"汽车电动化、智能化已经是大势所趋，也是中国汽车产业从跟随到超越和引领的历史机遇，将改变汽车产业的供应链形态，产业链、供应链将会带来更广阔、更丰富的发展空间。"国家发改委产业发展司机械处处长吴卫在"2020 中国汽车供应链大会"上谈到。

目前，中国车企在全球电动车市场上的表现已经呈现出这种趋势。此前，上汽名爵发布其在英国的销售数据，随着当地政府对电动车补贴的加码，名爵 9 月份对英国的出口量已经超过 3 000 辆。而造车新势力爱驰以及小鹏汽车，最近都开始了对欧洲市场出口。吉利旗下的领克在成立四周年之际发布了全球化战略，并于近日在荷兰阿姆斯特丹设立海外首家线下体验店，同时发布领克 01 全球版车型，这款新车将在中欧市场进行同步预售。

"欧洲各国对于电动车加大补贴力度，确实为中国车企的电动车出口提供了契机。"爱驰汽车创始人付强此前就告诉笔者。在政策驱动下，欧洲电动车市场需求旺盛，但是本土企业目前的电气化车型储备并不多，很多车企的订单都已经排到年底。

欧洲市场电动车的供给呈现出两极分化的现象，高端车型（如特斯拉、奥迪旗下的车型）的价格相对较贵，价格相对便宜的主要是雷诺 ZOE 的小型车等车型，消费者选择非常有限。目前，欧洲的电动车在智能化尤其是人机交互方面与中国车型相比还有一定差距。从价格上看，中国出口至欧洲的电动车在价位上填补了入门级和中高级市场的空白，相对领先的交互智能也让中国电动车在市场上具备差异化的优势。更重要的是，中国车企为了让其电动车成功地在成熟的海外市场站稳脚跟，在运营和售后服务上往往不计成本。有业内人士认为，中国车企目前在海外电动车市场的优势，在一定程度上是因为当地车企的"觉醒"相对较晚，所以让中国企业在市场上占据了先机。

随着大众 MEB 平台电动车的量产，以及传统车企电气化进程的加速，中国电动车是否还能在海外市场保持优势？毕竟，对于外来者来说，要做好和本土企业的竞争，产品性能领先、综合品质的稳定以及服务的完善，都缺一不可。中国电动车把握好时间窗口，打造长期稳定的竞争力，这才是关键。

2020 年 10 月 30 日

分享链接

# 切入高端市场，车企转型出行服务商的"第三种模式"

"从传统的汽车制造商，向移动出行公司转变"，是当下几乎所有车企面对"新四化"浪潮时努力的方向。移动出行市场到底要怎么做？

包括上汽、广汽、吉利以及戴姆勒、宝马等多家公司在全球范围内都做出了多种尝试。目前车企布局出行市场主要有两种模式：一是分时租赁，如上汽的EVCARD、力帆汽车的盼达出行；二是走大众化的网约车路线，如上汽的享道出行、广汽的如祺出行、首汽约车等，它们试图与滴滴等出行公司抢夺市场。

到目前，包括上汽EVCARD在内的分时租赁模式，都面临盈利、管理等诸多方面的问题，在欧洲市场开展分时租赁业务的跨国企业，多年来难以盈利的现状证明，车企做分时租赁在当下并不是一个好的选择。那么网约车呢？据前瞻产业研究院的数据，2016—2019年我国网约车市场规模逐年上升，2019年达到3 044亿元。

上千亿的市场，对于进入者来说，都是一个大蛋糕，但事实上，今天的网约车市场，除了滴滴于今年5月在一次采访中提到已经盈利之外，其余的入局者（尤其是车企）仍处于亏损经营中。以吉利旗下的曹操出行为例，虽然估值已经超过10亿美元，但成立至今依然处于整体亏损中。

车企在发力出行业务时，经常会强调车辆成本的优势，通过数据对传统制造模式和消费者认知的改变和提升。但如果无法找到规模、体验和成本之间的平衡点，显然不会有出路。一位长期关注出行市场的投资人和笔者谈到，在出行市场，依靠资本简单复制规模是不可能成功的，网约车是一个重资产和重出行的行业，加上各地牌照和准入门槛的限制，要再出现一家滴滴几乎不可能。

所以，出行市场比拼的不单纯是效率，也不是单纯的服务，而是集效率、服务等诸多因素于一体的综合运营能力。

当以分时租赁为代表的共享出行以及面向大众出行市场的网约车模式都不被认为是车企布局出行市场的最优解时，吉利牵手戴姆勒以50∶50的对等股比成立了耀出行公司,开始发力高品质出行市场,希望能探索出"第三种模式"。

与前两者相比,耀出行定位更加高端,起步价格在百元级别,旗下车型均为奔驰的新车,同时每辆车还配备出行管家。目前,耀出行布局的6个城市,投入的车辆仅千辆级别。耀出行首席运营官杨广告诉笔者,耀出行不希望被定义为传统的网约车,"在过去的5—8年,中国网约车的激烈竞争带来一种固定模式,现在耀出行需要做的就是跳出原来的传统网约车模式"。杨广说,戴姆勒和吉利希望耀出行能够被认作为车轮上的五星级酒店,利用重资产的模式做好服务,并使之成为公司的壁垒。

高品质出行市场针对的是高净值用户,但目前并没有一家从线上到线下单纯针对这一市场的O2O公司,2017年滴滴开始布局这一市场,其投放的车辆包括奥迪等多个豪华车品牌。此外,目前全国有上千家可以提供这一服务的小公司,它们大多数仅拥有几辆或者是10—20辆车。"这些公司的接待能力相对有限,基本上还在采用人工调度的方式对车辆进行排期。"耀出行CEO顾涛告诉笔者,在没有互联网技术介入的背景下,消费者出行的成本相对较高,以杭州市为例,部分五星级酒店有专门的奔驰等高端车辆接送机场往返的乘客,但价格都在千元级,耀出行通过互联网平台的预约和需求匹配,可以让车的利用率提升,将价格降低至200元左右。

"原来这一市场在传统的模式下,几乎每家公司都是盈利的。"顾涛告诉笔者,这说明这一市场本身是具备盈利性的,加上耀出行旗下的车辆更具成本优势,市场整体还是大有可为的。在此之前,宝马曾在成都市试水布局高端出行市场,但一年后这一项目再无消息。这意味着,要在这一市场实现规模化和盈利,也不容易。杨广也谈到,要做一个成功的出行服务的公司,首先必须要成为一家有互联网基因的公司,其次要加大技术投入,最关键的还是服务。

当一家公司能够建立起高效的数字化服务能力,并在服务上"千人千面"时,或许这一模式能够走通,成为车企布局出行市场的"第三种模式"。

2020年12月2日

分享链接

四、燕说车市

# 零跑造"芯",能否超车?

蔚来汽车创始人李斌曾说过:"汽车公司真正难的不是活在当下,而是活在未来。"经历 2019 年的市场淘洗后,据不完全统计,2020 年市场上存续的新造车公司仍有 40 多家,但中国汽车工业协会统计有数据递交的企业不足 10 家。

在互联网和科技行业,创业基本上都是用金钱换时间的过程,只有获得足够且可持续的资金,才有将商业落地现实的可能性,而要让一家兼具互联网和传统制造业特点的新造车公司顺利地走下去,对资金的渴求更是超越其他。经历过几年的市场洗礼,新造车势力目前排位初定。头部三强纷纷登陆美股,获得较高估值,第二梯队威马汽车、合众汽车都计划在 2021 年登陆科创板。

在眼下现存造车新势力都已经进入"交卷期",资金和资源都向着头部企业集中的大背景下,第一和第二梯队之外的企业,剩余仍有车辆销售的企业,除了零跑汽车,就剩下云度新能源一家。虽然云度新能源也被称为造车新势力,但股权关系显示,这是一家背靠福建省汽车工业集团以及莆田市国有资产投资有限公司的企业。

零跑汽车则是由浙江大华技术股份有限公司及其主要创始人共同投资成立,与上述几家企业相比,零跑在融资体量上相对较小,目前公开披露的金额不足 40 亿元。从官方公布的销量上看,今年前 11 月,零跑汽车累计销量为 8 000 多辆,虽然超过云度,但与头部几家相比仍存在差距。

作为"后来者",如何追赶?零跑汽车宣布将从 2021 年 1 月 1 日起正式启动第三款车型零跑 C11 的预售,与此前两款价格集中在低端的车型相比,这款预售价格在 16 万—20 万元的新车希望回归主流市场和价格区间,从传统燃油车的手中抢份额。

当自动驾驶、智能化成为车圈热点时,自动驾驶芯片也成为最受关注的话题之一,尤其是在当下整个行业正面临"缺芯"难题的大背景下,零跑 C11 最令人关注的内容之一,便是其所搭载的车规级 AI 智能驾驶芯片——凌芯 01 芯片。得益于股东方大华股份在安防领域的技术积累,零跑与其合作研发了首款全国产化且具有完全自主知识产权的智能驾驶芯片,为了增加新车的安全和功能冗余，零跑C11上搭载了两颗凌芯01芯片。

零跑汽车创始人朱江明表示，零跑C11搭载的智能驾驶系统在硬件算力上已经能够完成L3级自动驾驶，5个毫米波雷达、10个车外摄像头、12个超声波雷达以及1个车内摄像头组成感知系统，并搭载自研的三电系统共同完成辅助驾驶。

"使用自己的芯片，意味着以后可以不受制于供应商，随时可以对车辆的自动驾驶等功能进行OTA或者FOTA升级。"一位零跑的内部人士告诉笔者，自研芯片是C11乃至以后智能汽车的核心竞争优势之一。

从预售发布的配置以及价格方面来看，零跑C11与传统车企以及新造车公司的新车定价方式都完全不一样，发布的3个不同价格的车型仅在电池续航上存在差异，其余配置完全一样。"其实现在手机不同的配置，差异也仅表现在内存容量上，其余基本一样。"零跑汽车内部人士告诉笔者。

随着汽车电气化和智能化趋势加速，车与车之间基于硬件的差异变得越来越小，软件可能成为未来最为核心的竞争力。但不同的车企，对于硬件上同质化的理解以及应对方式不一样。大部分传统车企在探讨定制化，由此拉开车与车、人与人的差异，诸如零跑汽车这样的新造车公司更愿意从互联网科技公司的角度来理解这种差异，到底哪种才是消费者更倾向的模式，这恐怕需要时间来作答。

对于零跑汽车来说，时间弥足珍贵。新能源汽车补贴退坡已经让国内新能源汽车市场发生巨大变化，明年随着大众ID系列的正式入市，以及特斯拉新车型的国产，市场无疑还将出现重大变化。零跑显然已经预见了这种变化，零跑C11从预售到2021年四季度交付，中间有足足9个月的时间，在这一漫长的等待时间中，零跑给下单的用户大额的补偿，将白车身下线、高寒、耐久以及高温等此前车企在新车发布时基本上都已经走完的测试流程放在了预售后，并希望消费者参与和给予更多意见。零跑是业内第一家做出上述尝试的企业，这一模式能否奏效，自造"芯"的零跑能否实现追赶，目前难以判断。

2020年12月29日

分享链接

# 五、唐言柳语

唐柳杨 | 第一财经汽车频道副主编,高级记者。毕业于湖北大学中文系,2003 年起开始进入媒体工作,长期关注汽车产业领域的报道。在《第一财经日报》有"唐言柳语"专栏。
tangliuyang@yicai.com

## 长安汽车开始触底反弹了吗

2018 年大幅滑坡之后,重庆长安汽车股份有限公司(000625.SZ,下称长安汽车)在 2019 年也并不轻松。

7 日晚间,长安汽车晒出了 2019 年的成绩单。经历了 2019 年上半年的低迷与下半年持续爬坡之后,长安汽车 2019 年销量定格在 175.99 万辆,同比下滑 15.2%。而 2018 年,长安汽车全年累计销量同比下滑 25.58%。

受业绩持续好转的推动,去年 6 月底起,长安汽车股价从 6.61 元的低谷持续拉升至 10.97 元(2020 年 1 月 8 日收盘价)。

那么,长安汽车业绩要开始触底反弹了吗,2020 年业绩有多大可能实现增长?

基于长安汽车 2019 年拆分之后的销量数据,笔者认为长安汽车自主业务 2020 年增长趋势明确,但合资板块仍存在不确定性。

长安汽车自主乘用车自去年三季度起持续实现大幅同比和环比双增长,主要原因是 CS75PLUS、CS35PLUS 等 PLUS 系列新产品的拉动。过去几年里,长安汽车在研发上进行了大量的投入,但产品造型能力不足,这是其 2018 年和 2019 年上半年销量下滑最大的原因。新推出的 PLUS 车型弥补了造型的短板,并在动力总成等方面有所更新,上市后立即拉动长安汽车销量增长。

2019 年 6 月份之后,长安汽车自主乘用车逐步形成 4 款月销量超过 1 万辆的支柱性产品的格局,其中,长安 CS75 系列车型销量更是达到 2.8 万辆左右,成为拉动长安汽车业绩向上的龙头。

PLUS 系列还改善了长安汽车的销量结构,高价值产品销量占比提高,2020 年总体业绩仍有较大的提升空间。

在合资板块,长安福特 2019 年的销量为 18.399 万辆,同比下滑 51.29%。长安福特曾经是长安汽车最大的利润奶牛,2016、2017 年的利润贡献分别为 90.7 亿元和 60.39 亿元,2018 年长安福特的销量下滑 54.38%,全年销售 37.77 万辆,亏损 8.03 亿元。长安汽车还未发布 2019 年的经营业绩,预计长安福特 2019 年亏损将继续扩大。

为了扭转困境,长安福特加大资金、技术与产品的投入力度。预计这些投入会增加长安福特 2020 年财务费用的负担,即便销量业绩好转,盈利情况也恐难有大的扭转。

对于长安福特来说,2019 年 12 月上市的全新紧凑级 SUV 锐际是其扭转困局的关键。长安福特从接近百万量级的年销量规模,短短几年里跌至 18 万辆,承受压力的不仅仅是其自身,还包括供应链和经销商。过去两年,长安福特的经销商已经出现了隐性退网的情况,锐际能否获得可观的销量和利润,关系到长安福特经销商渠道的存活以及未来复兴的根基。

长安福特还有一个利好是豪华品牌林肯即将国产,但二线豪车整体生存压力巨大,林肯国产后的业绩走向还需进一步观察。

长安马自达 2019 年的销量为 13.36 万辆,同比下滑 19.66%,销量表现低于日系车的整体水平。相对利好的信号是,长安马自达自 2019 年三季度起环比逐月提高,至四季度逐渐实现同比增长。2020 年,长安马自达还会推出一款全新的紧凑型 SUV CX-30,预计能够带来一些增量。

2019 年是中国汽车产业的大考之年,自主品牌与合资车企共同承受市场下滑的压力,但这很可能只是开始。中国汽车流通协会有形市场商会常务副理事苏晖认为,中国车市的下滑调整将持续到 2023 年。

长安汽车总裁朱华荣认为,在这一轮的车市调整中,50% 的中国品牌将会遇到生死存亡的挑战,能活下来的不过 5—6 家。

在这场战争中,长安汽车看起来重新获得了增长的动力。它最大的挑战在于市场环境的持续恶化。2019 年前 11 个月,中国车市整体下滑 7.9%,其中,自主品牌下滑 18.5%,自主品牌具有优势的低端车市场大幅萎缩。

## 五、唐言柳语

与此同时，大量弱势的二三线合资品牌在市场挤压之下，不得不开始和自主品牌争夺用户。如果长安汽车在 2020 年能够扛住合资品牌的压力，持续向上，它就算真正建立了全面增长的引擎。

2020 年 1 月 8 日

分享链接

# 长安福特开始反弹，神龙汽车为何还在持续下滑

短短 3 年里，神龙汽车和长安福特从年产 70 万辆和 100 万辆的高点直线滑落。2019 年，神龙汽车和长安福特的年销量分别只有 11.5 万辆和 18.2 万辆，和高峰时期相比减少了 80%。

两家公司由盛转衰的首要原因都是过于追求销量目标，高库存压垮了经销商。两家公司的自救，也都以恢复渠道盈利为起点。

经历半年多的休养生息，长安福特在去年三季度和四季度有明显的转暖迹象，但神龙汽车还在持续向深渊滑落。过去一年里，两家公司都在积极自救，为什么阶段性的结果却不尽相同？

基于美国管理学家杰瑞·麦卡锡提出的 4P 理论（Product、Price、Place、Promotion，即产品、价格、渠道、推广），我们不难发现两家公司的差异所在。

首先，虽然公司经营处于亏损状态，但长安福特仍在加大新产品和新技术导入的力度，神龙汽车则在缩减产品数量，将自身的盈利性指标置于经销商盈利之上。

去年 9 月份，长安福特对旧有车型进行改造提升，推出了锐界、福克斯等改款车型。去年 12 月，长安福特推出全新的中级 SUV 锐际。今年，长安福特还将会推出一款全新的中大型 SUV 探险者，以及福克斯等车型的改款。

神龙汽车则在 PSA 股东方的坚持下，将单车收益偏低的爱丽舍、世嘉和 308 停产，这三款车型在 2018 年占到神龙汽车整体销量的 40%。虽然神龙汽车 2020 年将会导入两款新车，但由于产品定位等原因，两款新车型注定无法弥补爱丽舍等三款老车型停产带来的销量损失。

对于经销商来说，这三款车型的停产是致命的。根据行业惯例，三线城市的汽车 4S 店盈亏平衡点为"50/50"，即单店月销量 50 辆、单月售后产值 50 万元。老车型的停产意味着经销商单店月均销量由 40—50 辆锐减到 20 辆

左右，加剧了经销商的经营困境。

在技术方面，神龙汽车2020年主要导入的是纯电动和插电式混动技术，这些技术在限牌城市或许能带来一些增量，但在更为重要的燃油车方面，神龙汽车导入的新技术相对有限，其爱信9AT变速箱和主动悬架仅配备在高价格产品上，中低价位车型技术并没有刷新。

其次，在产品价格方面。在车市整体价格不断下探的背景下，神龙汽车和长安福特的新产品均采用了低价入市的策略，但二者也有明显的区别。去年初神龙汽车推出了一款B级轿车，起售价虽然下压到15万元，但因配置简陋引起了外界的攻击。

长安福特去年底上市的中型SUV锐际，则在动力总成（2.0T）、四驱系统等配置大幅超越同级车的情况下，起售价下探到18万元，仅相当于竞争对手1.5T发动机版本、两驱车型的价格，并且给出了同品牌换购车主终身免费保养的政策。这显示出长安福特在此特殊时期敢于牺牲自身的利润来打破销量的困局。

再次，渠道方面。神龙汽车双品牌原本拥有约800家经销商，在连续3年的销量下滑中，超过一半的经销商已经退网或者处于僵死状态。长安福特原本有600多家经销商，目前退网的约为100家，还有500多家在册。

汽车销售行业素来有"渠道为王"的说法，经销商不仅为汽车厂商提供销售和服务的场所，并且是后者的现金池和护城河。保住经销商渠道，可以说是重中之重。

神龙汽车为了挽留经销商以及维持渠道网点数量，主要办法是实施双品牌合并，即一个4S店可以同时销售东风雪铁龙和东风标致两个品牌的车型。这是一个理论上有效的办法，单一4S店可以通过售卖更多的车型实现盈亏平衡。但由于投资人信心等问题，神龙汽车该项工作进展缓慢。

长安福特拯救渠道的首要之举是降低库存，以销定产，以此先稳住正在崩塌的经销商体系。据中国汽车流通协会的数据，长安福特经销商库存系数2018年一度达2.8之多（约为84天）。2019年6月之后，长安福特经销商的库存已经降到了28天。

库存减负的同时，长安福特还将商务政策的调整周期从两周改变为两个月，增强其连贯性，强化与经销商的沟通、培训，提升其战斗力。长安福特在河南省的一家经销商说："新上任的全国销售服务机构总裁杨嵩带来了很多改变，不会像以前一样听不到经销商的声音，厂家反应的动作会快一点，处理得比较及时。"

最后，在促销方面，神龙和长安福特也存在差距。促销经常被理解为价格折让，但实质上其是一种沟通活动，营销者向消费者传递相关信息，用以说服或吸引消费者购买其产品，以达到扩大销售量的目的。

神龙汽车2019年最大的促销行动围绕售后服务展开，推出了汽车行业首个"7天包退换"政策，但并没有从战役到战斗的整体性规划和投入，因此声量相对有限。

长安福特在营销层面推出了两个大型活动，分别是去年8月的FUN DAY和去年12月的锐际上市，通过两次大型活动扩大传播声量。在零售终端，长安福特还推出了金融购车和3年或6次免费保养服务政策，增强用户的购买信心。

笔者认为，除了以上四个方面的显性差异，更为重要的因素是股东之间是否意见统一、齐心协力。从人员安排、改革举措的敲定以及执行等方面来看，长安福特在这方面做得比神龙汽车更好。

客观而言，两家公司都还没走出低谷，但趋势的分野已经出现。长安福特在震荡中逐渐稳住下跌的趋势，通过新车型、新技术的导入和经销商体系的修复，为重回正轨铺下基石。2020年，神龙汽车的销量大概率还将持续下滑，很难预料，当年销量跌至10万辆以下时，神龙汽车还将面临怎样复杂而艰难的局面。

2020年1月21日

分享链接

# 二线豪华车品牌的最大症结是失去了自我身份认定

几天前，林肯首款国产车冒险家上市，起售价24.68万元。上市第一天推出购置税减半政策，终端价格与丰田排量更低的同级别SUV相差大约2万元。

价格公布后，林肯的经销商传来一些争议的声音。支持者认为，现在车市竞争如此激烈，定一个务实的低价对销量有帮助；反对者则提出，当豪华品牌出现车价与普通品牌相差无几，以性价比为主要竞争手段的转变时，往往是这个品牌往下走的开始，捷豹路虎和沃尔沃就是前车之鉴。

笔者更认同后一种观点，认为林肯、沃尔沃、捷豹路虎等最近几年走下坡路的豪华车品牌共性问题，首先是失去了自我身份的认定，失去了对豪华属性的坚持与初心。

沃尔冈·拉茨勒在《奢侈带来富足》中说，奢侈是一种整体或部分地被各自的社会认为是奢华的生活方式，是用来炫耀的消费，大多由产品或服务决定。

汽车公司一般通过领先的技术和性能、更好的材质、更尊崇的服务以及相对昂贵的价格来建立豪华感。但随着汽车技术的发展，依靠技术和性能很难建立领先的优势，因此，服务与价格体系的稳定就特别重要。

但沃尔沃近年却似乎未能带给车主"豪华"的感受。从产品和技术来说，这其实是不应该成立的。过去10年里，沃尔沃开发了SPA、CMA两个技术平台，旗下所有车型都完成了升级换代，无论是发动机技术、变速箱性能还是安全系统、电气化技术，都有了大幅提升，但是沃尔沃用户的满意度和忠诚度却未能跟上。

因为沃尔沃持续的降价，不仅伤害了用户的经济利益，还使它部分或者完整地丧失了"炫耀"的能力。笔者的一位朋友在两年前购买了沃尔沃S90，落地价降至 50 万元。但在 1 年前同款 S90 终端价格降到 35 万元，相当于 1 年时间"亏损"了 15 万元，在此期间身边的朋友还不断嘲笑他购买 S90 的决定。

林肯刚刚进入中国时，以"林肯之道"尊崇服务为特色。虽然当时二线豪车价格战已经打响，但林肯价格非常稳定，取得了连续大幅增长的业绩，其中一个很重要的原因是客户满意度与转介绍率非常高。

但是当市场发生变化时，顶着销量压力的林肯加入价格战，最低时价格折让幅度达到 25%。经销商无利可图，不再愿意掏钱维持尊崇客户服务流程，"林肯之道"名存实亡。丢掉自己的特色与坚持，林肯开始失去客户，去年 10 月到今年 2 月，林肯终端线索量一路下滑。今年 3 月，多数品牌终端线索量快速回升，林肯还没能走出低谷。

可以说，丢掉"林肯之道"是林肯在中国的重要转折点，也是沃尔沃以及许多二线豪华车品牌所犯的共同错误。

冒险家的上市是林肯回到增长轨道的一个重要契机，从定价、产品性能、配置等方面来看，冒险家是一张好牌，但林肯能不能打好这张牌还很难说。

笔者得知，在新车上市的当天下午，经销商才得到通知，这显示内部沟通存在某些脱节。此外，冒险家在预售期推出了 5 年质保和金融贴息政策，上市后却增加了购置税减半的政策，这导致前期客户的不满。最后，上市即降价是行业大忌，它打消了客户对价格的信任和购买决心，但冒险家上市当天即推出了购置税减半的政策，而且成本大部分由经销商承担。

这些行为或许体现了林肯的销量压力，但从奔驰、宝马、奥迪德国三强的竞争关系与销量排名的演变、雷克萨斯的异军突起、捷豹路虎从中国豪车四强直线滑落等经验来看，低价竞争策略往往是饮鸩止渴，短期销量上扬之后将会用更长的时间来品尝苦果。

上周，笔者走访上海车市时发现，一汽丰田和广汽丰田 4S 店的订单已恢复到七至八成，同一时间其他合资品牌 4S 店多数还较为冷清。这实在非常有意思，因为一汽丰田和广汽丰田至少有 6 款车处于长期加价排队的状态，其他合资品牌则普遍有 10%—15% 的价格折让。

五、唐言柳语

　　实际情况是,由于成交价更高,丰田锁定了购买力更强的上海本地人和外来人口,在市场下行时,丰田由于更优质的客户群体受影响更小。二线豪华品牌或许都该学学丰田。

2020 年 3 月 15 日

分享链接

# 撕开雷诺在华战略转型的"遮羞布"

4月14日，雷诺宣布退出东风雷诺的当天，雷诺集团官微发布了一篇名为《雷诺集团发布在华全新战略》的文章。随后一周，雷诺集团又通过媒体继续发表"雷诺在中国市场的发展迎来全新篇章"，"以轻型商用车和电动汽车领域构成未来在华业务两大支柱"等观点。

如果以上信息是雷诺为了缓和品牌危机的公关举措，倒也无可厚非。不过，雷诺真的是主动放弃中国燃油车市场转战电动化和轻型商用车吗？笔者认为这只是虚张声势。

首先，雷诺集团声称将专注于市场规模达330万辆的中国轻型商用车市场，通过华晨雷诺金杯汽车有限公司（下称华晨雷诺）展开业务，并称"2019年，金杯品牌汽车销量约16.2万辆"。在这里，雷诺集团玩了两个文字游戏：第一，中国轻型商用车市场规模的确是330万辆，但雷诺集团的轻型商用车只有轻型客车和皮卡两类产品（雷诺皮卡尚未导入中国，也没有明确的产品导入计划），2019年中国轻型客车的销量只有33.3万辆，市场规模远没有330万辆之多；第二，2019年金杯轻卡、轻型客车加上乘用车累计销量约为16.2万辆，但是华晨与雷诺合资的华晨雷诺公司销量只有4.02万辆，行业内排名第九，销量规模仅约江铃股份的20%。

放弃总量达2 000多万辆、外资品牌占竞争优势的燃油乘用车市场，专注于总量仅有30多万辆、本土品牌主导的轻型客车市场，这是其战略转型的第一大疑点。

雷诺战略转型的第二个方向是中国电动车市场，通过易捷特新能源汽车有限公司（下称易捷特）和江铃集团新能源汽车有限公司（下称江铃新能源）展开业务。其中，易捷特是东风汽车集团与日产汽车、雷诺集团三方合资成立的公司，雷诺集团的持股比例25%，截至目前，易捷特仅推出一款小型电动车e诺，此前在东风雷诺经销商渠道售卖，2019年销量为2 658辆。随着东风雷诺退出中国，经销商体系全面瓦解，e诺后续如何售卖会遇到极大挑战。

## 五、唐言柳语

除此之外，卡洛斯·戈恩被捕之后雷诺-日产联盟的关系日渐松散，雷诺退出东风雷诺也让其与东风汽车集团的关系变得紧张，易捷特的前景并不乐观。

在江铃新能源方面，2019年该公司的销量为14 869辆，同比下滑70.3%，主要售卖价格在5万—6万元左右的低端电动车产品。2019年5月，雷诺以增资入股的形式成为江铃新能源的股东，计划"将引进雷诺先进的质量管理体系和技术，在2022年之前推出4款核心车型"。需要说明的是，江铃新能源的车型将继续悬挂江铃新能源自有的易至品牌车标，这表明雷诺在江铃新能源公司中的身份更偏向于技术供应商，而非整车厂。

基于以上信息，雷诺在中国的电动车业务布局大体明确：在持股25%的易捷特中导入雷诺品牌的车型，为江铃新能源提供技术和管理方面的支持。

笔者认为，且不谈中国新能源汽车市场销量规模、竞争关系等，单就雷诺集团在中国电动车业务的两家合资公司实力和合作方式而言，在缺乏足够的决心和投入的情况下，其欧洲轻型商用车和电动车业务再优秀，也很难在中国打开局面。

国内某车企高管在评价雷诺在华战略转型时说："它的本质是收缩战线的同时进行机会主义投资，等风再来。"这也解释了为什么雷诺会退出东风雷诺：过于追求单品利润和短期投资回报，缺乏长期投入的意愿和决心。

4月14日，东风汽车集团和雷诺集团相继宣布终止东风雷诺品牌在中国的业务后，车主们打爆了经销商的电话，他们愤怒于被抛弃，担忧后续维修保养无处可做。一名经销商告诉笔者，4月14日下午5点前，所有的客户都退掉了原本签好的订单合同，而仓库里还有将近20辆库存车。

所以，当雷诺集团云淡风轻地表示战略转型时，请考虑一下被伤害的10多万名车主和100多家经销商。转型不易，且行且珍惜。

2020年4月24日

分享链接

# 合资自主究竟是真命题还是伪命题？

合资自主品牌究竟算自主还是算合资？它究竟是外资低价抢占自主品牌市场份额的利器，还是中国市场换技术的另一种路径？日前，随着东风启辰一款新车启辰星的推出，合资自主这个话题在行业内又热了起来。

笔者注意到，行业内总体有两种观点：一是启辰星的推出将是启辰打破销量僵局的关键之作；二是强调启辰星"伪合资"与"伪自主"的身份。有意思的是，这两个不同的观点，却高度浓缩了合资自主的生存困境与身份焦虑。

要厘清这个问题，我们需要简单回顾合资自主品牌诞生的背景。

2008年，时任国家发改委产业协调司副司长的陈建国出于对中国汽车技术空心化的担忧，提出合资车企要实现异地建厂必须符合两个条件：一是要有新能源汽车规划；二是要设立合资自主品牌。否则，新建项目无法通过审批。

客观而言，无论是2008年还是当下，合资汽车公司对中国汽车产业最大的贡献是培育了汽车零部件的制造基础，培养了一批汽车人才，但是中国想要通过市场换技术的目标并没有完全实现。外方牢牢把控研发、采购等业务领域，许多合资公司更大程度上接近于外资的代工厂。

这也是2008年陈建国担忧中国汽车技术"空心化"的由来。合资自主的顶层设计出发点，是通过合资公司内部的整车项目对接外方母品牌的技术资源，打破外方对采购供应链的主导，建立由中方主导的供应链，甚至帮助中国本土汽车零部件进入更高级别的供应链环节。从这个意义上来说，合资自主是真正可以把技术换到手的。

在此背景之下，中国的合资汽车公司纷纷推出合资自主品牌：该品牌既非外方股东所有，也非中方股东所有，而是隶属于合资公司的新品牌。第一个吃螃蟹的是广汽本田，之后，华晨宝马、北京现代等众多合资公司纷纷跟进，启辰也是在这一时期诞生的。

但很多合资自主品牌只是把某款停产的车型换一个新的logo包装上市，

后续并没有在产品、技术、渠道和品牌上有持续性的投入。某些合资公司甚至仅仅发布了合资自主品牌，迄今为止都没有产品推出。

某合资车企高管评价说："一是外方阻力太大，二是中方的意愿也不强。万一项目搞砸了，责任算谁的？"

随着时间的推移，以及中国汽车产业政策的变化，这些合资自主品牌大多销声匿迹。但从一开始，启辰就以一个独立的事业部推进，推出了多款车型，建立了独立于东风日产的经销商网络。在最初的8年，启辰一度达到年销量14万辆的规模。

启辰的头8年并没有摆脱其他合资自主品牌的共性问题，即外方出于对外资母品牌保护的考虑，不愿意输出最新的产品和技术，启辰只能基于日产上一代的骐达/颐达等车型开发出新的产品售卖。配合经销商渠道拓展、营销等方面的努力，在市场高增长时期，启辰连续取得年销量10万辆以上的成绩。但是自中国车市步入下滑通道以来，启辰的销量开始停滞不前，14万辆既是成绩，也是天花板。

变化在2017年发生，当年启辰脱离东风日产，划归到东风日产的母公司东风汽车有限公司（下称东风有限），改名东风启辰，开始举起自主品牌的旗帜，这表明启辰在经历多年的身份焦虑之后作出了选择。但东风有限实际上是东风汽车集团与日产汽车合资的主体，也是50：50的合资公司。从公司属性上来说，东风启辰还是合资公司旗下自主品牌的身份。

但此举同时表明，日产汽车开始重新审视启辰的价值。此次变化后，启辰开始具备更高的运作独立性以及可以运用更多的资源，刚上市的启辰星就是这一战略的落地。反映在产品上，启辰星的造型、内饰、配置与之前比称得上天翻地覆；从技术上，启辰开始对接雷诺-日产-三菱联盟全球最先进的资源，以联盟全球技术标准打造出VSA-L平台。

为什么日产汽车对启辰的态度会突然发生变化？笔者认为核心在于利益。一方面，此前启辰对日产汽车全球销量贡献虽然有限，但体现了增长的潜力。日产汽车过去几年出现经营下滑的压力，它需要更多的品牌和销量来分摊平台的成本。另一方面，跨国车企联盟最大的价值是协同，启辰让雷诺-日产-三菱联盟全球的高层看到另一种协同的可能性，实际上，启辰自主研发的车联网等技术已经开始反哺到日产汽车全球研发部门。

对于东风汽车集团而言，东风启辰可以在技术与管理等方面反哺自主乘用车事业，就像泛亚汽车技术中心之于上汽集团。对于中国汽车产业而言，东风启辰潜在的价值是借助联盟进入全球顶级公司的价值链。

  回到本文的主题，合资自主到底是真命题还是伪命题，答案当然是真命题。过去 20 多年里，中国汽车产业出现过许多不同的发展路径，当下来看，简单的合资或收购国外技术对中国汽车产业的助益有限，"启辰式"合资自主不失为一条值得其他合资公司借鉴的道路。

2020 年 4 月 26 日

分享链接

# 韩系车突围之战，从中级车切入战场

韩系车的突围之战，并没从其最擅长的紧凑型轿车打响，而是从其最薄弱的中级轿车切入战场。

合资品牌中级轿车一度被称为中高级轿车，在豪华车价格大幅下探以前，其被认为是中产阶层的象征之一。对车企而言，中级轿车市场规模虽不如紧凑级轿车庞大，但绝对数字并不小，年销量规模约有300万辆之多；另外，中级轿车售价通常在20万元以上，利润回报远超紧凑级轿车。

因此，中国汽车行业有一句话，叫"得中高级轿车者得天下"，足以说明中级轿车的重要性。

但中级轿车又是许多合资车企的梦魇。如前所述，中级轿车一度被认为是中产阶层的象征。除了产品本身，品牌力也是达成销量的重要因素。

在过去20年里，诸多车企前赴后继地杀入中级车市场，但大多铩羽而归。以今年8月为例，合资中级车市场总共有近30款车型，月销量超过1万辆的车型只有5款，分别是本田雅阁、大众迈腾、丰田凯美瑞、别克君威和大众帕萨特。月销量接近1万辆的只有2款，分别是丰田亚洲龙、雪佛兰迈锐宝。更多的产品，如标致508、雪铁龙C5、斯柯达速派，在这个市场上虽然耕耘了很多年，却始终没有改变追随者的角色。

中级轿车市场总体上被德系、日系和美系车三股势力把控，最近几年又因为美系车整体性的衰落，德系和日系车两强争霸的格局更加明显。

不过，在此背景下，东风悦达起亚和北京现代还是毅然决然地杀回中级轿车市场，在近一个月时间里密集推出凯酷和第十代索纳塔两款车，并把它们当作扭转韩系车败局的关键。原因在于，中级轿车是品牌价值的试金石，只有在此领域获得成功，才能扩大生存空间，而不至于如同其余二线合资品牌以及广大的自主品牌一样，被挤压在10万元以下的市场空间里。

凯酷和索纳塔的机会在于用户群体发生变化，"90后"逐步成为汽车消费的主力人群。与"70后""80后"不同，"90后"的审美和对于品牌的认知产生了很大的变化，他们不再认为开一台丰田或者大众就是身份的象征，更在意通过车辆去彰显个性。

和帕萨特等传统中级车相比，凯酷采用了更加运动的造型风格，并在智能网联技术方面具备特色。事实上，去年至今销量规模处于一定量级又能维持正增长的车型，如丰田亚洲龙、本田雅阁，它们多数都采用了更加个性和具运动特征的造型，这也将是凯酷和索纳塔的机会。

"今天的凯酷是我们未来进一步向上成长发展必不可少的产品。我们不可能跳跃式发展，而是必须台阶式发展。"东风悦达起亚的李峰说。

为了确保凯酷能够获得5 000辆以上的月销量，成为中级轿车市场的主流玩家之一，东风悦达起亚还制定了激进的价格策略。比如凯酷起售价下拉到16万元，传统主流的中级轿车起售价通常在17万—18万元。此外，凯酷还推出"包牌价"，剔除掉购置税和保险的费用，凯酷的裸车价实际上相当于14万元起，同时推出了终身免费保养、最高提供2万元置换补贴等商务政策。

凯酷的"包牌价"既体现了二线品牌突围之难，也体现了中级轿车市场竞争之激烈。

值得一提的是，韩国现代汽车总部最近动作也颇为频繁，比如首次将中大型SUV帕里斯帝（Palisade）引进至中国市场等。笔者认为，现代起亚试图通过一套组合拳来加速推进品牌形象和收益的提升。现代汽车一名高管最近向笔者表示，一系列的举动都在说明，现代汽车董事长郑义宣提出的"中国优先"不再是口号，而是实实在在的行动。

2020 年 9 月 18 日

分享链接

五、唐言柳语

# 东风汽车重构自主乘用车业务矩阵

在刚闭幕不久的北京车展上,东风汽车再度"包馆"。第一财经记者注意到,本届车展上,东风汽车自主乘用车的参展方式及品牌组合和以往有了变化,而这些变化背后体现了东风汽车重构自主乘用车事业单元的构想。

此前,东风汽车旗下自主品牌多半是各自为政,独立参展。但在本届北京车展上,东风汽车首次将自主乘用车业务单元集中在一个主展台联合参展,包括东风风神、东风柳汽风行、东风小康风光和东风启辰,并首次提出"三风+启辰"4个乘用车品牌矩阵的概念。

在上一次北京车展(2018年4月)举办时,东风汽车参展的自主乘用车品牌还是"四个风",除了风神、风行和风光外,还有郑州日产旗下的东风风度。之所以出现这种变化,最主要的原因是郑州日产风度在长期缺乏投入的情况下悄然退市,其从生至死只推出一款基于日产老奇骏改造的换标车MX6。

从本次车展呈现的信息来看,东风汽车正竭力避免风度的"悲剧"再度上演。在大协同的战略下,东风汽车研发中心密集地向旗下各乘用车板块输出产品和技术,本次车展也成为"三风+启辰"产品密集亮相的发布会。

东风风神发布了AX7 PRO和奕炫赛道版,以及奕炫家族系列的奕炫GS、奕炫EV和奕炫CTCC赛车。东风风光发布了紧凑型SUV风光500,东风风行发布国内首款增程式商务MPV M7REV。除此之外,东风汽车今年7月份推出的高端新能源品牌岚图,也在同一展馆内发布了第二款概念车iFree、整车平台和智能座舱技术。

岚图汽车CEO兼CTO卢放表示,从2021年起,岚图汽车每年将向市场投放至少一款新车;今后3—5年,岚图汽车的产品将涵盖轿车、SUV、MPV等多个细分市场,以此扩展高端电动汽车的产品阵容。

东风汽车自主乘用车事业长期处于多而分散、弱而不强的状态,没有一个品牌的年销量超过20万辆,2019年"四个风"销量之和更是下跌到32.3万辆,较2016年时下滑了约50%。

放眼全行业,从2007年到2019年,中国车市从年销量不到800万辆激增至 2 600 万辆,在中国车市最黄金的时期,东风自主乘用车不仅没能抓住市场红利跑出来,反而在 2017 年之后普遍出现销量下滑现象。东风汽车内部人士评价说,这背后最大的原因还是在于战略错误、体制不顺、缺乏投入等。

从本次北京车展的信息来看,东风汽车大自主战略正从"四个风"转变为"三个风+启辰+岚图",这 5 个公司股权结构各有区别,分别代表了东风汽车全资控股、与外资合作、与民企合作三个不同维度的尝试。与此同时,5 家公司的产品也实现了从燃油车到新能源、从工具属性的商务车到家庭乘用车的完整覆盖。

过去一年多来,中国自主车企迅速洗牌,大量弱势企业关停并转。某自主车企高管评价说,背靠大集团的自主车企的存续能力相对更强,但随着 2022 年外资股比全面放开大限到来,这些企业也需要迅速实现规模与财务上的成长。他表示,对于东风汽车董事长竺延风来说,如何快速提振自主乘用车业务已迫在眉睫。

2020 年 10 月 8 日

分享链接

# 汽车4S店乱象，为何屡禁不绝？

近日，国内媒体曝光了上汽大众和东风日产北京某4S店的售后维修黑幕，问题包括疑似砸毁车辆未损坏零件以提高维修金额、截留车主购买的油液、"虚假"保养施工等。

昨日，东风日产紧急发布声明称已成立专项组调查，要求涉事4S店限期整改，并开展全国范围4S店的检查；上汽大众也回应称已责令被曝光的4S店立即停业，并对全国经销商售后服务启动专项调查。

笔者注意到，此事件在社交媒体上迅速发酵，但很快热度又降了下去，原因并非大家不关注此类与消费者利益密切相关的新闻，而是消费者对此类新闻有些"麻木"了。

"去年奔驰'机盖门'事情闹得那么大，所有品牌立即取消了金融服务费，但是现在你再去看看，有几个不收的？"一位经销商向笔者说道。

这位经销商讲出了汽车消费和售后领域一个非常尴尬的现实——几乎每年都会爆发数次大型汽车质量、消费合同欺诈或所谓的售后维修"黑幕"，一大波媒体跟进之后，厂商、经销商和主管部门纷纷表态彻查。但是当事态平息后，经销商往往旧态重生，曾经被曝光的种种问题再次发生。

比如2014年，南京市物价局曾对当地4S店加价销售开出50万元罚款。2015年，央视"3·15"晚会曾曝光一些品牌4S店"小病大修"，对一些汽车的简单故障故意夸大故障原因，以此来牟取暴利。去年，西安一女士购买了一辆发动机漏油的进口奔驰轿车，在维权无果的情况下，不得不坐在奔驰车机盖上哭诉。

全国消协过去几年的汽车投诉数据也显示，汽车及零部件始终是各大消费品类中投诉量最大的，且投诉量持续增加。比如2019年全国消协共收到汽车及零部件类投诉34 335件，同比2018年激增25.1%。

其中最为常见的是购车合同纠纷。经营者签订合同明显有利于经营者，甚至是违反法律规定，排除消费者的主要权利，在合同条款中对于消费者和销售商在权利义务约定上不明确、不对等，违约后承担的赔偿责任不清，消费者不能按照合同有效维权。其次就是售后服务问题。故障不能一次性修好，出现返修状况，或故障多次维修却不能彻底解决，维修不出具明细等。最后是捆绑销售车险和诱导消费者贷款。消费者在购买优惠车辆的过程中，部分经营者要求必须在4S店购买车辆保险和办理贷款，在指定的保险公司投保，有时还要消费者交几千元到上万元不等的保险押金。

为什么这些问题连续多年出现，多次被媒体曝光，不仅得不到解决，且投诉量越来越大？

上海市一位律师告诉笔者，很多汽车销售合同是不存在问题的，比如消费者经常投诉的被强制加装精品、装潢问题，在合同上往往体现为消费者自愿购买这些项目。即便消费者感觉上当受骗，法律上也不支持他们去维权。其次是售后检测举证维权难，汽车一旦出现质量问题，消费者举证难、鉴定难、求偿难。

"一辆汽车大概有2万多个零部件，专业门槛很高，即便4S店售后提出一些不合理的项目，或者没有按照规范去施工，消费者往往也识别不出来。"上海市某合资品牌4S店售后总监告诉笔者。

那究竟该如何解决这种乱象呢？该售后总监提出，汽车厂商和经销商都有内部的施工规范和要求，但逐利是商家的天性，售后部门往往也背负着产值和利润的考核，依靠经销商自律很难解决问题，尤其是当前新车销售价格倒挂，4S店盈利主要靠售后部门来支撑。

"按照业内的平均水平，销售利润、增值服务利润、售后收入利润大约占比在10%、40%和50%。如果要收回投资，仅仅依赖销售车辆的返利，几乎没有可能。"该人士说。

他认为，想要长效地改善和解决4S店销售猫腻和售后黑幕，更重要的是主管部门加强监管和处罚力度，减少对经销商的市场行为的干预，净化品牌汽车市场，从而最终实现消费者、经销商、厂商共赢的良好汽车市场秩序。

2020年10月20日

分享链接

# 六、秀言城事

李秀中｜第一财经记者，毕业于重庆大学经济学专业，长期关注区域经济与城市发展。"秀言城事"专栏通过对区域发展热点的观察研究，探寻中国经济增长的源动力以及背后的商业机会。
lixiuzhong@yicai.com

## 中欧班列逆势受宠，政府该完全放手了？

地方政府多年培育的中欧班列在新冠肺炎疫情下显示出其战略价值。疫情的冲击使得航空、公路、港口等运输方式全面受阻，而中欧班列却在逆势增长，成为特殊时期国际供应链的重要支撑，稳定了外贸货运通道。

中国集装箱行业协会3月17日发布的调研报告显示：1—2月，成都蓉欧班列开行267列，同比增长88%；重庆渝新欧班列开行199班；西安长安号300多列（2月23日的统计为311列），同比增长90%；湖南长沙发送52列，同比增长175%；东部地区表现突出的是连云港，发送72列，同比增长138%。

疫情下的逆势增长一方面显示了中欧班列的战略价值，另一方面，也推动了中欧班列的市场化转型进程。

### 中欧班列逆势增长

从整体而言，今年1—2月，中欧班列开行1 132列，同比增长6%。从具体城市来看，数据则更为抢眼，尤其是西部城市开行的中欧班列表现出色。

因为东部城市的基数低，一些班列增长幅度比较大，位居中欧班列第一梯队的西部城市不仅总量大,而且增长幅度也高。比如,保持多年开行量第一的成都增长了88%,主要开往中亚地区的西安长安号增长了90%。

中国集装箱行业协会常务副会长兼秘书长李牧原在前述报告中认为:一方面,中欧班列沿线国家并没有提出针对PHEIC的额外过境检验检疫要求,这样使班列公司能够把精力集中在做好运营服务上;另一方面,政府对保证中欧班列通行做了诸多努力,一些大型内陆港在疫情期间停止了陆港内的各项业务,唯独保证中欧班列的发行。

对于成都的中欧班列高增长,成都国际铁路港投资集团副总经理张倞向第一财经表示:一方面,相对来说,成都的疫情防控做得比较好,没有受到影响,铁路货运正常组织;另一方面,受疫情影响,全国公路、航空、沿海港口运输都停了,一些货源就转移到中欧班列上来了。

其实,在航空、海运等受阻的情况下,中欧班列在应对疫情中发挥了重要作用。2月6日,成都就通过中欧班列从国外采购了100万只应急口罩。张倞介绍,在疫情初期,大量医疗防护物资通过中欧班列进口,现在欧洲疫情暴发,通过中欧班列出口医疗防护物资也逐渐增加。

李牧原称,西部地区中欧班列表现出色,在国际空运航线和海运集装箱航线大幅减少的情况下,出口欧洲、中亚、东盟地区的产品快速转移到中欧班列,增加了中欧班列的运量,中欧班列运行受到地方政府和铁路部门的优先保障,成为特殊时期国际供应链的重要支撑。

中国(深圳)综合开发研究院物流与供应链管理所所长王国文向第一财经表示,以往出口的主流运输方式是通过公路或者是公路转长江航运到达沿海港口的仓库,然后再出口,受疫情影响,公路运输受到很多限制,导致时效性无法保证。

王国文表示,疫情虽然影响了供应链,但消费是刚性的。中欧班列的增量主要来源有二:一是传统模式受阻,是存量的转移;二是拓展了一些增量,中欧班列的业务拓展了覆盖面。比如,成都在去年年底开始为增量做了很多准备。

3月11日,10万单跨境直邮商品搭乘中欧班列从成都国际铁路港发出,包括美妆、小家电、服装服饰等商品奔赴欧洲,辐射德国、法国、荷兰、波兰、西班牙、葡萄牙、意大利等国。

这是自3月以来,中欧班列(成都)第三次开展跨境直邮出口业务。

据成都自贸通供应链公司运营经理王平介绍，近期共有200万单跨境商品将陆续发运。这意味着中欧班列（成都）跨境直邮出口业务进入常态化。张倞介绍说，中欧班列（成都）常态化跨境直邮出口，帮助国内中小微企业建立起出口欧洲的新通道。

**推进市场化转型**

中欧班列对有效应对疫情、稳定进出口贸易、有序恢复生产生活秩序发挥了重要作用。同时，"疫情期间，中欧班列的开行得到了客户的认可，为中欧班列的市场化运营创造了契机"。张倞表示。

一直以来，中欧班列运营严重依赖地方财政补贴，地方补贴对中欧班列市场培育发挥了重要作用，但补贴也会带来班列公司之间的恶性竞争。因此要求中欧班列降低或者取消补贴的呼声渐起。张倞表示，大家都意识到必须向市场化转型。

"大量货源在疫情期间转移到中欧班列，虽然有些货物最终会回归海运，但是我们可以选择更多的适铁品类发展。"张倞表示，现在一些客户已经认可了运费涨价，通过中欧班列运输，节省了时间，更节省了资金成本。

王国文表示，市场化是必然趋势。经过几年的市场培育，主要铁路港已经实现了进出平衡，甚至进大于出。现在重载率上来了，进出平衡，班列运营越来越接近经济可行，而且供应链时间要素超越了运费的要求。

王国文还表示，现在中欧班列大力推进运贸结合，不仅是运输，也做贸易，拓展了商业模式，这样可以通过贸易赚来的钱补贴运输，使得运费下降，在这种情况下，政府完全放手的条件越来越成熟。

而且中欧班列的格局也在竞争中变化。中国集装箱行业协会项目总监郝攀峰此前在接受第一财经采访时表示，财政补贴逐步退坡，中欧班列的集中度会进一步提升。中欧班列运营的前八大公司运量将占到全部运量的80%以上，这是一个趋势。

3月17日，四川省和重庆市党政联席会议举行第一次会议，部署共同落实成渝地区双城经济圈建设重点工作。作为"一带一路"和内陆开放的重要平台，中欧班列就自然成为成渝两地合作的重要内容。

目前，成渝两地中欧班列开行数量、质量均为国内第一梯队。在西部陆海新通道方面，双方同样都是始发站，并覆盖了多种物流组织方式。张倞向第一财经透露，双方已经在探讨深入合作的方案。

  3月4日，成渝两地铁路物流枢纽系统举行会议，双方展开深入探讨，涉及通道优势互补、海外资源共建、区域协作分工、自贸试验区改革共创、信息数据互认、口岸开放共享、人才共用共育等方面，以提升两地枢纽联通水平，联合打造西部对外开放合作的新标杆。

2020 年 3 月 18 日

分享链接

# "成都东进""重庆西扩",双城经济圈重磅开局,破解"中部塌陷"

新冠肺炎疫情并没有延宕成渝地区双城经济圈建设的进展,近期,川渝两省市接连推进两项重大战略部署,开启双城经济圈建设的大幕。

5月9日,重庆市召开主城都市区工作座谈会,在原主城9区的基础上将渝西地区12个区扩展为主城新区,主城都市区范围增至21个区;5月6日,成都东部新区挂牌成立,新区规划面积729平方公里,将打造"未来之城"。

"成都东进"和"重庆西扩"既强化了中心城市的极核作用,又推进成渝相向而行,可以说是对成渝双城经济圈建设具有深远影响的重大部署,同时也极具标志意义。

**强化极核作用**

重庆原来的主城范围为渝中、大渡口、江北、沙坪坝、九龙坡、南岸、北碚、渝北、巴南9个中心城区,此次纳入主城新区的是涪陵、长寿、江津、合川、永川、南川、綦江、大足、璧山、铜梁、潼南和荣昌等渝西地区的12个区。

重庆市综合经济研究院院长易小光向第一财经记者表示,重庆主城都市区扩围主要有两个背景:一是中央提出推进成渝地区双城经济圈建设;二是城市群成为城镇化的主要推动力,都市区建设应势而起。

1月3日召开的中央财经委员会第六次会议提出,要推动成渝地区双城经济圈建设,在西部形成高质量发展的重要增长极。要推进成渝地区统筹发展,促进产业、人口及各类生产要素合理流动和高效集聚,强化重庆和成都的中心城市带动作用。

2018年,中央出台《关于建立更加有效的区域协调发展新机制的意见》,提出建立以中心城市引领城市群发展、城市群带动区域发展的新模式。2019年2月,国家发改委发布《关于培育发展现代化都市圈的指导意见》,提出以促进中心城市与周边城市（镇）同城化发展为方向，培育发展一批现代化都市圈，形成区域竞争新优势。

有了上述政策的支持，易小光表示，都市区建设势必提上日程。要建设支撑双城经济圈的载体，突出重庆国家中心城市的引领辐射作用，需要通过做大城市规模、丰富和提升城市功能，促进产业体系合理化、高级化进一步提升，科技创新能力进一步增强。

在1月11日开幕的重庆市五届人大三次会议上，重庆市政府工作报告提出要推动"一区两群"协调发展。一区即主城都市区，要增强中心城市综合承载能力，完善重要节点城市的专业化服务功能，建设具有国际影响力和竞争力的现代化都市区。

对于四川省和成都市而言，建设成都东部新区也具有同样的发展目标。《成都东部新区总体方案》（下称《方案》）明确，规划建设成都东部新区，强化成都在成渝地区双城经济圈中的极核地位和国家中心城市功能，打造四川省高质量发展的新动力源和高能级发展的新平台。

受地理环境影响，成都市发展的主阵地一直集中在龙泉山西侧，导致该区域国土开发强度过大，环境资源承载力不足，人口向中心城区高度聚集更带来城市建设和管理的一系列问题，因此，城市发展急需拓展新空间。

2017年以来，成都市借天府国际机场建设和代管简阳的历史机遇，全面启动"东进"战略，优化城市空间布局，重塑产业经济地理，推动先进制造业和生产性服务业的重心东移，开辟经济社会发展的"第二主战场"。

以东部新区挂牌为标志，经过三年规划，成都"东进"战略进入全面建设阶段。《方案》以5年为一个周期，确定了未来15年的发展思路。到2035年，常住人口达到160万人，地区生产总值达到3 200亿元。

**推动相向而行**

最新的重庆主城都市区面积、常住人口、经济总量分别达到2.87万平方公里、2 027万人和1.8万亿元。而成都市常住人口、经济总量分别为1 658.1万人、1.7万亿元。两个城市的总人口超过3 600万人，相当于整个陕西省的人口规模。从地区生产总值来看，两市GDP之和也已超过3万亿元。

自川渝分治以来，成渝城市群中间地带的发展相对滞后，学者们用"中部塌陷"来命名这一现象。《成渝城市群发展规划》就列举了培育发展成渝城市群面临的很多现实挑战和突出矛盾，主要包括核心城市背向发展、次级城市发育不足、基础设施互联互通程度不高、协同发展机制不健全等。

因此，"成都东进"和"重庆西扩"的意义不仅在于城市外延的扩张和强化中心城市，还在于推进成渝两个城市和川渝之间相向发展，破解"中部塌陷"。

易小光表示，成渝地区双城经济圈建设不仅是成渝两个城市，还包括川渝中间地带的大中小城市、城镇网络体系。原来中间是断裂的，要带动成渝中部区域城市群快速崛起，就要搭建相应的桥梁和平台，打造动力源。

重庆12个主城新区中，也分不同层次推进，长寿、江津、璧山、南川作为同城化发展先行区，涪陵、合川、永川、綦江-万盛是四个重要战略支点城市，而大足、铜梁、潼南、荣昌四个桥头堡城市就是成渝发展轴的门户，是川渝最紧密的结合部。

成都东部新区的四个定位就包括成都、德阳、眉山、资阳同城化新支撑。《方案》提出，要打造成都联动德阳、眉山、资阳发展的重要平台，实现四川省区域发展战略与国家重大战略的有机融合，建设面向世界、面向未来、具有国际竞争力和区域带动力的成都都市圈。

"通过这些平台的打造，逐渐使得成渝两个都市圈叠合，最终演变成连绵城市带，进而推进城市群一体化发展。"易小光说。

易小光表示，"成都东进"和"重庆西扩"，作为发展平台和载体，通过基础设施建设、产业合理布局引导、一体化政策、要素之间的流动，能够使空间资源要素聚集，在全国、全球形成具有影响力的产业集群和创新策源地。

2020年5月12日

分享链接

# 国家级新区审批冻结后，这批省级新区依托国家战略崛起

国家级新区停止审批多年后，借助国家战略实施的契机，地方政府开始规划布局一批省级新区。

近日，四川省委办公厅、省政府办公厅联合印发《关于规划建设省级新区的指导意见》（下称《意见》），提出"科学规划一批省级新区"。其实，早些时候的2月18日和4月28日，四川省政府已先后批复同意设立宜宾三江新区、成都东部新区。

四川省并非个例。2019年，浙江省连续批复了四大省级新区——杭州钱塘新区、湖州南太湖新区、宁波前湾新区和绍兴滨海新区；广东省政府也审议通过了《东莞滨海湾新区发展总体规划（2019—2035年）》，东莞滨海湾新区成为广东首个省级新区。

**国家战略的机遇**

国家级新区始于20世纪90年代初期设立的浦东新区，其功能定位也是在发展中逐渐形成的，即承担国家重大发展和改革开放战略任务的综合功能区。至今全国已经有19个国家级新区获批。

"雄安新区之后，国家级新区的审批被冻结了。"中国社科院研究员、中国区域经济学会副理事长兼秘书长陈耀向第一财经记者表示，过去一段时间，新区搞得太多了，占了很多地，但是没有开发好，遭到诟病，因此，中央比较审慎，严格控制。

不过从去年开始，广东、浙江和四川等省份开始审批省级新区。

"去年6月，宜宾主动提出要设立新区，但是四川省的态度是不置可否，后来成都也提出'东进'需要平台支撑。今年年初，中央提出推进成渝地区双城经济圈建设，四川省的态度发生了很大变化，认为这是一个重要的抓手。"西南交通大学区域经济与城市管理研究中心主任戴宾向第一财经记者表示。

## 六、秀言城事

1月10日，四川省委财经委召开第四次会议，主要学习中央财经委员会第六次会议关于双城经济圈的内容。此次会议就提出，要谋划建设一批战略实施载体，综合考虑发展需要和现实基础，形成一批支撑功能平台，发挥好载体功能、先导作用和引领效应。

在批复宜宾三江新区和成都东部新区之后，上述《意见》还明确提出，重点在成都市及成都平原经济区、川南经济区、川东北经济区内经济发展水平和基础条件相对较好的区域中心城市，依托现有开发区、产业园区、自由贸易试验区等发展平台，规划布局一批省级新区。

实际上，借助成渝地区双城经济圈上升为国家战略的契机，四川省希望通过设立新区破解发展不平衡的问题，加快区域中心城市的发展步伐，培育创建若干全省经济副中心城市，进一步优化全省空间布局和经济地理，着力补齐成渝地区中部区域发展落差。

2019年，四川省的经济总量超过4.66万亿元，位列全国第六。但是省内发展不平衡的问题仍存在，GDP超过2 000亿元的城市，除了省会之外只有6个，分别是绵阳、德阳、宜宾、南充、达州和泸州。因此，四川鼓励和支持有条件的区域中心城市争创全省经济副中心。

戴宾表示，国家级新区审批很严格，而且一个省份只能获批一个国家级新区，四川省这么大，光有一个天府新区是不够的。因此，借国家战略的契机设立省级新区是一个重要举措，而且在全国范围内已经有先例。

浙江省上述四大新区也是基于长三角一体化的国家战略。2019年，为贯彻落实《长江三角洲区域一体化发展规划纲要》，浙江省在环杭州湾地区设立了四个新区。

这四个新区都被赋予了融入长三角的角色：钱塘新区被定位为"长三角地区产城融合发展示范区"；南太湖新区被定位为"长三角区域发展重要增长极"；前湾新区被定位为"长三角一体化发展标志性战略大平台、沪浙高水平合作引领区"；绍兴滨海新区被定位为"大湾区发展重要增长极"。

广东省的东莞滨海湾新区也受益于粤港澳大湾区的国家战略。《粤港澳大湾区发展规划纲要》提出，支持东莞与香港合作开发建设东莞滨海湾地区，集聚高端制造业总部，发展现代服务业，建设战略性新兴产业研发基地。

2019年5月26日，广东省政府常务会议审议通过了《东莞滨海湾新区发展总体规划（2019—2035年）》。这是自《粤港澳大湾区发展规划纲要》正式发布以来,广东省政府审议通过的首个省级新区的发展规划。

**区域增长的新引擎**

从1992年的上海浦东新区、2006年的天津滨海新区到2010年的重庆两江新区,此后几年内,又有10余个国家级新区被批复设立。但新区遍地开花也带来一些问题,引起了中央的高度重视。

2015年,国家发改委等部委联合印发的《关于促进国家级新区健康发展的指导意见》指出,部分新区不同程度地存在着规划执行不严、土地等资源节约集约利用程度不高、产业竞争力不强、体制机制创新不足等问题。

陈耀表示,城市新区建设往往会再造一个城市规模,这会加快城市建设和带动地方发展,成为区域增长的新引擎。中央严格控制国家级新区审批,主要是担心新区热导致圈地,形成地产热。

对于浙江、广东和四川等地省级新区审批的开闸,陈耀表示,现在地方抓住国家战略的契机,希望开辟新的发展空间,通过设立省级新区建设拉动城市建设,提振经济,这既是落实国家战略,也是推动城市发展的举措。

戴宾表示,省级新区不能等同于一个产业园区,一定要有像国家级新区一样的功能定位,成为承担本省发展改革重要任务的重要平台。比如宜宾三江新区就被定位为"发展建设长江上游绿色发展示范区、创新型现代产业集聚区、国家产教融合建设示范区、四川南向开放合作先行区"。

《意见》指出,省级新区规划编制要对标雄安新区、天府新区等国家级新区,充分体现新发展理念,按照"多规合一""三线一单"等要求,兼顾当前和长远,高起点谋划、高标准编制发展规划、国土空间规划。科学确定省级新区开发边界、人口规模、用地规模等。

事实上,在19个国家级新区之后,武汉长江新区、合肥滨湖新区、郑州郑东新区、南宁五象新区等地区也在申报中。对于国家级新区审批是否会重新开启,陈耀表示这取决于两个方面:一个是中央对形势的判断;另一个是地方发展新经济的产业支撑,避免走过去的老路。

2020年5月14日

分享链接

六、秀言城事

# 中欧班列变局：未来将形成数个枢纽节点

新冠肺炎疫情使中欧班列逆势增长，成为国际物流重要的货运通道。这一局面也正在推动中欧班列城市格局发生变化。

**东西部城市同时发力**

来自国家铁路集团的数据显示，今年1月1日至5月22日，中欧班列共开行3626列，运送货物32.6万标箱，同比分别增长26%、30%，综合重箱率达到98%。其中，4月份总开行数量达到979列，运输货物8.8万标箱，同比分别增长46%、50%，综合重箱率97.8%。

中国（深圳）综合开发研究院物流与供应链管理所所长王国文向第一财经表示，疫情还在发展，从现有的情况来看，中欧班列对航空的时效性运输的替代效应比较明显，其需求得到支撑；另外，由于海运受到阻断，这些订单也在向中欧班列转移。

比如，出于综合成本和时效的考虑，今年联想通过中欧班列（成都）累计发送近3000TEU的电脑外设产品，比去年增长79%。其笔记本、台式机、电脑配件等产品通过中欧班列（成都）出口逐渐加大。同时受疫情影响，海运订单也转移到铁路运输。

截至5月13日，成都国际铁路港国际班列今年开行量已经超过1200列，同比增长45.5%，其中，中欧班列开行超600列，同比增长78.8%，国际班列、中欧班列开行量持续领跑全国。

中国集装箱行业协会常务副会长兼秘书长李牧原告诉第一财经，在疫情暴发之前，中欧班列已经连续5年保持50%的爆发式增长，现在，中欧之间原有的海运、空运的运输平衡被打破了，客观上使这条通道变成了防疫抗疫国际合作应急通道。

与疫情暴发之前形势有所区别的是，现在东部城市的中欧班列开行量暴增。虽然这些年全国有数十个城市开行中欧班列，但唱主角的主要是西部城市，其他很多城市的开行量较低或一度中断。疫情后，东部城市也纷纷发力，恢复常态化运行，加大班列的开行力度。

5月31日，今年中欧班列（义乌）的第200列开向西班牙首都马德里。截至5月31日，中欧班列（义乌）共发运16 672标准箱，发货量同比增长72%，其中，5月份最后一周就开行了19列。从6月起，铁路部门计划每周常态化开行20列以上。

曾经一度面临货源"断流"危机的连云港中欧班列，也在疫情之后暴发性增长。截至5月15日，其到发量已突破1万车，合计开行244列，较去年同比增长45%，提前一个半月完成了上半年的目标。

不仅如此，华南地区开行的首趟中欧班列邮件运输专列也在上个月从东莞开出。

李牧原表示，疫情使得中欧班列的知名度和客户黏性得到加强，相对于海运，中欧班列国际通道的价值被发现，形成了新的竞争格局。

成都国际铁路港投资集团副总经理张俤此前在接受第一财经采访时表示："大量货源在疫情期间转移到中欧班列，虽然有些货物最终会回归海运，但是我们可以选择更多的适铁品类发展。"

### 竞争格局将逐渐变化

不过，在中欧班列逆势增长的背后，也存在一些问题。李牧原表示，由于这些班列在欧洲的集结点比较分散，没有形成分拨体系，疫情期间，虽然开行量上去了，但是成本代价也比较大。

不仅如此，中欧班列的大量货源主要还是来自东部地区，在东部地区中欧班列开行量加大之后，货源竞争问题将更加突出。实际上，在疫情之前，各地围绕货源竞争出现了大幅补贴的恶性竞争，因此，在后疫情时代，货源下降之后，货源竞争将带来格局竞争。

竞争在新业务上也会出现。疫情暴发后，全国各地的国际邮件一度积压超过1 500吨。对此，我国决定利用中欧班列进行紧急疏运，在重庆、义乌、郑州、东莞等城市已开通铁路运邮，但是，各城市国际运邮在业务和目标客户上有一定重合。

王国文表示，各个地方开行班列与地方政府的支持有很大关系，东部城市加大开行量，推动经济增长，但是，各个城市之间资源没有共享，还是点对点的体系，没有形成缓冲节点，影响到规模经济。

目前，成都和重庆两地已经共同使用中欧班列（成渝）标识，标志着在成渝地区双城经济圈建设的背景下，中欧班列开启了融合发展的进程。未来两地将通过信息共享、模式共建、规则共定、仓位共享、线路互补、场站共用等，全面提升中欧班列（成渝）的市场化运营水平，提高海外议价和应对能力。

李牧原表示，这些年来中欧班列开行城市各自为战，未来两年这一格局会发生变化，会出现精品线路的整合，在东中西部地区各形成几个枢纽节点。

王国文对第一财经称，中欧班列应该形成几个集结中心，形成中转集运中心，提高内外贸结合，形成网络化的集配体系。这样才能降低总体运行成本，提高运行效率，形成合理的规模经济。

5月17日，中共中央、国务院发布《关于新时代推进西部大开发形成新格局的指导意见》，明确指出"构建陆海联运、空铁联运、中欧班列等有机结合的联运服务模式和物流大通道""优化中欧班列组织运营模式，加强中欧班列枢纽节点建设"。

日前，推进"一带一路"建设工作领导小组办公室研究部署今后一个时期中欧班列安全稳定高质量发展工作，强调要提升运行质量效益。加强枢纽节点建设，优化班列开行布局。开展中欧班列集结中心示范工程建设，打造一批具有较强国际影响力的现代物流枢纽。

现在很多地区都在打造这样的枢纽。比如，西安市市长李明远就在"两会"上建议支持西安建设中欧班列（西安）集结中心。

不过，李牧原表示，西部地区距离枢纽还有很大的距离，枢纽需要大量的中转量，至少30%的转运量，还要形成供应链的服务平台和物流资源的聚集区，西部城市现在还只是大的节点，没有形成物流和供应链的分拨网络。

王国文还表示，要形成几个枢纽，但是枢纽的打造要遵循市场化规律，所以，整个中欧班列应该有一个运营联合体，通过市场化的分配机制形成枢纽中心。

2020年6月3日

分享链接

# 航空枢纽争夺战：哪些城市能拿下第五航权？

近日，西安开出"首尔—西安—洛杉矶"首条洲际第五航权全货运航线。事实上，去年西安已经开通了"首尔—西安—河内"第五航权货运航线。这两条航线的开辟，标志着西安实际利用第五航权开拓航空货运业务，打造全球航空枢纽。

不只西安，全国多个城市正在积极争取第五航权，同时通过财政政策扶持航空货运发展，竞夺航空枢纽地位。

**西安和郑州争先**

第五航权是指，承运人前往获得准许的国家，并将从第三国载运的客货卸到该国，或者从该国载运客货前往第三国。2003年，我国首次对外国航空公司开放第五航权，开通了新加坡途经厦门、南京至美国芝加哥的定期航班。

2018年发布的《国务院关于支持自由贸易试验区深化改革创新若干措施的通知》明确，在对外航权谈判中支持郑州机场、西安机场利用第五航权，在平等互利的基础上允许外国航空公司承载经郑州至第三国的客货业务，积极向国外航空公司推荐并引导申请进入中国市场的国外航空公司执飞郑州机场和西安机场。

在西安和郑州之前，国内已经有多个城市获得第五航权，但在中西部地区只有银川和鄂尔多斯。西安和郑州是国务院文件明确的第五航权开放机场，成为中西部地区中心城市和大型机场中的领先者。

实际上，中西部主要机场都在全国排名前列。从航空货运来看，成都双流、郑州新郑、昆明长水、重庆江北和西安咸阳机场2019年的货邮吞吐量分别是67万、52万、42万、41万和38万吨，分别居全国第6、7、9、10和11位。那为什么西安和郑州能抢先一步？

民航专家、广州民航职业技术学院副教授綦琦向第一财经记者表示，郑州是首个临空经济综合试验区,航空货运是其长项;西安是基于"一带一路"倡议,政策上有所倾斜。另外也和当地产业有关系,西安有三星的项目,郑州有富士康苹果手机的项目,都有现实的运输需求。

綦琦表示,第五航权的使用主要是在货运上,航权开放将带来货物中转量的提高。

数据显示,西安的航空货运增长较快。2019年,西安机场的货邮吞吐量达38万吨,增长22.1%,总量排名全国第11位,增速全国第二。今年一季度,西安咸阳国际机场的货运总量首次跻身全国10强,其中,全货机运输量逆势增长117.9%,国际货量增长87.99%,增幅位居全国第一。

西安交通大学经济与金融学院教授、陕西省物流学会副会长郝渊晓向第一财经记者表示,在获批陆港型国家物流枢纽之后,西安正在争取空港型国家物流枢纽,利用第五航权,将供应地与消费地对接,使得航空货运业务加快发展。

郑州机场也在第五航权的使用上迈开步伐,已经有一批国际货运航线享受第五航权,其中,卢森堡货航享有卢森堡经郑州至北美、欧洲、非洲、中东、东南亚、澳大利亚和新西兰等方向每周20多班第五航权航线。

最近几年,郑州航空货运年均增长18.4%。全球排名前10位的货代企业已有9家入驻郑州,其机场航空货运力、全货机航线的数量、航班量等均居全国第5位。

**中西部城市积极争取**

不只西安和郑州,其他城市也在积极争取获得第五航权,尤其是不临海的内陆中心城市。

今年3月发布的《中国(云南)自由贸易试验区管理办法》提出,建设昆明国际航空枢纽和空港型国家物流枢纽,争取昆明航空枢纽建设所需的包括第五航权在内的国际航权,支持昆明长水国际机场开展航班时刻改革试点。

实际上,争取第五航权竞争的背后,是航空枢纽的争夺战。

这些大型机场都制定了雄心勃勃的计划。比如,西安咸阳国际机场的目标是到2025年,中转比例达到15%,年货邮吞吐量力争达到80万吨;重庆江北机场2025年要实现年货邮吞吐量80万吨以上;成都国际航空枢纽的年货邮吞吐量2025年要达到190万吨。

除了这些大型机场，一些新兴力量也在涌现。比如，去年南昌机场就异军突起，货邮吞吐量12.25万吨，增长48.3%，全国第一。

南昌昌北国际机场旅客吞吐量跨过1 000万人次之后，2018年，江西省提出，依托昌北国际机场打造"买全球、卖全球"的国际航空货运枢纽，到2020年，实现南昌昌北国际机场货邮吞吐量20万吨，2025年，货邮吞吐量100万吨。

为了促进航空物流发展，江西省还专门制定了《江西省航空物流发展补贴实施办法》，这一大力度扶持政策促进了南昌机场货运增长。补贴包括国际和洲际货运方面，货运定期航线，业载40吨及以上机型每航班奖励60万—70万元，同时按照舱单进出港货量每公斤奖励4元。

不难看出，货运竞争背后是政府的大力度政策扶持，各地政府都出台了财政补贴措施。

早在2017年，成都市就发布了《促进成都航空货运发展的扶持政策》，对全货机国际（含地区）定期航线和宽体客机国际直飞定期航线给予新增进出港国际货量的财政奖励。远程国际航线（8小时以上航距）5.0元/公斤，中程国际航线（5—8小时航距）3.0元/公斤，短程国际航线（5小时以内航距）2.0元/公斤。

郝渊晓表示，随着交通形式的演变，航空运输成为重要平台和载体。在新冠肺炎疫情下，航空货运就起到了重要的作用。加快航空发展，有利于促进生产全要素的流动，促进区域经济的发展。

最近，中共中央、国务院发布的《关于新时代推进西部大开发形成新格局的指导意见》提出，鼓励重庆、成都、西安等加快建设国际门户枢纽城市，提高昆明、南宁、乌鲁木齐、兰州、呼和浩特等省会（首府）城市面向毗邻国家的次区域合作支撑能力。

2020年6月18日

分享链接

# "西部硅谷"兴衰史，四川乐山的这10年

7月底8月初是四川最炎热的季节，但是在35度以上的高温环境下，位于四川省乐山市五通桥区的永祥新能源二期项目正在加紧建设。该项目计划在2021年投产，这样将新增3.5万吨多晶硅生产能力。

与永祥相邻的，是去年开工建设的总投资60亿元的保利协鑫6万吨高纯度多晶硅生产基地。保利协鑫计划将包括多晶硅生产在内的"硅产业几乎所有业务，整体往乐山转移，乐山将是集团最大的硅材料基地"。

于是，相隔10多年，乐山再次出现了多晶硅企业聚集的盛况，而且目前乐山的多晶硅产能相比10年前增长了近十倍。

这10年乐山多晶硅经历了盛夏到严冬再到盛夏的产业变迁，今时今日已非当年所能比。乐山的10年到底发生了哪些变化？

## 乐山的多晶硅兴衰

乐山是中国多晶硅研发的起源地之一。1964年成立的峨眉半导体材料厂、峨嵋半导体材料研究所，是中国第一家集半导体材料科研、试制、生产于一体的企业。

作为优良的半导体材料，多晶硅广泛用于光伏组件的生产，是光伏产业链的上游。2006年之后，太阳能光伏产业掀起投资狂潮，具有多晶硅资源、人才和技术优势的乐山，迅速聚集起东气峨半、四川瑞能、新光硅业、乐电天威和永祥多晶硅等多家多晶硅生产企业，总生产能力超过1万吨，占全国的12.5%，成为当时中国最为集中的多晶硅生产基地。

2008年年初，当地政府启动了"一号工程"，计划用4—5年时间，把多晶硅和光伏产业打造成千亿元支柱产业。目标到2020年实现累计投资650亿元，年产3.5万吨多晶硅，硅材料及太阳能光伏产业实现销售收入超过1 100亿元，硅材料及综合利用相关产业实现销售收入2 300亿元。

然而，全国多晶硅项目遍地开花造成了产能严重过剩，而且美国、欧盟相继对中国光伏产品出口开展"双反"调查，致使太阳能电池的主要原材料——多晶硅的市场价格下跌至高峰时的二十分之一，中国多晶硅及光伏产业出现全行业亏损。

在此背景下，2012年，全国已投产的43家多晶硅企业勉强维持生产的仅存5家。乐山也留下了"一地鸡毛"。2013年，第一财经记者来到乐山调查时，只有永祥维持生产，其他多晶硅生产企业都已停产倒闭。

5年时间，乐山多晶硅经历了"起高楼"和"楼塌了"。但是，产业变迁的戏剧性还在于，随着国际市场形势的变化，光伏产业起死回生，乐山又重新宾客云集。

在光伏产业严冬之际，乐山市在资金、财税、要素保障、项目拓展等方面给予企业政策支持，产业逐渐恢复。到2015年，乐山多晶硅生产能力达到19 000吨/年（永祥15 000吨/年、金迅4 000吨/年）。

随着国际市场价格的上涨以及需求的增长，多晶硅企业开始大规模扩张。永祥乐山高纯晶硅二期项目建成投产后，永祥在乐山地区将形成8.5万吨高纯晶硅产能。目前，永祥股份高纯晶硅产能已达到8万吨，2021年，随着永祥新能源二期、保山一期项目的投产，永祥高纯晶硅产能将达到16万吨。

作为四川省委省政府决策咨询委员会委员的四川省产业经济研究院院长骆玲，此前两个月对乐山多晶硅产业进行了调研，骆玲向第一财经记者表示，乐山多晶硅产业再次聚集的主要原因在于市场需求反弹，以及技术进步使得成本大幅下降。

骆玲介绍，乐山的多晶硅企业综合成本大幅下降，其中主要是电价下降。乐山作为四川省6个水电消纳产业示范区，电价便宜很多，每度电的价格在0.3—0.35元，而大工业电价是每度0.6—0.7元，相当于电价便宜了一半左右。成本下降，产业竞争力就会增强。

不仅如此，为吸引更多光伏项目集聚乐山，乐山正加快制定完善《促进多晶硅及光伏产业发展支持政策》，将组建100亿元多晶硅及光伏产业基金。乐山希望通过电价补贴、基金跟投等措施促进产业的发展。

这些政策收到了效果。2019年4月，晶科能源与乐山市政府签约，晶科将投资 150 亿元,在乐山市五通桥区规划用地 1 000 余亩,建设 25 GW 单晶拉棒、切方项目及相关配套设施;协鑫集团投资 60 亿元,在乐山建设年产 6 万吨多晶硅项目,届时将占集团 15 GW 产能的约 40%。

**10 年里发生了哪些变化?**

永祥、晶科、协鑫都是光伏产业的头部企业,这些企业云集的产业效应已非 10 年前所能比,乐山已稳居全球硅材料生产基地第一方阵。

不仅如此,按照省、市现代产业体系部署,乐山正在举全市之力加快培育多晶硅及光伏千亿元产业集群,构建"硅料—切片—电池—组件—系统集成"光伏全产业链,建设"中国绿色硅谷"。

骆玲表示,现在太阳能光伏产业的 6 个环节中,除了发电装备之外的其他 5 个环节在乐山都有大型龙头企业,乐山与眉山和成都构建起了完整的光伏产业链。

协鑫集团董事长朱共山表示,在乐山建设的并非新增产能,而是"淘汰老产能,增加新产能"——将江苏产能转移至此。他表示,这不是简单的迁移,而是建立在引进新的技术、新的工艺路线的基础上。乐山将成为中国光伏无补贴平价上网后最主要的材料基地之一。

不仅是产业聚集,更重要的还是技术的领先。

永祥股份董事长兼总经理段雍表示,经过十余年的发展,永祥的产品纯度达到了 99.999999999%（≥11 个 9）,满足 N 型单晶硅料的质量需求,达到半导体电子级多晶硅品质,打破了国内高品质晶硅依赖进口的局面,改变了全球高纯晶硅供应格局,实现了高纯晶硅"中国制造"。

骆玲表示,10 年之前,市场是无序竞争,很多企业被市场无情淘汰了,现在剩下来的企业成本和规模优势都十分明显。乐山市政府对于光伏产业的产业政策和规划都比较有竞争力,形成了比较良性的循环。

不过,重新崛起的乐山也面临着多个竞争对手。骆玲表示,在多晶硅领域,现在与乐山竞争的主要是新疆和内蒙古,还有就是新兴起的云南,主要特点都是电价低,政府支持力度大。

骆玲表示,新疆和内蒙古有比较丰富的煤炭资源,现在他们在搞坑口电厂、煤电一体化,这样多晶硅企业的电价成本会降低到 0.22 元/度,永祥在内蒙古和云南都有生产基地,保利协鑫也在新疆建有大型基地。

乐山要保住"硅谷"的地位,尚需吸取 10 多年来的经验教训,继续努力。

2020 年 8 月 10 日

分享链接

# 贵阳大数据产业"退烧"，
# 两大新目标能否顶上？

以大数据声名鹊起的贵阳，现在要更加强调实体经济，在"大数据之都"之外，将增加消费中心和制造中心这两张新的城市名片。

近日，中共贵阳市委十届九次全会审议通过了《中共贵阳市委关于坚持以新发展理念为引领加快推动贵阳贵安高质量发展的意见》（下称《意见》），提出了建设经济体量大能级城市以及打造新时代消费中心和制造中心的新目标。

**大数据的 AB 面**

贵阳的大数据产业发轫于 2013 年，以中关村贵阳科技园揭牌为标志，贵阳大数据产业的发展正式拉开了大幕。此后几年，阿里巴巴、华为、京东、英特尔、富士康等国内外巨头的大数据中心相继落户贵阳。大数据成为贵阳的城市名片。

借助每年一度的国家级博览会数博会等的造势，贵阳因大数据风头无两，然而，细心的人会感觉到，2019 年的数博会相比前些年稍显冷清了一些，如果进一步调研还会发现，贵阳的大数据产业风光过后在逐渐"退烧"。

事实上，贵阳大数据产业首先面临周边省份的挑战。2017 年年底，重庆提出实施以大数据智能化为引领的创新驱动发展战略，确定了大数据等 12 个智能产业重点发展领域；2018 年，四川省雅安市规划建设大数据产业园，定位服务四川及西南地区信息化的超大规模数据中心，打造中国西部大数据中心。

四川省产业经济发展促进会会长骆玲接受第一财经记者采访时表示："贵阳有的优势，雅安都有。"无论是对气温和空气洁净度的要求，还是最重要的电价水平，雅安都可以与贵阳相比拟。

2019 年 2 月 26 日，雅安水电消纳示范区"川西大数据产业"购售电框架协议签约。根据协议，自 2019 年 1 月 1 日至 2023 年 12 月 31 日五个自然年交易周期内，国网四川综合能源服务有限公司将确保雅安大数据企业享受电价优惠，全年平均按 0.34 元/千瓦时结算。

但因为贵阳多年来发展大数据的基础比较好，影响力也更大，周边省份在招商上的挑战并没有产生真正的威胁。现在关键的问题在于，大数据产业对贵阳的经济带动效应在下降。

大数据链条分为数据获取、预处理、存储、挖掘或分析、可视化五个关键环节。贵阳的大数据产业主要在于存储，扎堆的大数据投资项目主要是数据中心，也就是"机房经济"，这些项目难以产生后续价值，也难以对 GDP 产生更大的贡献。

究其原因，还在于贵阳的基础产业薄弱，在这一点上贵阳与具有雄厚工业基础的重庆是不能比的。贵州省社科院副院长黄勇向第一财经记者表示，大数据产业必须与实体经济相结合，服务于实体经济。但是贵阳多年大数据发展到一定程度，实体经济在哪里呢？

上述全会强调，要坚定不移地实施大数据战略行动，提升贵阳贵安创新驱动能力。坚持"四个强化""四个融合"，全力推进大数据商用、政用、民用，加快建设以大数据为引领的创新型中心城市。

与发达地区相比，欠发达、欠开发、经济活力不足、产业层次不高、发展平台不优、可持续发展能力较弱、实体经济不强已成为贵阳发展的最大短板，特别是作为实体经济主体的制造业，体量较小、缺乏支柱产业，总体处于价值链层级的中低端，核心竞争力较弱。

"可以看到会议更加突出实体经济。"黄勇表示，贵阳的制造业基础还比较差，主要是磷及磷加工、铝及铝加工以及航空航天等产业，但还是在产业的中低端。因此，必须把产业基础做起来，中高端代表高质量的发展要求，也是城市竞争力的体现。

2019 年，贵阳的 GDP 为 4 039.60 亿元。其中，第一产业增加值 161.34 亿元，第二产业增加值 1 496.67 亿元，第三产业增加值 2 381.59 亿元。在全国城市 GDP 排名中，贵阳仅能排第 56 位。

### 新的城市名片

2018 年，贵阳对市情进行重新摸底后，提出要形成以中高端消费为主的现代商贸服务体系和以中高端制造为主的新型工业体系。

在上述全会上，贵阳再次强调，必须大力发展以中高端消费和中高端制造为重点的实体经济，提升贵阳贵安的产业基础能力。把发展实体经济作为贵阳贵安"守底线、走新路"的战略基石和支撑力量。

不仅如此，《意见》提出，加快把贵阳贵安建设成为坚定践行新发展理念的经济体量大能级城市。用10到15年的战略跨度，打造新时代消费中心和制造中心，形成大西南区域性经济内循环和扩大对欧洲、中亚、非洲等外向型经济规模的新格局。

黄勇表示，经济体量大能级城市必须具备两点：一是必须有区域影响力，在省会城市中的位置和梯队有所提升；二是作为省会城市，在全省带动力有所提升，产业体系更加健全，更有竞争力。

《意见》以2022年、2025年、2035年为三个关键时间节点，提出了贵阳贵安高质量发展的阶段性目标，要求到2035年贵阳贵安经济体量大能级城市基本建成，西部地区重要经济增长极、内陆开放型经济新高地、生态文明示范区建设取得显著成效。

贵阳的路径就是"市场引领、贸易先行、以贸促工、工贸并进"。贵阳市发改委区域经济处相关负责人接受第一财经采访时表示，通过吸引集聚消费品牌，培育消费商圈，把贵阳打造成消费中心城市，这必然促进消费贸易和生产加工共同发展，推动贵阳制造向中高端升级，形成中高端商贸业与中高端制造业协同联动发展的新动能。

实际上，虽然贵阳市人均可支配收入处于省会城市的中下水平，但人均消费支出处于中上水平。从近年的统计数据来看，贵阳人均消费支出贡献高达80%，远高于各级城市平均67%的水平，消费欲望极强。

贵阳的消费能力在多个方面表现明显。在多个电商平台上，贵阳的奢侈品销售额增速排名全国第二；贵阳出境旅游人次持续攀升，2016—2018年复合增长率排名第一，且出境消费力强，人均年消费全国排名前十，高于成都、重庆等新一线城市。

但是，由于贵阳市的制造业不发达，大部分消费品均需省外供应，流通成本较高，市场规模偏小，因此，贵阳的消费品物价水平总体偏高，一定程度上也造成部分消费的外流。因此，贵阳出台了多个政策文件发力中高端消费，通过留住消费，催生制造业发展。

根据规划,到 2020 年,贵阳将新引进培育 30 家中高端制造和商贸服务领军企业,以中高端制造为重点的工业总产值达到 3 000 亿元。到 2035 年,全市进出口总额达 500 亿美元左右,工业总产值达 3 万亿元以上。

上述全会还强调,紧盯与群众生活息息相关的消费品,加强大中小微企业的引进培育,不断补齐基础产业短板,推动传统产业转型升级,加快培育新兴产业,努力构建大中小企业竞相发展、上中下游链条顺畅贯通、工商贸产业互促共进的现代化经济体系。

2020 年 8 月 17 日

分享链接

六、秀言城事

# 7个中西部省会首位度超30%，"一市独大"引高层关注

中西部地区"一市独大""省会独大"的现象已经引起高层关注。

11月1日出版的第21期《求是》杂志发表中共中央总书记、国家主席、中央军委主席习近平的重要文章《国家中长期经济社会发展战略若干重大问题》。文章指出，中西部有条件的省区，要有意识地培育多个中心城市，避免"一市独大"的弊端。

**"省会独大"成为普遍现象**

"西部地区'一市独大'现象比较严重，一些西北省份的省会城市在全省的经济总量中占比超过了50%，这与均衡协调发展的思路不符。"四川省委省政府决策咨询委员会宏观经济组副组长丁任重向第一财经表示。

在中西部地区，"一市独大"主要表现为省会城市独大，省会城市地区生产总值在全省的经济总量中占比高，是省内绝对的经济支柱。学术界往往以城市经济首位度这一指标来衡量比较，即城市GDP占全省GDP的比例。

从2019年各地的GDP来看，省会城市首位度占比超过30%的有10个省份，其中，宁夏银川占比最高，达到50.6%，其后依次是吉林长春50.3%、青海西宁44.9%、黑龙江哈尔滨38.6%、四川成都36.5%、西藏拉萨36.4%、陕西西安36.1%、湖北武汉35.4%、甘肃兰州32.5%、海南海口31.5%。

在省会城市首位度前10名城市中，中西部地区就占了7个，可见中西部地区省会独大的现象比较普遍。这种不均衡不仅表现在省会城市GDP占比高，还表现在首位城市与第二位城市巨大的差距，一般都在2—3倍。

比如，2019年，河南省会郑州的GDP为11 590亿元，第二位洛阳的GDP为5 035亿元，第三位南阳的GDP为3 815亿元；湖北省会武汉的GDP为16 223.21亿元，第二位襄阳的GDP为4 812.84亿元，第三位宜昌的GDP为4 460.82亿元。

其中，四川省的首位城市与第二位城市的差距最为明显。2019年，四川省会成都的GDP为17 012.65亿元，第二位绵阳的GDP仅为2 856.2亿元，成都的GDP总量是绵阳的近6倍，绵阳的GDP总量不到成都的17%。

丁任重表示，"一市独大"有历史的原因。在长期不发达的阶段，城市级别越高，资源的集中度就越高。在这种背景下，省会城市会集中更多的资源，但仅仅是省会城市自身的发展，难以形成对全省经济更好的支撑、难以推动全省协调发展。

"一市独大"不仅带来经济发展的失衡，其虹吸效应还不断抽取省内其他城市人财等资源要素。

中国区域经济学会秘书长、中国社科院工业经济研究所区域经济研究室主任陈耀向第一财经记者表示，"一市独大"究竟多大才算？综合研究认为，首位度最好不要超过30%，首位度过大不利于省域内的协调发展，省会城市过大会造成虹吸效应，对周边地区资源要素产生吸附，对周边地区发展很不利。优质资源向省会集中，不利于相对均衡发展，尤其是公共服务的均等化。

### 强省会还是多中心？

不过，省会城市独大的现象并没有收敛，在新形势下还有强化的迹象。

在中央强调增强中心城市和城市群等经济发展优势区域的经济和人口承载能力之际，一些省份推出了强省会战略。2017年，陕西省为支持大西安建设，将西咸新区划归西安管理；2019年，济南市合并莱芜市；今年6月，四平市代管的县级公主岭市改由长春市代管。

这一"强省会"的潮流在今年又有了新的迹象。最近，武汉市发改委针对湖北省政协十二届三次会议第20200607号提案有关"鄂州并入武汉"作出回复，其中提到"鄂州并入武汉属国家重大行政区划调整"。这一回复被认为武汉将与鄂州实现合并。在这一消息的刺激下，西安和咸阳合并的呼声也越来越大。

丁任重表示，"强省会"战略的推进应当因地制宜，分类指导。特别是在一些不发达的省份，应当慎重考虑。"强省会"战略有的可以理解，比如山东济南和莱芜合并，壮大了济南的城市和GDP规模。但那是因为山东省经济总量第一的城市是青岛，济南中心地位不足。

不仅如此，丁任重还表示，"强省会"战略推进大多采用行政手段，比如撤县撤区、区划调整等，最初是土地、人口、GDP、投资等向省会集中，在推进过程中一些软要素，如技术、信息、政策等更加向省会城市倾斜，加剧区域不平衡和城市不平衡现象。

陈耀也表示，中西部地区发展到一定阶段，应当培育次级中心城市、副中心城市。比如河南在壮大郑州的同时也在培育洛阳，以双中心共同带动发展。而经济双引擎在沿海地区比较多见，比如广州和深圳、杭州和宁波等，城市化发展到一定阶段，会出现多极化、多中心的态势。

陈耀表示，中西部地区的省会独大也要看所处区域内的自然条件和发展阶段，比如宁夏面积比较小，青海地广人稀，主要资源集中于省会城市也是符合规律的。但是对于其他有条件的省份则需要从一极向多极发展。

事实上，在一些经济基础比较好的省份，除了省会城市外，已经有一些城市出现上升势头，而且相比西北省份，有些地区城镇化加快，城镇和人口密度比较高，有一定的产业基础，这些都可以成为重点培育对象，比如陕西省的榆林和宝鸡，湖北省的襄阳和宜昌。

四川省也在 2018 年提出"一干多支"战略，鼓励和支持绵阳、德阳、乐山、宜宾、泸州、南充、达州 7 个区域中心城市争创全省经济副中心。不仅如此，在区域板块上，大力培育内江、自贡、宜宾和泸州四个城市所在的川南地区，作为四川的希望之点。

2020 年 11 月 1 日

分享链接

# RCEP 正式落地，西南省份收获一大波红利

随着《区域全面经济伙伴关系协定》（RCEP）正式签订，深处我国内陆的西南板块将迎来更开放的窗口和新一波的崛起。

**与东盟贸易将大幅增长**

RCEP 包括东盟十国以及中国、日本、韩国、澳大利亚、新西兰，在这一范围内，中国西南地区与东盟接壤，具有地理上的有利条件。在中国-东盟自贸区及其升级版的推动下，西南地区与东盟之间的贸易已经显著增长，更加便利化、自由化的 RCEP 则将西南地区推向了开放前沿。

"云南省以东盟为主的外贸市场结构特征突出。虽然云南省的外贸体量在全国相对较小，但是对东盟的贸易在全国占比相对比较大。因此，RCEP 是大好事，会给云南省带来新的制度红利。"云南大学经济学院院长施本植向第一财经记者表示。

施本植表示，东盟市场是云南省外贸发展最重要的目标市场。2019 年，云南省货物进出口分别仅占全国的 0.6% 和 1% 左右，但云南省对东盟货物贸易占到全国对东盟货物贸易的 3.8%，也占到云南省对外贸易的 56%。

对于西部经济体量最大的省份四川来说，东盟是其第二大贸易伙伴。今年前三季度，四川省与东盟的进出口贸易额为 1 166.3 亿元，同比增长 23.6%。

因此，RCEP 的签署将给西南地区带来贸易的增长。广西社科院东南亚研究所副所长雷小华向第一财经记者表示，中国要构建双循环的新发展格局，扩大内需，就会带来中国出口量的增长，比如资源型产品、农产品等。

东盟现在已经跃居中国第一大贸易伙伴，在中国外贸格局中的地位也日益突出，这从去年国务院印发的 6 个新设自由贸易试验区总体方案中就可见一斑。这 6 个自贸区包括中西部的广西、云南自贸区，且这两个自贸区都定

位在面向东南亚的门户和前沿。

不仅如此,互联互通网络的构建也加快了西南地区与东盟的联结。作为深化陆海双向开放、推进西部大开发形成新格局的重要举措,西部陆海新通道战略去年正式推出。

另外,泛亚铁路也正在推进。2021年,中老铁路将全线贯通,中缅铁路也在加快推进,从成都经昆明,预计最快3天直达老挝万象、缅甸仰光,辐射东盟,因此,中欧班列(成都)的市场空间也将进一步扩增。

11月9日,成都国际铁路港投资发展公司、云南洲际班列物流公司、老挝磨丁经济专区开发集团公司三方签订战略合作协议:共同建设南向铁路联运通道,打造联通内陆,辐射南亚、东南亚的开放物流通道。

政策的推进以及通道的畅通,带来的是西南板块的崛起。今年前三季度的经济数据显示,西南地区的云、贵、川、渝、藏、桂等省份的经济都保持了2%以上的增长,成为全国七大经济区中增长最快的板块。

另外,西南地区的外贸增长也表现强劲,呈现更为开放的态势。今年前三季度,重庆市的进出口总值4 613.9亿元,较去年同期增长11.4%;贵州省的进出口总额385.12亿元,比上年同期增长22.0%;四川的进出口总额5 916.7亿元,同比增长22.7%,增速比上半年高1.7个百分点,规模位列全国第八,增速位列全国第一。

**打造新的、完整的供应链**

西南财经大学中国(四川)自由贸易试验区综合研究院院长助理邓富华向第一财经记者表示,新冠肺炎疫情对世界供应链体系产生冲击,而RCEP对于稳定供应链、价值链升级有着重要作用。

雷小华表示,RCEP对于推动中国和东盟合作的作用,一方面体现在贸易继续往前发展,关税减让使市场扩大,另一方面体现在第三方市场合作。"RCEP最大的一个影响就是中国跟东盟可以合作开拓第三方市场。"

这对西南地区有着重要意义。邓富华表示,内陆地区相比沿海地区物流成本更高,而劳动密集型产业对物流成本比较敏感,以前主要布局在东部,现在西部地区再重复东部的道路不太现实,因此需要产业升级,RCEP对四川省构建"5+1"的现代产业定位是相符合的。

比如,目前西南地区都在大力发展电子信息产业,成渝地区电子信息产业规模达到全球规模的 1/3。全球每 3 台笔记本电脑、每 10 部手机中，就有一个来自重庆；全球 70% 的 iPad 和近 20% 的笔记本电脑产自成都。而越南等东南亚国家也在大力承接电子信息产业转移。

这就存在构建完整产业链的契机。雷小华表示，中国跟东盟有更多的中间产品的合作，如果利用双方的优势，即中国的技术、资本，东盟的人力、税收优惠，产品将更具有竞争力。

事实上，这种产业上的合作已经开展。

根据成都海关的数据，今年前 10 月，四川对 RCEP 贸易伙伴国的进出口合计 2 262.3 亿元，同比增长 21.7%。合计额占四川外贸总值的 33.8%。从结构看，四川对 RCEP 贸易伙伴国的主要出口商品为集成电路、笔记本电脑和平板电脑。同期，主要进口商品为集成电路、半导体制造设备、计量检测分析自控仪器及器具。

雷小华表示，电子信息产业是当前贸易最大的一个品种，RCEP 内部有日韩、中国和东盟三个层次的国家，实际上是可以形成一种新的、完整的产业链、供应链，即日本和韩国的研发技术、中国的制造、东盟的组装，再加上区域内的一个大市场，就构建了一个全新的供应链和产业链，这对世界经济格局来说是作出了一个新的改变。

2020 年 11 月 16 日

分享链接

# 七、婷见影视

葛怡婷 | 第一财经特稿部商业人文记者。复旦大学新闻学院新闻系硕士。长期专注于文娱产业领域的报道。
geyiting@yicai.com

## 电视剧收视全线飘红,但留给视频平台的利好有限

受新冠肺炎疫情影响,线上娱乐成了大多数人的唯一选择,目前,上星及上线的剧集收视率和播放量表现喜人。根据CSM59城收视率的数据,2月29日,《我在北京等你》(浙江卫视/江苏卫视)和《安家》(东方卫视/北京卫视)的收视率均突破2%。

网络平台播放方面,极光大数据显示,不同于2019年春节的微降趋势,在线视频产品的总使用时长在今年春节期间有明显上涨,在线视频(长视频)行业渗透率在春节期间呈现一定的上涨趋势,这在短视频产品的压力之下非常难得。其中,爱艺奇日活跃用户数量在2020年春节增幅明显,为10.7%,使用时长基本与腾讯视频持平。

在剧集播放方面,根据云合的数据,2月24日至3月1日一周,正片有效播放市场占有率冠军是公关职场剧《完美关系》,孙俪、罗晋主演的《安家》位列第二。3月1日,《安家》在腾讯视频的前台点击量为1.69亿,传播度位居首位。

### 收视上扬,口碑下挫

《安家》改编自日剧《卖房子的女人》。明星主演号召力加上与民生相关

的现实主义题材，使得这部剧在播出前就受到广泛关注，不过目前的评价呈争议态势。在一些观众看来，《安家》主创对房地产销售行业内幕进行了调查，本土化改编接地气，表演水准较高，但也有不少人认为部分情节夸张失真，有从职业剧变家庭伦理剧的趋势。

疫情期间，各平台陆续推出独播新剧，播放量热度不减，口碑突出的不多。各大收视榜单冠军《完美关系》在豆瓣评分仅4.5，上月热度最高的《新世界》则在及格边缘徘徊。从集数来看，目前热播的《完美关系》《安家》《三生三世枕上书》《我在北京等你》《锦衣之下》为50集左右，《新世界》共有70集。不少观众认为，剧作悬浮是当下国产电视剧的通病，而内容掺水、节奏拖沓让人感到审美疲劳，中途弃剧。

2月6日，国家广播电视总局发布《关于进一步加强电视剧网络剧创作生产管理有关工作的通知》，明确要求片方在申报备案公示时，需向广播电视主管部门承诺已基本完成剧本创作。按照过去的立项和备案规则，片方仅需要提交剧情大纲即可，而现在需要同时提交剧本完成承诺书。这意味着，政策鼓励影视制作方重视剧本创作、文学策划等前期开发工作，编剧的地位和价值将得到重视。此外，该通知还提倡电视剧网络剧制作不超过40集，鼓励30集以内的剧集创作，引导剧集创作市场以质取胜，向精品化发展。

疫情影响之下，剧组停工，项目停摆，影视剧产量预计将在未来一段时间内有所下降，对电视台、视频平台的排播造成一定的影响。不过，一位视频平台相关工作人员向第一财经透露，通常视频平台的内容储备都有一到两年的前置时间。公开资料显示，《三生三世枕上书》《完美关系》《我在北京等你》等剧均于2018年杀青。因此，剧组停机、剧集项目延宕实际上对平台当下的储备影响不大。"横店的项目也陆续开始分批复工了，顶多可能影响到明年的排播。比如原计划明年7月上线，那么上线时间可能会有所延迟，但如果后期时间差弥补得了，其实也就还好。"

根据国家广电总局的公示，2020年1月，全国电视剧拍摄制作备案公示的剧目共84部，与2019年12月相比减少11部，但与去年同期相比增加2部。其中，当代题材52部，占比61.9%；古代题材11部，占比13.1%。公示显示，此前备受关注的剧集《繁花》的拍摄日期为今年4月，集数为30集。

七、婷见影视

**优质内容收割流量**

由于政策原因和市场波动，头部影视公司均有数量不等的库存剧集，在一些业内人士看来，非常时期也正是一些影视公司去库存的好机会。梳理公开资料显示，头部影视制作公司中，欢瑞世纪和完美世界库存剧数量较多，华策影视、新丽传媒都有少数杀青时间较长的库存剧集。

近日，欢瑞世纪在回应投资者问题时表示，公司预计自2020年起将陆续成片或取得发行许可证的影视剧包括《权与利》《盗墓笔记3》《鬼吹灯》《山河月明》《江山永乐》《天目危机》《迷局破之深潜》等。

实际上，不少积压的库存剧在这一特殊时期陆续释出，也有首播并不理想的剧集在这一时期上星二次播出。比如，《忍冬艳蔷薇》2016年在天津文艺频道首播，2020年2月8日在安徽卫视重播。《云飞丝路天》（原名《大商道》）曾于2011年5月在吉林都市频道播出，2020年2月8日在山东卫视重播。但由于制作时间过早，水准较为落后，观念与时代脱节，观众的评价较低。

中国视听大数据显示，2月15日至2月21日一周，在黄金时段电视剧收视率方面，北京卫视和东方卫视播出的《新世界》《安家》位列前两位，收视率排名前十的剧集当中，不乏重播多次的老剧，比如《情满四合院》。这部由何冰与郝蕾主演的剧集，2015年首播之后多次重播，此番再度上星，收视热度和观众口碑均表现较好。由此可见，唯有制作精良的剧集才能在众多新剧登场的环境中逆袭。

回望有着相似情形的"非典"暴发的2003年，那一年诞生的多部剧集在今天看来都是难以逾越的经典。如果从影响力和话题度来看，2003年的年度剧王是《金粉世家》。陈坤此前在接受采访时曾提到："好像是一夜之间，大家都认识我了。原来因为SARS的缘故，所有人都待在家里不出门，而电视台都在放《金粉世家》。"

不过，2003年的收视之冠是当年的热门IP《还珠格格3》。那一年电视剧在题材上展现出令人惊叹的丰富程度。既有《孝庄秘史》《射雕英雄传》《倚天屠龙记》《大汉天子》等古装片，也有《征服》《玉观音》这样的犯罪悬疑片，还有《粉红女郎》《男才女貌》等都市爱情片。那一年，《刘老根2》播出，让城乡人民生活创业的故事走红荧屏，时隔17年，《刘老根3》再次回到了观众的视野,却让老剧粉丝感叹风味不再。

对于 2020 年来说,虽然多部剧集收视飘红,但真正能够引起全民热议的爆款仍未出现。疫情是一时的,留给视频平台的利好有限。3 月待播剧集中,《无心法师 3》(腾讯视频/爱奇艺)、《重生》(优酷)、《掌中之物》(芒果 TV)都是此前讨论度较高的剧集,谁能在竞争中胜出还要看剧集本身的质量。在北京大学文化产业研究院副院长陈少峰看来,视频平台现在所能做的就是想办法多提供好的内容,或者通过和抖音等平台直接竞争短视频的方式来巩固流量。

疫情期间,通过提供优质内容而得到大幅增长的视频平台无疑是芒果 TV,接连推出《锦衣之下》《下一站是幸福》两部口碑和热度均表现不错的剧集。根据 QuestMobile 的数据,芒果 TV 春节假期期间日人均使用时长较平日涨幅为 42.1%,在头部视频 App 中涨幅最大。云合数据显示,2020 年芒果 TV 会员内容日均有效播放量较 2019 年增长近两倍,连续剧占比增幅高达 147%。3 月待播剧集方面,网络期待值较高的《掌中之物》也将上线芒果 TV,预计将会为该平台带来一波会员和流量。

在通过优质内容争抢用户注意力的时代,腾讯、爱奇艺、优酷三足鼎立的态势,将有可能被芒果 TV 和 B 站等后来者撼动。

2020 年 3 月 3 日

分享链接

七、婷见影视

# 《寄生虫》之后《王国》热播，奈飞布局亚洲，加码与韩国合作

一部中世纪背景的六集韩国古装丧尸片，就这样扫荡了被疫情阴影笼罩的全球荧屏。

去年，《王国》第一季被《纽约时报》评选为年度十佳国际剧集。今年3月13日，第二季上线奈飞后即进入各地区热播剧集前十。

电影《隧道》导演金成勋、口碑韩剧《信号》编剧金恩熙所领衔的主创团队，朱智勋、裴斗娜、柳承龙等一线明星组成的演员阵容，基本上已经为剧集的品质和号召力打下基础。《王国》立项之初，人们并不怀疑《王国》在韩国获得成功，但能否征服全球观众还是问号。

在《王国》第一季尚未播出的情况下，奈飞即续约第二季。从第二季充满悬念的结尾来看，故事还未到终结之时，第三季已经箭在弦上，足见奈飞对这一系列信心十足，起初就奔着打造面向全球观众的韩国原创巨制而来。

《王国》的成功，是奈飞亚洲战略与韩国文化产业输出的双赢。由于美国本土市场增长乏力，竞争加剧，奈飞布局亚洲市场，并不断加大投入力度。2019年，奈飞在亚太地区的收入达到1.5亿美元，这个数字在两年间翻了三倍，占公司总收入的7.3%，成为增长最快的市场。

奈飞给韩国影视剧注入更多的资金，开拓了韩剧的海外市场，让韩国影视创作者抵达更广泛的观众群。上海社科院新闻研究所研究员吕鹏向第一财经指出，《王国》的风靡有多方面的原因："充满东方神秘感的故事讲述得好，是第一位的；足够的财力制作保证了演员的聘请和制作的精良；另一个很重要的原因是，韩剧一直以来打下的口碑和基础。"

**韩国文化对外输出的又一次成功**

《王国》是由金恩熙创作的网络漫画作品《神的国度》改编而来。故事并不复杂，中世纪的李氏朝鲜，一国之君是死而复生的丧尸，王世子遭人构

陷而被迫流亡,故事在瘟疫蔓延和宫廷斗争之中展开。这无疑是一个充满魅力的设定,而丧尸、宫斗、权谋的类型结合,更容易抵达来自不同文化的观众群。

在丧尸主题的影视作品中,观众已经通过《釜山行》领教过韩式丧尸的威力,而在《王国》中,成千上万群演构成的丧尸大军,将这种恐怖与惊悚又放大数倍,观众开始对欧美影视作品中懒散、缓慢移动的僵尸形象感到乏味,可以说,韩式丧尸是这个时代影视作品中塑造的武力值最强、速度最快的丧尸形象,但仅仅提供恐怖远远不够。

剧中的王国刚刚经历战争,饥荒在全国蔓延,一边是锦衣玉食、巍峨宫廷、登上诺亚方舟的贵族阶层,一边是饥肠辘辘、瘟疫肆虐、遭受灭顶之灾的平民百姓。奇幻与历史交织的故事既能够满足观众对视觉奇观的需要,也提供了观察灾难之中人性善恶交锋的视角。

在充满竞争和创作活跃的韩国,富有才能的制作人和演员众多,强大的影视人才储备在面对国际资金注入的时候,展现出了相匹配甚至超出预期的能力和水准。在吕鹏看来,更加重要的是,韩国的文化对外输出政策使得韩剧以及韩国的文化产品在世界上已经有了比较好的受众基础。

直到《寄生虫》包揽奥斯卡最佳影片、最佳导演、最佳外语片之后,人们才真正注意到这个文化产业强国为全球观众提供了怎样一种既国际又本土的文化产品。《王国》与《寄生虫》在全球范围内的现象级影响,证明了韩国文化产业在对外输出方面的努力卓有成效。

亚洲金融危机之后的1998年,韩国将文化产业确定为21世纪发展国家经济的战略性支柱产业,为韩国发展为文化输出大国奠定了坚实基础。韩国国内市场较小,韩国文化产业注重海外市场,20年间,摸索出一条成功的发展模式——"韩流"之风席卷亚洲,多部韩剧在亚洲热播,使得商品出口获得大量收益,还带动了旅游热、韩式美食热和韩国传统文化热。

随后,他们又把视野放得更远,瞄向欧美市场。与奈飞的合作目标同样也是文化输出,拓展海外市场。

奈飞韩国内容运营副总裁金敏英(Minyoung Kim)表示:"从韩国流行音乐到韩国美食,从韩国丧尸和韩国影视内容,我们惊喜地看到来自不同文化、不同国家和地域的观众热爱韩国文化和韩国故事,从韩国到东南亚,再到北美,韩国影视剧能够让全球观众互相联结并引发他们的共鸣。如今,人们更容易观看到来自其他国家的电影和节目，我们可以通过制作影视内容，帮助大家建立同理心，增进彼此之间的理解。"

## 奈飞的亚洲野心

《王国》的成功是韩国文化输出的标杆，也是奈飞亚洲战略的胜利。奈飞目标明确，巩固并扩大在亚太地区的市场份额，拓展付费用户，而韩国市场是其中最重要的一部分。

奈飞首次投资的国际电影便是和《寄生虫》导演奉俊昊合作的《玉子》。韩国娱乐产业发达，在电影和剧集方面一直以来成绩斐然。在此基础上，奈飞尊重主创的创作自由，基于欧美与东亚不同文化圈层提出相关建议，但不会左右韩国创作者的意图，从而让创作者集中精力创作。

2019年年底，奈飞亚太地区付费用户达到1 600万，这个数字在2017年和2018年分别是650万和1 060万，增速较快。截至2019年10月底，奈飞在韩国拥有近200万订阅用户，订阅数量同比上年增加超过一倍。奈飞方面表示，将继续探索优质全球化内容发行模式，有针对性地制定套餐及收费标准。

在亚太地区，奈飞正加大力度投入生产原创内容，并匹配全球化的内容发行。此前，它购买了日本吉卜力工作室21个作品在全球190多个国家的播放权。

一直以来，奈飞热衷于韩国提供的多元而丰富的故事，并不断加码与韩国影视产业的合作。去年年底接连达成两项协议，自2020年起三年内，奈飞获得韩国电视台JTBC制作和播出的20部韩剧的全球流媒体播放权，并与韩国娱乐传媒公司CJ-ENM旗下的Dragon工作室达成为期三年战略合作，对方需从2020年开始向奈飞提供超21部作品，其中包括版权剧以及为奈飞制作的原创作品。

3月21日，奈飞又公布了8个即将上线或正在制作中的韩国影视项目，包括1部电影和7部不同类型的剧集，涵盖奇幻、犯罪、爱情等。

上周，奈飞宣布设立1亿美元基金，以支持全球创意产业从业者渡过难关。在大盘走低的情况下，本周一奈飞股价逆势大涨超过8%，也是受到疫情影响最低的公司之一。一方面，疫情暴发，人们需要保持社交距离，更多人选择居家娱乐；另一方面，奈飞的盈利模式不是依赖广告收入，而是依靠会员付费。

近期,在大盘剧烈震荡下行的同时,奈飞股价的表现优于大多数媒体和互联网公司。虽然 3 月 24 日收盘略微回调,但年初至今已经累计上涨约 9%,多位分析师在报告中保持对奈飞前景的乐观预期。

2020 年 3 月 26 日

分享链接

# 好莱坞裁员、降薪成普遍现象，流媒体争夺家庭娱乐时间

新冠肺炎疫情在全球蔓延，其影响深度波及好莱坞。影院关闭、剧组停摆、大片延期，主题公园歇业，好莱坞正遭遇史上罕见的行业震荡。

行业裁员、降薪几乎成为普遍现象。3月30日，迪士尼高管宣布集体降薪。董事会执行主席鲍勃·艾格（Bob Iger）放弃疫情期间所有薪酬，上一财年，艾格的薪资为4 750万美元。前不久履新的CEO鲍勃·查佩克（Bob Chapek）则降薪50%，适用于其基本薪资为250万美元。

疫情也暴露了一些巨头的弱点，特别是那些债务较重的公司，比如体育娱乐营销集团Endeavor、连锁院线AMC，或者是依赖主题公园或邮轮业务的公司，比如迪士尼，都因业务受到明显影响而损失较大。

影片撤档不再令人震惊。在《花木兰》《黑寡妇》《007：无暇赴死》《寂静之地2》《速度与激情9》《神奇女侠1984》《彼得兔2》等多部大片撤出原定档期之后，3月30日，索尼影业宣布旗下多部电影延期上映。杰瑞德·莱托主演的超级英雄片《莫比亚斯：暗夜骑士》和《捉鬼敢死队2020》从今年暑期档延期至明年春天；汤姆·霍兰德主演的游戏改编电影《神秘海域》档期由2021年3月5日再度推迟到2021年10月8日。原定于这个档期的一部未命名超级英雄电影则直接取消了上映计划。

**纷纷上线**

绝望之中，曾经神圣不可侵犯的90天窗口期被不断打破，多部影片提前开放线上视频点播。

获得柏林电影节评审团大奖的《从不，很少，有时，总是》于3月13日在北美上映，原定于4月3日大规模公映，如今改为线上点播。梦工厂动画《魔发精灵2》将于4月10日同步院线和线上发行。迪士尼、华纳、索尼旗下部分影片提前开放视频点播或上线流媒体。

这似乎是危机来临时必须作出的决定。金球奖也宣布改变规则，原定于3月15日至4月30日在北美院线上映的影片也可以通过在这一时间段内的视频播出获得报名资格。

环球影业几乎是此次最先打破院线窗口期的影业，旗下的《隐形人》《狩猎》均提前开放线上点播。《隐形人》于2月28日上映，21天后在北美以大约20美元的价格开放线上点播，消费者需要花上一张电影票的价格点播观看。环球影业在2011年就曾企图在《高楼大劫案》的发行上打破窗口期，但由于连锁影院抵制而放弃该计划。

疫情所导致的影院关闭，给电影制片厂提供了研究消费者行为的机会。在一些消费者看来，这个价格是实惠并且合理的，毕竟，去影院还要支付额外费用，如停车、饮食等；在另一些人看来，同样的价格能够在流媒体平台观看约一百部影片，这个费用定价过高。

《隐形人》《狩猎》背后的布伦屋（Blumhouse）是近年来在恐怖片领域独树一帜的厂牌。Box Office Mojo的数据显示，成本为700万美元的《隐形人》目前在全球的票房收入为1.25亿美元。开放点播后，它的点播率在Fandango上居首位，但具体收入并未公布。布伦屋CEO杰森·布鲁姆表示，环球影业高管曾保证，提前开放线上点播是应对危机的临时策略。

不过，电影制片厂在对待不同类型和规模的影片时也有不同的处理方式，对于那些上亿美元成本的巨制，仍然坚定地要走院线渠道，即使是将档期推迟一年。这类影片需要通过登陆全球院线的方式回收高昂成本。

除了延期上映的影片之外，那些正在制作中的大项目比如《黑客帝国4》《碟中谍7》《奇异博士2》《尚气》等进程和发行也会受到影响。按照计划，HBO Max、Peacock、Quibi等流媒体服务即将陆续上线，争夺用户的家庭娱乐时间。

眼下，娱乐业从业者所关心的是，当疫情结束，被病毒侵袭的行业是否能够恢复过去的常态，还是会迫使主流玩家改变商业模式，重塑行业格局。

### 线上线下之争

传统院线与流媒体之争是近十年来好莱坞行业的长期辩题。

早在此次公共卫生危机发生之前，观众从影院退回家庭娱乐的趋势就已经令不少娱乐公司感到焦虑，机遇也同时出现。根据尼尔森的统计，疫情期

## 七、婷见影视

间，流媒体服务的使用率增长60%，用户对互联网需求之高，导致一些政府要求奈飞、亚马逊、苹果和迪士尼压缩其流媒体视频质量以降低网络负担。

在一些业内人士看来，此次疫情将成为一个分水岭，加速线上媒体消费的进程，并迫使好莱坞去拥抱它的数字未来。风险投资人马修·波尔在接受《好莱坞报道》采访时指出，视频点播服务激增的同时，付费电视失去了它最有价值的体育内容，这将导致订阅数和广告收入加速下滑，疫情将扩大那些商业模式上落后者与领先者之间的差距。

上海戏剧学院教授石川向第一财经分析，疫情会促使更多影视行业从业者去考虑更多的选择性，避免下次风险来临时手足无措。但是，这种选择能否取代主业，背后涉及很复杂的商业模式和运营方式的转变。目前看来，这是一种临时性的无奈之举，并不能成为常态化的运营模式。

如同电商崛起时，人们讨论网购的兴起会否让实体店全部归零。"这背后涉及消费者的消费模式和消费体验。电商兴起固然方便了许多消费者，但是实体店线下采购的消费体验是一种乐趣和生活方式，进入影院是一种仪式感，是一种社交活动。如果说让它马上消失，等于说是将消费者的合理消费需求突然中断，这是不现实的。"

在石川看来，未来比较理想的电影发行放映模式应该是线上和线下并行不悖，两者都能找到各自的发展渠道。"云观影、线上放映以后肯定会越来越繁荣，越来越常态化，它可以给消费者提供多样选择，应该鼓励这种新的放映发行形式，但并不是非黑即白，线上放映兴起之后就要将线下的影院实体店都消灭掉。"石川认为，疫情总会结束，整个行业会慢慢恢复到常态。

索尼影业主席汤姆·罗斯曼（Tom Rothman）表示，疫情的终结会释放人们对线下娱乐活动和集体活动的需求。"从史前时代，人类围着篝火讲故事开始，这就一直是我们的选择，这是人类的原始本能。它将会提醒人们有多想念自己错过的东西。"

2020年4月1日

分享链接

# 《花木兰》放弃北美院线,中国市场成好莱坞回暖的风向标

5个月前在洛杉矶杜比剧院参加迪士尼真人电影《花木兰》首映礼的人们,可能会成为最后一批有幸在大银幕上观看《花木兰》的美国观众。

经历了数月与疫情的抗争之后,一切令人震惊的举措都开始变得合理。迪士尼的《花木兰》和华纳的《信条》选择了反常规的发行模式,它们的决定代表了截然不同的方向:相信影院还是相信流媒体。

这两部成本均超过2亿美元的巨制,均是本年度备受瞩目的好莱坞大片,它们的营收表现对制片方和出品方而言至关重要。基于疫情在美国并没有得到遏制、感染人数持续攀升的现实,经历三度撤档、改期之后,在这个夏天结束之前,《信条》和《花木兰》不得不作出抉择:定档9月的第一个周末,即美国劳动节周末,这在过去被认为是疲软档期。

《信条》将首先在英国、法国等70个国家和地区于8月26日左右上映,接着于9月3日在美国部分城市上映并在随后几周逐渐扩大放映范围,中国内地则定档9月4日。

《花木兰》将于9月4日上线Disney+,定价为29.99美元。在没有开启Disney+服务的国家和地区将保留在院线上映的可能,中国内地已确认引进,目前尚未公布档期。

在全球电影市场处于波动的情况下,《花木兰》和《信条》的选择都可被视为一种冒险。

### 特殊的发行方式

迪士尼CEO鲍勃·查佩克强调,《花木兰》的发行策略独一无二,并不意味着他们正在建立一种新的商业窗口模式。线上点播《花木兰》的价格不菲,在6.99美元月租费的基础上还要付费29.99美元,几乎是院线电影票价的

两倍。

不过,《花木兰》的线上盈利将归属迪士尼,不需要与院线分账。截至目前,Disney+的付费用户数量已经达到6 050万人。迪士尼当然希望《花木兰》会吸引新的Disney+用户,但没人知道到底有多少人愿意订阅这项流媒体服务,只是再为一部电影支付更多的钱。

一份迪士尼发给英国院线的信件中提到,考虑到疫情影响,产业链各个环节遭到破坏,《花木兰》在不得不多次延期之后,针对这一市场环境采取特定的发行方式。这项举措毫无意外地招致院线行业的不满。

英国电影协会首席执行官菲尔·克拉普表示,在英国各地院线重新开放的时候,这一决定令人失望和困惑,在数月户外娱乐活动受到限制之后,去影院看一场合家欢影片将会成为许多人的选择,观众和电影院都需要大量新电影。

在英国乌克菲尔德经营一家独立电影院的凯文·马克威克说,迪士尼的决定将令他无家可归。他无法理解,为什么不能同时进行视频点播和院线放映。对于院线经理而言,他们担忧的是迪士尼从此不再需要电影院,那对于所有院线从业者而言都是灾难。

不过,《花木兰》的上线与环球影业将《1/2的魔法》上线流媒体平台时引发的集体抵制不同。迪士尼的这一举动得到了部分传统院线的理解甚至支持,比如美国最大的连锁院线之一AMC。最新季报显示,AMC第二季度净亏损5.6亿美元。AMC首席执行官亚当·阿伦称,这是AMC成立百年以来最艰难的时刻。

就在《花木兰》宣布上线Disney+的一周前,AMC宣布与环球影业达成一项协议:窗口期缩短至17天,AMC将可以与环球影业分享一部分线上视频点播收益。这意味着,窗口期进一步缩短的代价是,传统院线可从流媒体收入中分一杯羹。

尽管这项协议遭到院线行业的质疑,但阿伦表示,他们不会签订任何不利于院线发展的协议,这个决定经过了建模研究和讨论争辩,来确保它是正确的、前瞻的。阿伦希望,迪士尼也能考虑与环球影业类似的协议,"就像AMC一样,迪士尼也面临巨大压力,在某些时候,它必须通过电影产品实现盈利"。

## 中国市场成关键

2020 财年第三季度，迪士尼营收同比下降 42%，净亏损 47.18 亿美元。作为传统院线的坚定盟友，迪士尼不得不调整策略，将重心转移至线上。不过，迪士尼未来的计划恐怕将取决于此次《花木兰》的视频点播的最终成绩。

按照此前票房分析师杰夫·博克测算，如果没有疫情，《花木兰》在美国可能获得至少 2.1 亿美元的票房，全球范围内有望获得 7.5 亿美元的票房，净利润为 3.75 亿美元。眼下全球电影市场被疫情阴影笼罩，这一愿景将成为泡影。

博克认为，假如《花木兰》坚持在美国院线上映，将会是一场灾难，对于迪士尼影片这种家庭娱乐性的内容，视频点播是吸引特定观众的最佳方式。

假如《花木兰》能够通过视频点播获得同样的收益，即吸引超过 1 250 万用户付费点播，那便是创造历史，并为其他同等体量的大片提供可以借鉴的路径。但此时此刻，谁也无法预测结局。

阿伦对华纳坚持在院线放映《信条》表示赞赏，并称这对院线行业而言是一项英勇壮举。他相信影院将永远不会消失，"在 40 英尺的银幕上看电影总是比在 40 英寸的屏幕上看有更多优势"。

华纳传媒首席执行官贾森·基拉尔表示："在不久的将来，人们将回到体育馆、回到电影院、回到餐厅，我们是不会屈服于疫情的。但是疫情的确加速了行业的变化。《花木兰》此举是非常务实的决定，而《信条》的决策是出于影片本身的判断，我们很高兴和诺兰合作，我们也会继续相信影院业务。"导演克里斯托弗·诺兰是院线电影的坚定拥护者，自始至终坚持《信条》在院线首映，并不遗余力地呼吁观众支持影院。

在中国，诺兰正在显示强劲的票房号召力。《盗梦空间》在 2010 年收获 4.6 亿元的票房，并将于 8 月 28 日重映。《星际穿越》在重映 9 天之后，票房累计突破 8.4 亿，并超过《1917》等新片，占据单日票房榜单首位。

中国市场的表现对《信条》而言至关重要。中国是疫情首先趋于平稳并常态化防控的国家，同时也是全球第二大电影市场，好莱坞对中国观众寄予厚望。

尽管票房大盘正以微弱的趋势递增，但期待中的报复性观影消费行为并未真正到来。不少人将希望寄托于即将上映的国产大片《八佰》，假如《八佰》能够如愿救市，将有可能推动《信条》和《花木兰》在中国院线市场取得不错的票房成绩。

2020 年 8 月 11 日

分享链接

# 八、晓说消费

刘晓颖｜第一财经资深编辑，关注商业公司，期望挖掘出新闻背后的故事。
liuxiaoying@yicai.com

## 特殊情况下应该怎么卖货？
## 疫情或加速零售业未来发展

春暖花开，随着快递的逐步恢复以及商家的正常复工，宅家多日的购物欲似乎也被激发了出来。

笔者的不少朋友就说，她们今年整个 2 月份的消费甚于往年同期，只因在家没事可干，所以整日端着一个手机看朋友圈和直播并"买买买"。

虽然有人说零售品牌遭遇了前所未有的"寒冬"，上半年的营销计划完全要推倒，但也有一些企业却迅速做出了应对的方案。据说，有些做得还不错。比如服饰企业太平鸟（603877.SH）最近公布了一组数据，疫情以来公司聚焦全渠道零售，目前公司的销售额稳定在日均 1 000 万元以上，单日最高销售额近 5 000 万元。3 月 5 日—8 日"女王节"期间，太平鸟合计实现销售 2.46 亿元，女装、男装单品牌分别突破 1 亿元和 8 000 万元。

线上线下两步走早已不再新鲜。数据显示，2018 年服饰鞋帽商品网上零售额占比达到 25.9%，穿搭类商品网上零售额的增长速度为 22.0%，增长率不断上升。但能灵活调动线上、线下全面发展的企业实际上并不多，这取决于它们在前期数字化零售是否有相对完整的储备。

特殊情况下如何做？太平鸟方面将这次经验总结为其团队组织的敏捷反应。据说，整个流程的响应时间点始于大年初一，从大年初二开始，太平鸟女装就已进入到线上推进的铺排。

公司为了应对此次疫情迅速成立了四个团队,服务于前端门店导购:一是"吸粉组",为线上社群规模的扩张提供方法论与资源支持;二是"种草组",负责社群营销活动策划、商品视觉素材的收集与分发,帮助导购培养用户的购买兴趣;三是"拔草组",承担小程序商城的系统优化与促销折扣策划;四是"助威组",对上述三个团队进行案例拆解和方法呈现。公司负责人说:"打破空间的限制,将实体零售的温度通过电商的便捷性传达给消费者。"

当然,前端销售节拍跟上了,后端的物流也非常重要。

太平鸟从2016年开始打造"云仓"项目,核心是库存完全云共享,目前覆盖了近3 000家(含直营和加盟)门店,后者既是线下销售场景,也是具有收发功能的"仓库"。当核心物流基地无法发货时,这些门店就承担异地代发货的职能。疫情期间,自营新零售通过云仓系统实现的发货金额,已占其当期销售额的65%。

正是由于这样的一套组合拳,才能让这家公司在此次的"寒冬"中打出漂亮的一仗。

不过,并不是所有的服饰类公司都能实现这样的突破。有一些线下比重较大的品牌私下就向笔者反映,由于线下门店大量歇业,而在其他渠道则因布局不够完善以及发货不顺畅、不及时等原因,销售几近于零。更为现实的是,随着多数商家逐渐复工,客流、消费回暖依然吃紧。对于服饰零售公司而言,新进入者门槛不高,国内市场竞争激烈,淘汰也日趋加快。

服饰品牌商今年的日子与其他许多行业一样注定不会太好过。但经此一役,不少公司也总结出了经验,那就是未来如何加大智慧零售和社交媒体营销方面的投入和布局,数字化转型和全渠道打通将是疫后发展的一个重点。

正如尼尔森发布的《深度解析疫情下中国零售业的变革与机遇》一文中所言:"突如其来的新冠肺炎疫情给中国零售业带来巨大的考验,但零售商在动荡的环境中仍展现出很大的灵活性和韧性。不少零售商快速组织、积极应对迅速变化的形势并调整经营策略。他们表示,在危机中看到了新的机遇,疫情将加速未来零售业的发展。"

在笔者看来，未来应变快、抗风险能力强的公司具有明显优势，预计疫情结束后行业资源将进一步向优势公司聚集。

2020 年 3 月 16 日

分享链接

# 2020年的餐饮业：有人黯然关店，有人乘机扩张

笔者周末外出就餐，发现去年常去的两家餐厅不知什么时候已关门歇业。去一些商圈里的购物中心逛了一圈，笔者也注意到一些商户外的玻璃窗张贴了招商广告，另一些则写着"装修中"的字样。

一位从事餐饮多年的人士说道，今年疫情暴发，餐厅在疫情严重期间被迫停业。如今餐厅虽然得以正常营业，但要恢复往日的热闹，怕是要再等上一阵子。让那些开餐饮的老板担忧的是，不少人已养成叫外卖的习惯且对此产生依赖，在他看来，这样的消费习惯是不可逆的。

除去今年的特殊情况，餐饮业其实有过一段好日子。

相较于其他诸如鞋服这样的行业，餐饮行业在过去的几年中一直处于增长状态。公开数据显示，中国的餐饮行业收入在2017年是3.8万亿元，2018年是4.2万亿元，2019年则超过4.5万亿元。

为了将人们留在线下进行消费，各大商圈的购物中心近些年的主流趋势是削减鞋服类店铺的占比，提升可以带来人流的餐厅、休闲娱乐等业态的数量。

餐厅为这些购物中心贡献了人流量，而其自身也进入了高速迭代的时期。其间传出了不少喜讯，比如去年年末，海底捞（06862.HK）市值创新高破了2000亿元，到了今年1月，网红酸菜鱼火锅太二的母公司九毛九中式餐饮集团（09922.HK）宣布赴港上市。

当人们期待这样的高歌猛进可以继续时，势头却在今年遭遇到了打击。当然，一个行业永远会有乐观者，民以食为天，人们总有一天会出来聚餐吃饭，这是硬性的需求。

呷哺呷哺（00520.HK）的董事长贺光启认为，在一些品牌退出的时候，是另一些品牌的机遇所在。那些商业地产项目不可能让铺位空着，它们需要有新进入者填补空位，在这样的环境下，手握现金流的多品牌餐饮集团会有

优势。一个大集团携着几个品牌去谈租金会比单一品牌的、小规模的公司拿到更多的优惠以及更低的租金。在他看来，未来的餐饮业格局会淘汰一批小玩家，强者会更强。

贺光启将其乐观付诸实践。呷哺呷哺旗下的一个中高端品牌凑凑火锅·茶憩最近在上海徐家汇的国贸汇 ONE ITC 新开出一家"凑凑2049"未来主题店，新开店的门口依旧有人排队等候。凑凑 CEO 张振纬透露，目前还有30多家在装修推进中。他说，当别人做减法时，凑凑做加法，经营者应该为消费者创造更多的消费场景。他举例称，奶茶是一个相对高频的消费商品，凑凑则是将奶茶作为一个导流的入口，每家店门口都有一个奶茶铺，基于如今人们对于茶饮的追捧，这往往会吸引来人流，经营者认为这可以驱动火锅消费。

餐馆的生意也许从来没有好做过，一代又一代的消费者不断涌现，需求也更为多元。

行业里有一个传言，据说国内餐饮店的平均"寿命"在 2.7 年左右，只有 1% 的店能够存活超过 10 年。作为美食大国，中国餐饮行业向来竞争激烈，常常是新开店的数量与刚关闭的数量几乎一致，眼见着一家店关了，而后不久新的装修队就又入驻了。

从好的方面来看，在疫情防控常态化的背景下，人们的生活需要回归正轨，需要正常社交，也不可避免地外出就餐。2020 年整个中国的餐饮行业进入了微利甚至亏本状态，这对餐饮店的经营者们来说是巨大考验，但经此一"疫"，他们可以获得更多的经验，乘风破浪继续前行。

2020 年 7 月 19 日

分享链接

八、晓说消费

# 小众美妆品牌的春天

作为一个资深海淘爱好者，王佳敏欣喜地发现她在美国读书时买过的一个小众品牌最近在天猫国际上开了店。如此一来，她终于可以不再找"不靠谱"的代购而从正规渠道购买。

其实，这个乍一看会让人误以为是日本品牌的 TATCHA 于 2009 年在旧金山创立。根据投资公司 Bryan Garnier 的评估，TATCHA 2018 年的销售额约为 7 000 万美元，2019 年的销售额约为 1 亿美元。TATCHA 最近在天猫开店，这也是该品牌首次进入中国市场。

像王佳敏类喜欢尝试新品牌的消费者在中国不在少数。一位长期从事美妆行业的人士告诉笔者，中国的美妆行业目前正在经历一场新的革新、洗牌。越来越多的海外小众品牌、国货品牌正在崛起，受到国内年轻消费者的追捧和喜欢。

相较于以往在线下选址开店，新进入的品牌更喜欢先试水电商。天猫国际无疑是首选。数据显示，过去一年，天猫国际有超过 500 个美妆新品牌入驻，13 个销售过亿元，33 个销售过千万元。目前，120 多个海外知名彩妆品牌通过天猫国际首次进入中国市场，品牌覆盖美国、英国、日本、德国、波兰、阿拉伯联合酋长国等众多国家。今年 4 月，天猫国际启动进口美妆"造新"计划：未来 1 年引入 800 个海外美妆新品牌，孵化超过 50 个新品牌年成交过千万元。

这也许是小众美妆品牌的春天，很多小众品牌凭借一句话、一个价值主张抑或是一种产品风格受到追捧。

另一方面，这也让那些大公司备受压力。对于大公司来讲，原来经营多年的品牌已经老化，需新鲜血液的补充。

值得注意的是，近年来，全球美妆和日化巨头都在加速投资乃至收购新涌现的初创美妆品牌，以寻找和培养出下一个大热门品牌。

前述的 TATCHA 在 2019 年被联合利华收购，交易价格约为 5 亿美元。实际上，联合利华近年来持续收购和投资有特色的小众品牌。2015 年 5 月，公司收购了英国高端天然护肤品牌 REN Skincare，2017 年年底收购了主打天然环保的美国天然香体剂品牌 Schmidt's Naturals，2019 年联合利华旗下的风险投资机构 Unilever Ventures 投资的澳大利亚护肤品牌 Dr Roebuck's 以及生发营养补充剂品牌 Nutrafol 都强调配方的天然与健康。

不只联合利华，欧莱雅集团也通过收购新趋势品牌以巩固行业地位。2016 年，欧莱雅收购了法国勃朗圣泉品牌护肤品（Saint Gervais Mont-Blanc）；2017 年 1 月，欧莱雅以 13 亿美元收购了加拿大 Valeant 公司旗下的三个平价药妆护肤品牌；雅诗兰黛也在近五年中接连收购了 TooFaced、BECCA、Smashbox、Dr. Jart+ 等品牌。

相较于内部孵化，收购已经崭露头角、代表新趋势的小众品牌好处颇多，比如可以降低公司在品牌创新以及产品研发上的试错成本；此外，新品牌被赋予不同的品牌故事和风格，可以以全新的品牌形象去吸引更多年轻的消费者，整个集团也可以占据更多的美妆市场份额。

对于那些被收购的小众品牌来说，在竞争激烈的市场中虽然已经杀出一条血路来，但在发展到一定阶段后都会遇到瓶颈。卖身大公司是寄人篱下，不过，在大集团里可以得到更多的资源与曝光率，助推品牌的成长和规模化。

中国市场的变化让这些大集团新储备的品牌如今有了用武之地。为了争取到多变、爱新鲜事物的中国消费者，那些国际大公司开始顺势加快引入旗下小众品牌。不过，种草容易，拉新战之后，如何留住善变的消费者是品牌们需要考虑的问题。

2020 年 8 月 23 日

分享链接

# 即使在家也要动起来，
# 运动服饰依旧好卖

今年"双11"提前开始。最近和好友们分享自己的购物单，细数目前的几笔开销，其中最大的一笔是给自己的瑜伽课续卡。于是，有朋友顺手甩来了几个LuluLemon的链接，建议应该乘着打折季多配点新装备。

这家加拿大瑜伽运动服零售商这几年在中国的生意做得风生水起，时髦精们几乎人手一条瑜伽裤。用笔者一个朋友的话来说，即使不做瑜伽，穿上一套在健身馆里摆拍也是极好的。

2020年的疫情让许多时装品牌滞销，但对于体育运动公司来说却似乎是个机会。Lululemon首席执行官Calvin McDonald最近在一个公开场合表示，新冠肺炎疫情的暴发最终加速了消费者的行为转变和健身趋势，"疫情带来了一些新的消费行为，实际上消费者已经开始从实体转到数字的消费行为，疫情只是加速了它"。数据显示，尽管大量实体店关闭，公司的在线业务却在2020年第二季度增长157%，帮助推动了2%的总销售额增长。

不只LuluLemon，另一家运动休闲品牌斯凯奇SKECHERS日前发布第三季度财报，业绩同样喜人。数据显示，斯凯奇全球销售额在疫情后持续增长，达13亿美元，较第二季度增长78.3%，但同比仍下降3.9%。财报中特别提到，中国市场销售与去年同期相比，增长23.9%，持续向好。

斯凯奇首席运营官大卫·温伯格（David Weinberg）在财报中特别提到："斯凯奇在9月份增长速度最快，在中国等重要海外市场取得了两位数的强劲增长。为了持续推动未来业务的增长，我们在全球范围内继续投资基础设施建设，包括扩大在欧洲和北美的分销中心，在英国建立新的物流中心，以及即将竣工辐射亚太的斯凯奇中国物流中心。"

笔者发现，周边的朋友在经历了疫情后似乎更愿意动起来了。比如一个朋友花了一个名牌包的价钱给自己找了个私教。大家得出的结论是，多运动多出汗总是好的。

虽然今年许多健身馆因被迫闭关很久导致日子并不好过，但随着人们生活逐步常态化，人们无论在哪里都会动起来。

这对于运动鞋服产业显然是个好消息。热爱运动的风潮无疑带动了周边运动鞋服的销量。除了前述两个外资运动品牌，笔者翻阅了几个国内主流的运动品牌，相对于其他的时尚鞋服公司，前者卖得也还不错。

安踏第三季度的运营数据显示，安踏主品牌实现低单位数正增长，Fila实现20%—25%的增长，其他品牌（Descente/KolonSport/Sprandi/Kingkow）实现50%—55%的增长。主品牌第三季度增速首次回正，Fila延续高增长。

李宁截至今年9月30日的第三季度数据显示，整个平台之同店销售按年取得低单位数增长。渠道方面，零售（直接经营）渠道及批发（特许经销商）渠道均呈现中单位数下降，电子商务虚拟店铺业务按年增长30%—40%。中国动向二季度的运营报告则显示，集团旗下的Kappa品牌店铺（不含Kappa童装业务及日本业务）于整个平台之零售流水按年录得中单位数增长。其中，线下业务录得持平，电商业务录得30%—40%的中低段增长。

不少业内人士认为，运动鞋服品牌未来依旧增长势头强劲，因为对于想要穿得更加舒服的现代人来说，如果公司没有硬性的着装要求，人们正在把西装、连衣裙、皮鞋换成更柔软、更具有弹性的运动衣裤、运动鞋。这样的情况还会维持很长一段时间。

2020年11月3日

分享链接

# 九、快消栾谈

栾立 | 第一财经产经频道记者,长期关注乳业、酒水、食品等快速消费品领域。"快消栾谈"专栏希望在纷乱的市场中,为用户提供不一样的行业观察。
luanli@ yicai.com

## 葡萄酒进口量大跌,国产葡萄酒弯道超车良机?

新冠肺炎疫情的影响下,进口葡萄酒行业在2020年迎来一个糟糕的开局,最新的海关进口数据显示,今年1—2月进口葡萄酒创下近年来的最大跌幅,而进口商还面临着"没人、没船"的尴尬局面。一直以来,中国葡萄酒受进口冲击而深度调整,业内也有声音认为,疫情下,中国葡萄酒迎来了弯道超车的机会。在笔者看来,疫情影响危中存机,但中国葡萄酒的成本劣势并未因为疫情而改变,要想超车还需减负加油。

如果单从数据上看,进口葡萄酒的日子确实不好过。2020年1—2月,中国葡萄酒进口数量为8 260万升,同比下降30.4%;进口金额为4.3亿美元,下降28.3%,这也是近5年来的最大降幅。进口商也面临着巨大的压力:一方面,疫情让国内聚饮和走亲访友的消费需求减少,市场动销大幅放缓、库存高企;另一方面,疫情在世界范围的蔓延,特别是在欧洲,给进口葡萄酒生产和运输带来了一定影响和很大的不确定性。

实际上,中国葡萄酒行业受到的冲击比进口酒有过之而无不及,根据中国酒业协会公布的2020年1—2月酒业经济效益数据,中国葡萄酒销售收入为12.88亿元,下降了40.8%,利润仅为0.5亿元,下滑约58%。笔者在走访中发现,很多国产酒厂酒庄都反映年初销售大幅下滑,回款中断,而相比于进口贸易，国内酒厂酒庄人员众多，成本压力反倒更大。

而且国内消费才刚开始恢复，葡萄酒消费的下一个旺季可能要等到中秋节，长时间的库存积压带来了巨大的资金压力，也将推动葡萄酒行业加速洗牌，市场竞争会更加激烈、残酷，这对于中国葡萄酒行业的挑战更大。

但对于中国葡萄酒行业而言，疫情带来的并非只有挑战和压力。

在笔者看来，疫情加速了国内葡萄酒市场的品牌化进程，这对于中国葡萄酒行业也是机会。一方面，国酒、国人文化共通，语言沟通上不存在障碍，酒庄距离更近，更容易建立品牌认知；另一方面，目前欧美疫情还在扩散，各种出境游、海外酒庄游等纷纷暂停，国内酒庄可以抓住这一机遇，通过酒庄游等方式，吸引更多的消费者前往酒庄旅游和消费，在促进销售的同时，也能提高消费者认知和带动行业发展。

值得注意的是，中国葡萄酒行业要想近水楼台先得月，除了自身努力之外，也需要减负。

因为从品质上看，近年来，中国葡萄酒品质大幅提升，逐步摆脱了"低端"的标签，并在各大国际葡萄酒大赛上斩获颇丰。作为2020年中国酒业协会青酌奖的媒体评委，笔者日前对40款中国葡萄酒酒样进行了盲评，整体水平已不输给欧美同等级产品。

但在市场端，近三年来中国葡萄酒行业却饱受进口冲击，这背后与国内消费者对进口葡萄酒的偏好有关；更重要的一个原因则是，中国葡萄酒成本较高，在与同等级进口葡萄酒的竞争中，性价比处于劣势，缺乏竞争力，这也导致进口酒抢占了更多的增量市场份额。

成本高的问题，既有土地、新建酒庄酒厂成本较高的先天因素，也与国内对葡萄酒产品的定性有关。

在欧美，葡萄酒属于农产品，享受政府的低税率和农业补贴；在国内，葡萄酒属于轻工业品，承担了较高的税负，让双方没有在一个起跑线上竞争。

据了解，国内葡萄酒生产企业需要缴纳10%的消费税、13%的增值税、附加税以及25%的企业所得税，特别是10%的消费税，属于销售即要征收，这也导致酒企的综合税赋超过30%，带来了很大的压力。

在中国加入WTO之后，进口葡萄酒的关税不断下滑，部分国家已是零关税，这进一步拉大了进口和中国葡萄酒之间的成本差距，于是出现了远渡重洋的进口葡萄酒成本反而比本土作战的中国葡萄酒还低。

## 九、快消杂谈

　　近几年来,业界一直在期盼给中国葡萄酒"减负",特别是在减免消费税上呼声甚高,但还没有明确的进展。在此笔者也呼吁,希望有关部门可以出台相关措施,减轻中国葡萄酒企业的税赋压力,帮助中国葡萄酒企业渡过短期难关,并在复苏路上可以轻松加油。

2020 年 4 月 6 日

分享链接

# 白酒行业中为什么没有"后浪"

这两天被"后浪"这个词刷屏了。

《后浪》是由 bilibili 网站推出的演讲视频,于"五四"青年节前夕首播。

视频中,国家一级演员何冰登台演讲,满怀深情地认可和寄语年轻一代:"你们有幸遇见这样的时代,但时代更有幸遇见这样的你们。"

而最后那句"心里有火,眼里有光",更是让不少中年人"眼中有泪",一时间,网上关于"前浪"还是"后浪"的讨论不绝于耳。

"前后浪"这个说法,一说来自古训《增广贤文》,其中有句话叫"长江后浪推前浪,世上新人赶旧人",比喻新出现的人和事物等推动旧的人和事物的发展,有时候也指新人新事胜过旧人旧事。

但在国内,还有一个民间演绎版本的后句,即"前浪被拍在沙滩上",因此,每每听到"后浪推前浪"这个说法,有点年纪的人心里总是有种莫名的感慨。

不过这个"前后浪"的说法,并不适用于所有行业,比如中国的白酒行业,就是一个没多少"后浪"的行业。

从某种角度上看,中国的白酒行业传统而保守。

近几年来,虽然市场上曾出现了大量的新锐"白酒"品牌,比如江小白、开山等,但都没能实现"一浪更比一浪高",在经历了初期的火热之后,慢慢归于平静。

就连白酒渠道的互联网化,"后浪"也没能压倒"前浪",连同阿里、京东都算进去,白酒的互联网渗透率不过就是5%,卖袜子的互联网渗透率比白酒要高上数倍。

江小白和开山们的产品和营销做得不好吗?

非也,其实它们都属于创新型白酒品牌,发展思路是向低度化、适口化靠拢,更符合目前年轻人的口感偏好;在营销上则使用时尚的外包装,并以新潮文化作为产品的内涵支撑。

这种打法在很多传统行业都行之有效,但为什么唯独中国白酒没有"后浪"?

## 九、快消杂谈

最关键的,中国的白酒产品其实是个非信息对称产品,大多数消费者可能只能分出个香型,至于不同白酒产品间的优劣未必都喝得明白,而决定消费的,则是长久以来形成的白酒消费习惯和消费场景。

中国白酒的主要消费场景有两类:一类是人情往来、商务交流的聚饮和礼品消费;一类是"老酒鬼"的口粮。

前者,白酒发挥的是社交媒介功能,中国是个人情社会,喝白酒很多时候也是喝个面子,因此,对白酒的品牌和价格标杆有极高的要求。

什么叫价格标杆?在行业看来,就好比请客户吃饭,上多少价钱的酒,往往被认为与诚意挂钩;再比如看望长辈,大家也更愿意带两瓶好酒以示尊敬。

因此,老的白酒知名品牌已经形成了广泛的品牌认知,特别是形成了明确的价格认知,比如茅台一瓶多少钱喝者心中有数,新品牌很难做到这一点。

近两年来,各家老品牌名酒不断在品牌和文化上做工作,也是为了进一步巩固自己高端品牌的认知。

众所周知,酒是陈的香,这也是化学因素所致,新品牌大多成立时间较短,因此,往往很难在这个认知上立即突破。

对于"老酒鬼"而言,口粮酒就得又好又实惠,这个很适合传统酒企走酒庄化的路线,但对于新白酒品牌而言,要想切入这一领域,还需要更多体验式消费才能完成。

因此,中国白酒行业更像是一个内海,外面的汹涌之水进不来,也没有太多内部的推波助澜。

目前来看,2019年白酒企业的经营情况虽有分化,但整体还不错,这是建立在庞大的消费者群体之上的。从人口构成来看,白酒涵盖了1950年到1970年这几代人,他们对白酒消费有很深的感情,受传统影响较深。但从"80后"开始,被饮料养大的一代开始不再喜欢白酒的辛辣口感和难受的饮后反应,甚至对传统的应酬文化都有所反感。

在白酒行业内有一个说法,就是认为"80后""90后"还年轻,"长大后,我就成了他",当然,不可否认,中国的酒桌文化和应酬文化很难改变,白酒必然会在其中占据主导地位,但未来会不会有更多样化的酒种选择,还得两论。

更何况国内人口结构正在发生改变。数据显示,"00 后"的人口总数比"80 后"又少了 1 亿人,而且"00 后"的消费更加自我,到时候传统的白酒产品还能不能打动新世代,只能等时间来验证了。

2020 年 5 月 5 日

分享链接

# "假"奶粉和真缺德

自从国家对婴幼儿配方奶粉行业严管之后,已经很久没有听到"假奶粉"这个说法了。

这两天看到湖南郴州"大头娃娃"事件的报道,还是暗暗吃了一惊,上一次"大头娃娃"事件发生在2003年,事发地点是安徽省阜阳市,已经过去了十几年之久。在奶粉行业监管如此严格的今天,哪里还有"假奶粉"生存的空间,但了解完事件的真相却让人痛心不已。

据报道,郴州市永兴县多位家长发现自己孩子身体出现湿疹、体重严重下降、头骨畸形酷似"大头娃娃",以及不停拍头等异常情况,最终这些幼儿被确诊为"佝偻病",共同点是都食用了一款名为倍氨敏的"特医奶粉",但实际上这并不是奶粉,而只是一种固体饮料。

很快,郴州当地再次被曝出更早的一起"大头娃娃"案,另一款名为舒儿呔的固体饮料同样冒充"特医奶粉",并牵扯到当地儿童医院一名医生涉嫌向患儿推销。

严格意义来说,相比于阜阳市的"大头娃娃"事件,这次并不能算是一次"假奶粉"事件,更多是商家涉嫌虚假宣传和消费欺诈。

从媒体报道上看,涉事的永兴县爱婴坊母婴店的推销人员,在明知这一产品是固体饮料,罐身上也明确标注了固体饮料的情况下,为了赚取提成,在面对消费者的询问时,诱导其购买该产品代替奶粉。针对这样的做法,骂上一句"真缺德"也并不为过。

事情曝光后,湖南省人民政府责成省市场监督管理局、郴州市等组成调查组对涉事商家彻查,将根据调查结果依法从严从重处罚,并及时向社会公布。

但仔细思索这一事件,背后暴露出的问题或许不仅仅是销售人员见利忘义这么简单。

以倍氨敏事件来看,湖南唯乐可健康产业有限公司生产的这一款蛋白固体饮料,产品本身是合格的,但从外观设计上看,不难发现有很多打"擦边球"的嫌疑。

这款产品的外形设计非常像婴幼儿配方奶粉,而且采用的是400克容量,与目前市售的"特医奶粉"产品相同,在罐体显著位置标注了"配方粉"的字样,而"蛋白固体饮料"的标注却在并不起眼的角落,很容易造成消费者混淆。

这些设计不禁让人怀疑,这款固体饮料产品的真正目的,是不是只有固体饮料这么单纯?

众所周知,特殊医学用途配方食品俗称"特医食品""特配粉",其中的特殊医学用途婴儿配方食品俗称"特医奶粉",是指为了满足进食受限、消化吸收障碍、代谢紊乱或特定疾病状态人群对营养素或膳食的特殊需要,专门加工配制而成的配方食品。

2008年"三聚氰胺事件"后,国家监管部门痛定思痛,对婴幼儿配方奶粉行业实行了最严格的管理。根据国家出台的《特殊医学用途配方食品注册管理办法》,国内特医食品的配方注册和生产受到严格的审批和监管,目前只有少数企业的30多个"特医奶粉"配方通过了注册。

由于采取了特殊配方,"特医奶粉"的价格往往比较昂贵,400克一罐的售价多在300—400元,这也让一些不法分子看到了赚钱"良机"。

另一方面,"特医奶粉"属于一个特殊品类,只占到奶粉市场总容量2%—3%的份额,而且只适用于少数人群,因此,大多数消费者对其知之甚少,容易被误导。

在此笔者建议,监管部门在对婴幼儿配方奶粉和"特医奶粉"严格监管的同时,能否加大对母婴、医院等渠道中类似倍氨敏、舒儿呔这样冒充"特医奶粉"销售行为的检查力度,同时对违法者予以严厉重罚,大幅提高其违法成本,避免再次出现类似情况。

同时也提醒个别准备打"擦边球"的企业或个人,赚钱虽好,切莫昧了良心。

2020年5月14日

分享链接

## 中国三千亿茶叶市场，为什么没有百亿茶企？

中国有句俗话叫"茶酒不分家"。

在中国的文化中，茶叶和白酒都属于嗜好品，有着很多的共通性，按市场规模，中国白酒市场约有 5 000 亿元，茶叶市场也有近 3 000 亿元，但在 A 股市场里，两者的情况却完全不同。今年以来，18 家白酒股的行情可谓惊心动魄，而 A 股里却还没有一家茶叶上市公司。

7 月初，中茶股份和澜沧古茶两家茶企陆续公布了招股书，争夺 A 股茶叶第一股的身份，但从营收规模上看，有着茶叶国家队之称的中茶股份，2019 年的营收不过 16.3 亿元，净利润 1.7 亿元，尚不及一家中小型区域白酒企业的水平。中国茶叶流通协会的数据显示，2019 年中国茶叶内销量达到 202.56 万吨（不含进口茶叶），内销额达到 2 739.5 亿元，中茶股份的市场规模还不到行业总盘子的 1%。

实际上，中茶股份已经是国内茶行业的头部企业之一，在港股上市的最大茶企天福（06868.HK）2019 年的营收也不过 18 亿元，大多数国内大型茶企一年的营收不过就是 3 亿—5 亿元。

另有一组数字或许能更直观地体现国内茶叶行业发展面临的问题，2017 年我国茶叶企业总数约有 6 万家，但总资产过亿元的企业不过 87 家，10 亿元以上的只有 6 家。

如此大的茶叶市场，为什么没有一家茅台、五粮液式的企业？

一方面，相比于白酒产业，国内茶叶产业的工业化进程缓慢。

虽然国内白酒在生产流程中还存有大量人工生产的环节，但产品实际上已经实现了工业化、标准化生产，因此也具备了品牌化的基础。

反观国内茶叶产业，依然还停留在手工化、非标产品的农产品阶段。笔者曾走访福建安溪铁观音的核心产区，尽管当地已经开始使用机械设备辅助生产，但炒制等关键流程主要还靠人工经验判断。这种传统的生产加工模式，限制了茶企的生产能力，也产生了大量的中小茶企，成为茶叶行业有品类而无品牌的原因之一。

另一方面，知名茶企既受益于地域性，也受困于此。

中国茶叶流通协会秘书长梅宇曾向笔者解释称，中国茶叶属于地域性很强的产品，一直存在专精和广博之间的矛盾。而且茶叶行业并不缺少资金，但资金在茶叶行业里的感觉就像"大枪扎棉花"——无处着力。

中国茶叶种类众多，按照国家标准分为绿茶、白茶、黄茶、青茶、红茶、黑茶六大类，各大类又按照产区、工艺和品种进一步细分，单单一个绿茶之中，就有西湖龙井、信阳毛尖、六安瓜片等众多区域名茶。

这些区域名茶成就了一批当地的知名茶叶企业，但也给这些企业未来的发展带来困难。一般而言，茶企的主要收入来自区域内的名优茶，但名优茶往往只在一个很小的地域范围内生产，产能受到很大的限制，这是投入资金也很难解决的问题，也就限制了当地茶企的发展规模。

在上一轮茶企新三板上市潮中，除了个别茶叶流通企业，大部分的茶企如八马茶叶、七彩云南等大多聚焦于铁观音或普洱茶等一个细分品类，整体收入规模偏小，且上市之后的业绩增长并不尽如人意。

在此轮中茶股份公布的募资计划中，一半的募集资金准备投向云南普洱茶产能项目，一半则用于市场营销网络和品牌的建设。中茶股份之所以选择将募集资金用于普洱茶，固然有普洱茶市场方面的考虑，更重要的是普洱茶已逐渐演变成省级概念的茶叶品类，资金才有用武之地。

纵向发展空间有限，茶企的横向跨品类发展也是困难重重。

在快消品行业中，在做好一个品类的基础上，横向跨品类发展也是迅速做大企业的一种有效手段，但在茶叶行业中，这一模式的效果并不算好。现已经成名的茶企品牌，大多是自下而上、自然而然形成的，地域和品种标签清晰，这也成为茶企跨品类发展的一种桎梏，就好像做绿茶的去做红茶，往往会被市场认为不专业。

曾经有一篇很火的文章叫《三万家中国茶厂打不过一家立顿》，实际上，由于中外饮茶习惯的不同，立顿的情况并没有太多可比性，但换一个角度来看，对比立顿茶工业化、标准化的产品背后，国内茶叶目前则是一种信息严重不对称不透明的状态，大多数消费者对如何选购茶叶知之甚少，这对于中国茶叶产业的长期发展并非好事。

## 九、快消杂谈

随着消费升级和消费者的迭代，传统的消费观念正在发生改变，而中国茶叶行业正在迎来新一轮品牌化发展的机遇，行业中越来越多的新老茶叶品牌（如小罐茶、八马茶叶等）都在尝试改变国内茶叶行业有品类无品牌的现状，也希望它们能给国内模式落后的茶叶行业带来一些新的改变。

2020 年 7 月 19 日

分享链接

# 为何原奶企业一提被收购就股价暴涨？

在行业下行周期中苦熬4年之后，今年原奶企业突然从"没人爱"变成各大乳企追逐的"香饽饽"。

近期，两家在香港联交所上市的国内原奶企业，就得到了"乳业双雄"伊利股份（600887.SH）和蒙牛乳业（02319.HK）的青睐，而股价更是翻倍上涨。

在宣布拟引入国内最大的乳企伊利股份作为主要股东之后，8月3日，中地乳业（01492.HK）的股价跳空高开，一路上行，盘中涨幅一度高达162%，最终股价收于1.27港元，上涨118.97%。

另外一家原奶企业中国圣牧（01432.HK）的情况也类似。7月29日宣布蒙牛乳业全资子公司将行使认股权，交割后蒙牛将成为中国圣牧的大股东，当天中国圣牧股价暴涨，最大涨幅达145.83%。8月3日，中国圣牧股价再次大涨60.49%，股价上涨至0.65港元，累计涨幅高达270%。

相比之下，收购的一方伊利和蒙牛的股价则表现平静。

为什么原奶企业一提被收购股价就如此暴涨？

从交易本身而言，伊利、蒙牛收购的目的非常明确，即通过收购加强对国内优质奶源的控制。

国内的原奶上市公司都是规模化、现代化的大型牧场，其养殖水平、养殖效率和牛奶质量均位于行业前列，收购可以让下游乳企获得稳定、优质的奶源供应。以伊利拟入股的中地乳业为例，其拥有8个现代化牧场和6.5万头的牛群规模，2019年原奶蛋白质平均含量为3.33克/百克，高于美国标准3.2克/百克。

经过几年的行业下行周期，国内奶牛养殖行业遭遇大面积亏损，也导致国内奶牛存栏数快速下降。根据国家奶牛体系的统计，国内奶牛存栏数从2014年的857万头下降到2019年的470万头，随着奶业消费的增长，国内原奶供应存在缺口。而新建牧场从建成到全面生产阶段，则需要2—3年的时间，因此，并购大型原奶企业也可以立竿见影地解决下游乳企的原料供应安全问题。

对于上游原奶企业而言，被收购的意义则更重大，意味着终于找到了"靠山"。

一直以来，在国内奶业产业链中，下游乳企由于规模大、集中度高，因此掌握着话语权和定价权，上游原奶企业处于弱势地位，并购后无疑可以改变这一状况，双方可以在原奶销售、品牌奶销售、财务融资、饲料采购等方面发挥协同作用，对于改善原奶企业的经营状况也有帮助。

特别是在原奶销售方面，由于奶业生产和消费也有淡旺季，因此，原奶企业的销售并不算稳定，为了消化多余的原奶，大多数原奶企业不得不生产成品并在市场销售，但下游市场竞争激烈，而且原奶企业本身的品牌、渠道和营销并非强项，这也成为近几年原奶企业巨亏的原因之一。

以蒙牛早前收购的国内最大的原奶企业现代牧业（01117.HK）为例，在2017年蒙牛成为现代牧业的大股东后，现代牧业的下游业务销售模式随即发生了改变，液态奶产品采用成本加成的方式卖给蒙牛运营的合营工厂，同时蒙牛承担了下游业务的市场推广等销售费用，2017年上半年，现代牧业整体营销费用就从2.4亿元下降至9 356万元。

值得注意的是，由于国内外奶牛养殖的土地、饲料、人工等成本以及养殖模式的差异，导致国内原奶成本与国外相比存在先天劣势，双方并无法在同一起跑线上竞争，因此，在海外原奶价格较低时，就会对国内原奶产生替代，带来输入性过剩，并购之后这一问题将迎刃而解。

并购之后，由于原奶的销售得到了保障，原奶企业也可以更专注于上游养殖，提高养殖效率，降低养殖成本；同时，在遇到疫情等突发事件时，下游乳企也可以对脆弱的上游原奶企业形成缓冲和保护。

2020年8月3日

分享链接

# 养元入天丝红牛局，一场理论上的强强联合

9月2日晚，养元饮品（603156.SH）发布公告，将此前一则市场传言彻底坐实，其孙公司正式拿下泰国天丝旗下的红牛安奈吉饮料在长江以北地区全渠道独家经销权，而当天，养元饮品也以涨停收盘，9月3日养元饮品开盘再次涨停。

从双方合作的背景上看，养元和天丝的组合各取所需的意图明确。

养元饮品是北方大型饮料企业，以六个核桃的大单品而著称，但近年来，受到品牌和产品老化的影响，养元饮品的核桃乳销售遇到了瓶颈而不断下滑，也一直在寻找多元化的机会。

特别是今年上半年，受到疫情的冲击，养元饮品半年报收入为17.8亿元，较去年同期下滑48.4%，净利润也下滑44.2%至7.1亿元。同时，养元饮品的收入降幅明显大于承德露露等同类企业，因此也迫切需要一个新的增长点。

红牛安奈吉是泰国天丝用于争夺红牛市场份额的产品之一，其瞄准的华彬红牛也是中国功能饮料的大单品，2020年上半年，华彬红牛即完成了133.9亿元的销售额。

虽然当天养元饮品在公告中提示风险，指红牛安奈吉饮料所占市场份额较小，且本次合作尚处于初步开展阶段，市场拓展活动存在一定的不确定性，但这对于养元饮品而言，无疑是一次"搏一搏，单车变摩托"的机会。

对于天丝而言，由于红牛之争的诉讼旷日持久，等不及的天丝从2019年开始，先后引入了两款外包装与华彬红牛雷同的产品——红牛安奈吉和红牛维生素风味饮料，试图在市场上抢夺华彬红牛的份额。

在实际运作中，由于华彬红牛在渠道端占据优势，天丝的两款产品市场

推进缓慢。公告显示,截至目前,红牛维生素风味饮料只占10%的市场份额,红牛安奈吉则只占到5%,与华彬红牛85%的市场份额相差甚远。倘若可以借助养元饮品成熟的经销渠道,也可以降低天丝红牛攻城略地的难度,对华彬红牛形成挤出效应。

在笔者看来,天丝和养元的组合,只是理论上的强强联合,实际效果要打一个问号。

从公告中不难发现,红牛安奈吉是2019年5月在国内生产并销售的,但从销量上看,只是同年10月份引入国内的红牛维生素风味饮料的一半。

在安奈吉上市之初,天丝也曾对其寄予厚望,不但请来红牛旧将王睿操盘,并挖角大量红牛前员工和前经销商。但在2019年全国铺货之后,红牛安奈吉在市场上快速遇冷,天丝不得不在10月份引入泰国进口版红牛,即红牛维生素风味饮料救场。

这与其口感的差异有关,红牛安奈吉脱胎于功能饮料产品曜能量安奈吉,其配方中的西洋参添加物带来了淡淡的苦味。曾有山东的经销商抱怨称,由于客户喝不惯苦味,天丝不得不将红牛维生素风味饮料与红牛安奈吉按比例配给终端门店销售。

因此,养元饮品接手后,依然要面对红牛安奈吉的口感难题。

从天丝的角度看,其希望养元开拓长江以北地区的市场,但2020年上半年养元饮品的主要销售地为华东、华中和西南地区,占到总收入的77.6%,长江以北固然包括部分华东和华中地区,但养元在华北、东北地区的销售额只占总收入的17.5%,经销商分布也呈现同样的特点,这似乎与天丝的意图有所背离。

另一方面,在引入"亲儿子"红牛维生素风味饮料之后,其表现让红牛安奈吉的定位更加尴尬,更像是"继子",天丝的重心似乎也放在销售情况更好的红牛维生素风味饮料上,8月初,天丝公布了针对红牛的明星代言计划,但并不包括安奈吉。

因此,未来天丝在红牛安奈吉的品牌上是否还会有更多投入,就变得未知。根据行业经验,如果缺乏品牌方支持,代理方养元饮品拓展市场也会变得更加困难。

不排除另一种可能,即红牛安奈吉或已是"弃子",天丝将其交给养元饮品，目的只是"换家医院，再找个大夫看看"，也许还会有转机。

这不禁让人想起电影《无名之辈》中的场景，胡广生在盘算销赃后可以"弄把AK，做大做强，再创辉煌"，但就看抢到的是不是真材实料了。

2020 年 9 月 3 日

分享链接

# 网红饮料品牌为何急着着陆

新消费品牌正在崛起。

一直以来,国内饮料行业虽然没有垄断性巨头的存在,但却是一个相当固化的市场,虽然市场上新品不断,但终究跑不出可口可乐、百事可乐、康师傅、娃哈哈、统一等这些老面孔。

近年来,在市场中出现了一批新消费品牌,区别于传统的饮料企业,其大多具备互联网的基因,采用轻资产的模式,从一个小的细分市场上切入,利用先进的互联网营销手段,化身为网红崭露头角,并迅速抢下可观的市场份额。

但近期越来越多的新消费品牌却纷纷着陆,投建工厂,转向重资产运营,迎接它们的是殊途同归还是另辟蹊径?

新饮料品牌元气森林就是一个典型,从2016年创立,到2020年全年销售目标30亿元,元气森林在短短四年内已经完成了四轮融资。上一轮融资在2019年10月底,公司估值达37.5亿元,发展速度着实惊人。

回头看看元气森林的起家之路,与其说其卖的是饮料产品,倒不如说其卖的是互联网企业对用户需求的洞察。

元气森林从大品类赛道——茶饮和碳酸饮料进入行业,这一赛道的体量固然可观,竞争也格外激烈,但元气森林选择了从无糖这一细分市场切入,刚好迎合目前年轻一代消费者减糖、关注健康的消费趋势。在产品设计上也如此:一方面,使用成本更高的赤藓糖醇代替传统的化学甜味剂,以提升产品口感;另一方面,在外包装上抓住了新生代消费者对颜值经济的偏好,并以此建立了与市场上传统无糖饮料产品的差异。

传统的饮料企业并非做不出类似产品,而是双方考虑的出发点不同,传统饮料企业销售大多依赖渠道,因此,在产品研发上往往基于综合考量,既考虑消费者需求,也综合考虑渠道情况。

换言之，相比于精耕细分市场，传统饮料企业希望通过现有的渠道可以做更多人的生意。因此，传统饮料企业更愿意把费用和广告投入于渠道，以覆盖更多的消费者和提升消费频次。

相比之下，元气森林则将主战场转向电商和新兴便利店渠道，在营销上则通过抖音、小红书等平台及内容营销等多种互联网营销手段，通过抢占消费者心智而诱发购买，归根结底，还是品牌驱动模式，互联网则提供了各种便利条件。

因此，元气森林的迅速崛起，也颇有种"你走你的阳关道，我过我的独木桥"的意味。

但从2019年开始，元气森林的模式明显发生了变化，逐渐由轻转重，到2020年9月，元气森林滁州年产4.5亿瓶的一期工厂已经建成投产，滁州二期、广东和天津工厂也已经或准备启动建设。

有饮料行业人士曾提及，当下饮料行业代工生产和自有工厂生产的成本差距并不大，但投建工厂却需要一大笔钱。

元气森林方面认为，建设自有工厂有利于扩大产能，并对企业创新提供支持，通过自有工厂可以更好地进行产品测试和工艺优化。

在笔者看来，元气森林的饮料产品本身没有太高的技术壁垒，而且口味也不是快消品行业可靠的护城河，在目前市场同质化竞争激烈的情况下，其增长的核心则是基于对消费者的洞察而不断地推陈出新，寻找爆款，自有工厂确实有利于其进一步巩固优势。

但除此之外，元气森林模式由轻转重也有几分无奈，虽然网红产品生意火热，但从各家饮料上市公司的财报不难发现，饮料行业的主要市场份额还在线下。农夫山泉招股书中公布的数据显示，2019年国内软饮料零售额中，电商渠道只占约6%，传统和现代渠道则占到66.4%，对于电商而言，饮料产品的分量太重了。

未来，若想保持高速增长，除了扩充现有的SKU数量之外，元气森林势必要进一步"着陆"，拓展线下市场，对线下渠道而言，代工模式缺乏信任，重资产模式必不可少。

元气森林显然并不想落入传统饮料的渠道模式中去，它知道面对体系成

九、快消杂谈

熟、财大气粗的"老大哥们",其自身并不占优势,而这也对元气森林的未来运营提出了新的考验,现有的品牌、营销和创新模式一旦运转不畅,工厂的产能和运营成本就将给这个新品牌带来额外的压力。

2020 年 9 月 14 日

分享链接

# 十、知晓健康

马晓华 |《第一财经日报》高级记者，中国人民大学新闻学硕士，多年关注医卫健康领域，报道医疗、公共健康、食品和药品安全等相关话题。"知晓健康"专栏通过剖析公卫热点事件，解读新时代下的"健康中国"。
maxiaohua@yicai.com

## 化妆品新规将出台，有人被闷头一棒，有人却收大礼包

一直被国际化妆品品牌压得抬不起头的本土品牌，将迎来30年不遇的机会。

第一财经独家获悉，《化妆品监督管理条例》（下称《条例》）即将出台，它将对整个化妆品市场从研发到销售的全链条、全方位进行重修，化妆品新材料的使用也将出台新的规定。这意味着，整个化妆品市场将出现剧烈波动。

一方面，《条例》的出台，将导致行业整顿的加速，业内评估将有近2 000家企业会因此倒下，整个化妆品市场将面临洗牌；另一方面，研发投入更大、成本控制更强的企业，有望分享政策红利，成长为具备多重优势的市场势力。

### 化妆品使用新材料受到政策限制

我国第一部化妆品行业的相关管理规定《化妆品卫生监督条例》（下称《监督条例》）于1990年1月1日起正式施行，至今已有30年。《监督条例》规定，使用化妆品新原料生产化妆品，必须经国务院化妆品监督管理部门批

准。但是申请批准之路却极难走，监管问题是更深层次的原因。

"这个条例有很多限制，比如新材料的使用，需要申报批准才行，但是速度很慢。化妆品行业日新月异，产品推陈出新很快，但是没有新材料，本土化妆品在创新上受到很大制约。30年就批准了10多个新材料，相当于没有，很多国外用的新材料，本土企业却不能用。"一位化妆品行业专家表示，"化妆品行业的监管一直被丢来丢去，并没有一个专门的部门长期关注和监管，这对行业的发展影响很大。"

30年间，虽然监管没有出新，但是30年前被国际品牌占据80%市场份额的中国化妆品市场已然变化。据《2019中国化妆品产业演进及投资价值研究白皮书》，2019年，国产化妆品占据56%的中国化妆品市场。

赛迪顾问的数据显示，2018年全球化妆品市场规模达到4 880亿美元，其中，中国占12.7%，成为全球第二大化妆品市场。中国化妆品市场规模在近几年保持了高速增长，从2015年的3 112亿元上升至2018年的4 102亿元，年均复合增速达到9.6%。

中国化妆品市场虽然取得了快速发展，但是也存在一些问题和瓶颈。赛迪顾问化妆品产业首席分析师李艳芳认为：

首先，面对国际大牌的包围，很多国产品牌发展空间受限，而且短期内也很难打破这种竞争格局，尤其在彩妆领域。

其次，相比于一些国际化妆品集团，国内化妆品企业的研发投入力度不足，导致国内品牌在一些关键原料与配方的研发环节仍落后于国际巨头，严重制约国产化妆品打开高端市场。

最后，化妆品市场监管体系有待进一步优化，尤其在原料和新原料的监管方面，由于原料受限，导致很多功效好、新上市的新型原料在国内化妆品品牌中不能使用，这给研发和创新带来很大的局限。

"化妆品行业体量很大，新生代的消费能力很强大，中国本土品牌在崛起路上，但是这个行业的政策却是30年前制定的，已经不再适合本土品牌的未来发展，亟待相关法律的出台。"上述专家表示。

**新规即将发布，行业面临洗牌**

第一财经记者独家获悉，修订了好多年的《条例》即将在近日出台。上述专家介绍，《条例》主要有四个方面的变化。

一是对新原料管理将实行"注册+备案+报告"的形式。

二是对化妆品的分类进行了重新制定。特殊化妆品包括染发、烫发、祛斑、美白、防晒以及宣称新功效的化妆品，特殊化妆品以外的为普通化妆品，如果企业所生产的产品分类因此发生了改变，就要引起重视。

三是功效要有充分的科学依据。依据可以是相关文献资料、研究数据或者功效评价资料，并应在国家药品监督管理部门指定的网站公开依据摘要，接受社会监督。

四是更关注化妆品的安全评估。化妆品注册申请人和备案人应当开展产品安全评估，从事安全评估的人员应当具有医学、药学、化学或者毒理学等相关专业知识，并具有5年以上相关专业的从业经历。

此前官方公布的《化妆品监督管理条例（修订草案送审稿）》称，新的防腐剂、防晒剂、着色剂、染发剂、美白剂以及其他具有较高风险的新原料，由国产化妆品生产者或者进口化妆品在我国境内的代理人向国务院食品药品监督管理部门提出申请，经批准后方可使用。

不属于前款所述范围的新原料，国产化妆品生产者或者进口化妆品在我国境内的代理人应当在新原料使用前30个工作日内，按照国务院食品药品监督管理部门制定的新原料备案技术要求，将新原料的有关资料报国务院食品药品监督管理部门备案；国务院食品药品监督管理部门有异议的，应当在备案后30个工作日内提出。

"有了新原料，化妆品行业就有了活水，行业创新也具备了条件，打破了过去只能在别人的基础上模仿的状态。这对行业是极大利好。"上海相宜本草化妆品股份有限公司研发副总裁吕智对第一财经记者表示。

如今被人们所熟知的化妆品品牌，大多都是通过核心原料的研发建立了产品根基，从而打下了专业的品牌基础。如宝洁在烟酰胺美白作用机理方面的研发、欧莱雅集团在玻色因方面的研发。

在原料方面，国外原料商领先于国内原料商。第一梯队主要是掌握着相对先进工艺技术和生产水平的美国和欧洲商家，包括AshIand（亚什兰）、Lubrizo（路博润）、BASF（巴斯夫）、Clariant（科莱恩）等；第二梯队主要是日本商家，包括Nissinoillio（日清奥利友）、Nikko Chemicals（日光化学）、Shn-Etsu（信越）、Ajinomoto（味之素）等。我国原料供应商目前处于第三梯队，代表企业有蓝星、丽臣、华熙生物、天赐材料等。

# 十、知晓健康

有助于行业发展的还有其他相关规定。"这次修订亮点很多，毕竟是一个全方位的监管法规。首先简化了产品分类，特殊化妆品从9大类变成4类，把不符合的品类比如减肥类归到药品去了，现在特殊化妆品只有美白、祛斑、染发和烫发四大类。其次是广告监管，所有化妆品宣称的功能都要公开相关数据，让消费者可以查询，消费者知情权就得到了保护。对于产品安全性要求更严格，企业必须有安全评估的能力，否则不能做。"上述专家表示。

另一方面，《条例》在推动行业发展的同时，也加大了行业的整顿力度。

洗牌则意味着市场集中度的提升：那些已经在消费者心目中树立了专业形象的品牌，将有望受益；那些本身知名度较小、没有一定品牌积淀和品质背书的品牌，将受到较大的挑战。

上述专家认为，"未来行业违法成本增大，惩罚更严厉。新政出台后，在保障产品质量的同时，其实加大了企业成本的投入，对行业的整顿也会加速，业内评估将有近2 000家企业会因此倒下"。

2020年1月8日

分享链接

# 疫情初期决策复盘：稍纵即逝的三个关键"战机"

突然闯入武汉的新冠病毒，给中国带来了一场非常战"疫"。

2月22日，距离武汉市卫健委发布"不明原因肺炎"的第一则通报（2019年12月30日），仅仅52天。但是病例数已经从最初与华南海鲜市场相关的27例猛增至全国的7万多例。

截至2月21日24时，全国累计报告确诊病例76 288例，累计死亡病例2 345例。

作为一种新发传染病，新冠病毒来到武汉之初，人类的确对它一无所知，对它是否具有传染性、传播途径及传播速度的了解也很有限。但是，不代表没有防控的机会。

曾参与了最初流行病学调查（下称流调）的工作人员以及曾多次参与传染病调查的专家都向第一财经记者表示，武汉疫情之初，曾错失3个关键的时间窗口。

## 一、华南市场的人和物

2019年12月30日晚，网传一份"武汉市卫健委"发布的《关于做好不明原因肺炎救治工作的紧急通知》，明确指出"我市部分医疗机构陆续出现了不明原因肺炎病人"，这份通知为"有效做好此类病人医疗救治工作"而发。

"不明原因肺炎"这个名词，是SARS之后，当时的国家卫生部为了更好地及时发现和处理SARS、人禽流感以及其他表现类似、具有一定传染性的肺炎而提出的。从严格意义上来说，它不是一个严谨的医学概念，但作为筛选SARS、人禽流感等具有一定特殊临床表现和一定传染性的一类肺炎还是有意义的，也有助于及时发现可疑病例，早期预警并采取相应的防控措施，及早防范。

但是，这一信号并没有在武汉起到相应的预警作用。

## 十、知晓健康

"最早的病例上报是在 2019 年 12 月 26 日,这个信息通过区、市到了省级相关部门。同时,金银潭医院把样本送到合作的第三方检测公司,结果在 12 月 30 日就出来了,是冠状病毒,但不知道是哪一类。"一位自始至终一直在新冠病毒流调现场的工作人员对第一财经记者表示。

他说:"对于我们搞传染病的人来讲,一个初步的认识就是它可能具有传染性,这是冠状病毒的特点。"

2019 年 12 月 30 日,他来到华南海鲜市场开展流调,直观的感受是:这里通风不好、潮湿,环境极为恶劣。

"这个市场本来有个通风系统,但已经多年没有用了,进去半个小时就会感到闷。如果这个病起源于这里,还具有传染性的话,一定会在这个空间传播。"这位流调人员说,考虑到每到周末这个市场的人流量能达到 10 万,所以,从传染病防控的角度,最初的判断是,需要控制这个市场。

随后,他提出了建议:封闭市场,并且对市场里所有商户进行隔离。

2019 年 12 月 31 日,武汉市卫健委发布的通报称:"目前所有病例均已隔离治疗,密切接触者的追踪调查和医学观察正在进行中,对华南海鲜城的卫生学调查和环境卫生处置正在进行中。"

2020 年 1 月 1 日,华南海鲜市场休市。

1 月 3 日,武汉市卫健委发布公告称,疫情发生后,国家和省卫生健康委高度重视,派出工作组和专家组赴武汉市,指导当地开展疫情应对和处置工作。武汉市卫健委在全市医疗机构开展相关病例搜索和回顾性调查,已完成对华南海鲜城的环境卫生处置工作,进一步的卫生学调查正在进行中。

1 月 5 日,武汉市卫健委再发通报称,在国家和湖北省的支持下,已经采取七方面防控措施:一是全力救治患者。二是对所有病例均开展隔离治疗。三是继续在全市医疗机构开展相关病例搜索和回顾性调查。四是认真开展密切接触者追踪,对已经追踪到的密切接触者按规定落实医学观察,目前没有发现发热等异常症状。五是对华南海鲜城采取休市措施,并开展环境卫生处置和进一步的卫生学调查。六是积极开展流行病学调查。七是配合国家和省开展病原鉴定(包括核酸检测和病毒分离培养)和病因溯源,防控工作正有序进行。

但防控,其实并不那么有序。

"既然已经初步查到是冠状病毒,就应该警觉,立即封闭市场,隔离所有商户，销毁所有产品。但并没有这样做，华南海鲜市场属于半关，商户都走了，商品也流了出去。"这位流调人员表示。

为什么当初不应该放走商户和商品呢？

"因为我们在流调时发现，发病的患者并不是卖野生动物的，而是离野生动物摊位有一定距离的其他摊位。一共13个摊位的销售人员患病，而且还不是紧挨着的摊位。"该流调工作人员说，"由此可以判断，病毒一定在这个空间传播，虽然当时还没有更多证据证明病毒的传染性，但人传人有可能性，也存在病毒已经交叉传染到其他商品上的可能性。"

他表示，从流行性传染病的防控来讲，应该遵循"疑是从是"的原则——不管是不是人传人的病毒，第一步也要对华南海鲜市场的商户和商品进行处置。

流调还发现，病毒的第一波传播是在2019年12月22日到26日左右，所以，市场的商户需要隔离。

这一发现，在2月17日中国疾控中心的一篇论文《新型冠状病毒肺炎流行病学特征分析》中得到印证：2019年12月31日之前，已经有104人发病。

不过，最基本的信息上报之后，并没有引起相关部门的注意。由于没有从科学上找到病原体，这些碎片化的信息并没有让相关政府部门当即采取全面封锁市场的措施，进而放走了大批传染源。

早发现、早报告、早隔离、早治疗是控制新发传染病流行的最有力措施，所以，世界卫生组织（WHO）曾建议对于新发传染病要采取早期的围堵政策，用医学和非医学（区域封锁、停学和停工等）干预策略和措施，迅速阻断疫情传播。

但是，对于新冠病毒蔓延的早期，武汉错失了第一次围堵机会，遏制病毒的"机会之窗"开始缩小。

### 二、医务感染和人传人

围绕防控新冠病毒，最初的决策一直在等待科学的研究结果：病毒是什么？是否人传人？

由于一直在等待病原体的检测结果，2019年12月30日的"类似冠状病毒"的检测报告并没有影响到决策。

"对于冠状病毒，至少要第一时间提醒老百姓，它的传播距离是5米，需

## 十、知晓健康

要佩戴口罩。也需要考虑气溶胶可以传播到 20 公里以外。政府部门可能需要时间研究，需要开会决策，但是防控措施不能拖延，否则，就是一个大雷。"一位病毒学家在 1 月 3 日时表示。

在尚未有答案的等待期，新冠病毒开始快速蔓延。

"从 1 月 1 日起，武汉医疗机构的门诊、诊所发热患者增多。但当时还没有诊断试剂，没有专业指导，医护防护也不到位。武汉三甲医院的三级防护设备都不多，更不用说二级医院和诊所了——他们只有隔离衣和口罩。"上述流调人员表示，最早的医护感染出现在 1 月 7 日左右。"这个时候已经显现了人传人的迹象。当时有两个诊所的医生被感染，但是由于没有确诊，也没法上报。"

流调人员了解到的基层真实信息藏匿在背后。公开的信息中，新冠肺炎的病例数仍止步不前。

而且在 2019 年 12 月 31 日、2020 年 1 月 3 日、5 日、11 日的四则通报中，武汉市卫健委明确告诉公众："未发现明确的人传人证据，未发现医务人员感染。"

后期的大量回顾性信息，显然不支持这一结论。

比如，"字节跳动医务基金"的名单显示，华中科技大学同济医学院附属同济医院陆医生于 1 月 7 日确诊。

不过，上述流调人员表示，当时诸多信息确实都很碎片化，如果不能及时发现，决策层很难将其作为决策依据。

"但从流行病学来讲，根据这些迹象是可以采取措施的，而且应该立即采取措施，才能把传染源控制起来，阻断传播。"这位流调人员表示。

他也发现，越来越多老人去了医院，因为老人经常到超市买菜，感染的机会比其他人群要多，而医院的发热门诊也成为交叉感染的场所。这场大范围的传播已经开始了。

那么，"人传人"是如何被忽略的呢？

1 月 8 日，第二批国家新型冠状病毒感染肺炎专家组到达武汉，其中包括北京大学第一医院呼吸和危重症医学科主任王广发，后来他也被确诊。在接受媒体采访时，王广发说，在武汉期间掌握的资料有限，并未发现明确的人传人证据。

王广发表示，当时拿到的资料就是发表在《柳叶刀》上的最初 41 例患者的病例。进入病房看到的是一个个病人,没有办法掌握所有病人的情况。

1月26日,北京中日友好医院曹彬及北京协和医学院王建伟作为共同通讯作者,在《柳叶刀》上发表了名为《武汉市2019年新型冠状病毒感染患者的临床特征》的文章,研究对象是截至1月2日的41例确诊患者。

王广发表示,怀疑到有人传人,也看到那些聚集性病例,但是聚集性病例可能是人传人,也有可能是聚集性暴露引起的,"根据我们当时掌握的资料,没有明确的证据显示有人传人。特别是医务人员的感染"。

"王广发说的是对的,他当时可能真的没有看到人传人的数据。"一位多次参与传染病调查的专家告诉记者,单从地方上获得的汇报资料中,无法判断人传人,其中也没有医护人员的感染情况。

"在这种情况下,只有实地继续开展临床调研,详细询问患者的病史、接触史,调查医院到底有没有医务人员感染,如果有的话,是上报了还是没上报。如果这些信息属实的话,就必须把真实的情况汇报上去,以便及时调整防控策略,阻止疫情蔓延。"这位专家说。

这位专家还表示,真正的信息分析和研判决策,一定还要同时基于实地调查研究。他举例说:"作为一个上级的医生,听完下级医生的汇报以后,我要是负责任的话,就必须亲自去实地看这个病人,亲自去问病人的病史,亲自去看每个化验结果,这样我才能做一个诊断,而不是连实地调查研究都没做,就给出诊断或结论。因为年轻医生获得的信息往往会不全面,而且汇报时又把他认为不重要的信息给过滤了。"

显然,最初提报上来的信息,由于缺失基层流调以及真实发生在医院里的病例,导致了信息的不全面、不客观。

专家组当初之所以作出没有明确的人传人的判断,就是因为只根据提报上来的已经被过滤的信息进行研判,没有实地调查研究。

缺乏重要的实地调查研究,有些专家比如王广发的判断失误就不可避免了。

上述专家感叹说:"疫情之初,一些专家的判断直接影响了决策。"

香港大学新发传染性疾病国家重点实验室主任管轶在1月中旬接受《大公报》记者采访时表示,冠状病毒最长潜伏期是15天,而自1月3日后内地无新增传染病例,可以判断此次疫情已经得到控制。从目前看,病患症状不重,即使有人传人,也非常有限。

管轶还表示,传染源清楚了,疫情也控制住了,"我们已经可以看到胜利的曙光,相信民众可以过个好年"。

当时管轶还强调,武汉疫情只有一例死亡,同时患者还有腹部肿瘤及慢性肝病。可以判断,此次疫情与 SARS 不同,SARS 是出现超级传播者后才出现大幅传播的,但新冠病毒与 SARS 相比传播性不强,同源性和相似度没有这么高。他还特别指出,不要夸大病毒的传染疫情。

"这些专家的意见和言论,无疑都影响了决策,从而错过了(防控)时机。"上述专家表示,在国外,作决策分析时一定要基于整体信息(既不是碎片化信息,也不是来源不准确的信息),并且要进行实地调查研究。

上述专家也认为,初期的信息的确是碎片化的。一个最明显的例子就是上述41个病例,如果单纯以此为基数来看,新冠病毒的致死率是很低的。但这个结论仅是基于有限病例得出的。

一些专家的不慎重研判,以及面对公众所给出的不严谨意见,不仅误导了公众,也影响了决策。毕竟,权威专家的意见是要考虑进去的。

由此,人传人的信息没有被及时传递出,导致必要的全民防控没有实施。但病毒依然在快速蔓延。

直到1月20日,钟南山院士在接受采访时表示,存在人传人,已经有医护人员感染。于是,新冠肺炎的防控战正式"打响"。

1月20日,国家卫健委发布1号公告,将新冠肺炎纳入《中华人民共和国传染病防治法》规定的乙类传染病,并采取甲类传染病的预防、控制措施。

但此时,根据中国疾控中心的回顾性研究,实际发病人数已经达到6 174例。

## 三、封城后社区失守

随着中国科学家对新冠病毒的认识越来越深入,对病毒的传播力和致病特点越来越明确,相关部门经过综合研判,提出了在武汉市和湖北省部分地区实施围堵策略的建议。

1月23日,武汉封城。

但随后,武汉一时失序:因为市内交通切断,居家隔离的发热患者不能抵达医院;因为医院床位紧张,医疗资源透支,医疗防护用品短缺,患者得不到有效救治,进而诱发了交叉感染……

"武汉战疫的战场不仅在急救的医疗场所,更在可能在发生传染的所有场所,防控的最终目标是做到控源、隔离、减增量。"中央指导组社区防控基层专家组负责人吴浩接受第一财经采访时表示,从战略上看,必须尽快以一个一个社区为单位,实行网格式管理,联防联控,从而控制疫情。

他表示,从预警、防控到救治,公共卫生实际上是一个整体系统。"前方支援了很多精兵强将,但是如果不把防控关口前移,后方也会源源不断地往医疗战场上输送病人。"

在传染性疫情的防控体系中,社区是预防和分诊的第一道防线。社区的防控效果直接关乎防疫战的成败。

2月6日,吴浩带领基层新型冠状病毒感染防控专家组来到武汉。

"这里很安静,基本上看不到战争的氛围,但超市满是人。我们到了小区,看到也有部分人不戴口罩,我们感觉完了。你派多少将士在前方做前锋都不行,你的后卫控源没有解决。居家隔离指导不到位,学校隔离指导不到位,培训机制没有做好,培训指南不是发下来就行了,得学、得有人解读,没人解读,根本不知道怎么做。居委会大妈都很热情,但是她们不知道怎么干,最后越战越累。"吴浩说,前方再强的战士,也架不住源源不断地给他输送病人。

所以,"我们做的第一件事就是培训,告诉他们怎么做。磨刀不误砍柴工,这一刀必须先下去。"吴浩说。

之前几天的走访中,吴浩发现武汉的防控工作仍然存在一些问题,例如,小区没有进行封闭管理,生活垃圾没有进行科学处理,社区网格化排查需要进一步加强。

"这些都给传染源带来进一步传播的机会。"吴浩表示。

社区失守让武汉失去了又一道防线,封城也无法遏制病例数字的上升。中国疾控中心的研究也显示,仅在1月20—31日期间,武汉发病人数就达到了26 468例。

至此,传染病早期释放的防控时间窗口已经关上了。

结合武汉市社区的实际管控情况,专家组提出一系列具体的防控措施,包括:立即封闭小区、加强网格化管理;对居家隔离人员进行生活垃圾分类消毒管理;在超市实行人流管控、优化购物流程、菜入社区等;组织社会力量,志愿者、不需在岗党员等到社区报到,加强社区防控力量;加强地毯式排查力度，进行逐户排查，加大社区宣传力度，提高居民主动防疫的意识。

"意见一经提出，立刻得到当地政府的采纳。"吴浩表示。

2月9日，武汉市江岸区政府发布了小区实行封闭管理的文件；2月11日，武汉市政府发布了在全市统一实行小区封闭管理的文件；2月14日，武汉市新冠肺炎疫情防控指挥部发布通知，明确住宅小区封闭管理的主要措施，要求住宅小区一律实行封闭管理，小区居民出入一律严格管控。

"通过这种包片管理机制，与街道各功能单位联防联控，社区医护人员下沉，建立疫情防控小组，进行网格化管控，实现地毯式排查，有力实现了对疫情的防控，协助区CDC完成密接患者的流调和排查、对辖区各小区实行封闭式管理，充分发挥智慧医疗的指导作用，对辖区居民进行居家健康指导，制定生活垃圾消毒和处理流程等细节措施，充分发挥了疫情防控的网底作用，守好社区疫情防控的第一道关。"吴浩认为。

吴浩说，当前遏制疫情扩散的关键是"四类人员"全部分类集中隔离。此外，还要注意一些细节，比如社区人员上门做居家隔离指导时，如果防护不足，也面临较大的风险，甚至成为传染源。吴浩建议，这时候可以灵活应对，比如不一定非要敲开门，可以隔门指导，也可以通过微信视频面对面地指导。

吴浩说："在防控指导的过程中，随着疫情的不断演变，一些实际的困难和新发的情况不断出现，工作重点也在不断变化，这需要我们不断地调整策略，早日打赢这场阻击战。"

2020年2月23日

分享链接

# 不合格口罩到底还有多少？
# 产业链的最大纰漏找到了

疫情发生后，遍布全球且每天几亿只的需求量，使口罩成为最"珍贵"的抗疫物资。在巨量需求和利润面前，难免泥沙俱下，特别是在产能瞬间增加的那段时间，隐患隐藏在背后。

4月底，国家市场监管总局公布了自2月以来的"非医用口罩产品质量监督专项抽查"结果，共检出47家企业的51批次产品不合格，不合格项目为过滤效率以及防护效果。

截至4月24日，全国市场监管部门查获问题口罩8 904.6万只，累计查办非法制售口罩等防护用品案件29 906起，罚没款3.5亿元，案值3.1亿元。

被查处的只是冰山一角，不合格的口罩到底还有多少？"目前无法获悉一个真实的数据。"一位市场监管的工作人员表示。

但口罩为何会假？原材料为何不过关？民间制造为何繁荣？第一财经记者采访发现，标准的缺失是最大的纰漏。

### 口罩生产"大跃进"

据分析报告估算，中国二、三产就业人口约5.3亿人，如每人每天一只口罩，全部复工后一天就需要5.3亿只口罩；保守估计，仅二产、医疗工作人员、交通运输业复工复产，每天也需2.38亿只口罩。而这只是复工复产的需求，待到学校全面开学，口罩更将成为热门货。

疫情发生以来，口罩的价格曾在一夜之间疯涨，原本几角钱、几元钱的口罩被炒到几十元甚至上百元。相关政府部门也意识到了这个问题，很快启动了医疗物资增产增供行动。

截至2月24日，全国共有医用防护服医疗器械注册证134个，其中在防疫期间应急审批的是93个；共有医用防护口罩的注册证84个，其中应急审批了21个；共有医用外科口罩注册证225个，其中应急审批了67个；共有一次性使用医用口罩注册证396个,其中应急审批了65个。

"靠这些国家批准的医用口罩企业生产的口罩,远远不够市场所需,不过能够保障医疗领域的使用量。"一位医用口罩生产企业负责人表示。

于是,为了满足市场需求,中国口罩的生产不止步于国家队,各种民间自发的口罩制造也是遍地开工。

第一财经记者查询启信宝数据库发现,成立日期在2020年1月1日到2020年4月20日,工商经营范围中含有"口罩"和"生产/制造/加工/研发",或主营业务中含有"口罩"的企业,全国新增总量是18 132家。这1.8万多家新增口罩企业中,还排除了二级行业为批发业、零售业的企业。

光安徽省安庆市一地,就新增了2 100多家口罩企业,其中,安庆市下面的县级市桐城新增1 200多家。福建省泉州市也新增了1 000多家口罩企业。

口罩生产大军中不乏跨界企业,比如格力电器和一些汽车制造企业转战口罩生产,更有一些小型服装和鞋帽加工企业。队伍的快速扩大,也带来了相关设备的销量和价格上涨。

上海卡罗娜发展有限公司负责人李相岭先生告诉第一财经记者,目前口罩生产企业一哄而上,一方面是市场需求,另一方面也有不少投机成分在里面,一些厂家设备很容易买到,但是专业的管理能否跟上,有没有达到做口罩的标准,仍是一个未知数。

李相岭对记者表示,他在寻找口罩生产合作厂家的时候,就发现不少厂家看准市场急迫需求,拿到定金就不管交货能力和产品质量。其中有一家广东口罩生产企业,告诉他每天有120万只的产能,但通过调查,发现只有10万只;有些在河南拿到的FDA(美国食品药物监督管理局)认证,厂家却在福建;有些厂家还主动说,自己产能不够,可以联合其他厂家一起给你做。这些现象都反映出市场的乱象和急迫心态。

"2月份一个月的口罩生产设备的销售量,比我们往年一年的销售总量还多。半自动口罩机18万元,点焊机1.2万元左右,不到20万元就可以让生产线转动起来。"一位口罩设备供应商对第一财经记者表示。

他还表示:"当时口罩生产设备的确很畅销,需要预定,全款也不一定有货,现在稍微好点,手头能够有现货了。原来销售设备都是生产企业负责调试,现在需要另外加钱,一个调试工人的调试费用一天是7 000—15 000元,所以，口罩的价格不仅随着熔喷布价格上涨而上涨，各种费用都在上涨。"

口罩的大跃进，催生了认证行业的火热。一些不管是否要出口的口罩，只要打上一个欧盟（CE）或美国（FDA）的认证，似乎就是合格的象征。

一个专业做口罩认证的人士告诉记者，准确地说，欧盟的 CE 认证不叫 CE 认证制度，它实际上是一种 CE 标志的准入制度，按照欧盟的规定，列入 CE 标志管理制度中的产品，必须加贴 CE 标志，才能进入欧盟市场进行销售。

据了解，一个欧盟 CE 认证的标准流程时间在 4 至 6 个月，且需要欧盟授权的认证机构专家到中国现场审核，目前疫情的情况下，他们根本不可能现场审核。于是口罩的 CE 认证也成为疫情期间火热的行业。

"没有国标检测报告也没事，直接办欧美的 CE 认证或 FDA 认证也行。医用的德国卫生局 CE 认证，费用 8 万元人民币，出证时间是 20—30 个工作日。美国的认证费用 3 万元人民币+官费 5 236 美元（官方费不是中介收取的，公司可以直接打到美国那边的账户，中介代缴也行），出证时间 7—10 个工作日就可以搞定。你们只需要填张表格就行了。"上述专业做口罩认证的人士表示。

**熔喷布来自哪里**

口罩扩产运动，带动了与之相关的所有行业，原材料熔喷布更是成为"香饽饽"。

熔喷布被称为口罩的"心脏"，但在口罩火爆以前，这不过是一种极其冷门的材料。

据中国产业用纺织品行业协会统计，2018 年，国内熔喷非织造布的产量为 5.35 万吨/年，日产为 146.6 吨。这些熔喷布不仅用于口罩，还用于环境保护材料、服装材料、电池隔膜材料、擦拭材料等，真正用于口罩的量只占极少一部分。

为了解决口罩供应问题，熔喷布增产成为必须。但用于医用口罩的熔喷布和无纺布对产品质量、性能、过滤效率等有着严格要求，而且一条熔喷布的生产线，从投入资金和时间来看，需要很大的成本。

"熔喷布设备价格从几百万元到上千万元，核心部件是熔喷模头，模头出料的均匀性和稳定性对材料起到决定性作用，进而决定口罩的过滤效果。这些关键配件需要进口,比如从日本进口,且供货周期和组装时间都比较长,最快也需要6个月,所以,设备是影响熔喷布短期内难以增产的重要原因,也是医用口罩生产企业熔喷布紧缺的主要原因。"一位医用口罩生产企业负责人表示。

但是在2月份的中国,熔喷布的供应并没有因为这些硬件因素而停下。除了生产熔喷布的国家队扩增扩产之外,民间也是一片繁荣。

比如,江苏省镇江市下面的扬中市,原来并没有什么熔喷布生产厂家,列入工信部保供名单的也就两三家左右。但数据显示,截至4月10日,扬中市登记注册涉及熔喷布生产、销售的企业已达800多户。

虽然高昂的成本和较长的设备调试周期让一些中小企业望而却步,但有利润就有人愿意冒险,一些简易设备立马加入熔喷布生产的队伍中,并获得中小企业的青睐。

与动辄百万元、千万元的设备相比,一位熔喷布设备销售人员表示,他的设备"65配450模的只需43万元,65配500模的50万元,50配450模的38万元,日常量在200—300公斤,生产出来的熔喷布是90级别。要生产出95级别以上的熔喷布,设备费用最少要在200万元以上。我们的设备组装也简单,如果生产级别高的熔喷布,设备比较麻烦,安装生产线时间长"。

"销量非常好,特别是2月份,我自己一个人就卖掉了10多台。"上述销售人员表示。

**标准长期缺失**

简陋的设备导致的后果就是生产出不合格的熔喷布。

第一财经从中国产业用纺织品行业协会了解到,熔喷布是尿不湿、防护服、口罩等很多产品的原料,是有一个标准的,但这个标准并不是口罩用料的标准。

不同级别的口罩需要质量不等的熔喷布,也就需要口罩和熔喷布生产企业去制定熔喷布的级别标准,但目前没有90级、95级等熔喷布的标准。

扬中市市场监管局依据《YY0469—2011医用外科口罩》的相关要求,对扬中市的8家熔喷布生产企业进行抽查,发现基本都不合格。这些被检测的熔喷布中,细菌过滤效率最低的不到40%,且合成血液穿透检测全部不合格,都存在"有合成血液渗透"的情况。

一位医学专家告诉第一财经记者,口罩分类不同,检测标准也稍有差异。医用防护口罩级别最高,要进行鼻夹、口罩带、过滤效率、气流阻力、合成血液穿透、表面抗湿性、微生物指标等多项检测。

所谓血液穿透实验,就是通过检验设备模拟血液喷溅到口罩上的场景。合格产品是做完这项实验后口罩内表面没有血液渗透,不合格的就会有血液渗透。

除了扬中市,还有多少地方在生产不合格的熔喷布?这些不合格熔喷布又流到了哪里?以此为原材料生产的口罩又将怎样进入市场?这整个过程暴露出的是这个行业的漏洞,即熔喷布和民用口罩的标准缺失。

"医用口罩作为医疗器械生产,需要在国家药监系统进行审批,虽然在疫情期间开通了审批绿色通道,但要求仍比较高,不是一般小企业想开工就开工的。其他非医用口罩生产企业的注册速度则比较快,只要在市场监管部门登记就可以。加上简政放权,又省去了很多中间程序,所以时间更短,有的一天就可以拿到生产许可证。而原材料熔喷布,目前并没有针对性的标准,只能根据口罩的标准来找熔喷布原料,所以管控起来比较难。"上述医用口罩生产企业负责人表示。

一位市场监管执法人员也表示:"由于口罩用的熔喷布并没有对应的标准,所以我们在执法时很难,只能从企业生产规范上去执法。"

目前,我国有2项熔喷布相关行业标准,分别是《纺粘/熔喷/纺粘(SMS)法非织造布》(FZ/T 64034—2014)和《熔喷法非织造布》(FZ/T 64078—2019)。前者适用于以丙纶为主要原料,以热轧粘合方式加固的SMS产品。后者适用于以熔喷法生产的非织造布,最终用途不限于口罩,标准仅对幅宽、单位面积质量等提出要求,过滤效率、透气率等关键指标的标准值规定由供需合同约定。

企业组织熔喷布生产主要依据企业标准,但相关指标规定参差不齐。作为熔喷布大省,江苏省最近才制定了专门用于口罩的熔喷布标准。

4月23日,江苏省纺织工业协会正式发布团体标准《口罩用聚丙烯熔喷非织造布》(T/JSFZXH001—2020)。这是全国首次发布口罩用熔喷布团体标准,主要适用于卫生防护用口罩熔喷布,由团体成员按照约定采用,但只供社会自愿采用,并非强制。

3月11日,由中国产业用纺织品行业协会牵头制定的《民用卫生口罩》团体标准正式发布,填补了我国民用卫生口罩领域标准的空白,改变了市场无标可依、无标可查的现状。

2020年5月10日

分享链接

# 医美行业乱象：从业者不专业，假产品泛滥

中国颜值经济的崛起势不可挡。

赛迪咨询的数据显示，2019年医疗美容诊疗人次突破1 000万，同比增长34.29%，而且连续三年保持这样的高速增长。与之对应的是，因医疗美容导致毁容的投诉记录平均每年逾2万起，甚至医美导致的死亡事故也在不断发生。医美行业现状到底如何？繁荣的背后又掩藏了什么样的真相？

"如果用一个字来形容当下中国的医美市场，那就是'乱'；如果用两个字，那就是'很乱'；如果用三个字，那就是'非常乱'。"中国整形美容协会教育培训中心主任田亚华对第一财经表示。

南京中天皮肤病医院激光美容中心主任何伦认为，医美市场假的不只是注射用的产品，还有假的医美设备、黑医疗机构、非专业的从业医生以及不专业的医美咨询人员，乱象一直在整顿，虽然有好转，但依然还是乱。

医美市场到底是怎样一个乱局？为此，第一财经进行了相关调研。

**市场到底有多乱？**

"中国医美发展现状用6个字就可以概括：快、大、多、高、少、乱。"田亚华如此解读中国医美市场。

田亚华称，第一，发展快，中国医美市场从无到有，发展的速度非常快，俨然成为一个大的产业。第二，规模大，虽然医美手术量在全球排第三，但很多非法医美手术并没有被统计到数据里面，估计实际手术量位居全球第一。第三，数量多，医美机构从无到2万多家，从业者达3 000多万人，消费者数量也巨大。第四，收费高，但利润低。第五，人才少，专业人才更少。第六，市场乱，从业者都是改行过来从事医美的。

根据艾瑞统计的数据，2019年中国医美市场规模达到1 769亿元，增速22.2%。另据不完全统计，2019年，医美消费者达2 500万人，如此规模的市

场，至今仍处于"乱"的状态，根源是什么？

"当下中国医美最大的问题是专业人才不专业，造就了一个混乱的市场。"田亚华表示。

艾瑞统计的数据显示，2019年中国具备医疗美容资质的机构约13 000家，在合法的医疗美容机构中，依然有15%（超过2 000家）的机构存在超范围经营的现象，属于违规行为；行业黑产依然猖獗，经过估算全国依然有超过80 000家生活美业店铺非法开展医疗美容项目，属于违法行为。2019年中国医美行业实际从业医师数量38 343名；根据中整协统计，非法从业者人数至少在10万以上。合法医美机构当中，存在非合规医师"飞刀"的现象，根据艾瑞估算，非合规医师数量将近5 000人。

"行业医师缺口依然巨大，正规医师的培养年限为5至8年。此外，由于行业黑产'来钱快、诱惑大'，滋生了大量自称'医生、专家'的非法从业者，或是仅通过非法培训机构短期速成的'无证行医者'。"一位医美行业专家表示。

田亚华担忧地说："整个医美行业都是非专业人士在操刀，包括职业医师。医美这个行业，至今没有出现大专院校对口的专业，都是临床医生转过来做美容医生。医美医生不是只做手术，还需要懂艺术、心理学等，目前并没有为这个岗位设置严格的标准，也缺乏专业的培训。这个专业性不只针对医生，医美咨询从业者至少应具备三个条件：医学基础、美学基础以及心理学基础，这3 000多万的医美咨询者有多少合格？"

中国有资质的医美机构从业者约在30万—50万人，其中，职业医师只有2万—3万人，其他都是在做营销或者咨询服务。"除此之外，在非法开展的医美项目中，从事医美营销和咨询服务的大概有3 000万人，这是一个非常吓人的数字，是中国医疗卫生战线上总人数的三倍多。这些非专业人士，却把守着医美服务的一道关：医美咨询设计师以及为消费者提供医美服务导向，这是一件很可怕的事情。"田亚华表示。

缺乏专业知识的3 000多万医美咨询设计师，却承担着医美行业的重要职责。医美咨询设计师向美容消费者提供咨询服务，进行容貌的检测、分析评估以及整形美容预方案的设计。其实，他们是医美的翻译官，是美容就医者和美容医生之间重要的纽带和桥梁，不可缺少，其职业技能水平的高低直接影响医美服务的质量。

"长期以来，医美咨询设计师居然属于'三无职业'，技术质量无标准、服务行为无规范、职业技能无等级，这是乱象之源，医美专业标准制定因此存在紧迫性和必要性。当下中国医美最大的问题就在于专业人才不专业，从解决人的问题入手，是解决一切问题的根源。我们已经启动了医美咨询设计师的资格培训，要持证上岗。"田亚华表示。

非法医美机构、非专业从业人员为医美这道美丽的风景线埋下了种种危机。中国消费者协会的统计数据显示，近10年来，平均每年因整形美容而毁容的投诉近2万起，其中很大一部分是由"三非手术"导致的。"她们其中的大多数是因为在管理不规范、技术不专业甚至无证经营的家庭作坊式美容院消费，才导致美容变毁容的。另外，也有不少求美者因为手术失败而导致毁容。"一位医美行业专家说。

中消协最新数据显示，2020年上半年受理的投诉中，医疗美容4 556件，美容美发10 270件。

"曾有专家调研，中国医美行业事故高发于黑医美机构，平均每年黑医美致残致死人数大约10万人，且多数消费者投诉、报案无门，维权难上加难。"上述专家表示。

**产品到底有多假？**

医美从业者之乱，只是行业乱象之一，与医美相关的产品之乱也不容忽视。

此前，第一财经曾刊发调查报道《1.38万元/针！一款可疑医美产品危险的"自我美容术"》，其中所谈到的"一款售价超万元、号称是'瑞士原产'的'械字号'奕唯品牌产品"，其实只是一款"械备号、国内灌装"的产品。这款产品的曝光仅仅是该领域的冰山一角。

"在水光针产品前六名的品牌中，只有一款是经过国家药监局注册审批的正规产品。现在医美用得最多的菲洛嘉水光针产品，也非国家药监局注册使用的注射产品。"上述医美行业专家表示。

在轻医美领域，由于受到"一白遮百丑"的美学观念影响，购买注射类项目平均花了11 729.1元。轻医美消费热情并没有因为频频曝光的"假"水光针而有所收敛。皮肤美容项目是医美用户消费的"基础款"，近七成医美用户购买过。其中，最受医美用户欢迎的皮肤美容项目是美白亮肤。约七成用户累计花费 1 万—6 万元在医疗美容上,迄今用户购买光电类项目平均花了 17 539.7 元。

非法注射针剂充斥市场。据艾瑞调研,市面上流通的针剂正品率只有 33.3%,近 46.3% 的用户曾经注射过非法针剂,如美白针、溶脂针、少女针等,此类针剂类型没有通过国家药监局(NMPA)认证。注射过肉毒素的医美用户中,有 48.4% 的用户注射的是非法品牌,国内通过 NMPA 认证的品牌仅有美国保妥适(Botox)以及兰州衡力,韩国的"粉毒、白毒、绿毒"均为水货、假货,通过非法渠道走私入境。

"尽管国家严查医美行业的针剂造假和走私问题,但针剂产品的隐秘性强、易携带、流动性高,往往只能在事发后被举报,执法部门难以实施全面打击,使得非法注射屡禁不止。"上述医美专家表示。

除了轻医美的注射产品假货居多之外,更有水光针器械以及医美光电设备之假。

目前,医美光电设备市场被国外四大设备厂商垄断,市占率高达 80%;由于医美光电设备属于医疗器械范畴,国家对设备流通严格管控,厂商与经销商只能售卖给合法的医美机构,为确保设备的合法合规,在机身上设有二维码可溯源设备的归属机构和正品情况。

艾瑞专家的调研显示,由于正规光电设备价格高昂、垄断性强、管控严格,在非法医美场所流通的医疗美容设备 90% 以上是假货,可能存在不到 10% 的正品和水货通过多手租赁或走私进入市场,与正规医美机构的情况截然相反。消费者贸然选择非法医美机构进行光电医美项目,轻则毫无效果损失钱财,重则可能造成永久性伤害。

"目前市场上存在的假设备主要是国外淘汰翻新的设备,以及国内非正规医疗器械企业模仿生产的设备,这给医美消费者带来很大的安全隐患。"一位医美设备供应企业人士表示。

据上述企业人士介绍,这种淘汰翻新以及没有经过严格评审的仿制产品,无法保障注射的剂量,机器不稳定,有的甚至工作到一半就停止了注射,这都会对医美消费者带来伤害。当下用来注射的水光针九成是假的。

第一财经记者在电商平台看到,各种水光枪、水光针仪器在热销,有家用的和美容院专用的,不少产品宣传是国外进口,仪器价格从 100 多元到数万元不等,针头最低价格不到 2 元。且不说产品的合法性,就美容院操作水光针而言，就是违规操作。很显然，非法的产品大多通过非法的渠道流向了非法的场所。

"网上售卖的水光针仪器大多是国外的水货和国产未获批的假货，专门卖到美容院和工作室，这些美容院使用的玻尿酸、麻药等自然也是通过非法途径获得的。在 2019 年年底之前，只有两款水光针是经过国家药监局注册的，之后又有两家企业的产品注册上市。"上述企业人士表示。

2020 年 9 月 23 日

分享链接

# 十一、晋谈养老

郭晋晖｜第一财经新闻中心政经部资深记者，毕业于中国人民大学，长期关注就业与社会保障、养老等民生领域。"晋谈养老"专栏立足于打通养老政策和产业的全链条，瞄准养老产业的堵点痛点，为业内人士提供有价值的投资参考。

guojinhui@yicai.com

## 13省份实现养老保险省级统筹，全国统筹渐行渐近

旷日持久的提高养老保险统筹层次将于2020年迎来转折点，随着越来越多省份实现真正意义上的省级统筹，全国统筹渐行渐近。

在过去两个月间，提高养老保险的统筹层次多次出现在中央最高的文件之中，包括十九届四中全会决定、中央经济工作会议公报和国家主席习近平2019年12月16日在第24期《求是》杂志上的发文。

人力资源和社会保障部部长张纪南近日接受官方媒体采访时表示，目前13个省份已实现基金省级统收统支，2020年将在全国全面建立起更加规范的省级统筹制度。这些都为推进实现全国统筹奠定了坚实基础。

### 各省养老负担苦乐不均

十九届四中全会决定要求，完善覆盖全民的社会保障体系，加快建立基本养老保险全国统筹制度，加快落实社保转移接续制度。

张纪南表示，决定提出了一系列社会保障方面的重点举措。其中，加快建立基本养老保险全国统筹制度，将从体制机制上进一步增强我国社会保障制度的可持续性，这是一项立足当前、着眼长远的重大举措。

华中师范大学公共管理学院副教授孙永勇对第一财经称，20世纪90年代末职工基本养老保险改革之初，由于当时各地经济社会发展情况差异巨大，为了新制度更好地推行，所以，新制度从县（市）统筹起步。

孙永勇称，事实上，起步没多久，提高统筹层次问题就被提出来了，但提高统筹层次问题在当时看上去还不是那么紧迫。后来，主要是随着劳动力异地流动带来的社会保障权益携带等问题日益受到重视，提高统筹层次的工作再次被强调，从而推动了从县（市）统筹向省级统筹的过渡。

然而，真正让决策层下定决心来推进省级统筹乃至全国统筹是2010年前后，一些省份开始出现收不抵支，接下来收不抵支的省份不断增多。

《2018年度人力资源和社会保障事业发展统计公报》显示，全年城镇职工基本养老保险基金收入51 168亿元，基金支出44 645亿元。年末城镇职工基本养老保险基金累计结存50 901亿元。

虽然从全国来看累计结存已经超过5万亿元，是一笔不小的"财富"，但地区间养老保险基金的财务差距悬殊，有些地区的盈余规模越来越大，而部分地区陆续出现了当期"收不抵支"。

根据中国社科院世界社保研究中心披露的2017年数据，全国共有6个省份城镇职工基本养老保险处于当期"收不抵支"，即辽宁、吉林、黑龙江、山东、湖北和青海。全国基本养老保险基金结余主要集中在东部沿海省份，仅广东和北京两地的基金累计结余就占到全国总量的30%以上，黑龙江则出现了累计结余耗尽的问题。

省际之间养老负担苦乐不均的现状凸显了养老保险基金在全国范围内统筹调剂使用的紧迫性。于是，在很多省份还没有真正实现省级统筹的情况下，全国统筹被提上了重要议事日程。

**13省市实现真正意义上的省级统筹**

在2018年6月企业职工基本养老保险基金中央调剂制度推出之际，人社部就要求各地要加快推进省级基本养老保险基金统收统支，2020年全面实现省级统筹，为养老保险全国统筹打好基础。

张纪南表示，养老保险提高统筹层次的最终目标是推动实现以统一全国费率和基金收支管理为核心，以信息系统和经办管理服务全国一体化为依托的养老保险全国统筹制度，促进养老保险制度更加公平、更可持续地发展。

## 十一、晋谈养老

张纪南称，目前 13 个省份已实现基金省级统收统支，2020 年将在全国全面建立起更加规范的省级统筹制度。这些都为推进实现全国统筹奠定了坚实基础。

与以往省级调剂金层面的"伪"省级统筹不同，这 13 个省份实现了真正意义上的省级统筹，在省级层面上实现了统收统支，即缴费由省政府管理，所有参保人的退休金也由省政府发放。

2019 年以来，人社部门在实施进一步降低养老保险的缴费比例、调整缴费基数政策的同时，正在积极推进养老保险省级统筹。广东省从 6 月 1 日，湖南省从 7 月 1 日开始实行企业职工基本养老保险省级统筹改革，安徽省政府日前也下发通知，将于 2020 年实现省级统筹。

安徽的通知称，到 2020 年年底前，实现以养老保险政策统一为基础、以基金省级统收统支为核心、以基金预算管理为约束、以信息系统和经办管理为依托、以基金监督为保障的企业职工基本养老保险省级统筹制度。

孙永勇表示，除了实现统收统支的省份之外，其他省份都建立了省级调剂制度，虽然从省级调剂制度走向统收统支有一定的难度，但如果中央强力推行，在 2020 年之前是可以全部实现省级统筹的。因为国家推进省级统筹工作已经开展了很多年，积累了很多经验，而且已经实现省级统收统支的省份，也可以为其他省份提供经验。

### 全国统筹箭在弦上

养老保险走向全国统筹的大方向已经明确，即在实现省级统筹的基础上，以中央调剂制度为过渡措施，最终实现以统一全国费率和基金收支管理为核心的全国统筹制度。

养老保险全国统筹的意义已经不局限于完善养老保险制度本身，更将有助于建立全国统一的要素市场，推动中国经济的高质量发展。

《推动形成优势互补高质量发展的区域经济布局》一文提出，尽快实现养老保险全国统筹。养老保险全国统筹对维护全国统一大市场、促进企业间公平竞争和劳动力自由流动具有重要意义。

中国社科院世界社保研究中心执行研究员张盈华对第一财经称，中央决心加速推进全国统筹并实现全国范围内的制度统一，这不仅仅是应对养老保险制度越来越大的支付压力，更重要的是实现三大功能，即市场统一、竞争公平和要素自由流动，是完善社会主义市场经济的重要条件，是确保市场在资源配置中发挥决定性作用的必要条件。

孙永勇认为，提供统筹层次不能停留在省级统筹，必须走向全国统筹，否则，不利于省际之间的公平竞争。经济发达地区之所以比其他地区更为发达，有着各种各样的原因，既包括国家政策倾斜，也包括其他地区人才和年轻劳动力流入。在这种情况下，坚持省级统筹，不仅是不公平的，也不利于在全国范围内分散人口老龄化的风险。

中国社科院世界社保研究中心主任郑秉文接受第一财经采访时曾表示，真正的基础养老金全国统筹应该实现基础养老金在中央层面统收统支，缴费由中央政府管理，支出兜底也由中央政府管理。

提高统筹层次意味着养老保险的事权要上移。张纪南认为，四中全会决定在健全充分发挥中央和地方两个积极性体制机制中，也创造性地首次提出适当加强中央在养老保险方面的事权，减少并规范中央和地方共同事权。这进一步明确了加快建立基本养老保险全国统筹制度的基本要求。

然而，在现实中要一步实现全国统筹并不容易。张盈华称，全国统筹面临最大的"治理"风险是：只强调公平、互济，地方政府没有动力推动足额征收；制度激励性弱，参保人员缺少动力去监督用人单位是否足额缴费；税务部门虽有征收力度，也无法囊括所有灵活就业人员或非纳税从业人员的征缴；纳税体系尤其是个税体系还有待完善。

2020 年 1 月 2 日

分享链接

# 累计结余6万亿元，投资比例仅20%，养老金面临贬值风险

经过三年多的运营，我国基本养老保险基金投资运营的委托总额终于突破了万亿元大关。

2020年以来，全国社保基金理事会、央行、财政部等部门纷纷就养老金投资的下一步作出表态——未来养老保险基金有望提高权益类比重投资并进一步扩大投资范围，以获取更高的投资收益。

财政部副部长邹加怡在2020全球财富管理论坛首季峰会上表示，养老保险投资首先要确保安全性，其次再兼顾收益性和流动性。从国际经验看，高度市场化的养老金管理机构，可以适当提高权益类等高收益资产的比重。

全国社保基金理事会养老金部主任陈向京也表示，要提高权益类资产的配置比例，关键要对养老金进行长期的考核，发挥长期资金的属性。

**养老金投资比例不及20%**

1月14日，人社部在2019年第四季度新闻发布会上公布了养老金投资运营的新进展。截至2019年年底，已有22个省（自治区、直辖市）签署基本养老保险基金委托投资合同，委托总金额达到10 930亿元。其中，19个省（自治区、直辖市）已启动城乡居民基本养老保险基金委托投资，合同金额2 123亿元，同比增加1 350亿元。

全国社保基金理事会副理事长陈文辉还透露，10 930亿元的合同金额中，实际到账资金9 081亿元。

人社部的统计公报显示，到2018年年底，全年基本养老保险基金总收入55 005亿元，基金总支出47 550亿元。年末基本养老保险基金累计结存58 152亿元。其中，城镇职工养老保险累计结存50 901亿元，城乡居民基本养老保险基金累计结存7 250亿元。

按照往年增速估算，截至2019年年末，基本养老保险基金累计结存预计

会超过 6 万亿元。按照 1 万亿元的委托金额来计算，委托投资比例只有约 16%。

中国社科院世界社保研究中心主任郑秉文对第一财经记者表示，与城镇职工相比，城乡养老保险基金由于规模小，平均到每个省也就百十亿元，城乡居民养老金入市的阻力小得多，步伐也快得多。

第一财经记者了解到，此前决策部门曾规划，到 2020 年年末城乡居民养老金所有累计结余全部进入市场化运营。从实际情况看，尚难一步到位，今年年底能够做到 32 个统筹地区全部启动投资。在去年年末举行的全国财政工作会议上，财政部又对各省份的财政部门提出明确要求，各省份必须于 2020 年年底前完成这项工作。因此可以预测，今年城乡养老保险基金仍然会成为入市养老金增量的主要来源。

陈向京表示，目前基本养老保险基金委托投资的比例还没达到 20%，绝大部分分散在各地，保值无忧，增值却很难。社会基金理事会要不断地加强引导投资业界，加大养老金市场的投资力度。

### 养老金入市难在何处

近年来，城镇职工养老保险基金委托投资的进度缓慢。截至 2018 年年底，累计有 17 个省（自治区、直辖市）委托投资基本养老保险基金 8 580 亿元，也就是说，2019 年基本养老保险基金的委托投资金额只增加了 2 350 亿元，其中，城乡居民养老保险同比增加了 1 350 亿元，即城镇职工养老保险基金的委托金额只增长了 1 000 亿元。

城镇职工养老保险基金投资运营的进度远远没有达到 2015 年《基本养老保险基金投资管理办法》发布时官方的预期。当时人社部以 2014 年养老基金累计结余 3.5 万亿元测算，预测能够用于投资的资金量约为 2 万亿元，即总量的 60% 左右，若按照这个比例计算，现在六万亿元的规模，可市场化运营的总量应该是 3.6 万亿元左右，实际上委托金额却只有 1 万亿元。

中国劳动和社会保障科学研究院院长金维刚表示，目前养老基金累计结余已经近 6 万亿元，投资额还不到 1/5，大量资金存在银行中，面临贬值风险。造成这种情况的原因之一是统筹层次比较低，基金主要还是在地市这一级。

按照目前的管理体制，我国养老保险基金分散在全国 2 000 多个以县市为主的统筹单位之中。

郑秉文曾对第一财经记者表示,将这些市县的结余基金逐级归集到省一级,是开展养老保险基金投资运营的一大难题。养老金投资运营是对养老金存量的改革,养老金都是通过财政专户放在地方银行里面,这其中牵涉到很多利益。比如,资金沉淀比较多的富裕省份担心上缴资金会影响到地方银行存款。

### 增加权益类资产及扩大多元化投资

2020年伊始,央行决定于1月6日下调金融机构存款准备金率0.5个百分点(不含财务公司、金融租赁公司和汽车金融公司),机构纷纷预测今年股市将要走强。像社保基金这类大资金,自然也会在股市向好时作出布局,以赚取更多的收益。

陈文辉在2020全球财富管理论坛首季峰会上透露,据初步核算,2019年全国社保基金投资收益额超过3 000亿元,投资收益率约15.5%。

陈文辉还表示,自2016年年底受托运营基本养老保险基金以来,累计投资收益额是894亿元,年均投资收益率5.76%。其中,去年初步测算的投资收益率约为9.6%,与委托前相比大幅提升。

我国养老基金投资的大类资产包括三个方面,即流动性资产、固定收益类资产和权益类资产:

流动性资产包括现金、活期存款、一年期以内(含一年)国债、货币市场基金等。

固定收益类资产包括一年期以上定期存款,政策性、开发性银行债券、短期融资券、地方政府债券等。在固定收益产品中,养老保险基金不能投资优先股、商业银行理财产品、信托产品、基础设施债券计划以及特定资产管理计划。

权益类资产包括股票、股票基金、混合基金、股票型养老金产品、股指期货、未上市企业股权。养老基金不能投资的权益类产品是股权投资基金。

目前,海外养老金主要投资于债券、股票、贷款、另类投资、共同基金,特别是对权益类的高配置比重,是提升养老金投资一个非常关键的因素。比如,美国养老金第二支柱的股票配置比例是50%,非标资产是12%。OECD(经济合作与发展组织)国家公共养老金平均29%投资于股票,14%投资于另类投资,其他是固定收益类资产和现金。

"我国目前三支柱养老金合计持股规模占股票市场总市值的比重不到10%,其中,社保基金的持股比例是25%,应该说还是比较积极的。其他如地方的基本养老保险比例不到1%,企业年金大概不到10%,保险资金持股比例大概是12%。"中国人寿首席投资官王军辉说。

陈向京表示,传统观念往往片面强调养老金的投资安全至上、稳妥第一,容易陷入无风险、低风险的资产。虽然这类资产短期波动小,但是收益水平肯定是非常有限的。实际上,养老金投资面临的最大风险不是短期收益波动的风险,而是长期贬值的风险。无论是中国还是美国市场,权益类资产虽然波动很大,但是长期来看,收益率是很高的,远高于其他各类资产。

2020年1月19日

分享链接

# 长护险全国扩围筹资难：脱离医保后，谁来出钱？

长期护理保险首批试点推出近4年之后，即将迎来全国扩围，下一步全国每个省份都将拥有一个长护险试点。

近日，国家医保局就《关于扩大长期护理保险制度试点的指导意见》（征求意见稿）（下称意见征求稿）向社会公开征求意见。在这份意见征求稿中，首次明确提出了将长护险作为独立险种来进行独立设计和独立推进，这平息了长期以来长护险领域的路径之争。未来，长护险将顺着社会保险制度"第六险"方向发展和完善。

第一财经了解到，很多地方政府将长护险作为应对老龄化压力的重要举措之一。除了2016年6月启动的15个国家级试点城市之外，目前有四五十个自愿跟进试点的城市，地方申请第二批试点的积极性很高。

医养产业也在渴盼长护险大面积扩围，以打破这一行业的支付瓶颈。然而，与地方和产业的热情相比，中央采取了更加稳妥审慎的态度，意见征求稿公布的试点城市只有14个，低于业内预期，此外还特别提出"未经申报同意，各地不得自行开展试点。"

中国社科院世界社保研究中心执行研究员张盈华对第一财经表示，中央文件确实较为谨慎，但也给地方留出了空间。当前长护险所面临的关键问题是如何筹资，医保基金挤出来的空间越来越小，社保减费大背景下也不能让企业多交，若扩围到居民，则农村居民的缴费会有负担。

**长护险成为社保"第六险"**

意见征求稿提出，长护险扩大试点的基本原则是解决重度失能人员长期护理保障问题。坚持独立运行，着眼于建立独立险种，独立设计、独立推进。

张盈华表示，明确独立建立制度，意味着现在从医保结余基金中直接划拨筹资的方式会改变，长护险会作为与医保、养老并肩的新的社保险种。

张盈华认为，未来长护险不仅会成为社保"第六险"，而且还有望成为继医保之后覆盖面最大的社保险种。因为长护险与医保分账难分家，仍然可采取"跟从医疗保险"，即在医保筹资时同步为长护险筹资，医保参保人员即为长护险参保人员。

自长护险试点启动以来，关于中国长护险该以怎样的模式推广一直存在争议。全球各地的长护制度主要有津贴式、商保式、混合式和社保式四种，当前只有荷兰（1968年）、以色列（1988年）、德国（1995年）、日本（2000年）和韩国（2008年）等少数国家建立了独立的长期护理社会保险制度。

浙江财经大学公共管理学院教授戴卫东认为，虽然目前实施社保模式长护险的国家和地区的确不多，但从我国实际出发，社会保险制度不仅能解决覆盖面、市场风险和管理制度等问题，还可利用商业保险、津贴模式等来补充不同人群的保障需求。因此，我国选择有五大社保制度路径依赖的社保式长护制度来应对人口老龄化方为正解。

意见征求稿采纳了长护险成为独立险种的建议，也意味着我国将成为世界上为数不多的拥有长护险的国家。第一财经此前了解到，正是由于建立新险种是一件慎之又慎的事情，所以，政府部门对长护险持有非常慎重的态度，这表明长护险将在很长一段时间维持试点的状态。

从长护险首批试点来看，已经出现了延期的情况。2016年6月27日，人社部印发了《关于开展长期护理保险制度试点的指导意见》，提出长护险试点会持续1—2年的时间，虽然各地试点启动的时间不同，但15个城市都已经试点超过了两年。

第二批14个试点城市征求意见的时间为2020年5月6日至5月19日，按照程序来说，征求意见之后文件还会进行修改，启动第二批试点最早也要在下半年了。而文件规定第二批试点期限为两年，也就是说，至少要到2022年以后，长护险才有可能进一步向全国其他城市扩围。

**筹资责任重在企业和个人**

戴卫东认为，我国长护险试点扩围进展较为缓慢的原因主要有两点：一是我国正处于经济"新常态"，企业都在降费减负；二是不排除政府对将长护险作为制度安排的信心不足，因为不少专家都曾疑虑，长护险需要政府投入，一旦制度建立，政府财政能否承受。

张盈华表示，很多地方态度非常积极，以前担心服务供给不够，后来发现养老服务被长护险带动，目前关键问题还在于筹资。

她在对试点城市持续跟踪和深入调研后发现，我国长护险试点中普遍存在受益面过窄的问题，这暴露出地方政府对这项制度的财务可持续性的担忧。

对外经济贸易大学保险学院教授孙洁在基于北京市石景山区试点经验的论文《长期护理保险扩大试点的瓶颈与政策建议》中提出，石景山区长护险主要通过政府、单位和个人缴费的方式筹集资金，筹资比例为4∶4∶2，同时接受社会捐助。目前，石景山区试点方案中单位缴费部分从医保基金中划拨，但与其他试点城市不同的是，在表述上将责任划分给单位，而并非医保基金，这意味着医保基金在试点初期可以支持长护险的发展，之后在医保基金结余不足的情况下，财政需直接负担这一部分资金的缴纳。

孙洁表示，长护险筹资机制的可持续性有待探究。石景山区长护险试点先将城镇职工基本医疗保险参保人员纳入覆盖范围，逐步扩大到城乡居民。探索建立城乡居民长护险的长效筹资机制，是工作的难点和重点。

意见征求稿提出，筹资以单位和个人缴费为主，单位和个人缴费原则上按同比例分担，其中，用人单位缴费基数为职工工资总额，起步阶段可从其缴纳的职工基本医疗保险费中划出；个人缴费基数为本人工资收入，可由个人账户代扣代缴。

泰康养老保险股份有限公司健康保险事业部副总经理冯鹏程对第一财经表示，文件提出单位与个人同比例分担的规定，强化了个人缴费的责任，长护险作为独立险种进行筹资，未来将逐步和医疗保险基金分离。而且从现实的角度来看，随着老龄化程度的加速，医疗保险基金收支压力也在不断加大，不适合长期作为长护险的资金来源。

首批试点就出现了长护险资金筹集过度依赖医保基金的情况，试点城市出资标准和资金来源不统一，医保基金成为主力，财政、社会和个人共担机制不健全。特别是在居民医保基金收支压力较大的情况下，难以将居民纳入长护险范围。同时，从目前筹资的情况来看，长护险很难惠及农村的困难群体。

之前有试点地区的人士向第一财经表示，长护险扩围一方面是试点地区扩围，一方面是保障内容扩围，比如从重度失能向中度失能扩围，以及从职工向居民扩围。

从意见征求稿的内容来看，中央坚持了"保基本"的原则，提出试点阶段从职工基本医疗保险参保人群起步，重点解决包括失能老人、重度残疾人在内的重度失能人员的基本护理保障需求。同时也提出有条件的地方可随制度探索完善，综合衡量经济发展水平、资金筹集能力和保障需要等因素，逐步扩大参保覆盖范围，调整待遇保障范围。

此外，意见征求稿还提出了社会力量的经办服务费，可综合考虑服务人口、机构运行成本、工作绩效等因素，探索从长护险基金中按比例或按定额支付。张盈华表示，明确商业机构参与经办，并从基金中支付管理费，这是社保经办社会化管理的一个重要突破。

2020 年 5 月 14 日

分享链接

# 延迟退休方案已趋于成熟：养老金领取机制、退休年龄怎么改

延迟退休渐行渐近，这次应该不会再"虚晃一枪"了。包括弹性退休在内的一系列渐进式延迟退休政策已经趋于成熟，出台时间也指日可待。按照此前人社部制定的时间表，2021年将成为实施延迟退休的最佳时间窗口。

"小步慢走、弹性实施、强化激励"是中央对延迟退休改革的最新定调。近日由人民出版社出版的《党的十九届五中全会〈建议〉学习辅导百问》中提到，延迟退休将会坚持统一规定同自愿选择相结合的原则，小幅逐步调整，以减少社会震动，争取更多支持。

延迟退休是我国当前最受关注和讨论的公共政策之一。在老龄化的倒逼之下，延迟退休已经成为应对人口老龄化冲击、缓解劳动力供给短缺和遏制人口抚养比快速上升的必然选择。

除了渐进式延长退休年龄之外，强调激励作用的弹性退休也进入了决策层的视野。这也就意味着，在我国已经实行了70多年的强制退休制度或将逐步退出历史舞台，未来政府只需要制定领取法定养老金的年龄，民众就可以根据自身的情况选择何时退休。

**难产的延迟退休方案**

《中共中央关于制定国民经济和社会发展第十四个五年规划和二〇三五年远景目标的建议》提出，要"实施渐进式延迟法定退休年龄"。

其实，早在2016年7月人社部印发的"十三五"规划纲要中，就已经提出制定出台渐进式延迟退休年龄的方案。按照当时确定的时间表，延迟退休的具体方案会在2017年向社会正式公布，预计2021年正式实施。

虽然最终的方案在"十三五"期间没有如约而至，但据第一财经了解，相关部门当时确实制定了一套较为成型的方案，即大约每三年提高一岁。该方案的基本原则是：小步慢走，逐步延长退休年龄，同时在延长退休年龄之

前建立缓冲机制,尽量减少退休政策调整带来的影响。

此外,这个方案还提出会适时引入弹性退休政策,不实施一刀切,注重运用经济手段形成调节退休年龄的激励和约束机制。

清华大学就业与社会保障研究中心主任杨燕绥在接受第一财经采访时表示,虽然学界有共识,政府部门也有方案,但延迟退休政策的出台非常艰难,其主要原因是相关部门误认为延迟退休会对就业带来负面影响,同时,过去计划生育时代留下来的"政府来养老"的口号也没有得到及时纠正,老龄化的教育进行得不够及时,难以取得民众的共识。

事实上,随着人均寿命的延长,延迟退休已经成为个人顺应预期寿命延长趋势、国家应对长寿风险冲击的一个必需的政策选项。

2019 年,我国 65 岁及以上老龄人口达 1.76 亿,占世界同年龄组人口的 23.0%,大大高于我国总人口的世界占比(18.2%)。

从国际比较来看,我国可以说是世界上法定退休年龄最低的国家之一。我国退休年龄(女职工 50 岁,女干部 55 岁,男 60 岁)制定于 70 年前,20 世纪 50 年代规定退休年龄时,中国人口平均预期寿命只有 40 多岁,到改革开放之初时,劳动保险法下的退休制度是 37 个人工作,一个人退休。而到了 2019 年,我国预期寿命达到 77.3 岁,养老保险的赡养比为 3∶1,但退休年龄却一直没有改变。

中国社科院副院长蔡昉近日撰文指出,渐进式延迟退休政策难以如期推进,甚至很多劳动者尚未达到退休年龄便实际退出就业市场,这加剧了劳动力短缺的趋势,加大了养老金支付的压力,也降低了老年人的收入水平。他将出台延迟法定退休年龄的时间表路线图列为"十四五"期间应对人口老龄化战略的紧迫任务之一,其重要性就排在"优化计划生育制度,实现家庭自主生育"之后。

武汉科技大学金融证券研究所所长董登新对第一财经表示,延迟法定退休年龄会产生两个效果:一是可以推后支付养老金,这样就可以缓解养老金的压力;二是延长工作会增加社保基金的收入和积累,通过这样的"一进一出",延迟退休能极大地改善养老保险基金的收支平衡。

**渐进式、弹性退休获得更多共识**

过去五年,学界也纷纷提出了一些其他方案,总的来说,渐进式、弹性

## 十一、晋谈养老

退休赢得了更多共识。

今年6月,中国发展研究基金会发布的《中国发展报告2020:中国人口老龄化的发展趋势和政策》(下称《中国发展报告2020》)提出,针对中老年群体劳动参与率过低问题,近期需要做的重点工作是实施延迟退休政策。可以分为两步:第一步,2020年到2025年,将女性职工退休年龄逐步提升至55岁,女性公务员退休年龄调整至60岁;第二步,自2025年开始,逐步实施弹性退休年龄制度,用5—10年的时间将全额领取养老金的年龄逐步提升至65岁。

杨燕绥表示,延迟退休应该男女有所分别,女工人50岁退休确实太早了,延迟速度应略快一点,比如一年延迟一岁,先延迟到55岁;男性则每年延迟半岁,先延迟到62岁,这是当前比较合适的领取养老金的年龄。

在杨燕绥看来,与渐进式延迟法定退休年龄同样重要的是建立"早减晚增"的机制,即将退休年龄和领取养老金的年龄分开,退休时间由劳动者自己决定,国家只需规定一个可以领取养老金的最低年龄,提前退休则打折领取,晚退休则按比例提升,让民众根据自身的情况来选择。

这就类似于很多发达国家实行的弹性退休制度。董登新表示,我国实行的强制退休制度,当劳动者达到法定退休年龄时必须强制退休,雇主有权利终止劳动者的工作,但在实行弹性退休的国家,劳动者到了法定退休年龄,若劳动者身体健康愿意继续工作,雇主无权拒绝。同时,对于晚退休者,国家还会在养老金上给予奖励。

以美国为例,对于提前退休、正常退休和延迟退休三种情况给予不同的养老金领取标准。董登新介绍,美国的法定退休年龄是66周岁,男女统一,美国允许最早的退休年龄是62岁,最高是70岁。如果劳动者62岁退休,退休金就会被扣近30%;如果可以工作到70岁退休,则可以增加30%,并按照此标准终生领取。

中国社科院世界社保研究中心执行研究员张盈华对第一财经表示,推行延迟退休最大的难点就是激励性不够,民众若认为延迟退休明显是吃亏的,这项改革肯定推行不下去。所以,必须给愿意推后退休的人足够的激励,并对那些不愿意延迟退休的人保持一定的弹性,这样改革的阻力才能小一些。

《中国发展报告2020》同样建议建立弹性退休激励机制。把退休年龄与养老金水平挂钩,鼓励低龄老年人自觉延长就业年限,减少提前退出劳动市场行为。如德国规定,每提前一年退休,养老金减发3.6%,而每延迟一年退休,养老金增发6%。

蔡昉表示,应从设计养老金支付方式和加强在职培训等方面入手,提高老年人的实际劳动参与率,出台延迟法定退休年龄的时间表路线图。在从这两个方面提高实际劳动参与率的前提下,渐进式延迟法定退休年龄就更加人性化,最大限度达到政策意图和个人意愿的激励相容。

2020 年 11 月 26 日

分享链接

十一、晋谈养老

# 最大一波"婴儿潮"人口两年后退休，专家建议延迟退休"分步快走"

最大一波"婴儿潮"人口迈入 60 岁的门槛后，将拉开我国退休高峰到来的序幕。届时每年上千万的退休者会对我国养老保险基金的财务平衡形成巨大挑战。

虽然我国企业职工养老保险基金累计结余尚有 4.5 万亿元，但由于存在地区间的苦乐不均，丰缺难以调剂，到今年第三季度，中央财政对地方养老保险专项补助资金已达 5 800 多亿元，用于中西部地区和老工业基地养老金的发放。

在清华大学就业与社会保障研究中心主任杨燕绥看来，老龄化的时间表已不允许延迟退休政策一拖再拖了，当前应尽快出台延迟退休的具体方案和时间表，以应对 2023 年开始的退休高峰。

杨燕绥认为，退休政策需适应新常态，渐进式"分步快走"是更加合适的选择。延迟退休不仅仅是一项养老保险制度的参数改革，更重要的是建立一种适应长寿时代的养老金领取机制，通过"早减晚增"来让每个人决定自己工作到什么时候。

**老龄化倒逼延迟退休提速**

第一财经：您从 2012 年就开始呼吁对养老保险制度进行改革，提高法定领取养老金的年龄，是基于什么考虑的？

杨燕绥：人口年龄每增加五岁，整个经济、社会、就业市场就会发生一个阶梯性的质变。老龄化时间表早已决定了我国必须对退休年龄进行改革。1963 年是中国人口出生的高峰年，当年出生了 2 900 多万人，此后的近十年间，每年的出生人口在 2 500 万以上。到 2022 年年底，1963 年出生的男性就满 60 岁了，他们会大量退休，养老保险的赡养负担会继续加重。

退休对养老保险基金的影响是双向的，今天这边停止缴费，明天那边马上就要开始领钱，因此，退休人数的大幅增加一定会加大养老保险基金的收支压力，这种影响是立竿见影的。

在老龄化的冲击之下，我国养老保险基金的财务状况并不乐观。从2020年中央调剂金的预算来看，仅有7个省份是净贡献省份，包括湖南、安徽等在内的21个省份以及新疆生产建设兵团是净受益省份。

因此可见，提高法定领取养老金的年龄已经刻不容缓，从现在到2022年年底是一个非常严峻的窗口期，政府应尽快出台包括提高法定领取养老金年龄在内的一揽子养老保险综合改革方案，以保障我国养老保险制度的可持续发展。

第一财经：渐进式延迟退休是当前改革的主要方向，有关部门也曾在几年前提出过"每三年延长一岁"的方案。在您看来，类似于这样"小步慢走"的方案是否还能适应当前的形势？

杨燕绥：虽然有关部门没有公布完整的延迟退休方案，但近年来也陆陆续续透露出一些改革的内容。整体来说，渐进式改革的方向不会变，但我认为速度不会那么慢了。如果像原来那种"小步慢走"，是来不及了，现在应该采取渐进式的"分步快走"。由于女性退休比较早，可以女性先一步延退，也可以男女同时延迟，但女性比男性延迟的速度要快一点，毕竟，现在大部分岗位也不是艰苦岗位，男性女性工作的条件相差不大。

### 养老金领取"早减晚增"

第一财经：您一直强调的是提高领取养老金的年龄，而不是延迟法定退休年龄，这其中有什么差别吗？

杨燕绥：退休是退出劳动力市场。过去都是国企，大家从单位退休了就没有别的地方可以干活，所以，必须通过领取养老金来维持生活。但现在的就业市场已经发生了根本性变化，大龄人员可以从事很多工作，所以，应该把退休这个概念忘掉，去关注领取养老金的年龄这一标准，国家再建立"早减晚增"的机制，让人们自己作出选择。

长寿时代也要求我们必须把退休年龄和领取养老金的年龄分开，发达国家所谓的法定退休年龄其实就是领取养老金的年龄，至于在领取养老金之前是否退出劳动力市场还是继续工作，那是个人视自身情况而定的。

我主张的是"早减晚增"，即设定一个领取养老金的标准年龄，低于这个年龄的，养老金打折支付；高于这个年龄的，则可以给予奖励。这样对选择延迟退休的人员有激励。

而且，我国现在具备"早减晚增"的条件，全国养老金的平均水平已经达到了3 500元，比如早退可以领到3 000元或2 500元，这样也不会造成贫困，晚退则可以拿到更多。这样老百姓就会自己计算，怎么安排退休时间才划算，从而让每个人决定自己应该干到什么时候。

延迟退休不是简单的参数改革，而是一种体制改革，我们要建立适应长寿时代的、新的退休机制。

**医养业可吸纳千万大龄就业者**

第一财经：政府在推行延迟退休时最大的顾虑应该是怕影响就业，一方面担心挤占年轻人的岗位，另一方面也担忧延退后这些大龄人员失业的问题。您在这方面有什么建议？

杨燕绥：延迟退休影响年轻人就业是一种误解，尤其是当前智能化、互联网兴起之后，很多传统岗位都没有了。年轻人是年轻人的岗位，大龄人员是大龄人员的岗位，互相交叉的很少，挤出效应并不明显。

同时，老龄化的需求带来医养行业岗位的暴增，人才缺口以上千万来计。人的寿命越长了，老百姓在医养上花钱越多，对GDP的贡献就越大，这些行业的岗位是非常丰富的，比如医养产业需要上千万的医务社工、健康管理师。更重要的是医养行业需要的主要是大龄人员，尤其是大龄女性，这可以成为延退后女性的重要就业领域。

还必须强调的一点是，延迟退休是一个公共政策问题，不能让老百姓自己适应。大龄人员的就业服务、转业培训、社会保障、社会地位、公司聘用等一系列问题都需要政府出台成套的政策措施来加以保障。

2020年11月26日

分享链接

# 十二、财税益侃

陈益刊 |《第一财经日报》资深记者，长期关注财政税收领域，聚焦财税政策、财税改革、地方债管理、减税降费、税收征管等相关话题。"财税益侃"专栏剖析财税热点事件，解析政府调控意图，更好地读懂财政话题。
chenyikan@yicai.com

## 政府内部利益调整！"不差钱"的深圳也在压减财政支出

谋划新一年的工作任务自然离不开"钱袋子"。在大规模减税降费的背景下，今年财政预算资金如何分配，成为市场关注的焦点。

事实上，"财政收入吃紧，政府继续过紧日子"已基本成为地方共识，但情况将更加猛烈，比如一些地方按30%的幅度压减一般性支出。政府内部的一场深刻利益调整已经开始。

### 深圳现象

中国最不差钱的地方，大概就是深圳。这个"弹丸"之地，去年公共财政收入逼近1万亿元，达9 424亿元，每平方公里产出财政收入领跑全国大中城市。其中，地方一般公共预算收入达3 773亿元，增长6.5%，明显高于全国平均水平。

即便如此，深圳今年也更加强调过紧日子，除了民生等刚性支出、重点领域支出外，削减其他支出也毫不手软。

深圳市财政局近日举办新闻通气会表示，除教育、卫生、社保、科技、粮油储备等领域支出以及保工资的刚性支出外，市财政局将督促预算单位将

## 十二、财税益侃

其他基数项目全部纳入压减范围，按政策一律压减10%，减少支出9亿元。

不仅如此，深圳对预算项目审核将更加严格，除了市委市政府明确要求实施的项目，以及涉及重点民生、安全生产、机构运行等刚性支出外，其他新增事项原则上不安排。

因此，2020年，深圳各单位申报新增项目经费829亿元，审核后安排642亿元，这一数据与去年相比减少78亿元，压减幅度接近10%。

"深圳大幅压减支出可圈可点，释放了一个清晰明确的信号：即便不差钱的地区，也需要并且其确实在动真格地实施大力度的减支政策，更何况其他财政困难的地方。"中央财经大学政府预算研究中心主任王雍君教授告诉第一财经记者。

压减非刚性支出，过紧日子，的确已经成为绝大多数政府共同的选择。

比如，武汉市财政局要求，2020年各部门单位基本支出中一般性支出一律压减10%以上，部门预算项目支出一律压减15%以上。

呼和浩特市财政局更是要求，对部门一般性支出按照20%规模进行压减，一般性支出中的"三公经费"按照30%规模压减，一般不再安排因公出境经费。

一般性支出主要指的是预算单位办公费、印刷费、咨询费、差旅费、会议费、培训费等支出。

一位省级财政人士告诉第一财经记者，今年对省直属单位要求公用经费定额标准下调10%，非民生专项压减10%，执行进度慢的部门项目支出压减10%。

王雍君表示，一般性支出、"三公经费"、预期不具备起码社会效益的公共投资项目以及其他浪费性的支出，预计会成为政府压缩支出的重点。

但政府压缩支出并非易事。有地方财政人士告诉第一财经记者，压缩其他部门支出其实就是动了他们的"奶酪"，不是一件容易的事情。

实践中，一些基层财政部门也反映，不但压减支出十分困难，反而要求追加预算的项目非常多。

### 以收定支

尽管压减支出、优化支出会触动一些部门的存量利益，但这是一场不得不做的事。

王雍君表示，强调压缩支出和调整支出结构并非始于今年，但今年承诺的力度比往年有所加大，旨在更强有力地应对财政困难可能继续加剧的预期，同时也为供给侧结构性改革创造更有利的前提条件。没有力度足够的财政支出削减和支出结构调整，供给侧结构性改革将非常困难并充满不确定性。

上海财经大学邓淑莲教授告诉第一财经记者，近些年，中国经济增速放缓、三期叠加影响持续深化、减税降费力度越来越大，再叠加贸易摩擦等复杂外部环境，使得财政收支紧张，财政赤字扩大。当财政收入增长放缓、开源措施有限、收支平衡困难时，从支出端寻找解决方法是一种正确的选择。

受2.3万亿元减税降费的冲击，2019年财政收入增速恐创下至少三十年新低。今年不少地方继续调低收入预期。比如，深圳预计今年地方一般公共预算收入增长4.5%左右，明显低于去年的6.5%。厦门预计今年地方收入增长2.5%，长沙预计增速为6.5%，也均低于去年。

这种情况下，在坚持"以收定支"的原则下，削减非刚性支出，调整支出结构，也成为必选项。

中国政法大学施正文教授对第一财经记者分析，今年中央十分强调"以收定支"，即政府收多少钱办多少事。主要是因为，经济增速放缓叠加大规模减税降费政策持续发力，导致政府减收，如果不控制支出，收支缺口过大会形成财政风险，因此，"以收定支"是量力而行，可以有效地防范财政风险，也有利于减税降费政策不折不扣地落地。

邓淑莲表示，政府并非盲目压减支出，民生等领域支出不能减少，甚至要增加，如教育、卫生、科技、社保等。因此，预算编制中必须进行财政支出的结构优化，有保有压，优化的重点是压缩必须支出以外的其他支出。

比如，在收入约束下，今年深圳市本级一般公共预算支出安排仅增长2.4%，但市本级教育支出同比增长18.2%，卫生健康支出同比增长23.1%，社会福利支出同比增长27.3%，生态环境保护和城市管理支出同比增长36.6%，为全力支持打赢脱贫攻坚战市本级援助其他地区支出同比增长43.5%。

"这不仅是深圳政府的做法，全国各级政府都是这种做法，因为大家面临的困难和挑战是一样的。一级政府的预算编制首先要确定本级政府的整体支出目标以及目标下各种支出的优先顺序，然后根据财力许可和优先程度，由高到低安排预算。在财力紧张的情况下，获得预算的项目还要注重资金的使用绩效,加强预算的绩效管理。"邓淑莲说。

王雍君也认为,不应消极地理解压缩支出,因为力度和策略得当的支出压缩,可为结构调整、消除浪费和提高财政资金的使用效率作出积极贡献,从而有助于缓解财政困难和促进预算平衡,长期而言更是如此。

2020 年 1 月 9 日

分享链接

# 特别国债发行方式之争：央行"印钞"买国债可行吗？

新冠肺炎疫情对中国经济社会造成的冲击前所未有，因此，为落实"六保"，财政政策刺激力度需加大，货币政策予以配合。

在财政困难、中小微企业生存艰难的当下，为了真正发挥财政政策扩张性以稳经济的作用，中国财政科学研究院院长刘尚希近日建议，可以将抗疫特别国债设置为5万亿元规模，分次发行，并让央行扩表，零利率购买，所筹资金用于落实"六保"，以引导预期和提振市场信心。

央行在一级市场直接购买国债的行为，叫作财政赤字货币化。即当政府收不抵支出现赤字时，不像往常那样向市场发债借钱，而是政府让央行"印钱"来弥补赤字。

但当下是否真的走到了政府左手印钞右手花钱这一步？支持者有，反对者更多。支持者认为，这是应对疫情的非常之举，出手应该要快、狠、准。反对者认为，当前宏观政策空间充足，没必要走到这一步，一旦开了赤字货币化的口子，或埋下系统性风险隐患。

## 特别国债发行方式之争

新冠肺炎疫情冲击下，一季度国内生产总值同比下降6.8%，全国一般公共预算收入同比下滑14.3%，十分罕见。在稳经济的一揽子政策中，中央提出发行抗疫特别国债。

历史上我国曾两次发行过特别国债。由于1995年通过的《中国人民银行法》明确，央行不得对政府财政透支，不得直接认购、包销国债和其他政府债券，前两次特别国债发行时，基本都是银行购买特别国债后，央行再从银行手里购买特别国债，这样央行是从二级市场购买国债，并非法律禁止的直接购买国债，因此并不违法。

今年抗疫特别国债的规模和使用方向，尚待即将召开的全国"两会"期间揭晓。但对于特别国债的发行方式,却已经引发市场空前热议,并泛化为赤字货币化之争。

刘尚希表示,在当前财政非常困难的情况下,又面对"六保"的重大任务,采取以往常规的财政政策可能是不够的。基于这种考虑,有必要使赤字货币化,因为货币状态已经发生改变,赤字货币化不会带来通货膨胀,也不会导致资产泡沫,相反,可以为财政政策提供空间。

他建议,可以设置一个以"六保"为用途的专门特别预算,通过发行特别国债来筹措资金来源,特别国债的预算规模可以考虑达到 5 万亿元,分次发行,央行扩表,零利率购买。

为何央行当前有必要在一级市场直接购买国债?

中国财政科学研究院研究员李成威告诉第一财经记者,财政与央行直接对接发债操作更加灵活,可以承诺较大规模的特别国债,来提振市场信心。分次发债也可以根据经济运行的实际情况来定,随机应变。如果在二级市场发行大规模的特别国债,可能难以承受,对市场挤出效应明显。而且这样操作不计入赤字,给实施其他财政政策预留空间。

"从技术层面来看,央行在二级市场购买特别国债存在一定的时滞,前期在发行阶段会对市场资金造成一定的挤出效应。所以,刘尚希认为在目前疫情冲击压力较大的情况下,在现有机制不畅的情况下,希望能有更为直接有效的方式。"一位机构首席经济学家告诉第一财经。

中央财经大学政府预算研究中心主任王雍君教授告诉第一财经记者,央行在二级市场购买国债,是在货币政策框架内的操作,避免了超发货币。在一级市场购买国债也并非不可行,但经济上的前提条件是必须对经济与就业增长目标作出重要贡献,对通货膨胀、利率、汇率表征的宏观经济稳定目标的负面影响相对很小,且财政可持续。

### 敬畏市场,防范潜在风险

相比于有条件地支持赤字货币化,市场上反对的声音似乎更多。

央行原调查统计司司长、中欧国际工商学院教授盛松成认为,中国目前不宜采取财政赤字货币化,除非市场完全失灵。

盛松成告诉第一财经记者,一级市场发行国债(央行不参与)会受到市场制约。我们要敬畏市场，市场往往比政策制定者高明。通过市场的反应，我们才知道该不该发、发什么、发多少、何时发、有没有风险和不良后果。但财政直接从央行融资往往是没任何制约的，直接和间接、短期和长期的后果与风险很难预测，所以，不到万不得已，不能搞财政赤字货币化，我国和美国都有过沉重的教训，才会有法律的明令禁止。美国现在如此大规模QE（量化宽松货币政策），但还是不许财政赤字货币化操作。

盛松成认为，央行直接通过一级市场购债，将制约货币政策的操作空间，如美联储曾实施的扭曲操作（通过抛售短期国债购买长期国债，引导长期利率下行）就难以实施。央行直接从一级市场认购国债，也将影响正常国债收益率曲线的形成，制约货币政策的有效实行，阻碍货币政策价格型调控的改革。

清华大学五道口金融学院理事长吴晓灵也认为，中国市场仍有一定的政府债券容纳能力，央行没有必要在一级市场直接购买政府债券，应该通过公开市场买卖政府债券向市场提供必要的流动性支持。

"我认为目前采取赤字货币化必要性不强。特别是在界定清楚这是一次性操作还是未来可以成为惯例之前，不宜仓促行事。法律层面一旦被突破，很难回到原位，这是目前反对者最为担心的地方。"上述机构首席经济学家说。

央行货币政策委员会委员马骏也是反对者之一。他认为，一旦政府认为它可以无限量、无成本地从央行获得融资，其财政支出行为就会严重丧失纪律，中长期可能会导致一些恶果，包括通货膨胀、金融风险、货币贬值、经济生产率和增长潜力下降等。

马骏表示，对当下的中国来说，虽然疫情对经济和财政收支造成了短期的冲击，但从二季度开始，经济复苏势头已经相当明显，财政收支情况也会逐步好转。即使今年我国要比去年多发一些国债、特别国债和地方政府专项债，其规模也不会太离谱，完全可以在现有的财政与金融的协同框架下有序进行，比如通过适度降低存款准备金率、设计某些向银行定向提供流动性以支持其购买新发国债的机制等。

"没有必要大动干戈，以增加长期经济金融风险为代价，打破好不容易建立起来的'央行不得对政府财政透支、不得直接认购政府债券'的法律底线和对财政行为约束的最后一道防线。"马骏称。

盛松成认为，当前我国货币政策调控正在由数量型向价格型转变，贸然实行财政赤字货币化，容易引发市场信号混乱、价格扭曲、货币超发、财政失衡，埋下系统性风险的隐患。

2020年5月17日

分享链接

# 中央财政掏钱助西部追上东部！
# 高层文件 400 字作出详细部署

10 年之后，中央再度发文支持推进西部大开发，自然离不开中央财政掏钱。

5 月 17 日，《中共中央 国务院关于新时代推进西部大开发形成新格局的指导意见》（下称《意见》）发布。在这份万字的文件中，财税支持内容不到 400 字，但却是含金量最高的内容之一。比如总规模高达 7.5 万亿元的中央财政转移支付，将继续加力往西部倾斜；西部鼓励类企业 15% 所得税优惠政策继续延长 10 年等。

多位财税专家对第一财经记者分析，之前行之有效的财税支持政策此次基本延续，但新时代推进西部大开发形成新格局，比如以"一带一路"为引领来加大西部的开放力度，也出台或优化了财税支持政策。财税支持政策将推动西部地区 2035 年基本实现社会主义现代化。

### 中央资金聚焦西部关键地区

根据《意见》，到 2035 年，西部地区基本实现社会主义现代化，基本公共服务、基础设施通达程度、人民生活水平与东部地区大体相当。

目前，西部地区财力相对薄弱，发展不平衡、不充分问题突出，15 年内赶上东部地区，自然离不开中央财政的资金支持。

中国政法大学施正文教授告诉第一财经记者，财税是支持西部大开发的重点，《意见》提到的一系列支持政策中，财税支持居首位。要达到与东部地区大体相当的基本公共服务，就离不开中央财政的支持。

根据《意见》，中央财政在一般性转移支付和各领域专项转移支付分配中，继续通过加大资金分配系数、提高补助标准或降低地方财政投入比例等方式，对西部地区实行差别化补助，加大倾斜支持力度。

中央对地方转移支付的八成资金投向了中西部地区，其中，西部地区又占了其中一半左右。2019年，中央对地方转移支付资金的总规模约7.54万亿元，四川等西部省份获得较大额度。

施正文表示，中央通过转移支付来"抽肥补瘦"，支持西部等欠发达地区发展，推动基本公共服务均等化。目前，中央对地方转移支付多数采取因素法来测算金额，《意见》提到的加大资金分配系数、提高补助标准，实际就是加大对西部转移支付资金的倾斜力度。

西北政法大学席晓娟副教授也表示，西部地区各省份的经济发展水平存在差异性，为使财政资金效用最大化，通过加大资金分配系数、提高补助标准或降低地方财政投入比例等方式，对西部地区实行差别化补助，能够加大对西部地区老少边穷省份的转移支付倾斜支持力度，确保财政转移资金落到实处并发挥实效。

为支持西部筑牢国家生态安全屏障，《意见》提出，考虑重点生态功能区占西部地区比例较大的实际，继续加大中央财政对重点生态功能区的转移支付力度，完善资金测算分配办法。

对外经济贸易大学财政税务学系李明教授对第一财经记者分析，中央支持西部的财政资金使用方式在谋求新变化，例如加大生态功能区转移支付、推动区域枢纽城市国际化等。这与以往静态平衡发展思路有所不同，体现了资金聚焦关键地区、关键领域和关键环节。

另外，《意见》明确，对设在西部地区的鼓励类产业企业所得税优惠等政策到期后继续执行。财税部门近期明确，将今年年底到期的西部地区的国家鼓励类产业企业减按15%税率征收企业所得税优惠政策，延长至2030年12月31日，并放宽了标准，将鼓励类产业占营收的比重从70%降至60%。

"可预期的税收优惠政策，能够稳定现有投资者对西部地区鼓励类产业企业的投资意向及投资规模，并通过税收优惠吸引发达地区的潜在投资者，增加西部地区地方政府税源及税收收入。而且降低所得税优惠申报条件，有利于扩大受惠范围，增强企业的获得感。"席晓娟说。

辽宁大学地方财政研究院院长王振宇告诉第一财经记者，虽然上述基本都是以前的老政策，但赋予了新内涵，政策含金量在提高。同时也有一些新提法和新突破，比如加大地方政府债券对基础设施建设的支持力度等。总的来看，支持西部大开发财税政策较好体现了连续性、稳定性。

### 支持发债、开放

《意见》提出,考虑西部地区普遍财力较为薄弱的实际,加大地方政府债券对基础设施建设的支持力度,将中央财政一般性转移支付收入纳入地方政府财政承受能力计算范畴。

目前,地方政府投入基础设施建设的资金主要来自发行政府债券,而发债额度由财政部分配至各省份,财政实力强、债务风险低的地方能获得更多的额度,而财力薄弱的西部地区非常依赖中央财政的转移支付,甚至不少地方一半以上的收入都来自中央。但这部分中央一般性转移支付此前不算作地方财力。

"现在将中央财政一般性转移支付收入纳入地方政府财政承受能力计算范畴,意味着地方财政收入规模扩大,举债空间提升,地方可以获得更多的发债额度,有利于支持西部地区的基础设施建设。"王振宇说。

此次《意见》还有一个重大部署,即要求西部地区积极参与和融入"一带一路"建设,强化开放大通道建设,构建内陆多层次开放平台,发展高水平开放型经济。相关财税支持政策也与之配套,即赋予西部地区具备条件且有需求的海关特殊监管区域内企业增值税一般纳税人资格。

施正文告诉第一财经记者,海关特殊监管区内的企业获得增值税一般纳税人资格后,就可在向中国境内综合保税区外企业销售产品时,直接开具增值税专用发票,对方可以拿来扣税。而且综合保税区内企业在向境内区外企业购买原材料或者承接区外委托加工业务时,可以向对方索取增值税专用发票,用来扣税。这有利于减轻企业负担,吸引企业入驻海关特殊监管区,推动西部更高水平的开放。

席晓娟也表示,赋予海关特殊监管区域内企业增值税一般纳税人资格,能够解决区内企业国内增值税不能抵扣的问题,降低企业成本,促进进出口贸易增长。同时,还可以支持企业充分利用国内外两种资源开展业务,推动加工贸易转型升级,逐步实现进出口贸易多元化发展。

2020 年 5 月 18 日

分享链接

# 海南自贸港重构税收制度：减税负，简税制，不当"避税天堂"

"减税力度很大，政策创新很多，可以说为建成高水平自贸港，海南税收制度将重构。"

在看到《海南自由贸易港建设总体方案》（下称《方案》）中的涉税政策后，中国政法大学施正文教授对第一财经评价说。

根据《方案》，在满足相关条件下，海南最终将实现零关税，这低于当前中国总体7.5%的关税总水平；企业所得税税率从25%降至15%，个人所得税最高边际税率从45%降至15%；增值税、消费税、车辆购置税、城市维护建设税及教育费附加等税费将被简并为销售税，在货物和服务零售环节征收。

为防止实质上的海南"税收洼地"沦为内地部分企业的"避税天堂"，《方案》要求，税收管理部门强化对偷漏税风险的识别，防范税基侵蚀和利润转移，避免成为"避税天堂"。

"这主要是为了防止一些企业在海南设立空壳公司，滥用税收优惠从而侵蚀内地税收利益，扰乱我国正常的税收秩序。"施正文说。

## 零关税确立

自贸港的一大特征是贸易投资高度自由化、便利化，而关税阻碍了贸易投资自由化、便利化。因此，国际上自贸港基本都采用零关税政策。海南自贸港也不例外。

根据《方案》，海南自贸港确立了货物贸易实行以零关税为基本特征的自由化、便利化制度安排。

具体分两步走：在全岛封关运作前，对部分进口商品免征进口关税、进口环节增值税和消费税。在全岛封关运作、简并税制后，对进口征税商品目录以外、允许海南自由贸易港进口的商品，免征进口关税。

施正文表示，海南自贸港属于境内关外，即在我国国境范围内，但在海关管理关卡之外。因此，除了海南自贸港确定的进口征税商品目录外，国外货物进入自贸港免征进口关税。其实，绝大部分商品都将免征关税，但像烟草、酒类等不被鼓励的消费品及污染环境的商品，会列入征税目录。

不仅免征关税，根据《方案》，2025年前对符合条件的企业进口自用生产设备、进口营运用交通工具及游艇、进口生产原辅料以及岛内居民购买的进境商品，还免征进口环节增值税和消费税。

施正文表示，海南相当于单独关税区，从关税方面可以理解为在我国境外，因此，当海南自贸港货物进入内地，相当于入关，就需要依法征收关税以及进口环节增值税、消费税。

有市场人士认为，海南全岛封关后，《方案》只提及免征进口关税，并未提及是否免征进口环节增值税、消费税，有可能进口环节增值税和消费税也将被免征。

施正文认为，这样做的可能性并不大。因为进口环节增值税、消费税是按照消费地课税原则，商品在哪里消费，税就在哪里征。而且不征收的话地方财政也可能难以承受减收损失。

### 企业和个人所得税均降至15%

海南自贸港要与国际上成熟自贸港竞争，必须保持较低税负，来吸引企业、人才入驻。目前，我国企业所得税标准税率为25%，综合所得个税采取七档超额累进税率，最高边际税率为45%。因此，给予企业和个人所得税低税率成为海南税制改革的一大原则。

《方案》对此也采取两步走：在企业所得税方面，2025年以前，对注册在海南自由贸易港并实质性运营的鼓励类产业企业，减按15%征收企业所得税。2035年以前，对注册在海南自由贸易港并实质性运营的企业（负面清单行业除外），减按15%征收企业所得税。

普华永道中国税收政策服务主管合伙人马龙告诉第一财经，海南自贸港的鼓励类行业清单可能大致会参考现行的鼓励类目录的一些内容，如《产业结构调整指导目录》中的鼓励类产业、《鼓励外商投资产业目录》等，同时再结合海南省的特点和定位，着重发展旅游业、现代服务业和高新技术产业等。

《方案》明确，对旅游业、现代服务业、高新技术产业企业，其2025年前新增境外直接投资取得的所得，免征企业所得税。

## 十二、财税益侃

马龙认为,这也是所得税优惠政策的一大亮点,是对现行的企业所得税法下中国居民企业需就全球收入征税制度的突破。

在个人所得税方面,2025年以前,对在海南自由贸易港工作的高端人才和紧缺人才,其个人所得税实际税负超过15%的部分,予以免征。2035年以前,对一个纳税年度内在海南自由贸易港累计居住满183天的个人,其取得来源于海南自由贸易港范围内的综合所得和经营所得,按照3%、10%、15%三档超额累进税率征收个人所得税。

施正文表示,企业所得税和个税减税力度都很大。具体实施上,所得税优惠受惠范围越来越大,比如企业所得税优惠前期仅限于鼓励类企业,与西部大开发鼓励类15%所得税优惠政策类似,但后期则扩展到负面清单行业外的所有企业。个税也从前期的聚焦高端、紧缺人才拓展至普通居民,而且从综合所得扩至包括经营所得(最高边际税率为35%)。

马龙表示,海南自贸港的15%个税优惠应该比2019年出台的大湾区个人所得税优惠更进一步,大湾区个人所得税优惠是面向境外高端人才和紧缺人才,采取"先征后补贴"的方式。而《方案》规定,对在海南自由贸易港工作的高端人才和紧缺人才,其个人所得税实际税负超过15%的部分,予以免征。《方案》并没有规定必须是境外人才才能享受15%的个税优惠,而且15%个税优惠的实现方式是超过部分直接"免征",而不需通过先征后补帖的方式。如果《方案》的这一优惠落地,将成为海南吸引高端人才和紧缺人才的强有力举措,对境内外相关人士都有吸引力。

"这些税收政策围绕贸易投资自由化、便利化,推动资金、人员等各类要素便捷高效地流动,形成早期收获,也有利于海南吸引一批相关行业的集团总部,再去海外投资。"马龙说。

### 多税种简并为销售税

外国自贸港税收制度的一大特征是税种相对较少,便于遵从。我国现行税种有18个,因此,海南自贸港探索简化税制,降低间接税比例,实现税种结构简单科学、税制要素充分优化、税负水平明显降低、收入归属清晰、财政收支大体均衡。

为此,《方案》明确,在全岛封关运作的同时,依法将现行增值税、消费税、车辆购置税、城市维护建设税及教育费附加等税费进行简并,启动在货物和服务零售环节征收销售税相关工作。而且销售税及其他国内税种收入作为地方收入。

"这是对现行税制的一种再造和重构,意义重大。增值税等税费某种程度上存在重复征税,实际税负承担是消费者。未来将其合并为销售税,征管更为简便,市场主体负担也会降低。而且在消费端征税,有利于改变政府此前重投资轻消费的状况,更加注重改善营商环境,为市场创造公平的竞争环境。"施正文说。

普华永道中国间接税主管合伙人李军对第一财经分析,为提高企业的纳税便利度,打造更加优质的纳税营商环境,海南将对增值税等税费进行简并。这些税费均与货物或服务的销售额直接相关,均以销售额作为基数进行计算。在目前的征管体系下,这些税种需要单独计算、单独申报。如果以销售额为基数进行合并计算、合并申报,将有利于简化申报缴税流程、减轻企业负担,也会提高税款征收的效率和质量。

未来内地是否也会采取相同的简并税种改革?

多位财税专家告诉第一财经,目前增值税等合并改征销售税这一特殊政策,只会用在自贸港这一特殊区域,相当一段时间内不大可能复制到内地。如果海南这项改革试验非常成功,也不排除复制到内地。

另外,《方案》还将授权海南根据自由贸易港发展的需要,自主减征、免征、缓征除具有生态补偿性质外的政府性基金,自主设立涉企行政事业性收费项目。

### 防止成为"避税天堂"

力度空前的税费优惠政策,让未来海南企业及个人税负低于内地。如何防止一些企业钻政策空子,造成税基侵蚀和利润转移,是有关方面需要预先考虑到的问题。

《方案》要求,税收管理部门按实质经济活动所在地和价值创造地原则对纳税行为进行评估和预警,制定简明易行的实质经营地、所在地居住判定标准,强化对偷漏税风险的识别,防范税基侵蚀和利润转移,避免成为"避税天堂"。

在前述15%企业所得税优惠政策享用条件中,《方案》也强调了企业必须注册在海南自由贸易港,并实质性运营。

马龙认为，15%企业所得税和15%个人所得税优惠政策，旨在吸引企业在海南自由贸易港当地进行切实的投资并进行实质性运营，同时也增加当地就业，吸引人才，这样才能对当地经济有实质性的贡献。为了避免没有实地经营的纯注册型企业，或者通过不真实的雇佣关系以获得税收优惠的现象，《方案》要求税收管理部门按照实质经济活动所在地和价值创造地原则对纳税行为进行评估和预警，通过实质经营地、所在地居住判定标准，打击偷漏税行为。这与中国近年来一直积极参与国际税收征管合作、加强防范税基侵蚀和利润转移的做法是一致的。

另外，《方案》还明确，积极参与国际税收征管合作，加强涉税情报信息共享。加强税务领域信用分类服务和管理，依法依规对违法失信企业和个人采取相应措施。

北京国家会计学院李旭红教授告诉第一财经，我国应积极融入国际税收规则，加强涉税情报交换，防范税基侵蚀和利润转移，促进海南自贸港在核心业务上做实做强，避免成为世界各国税收套利的区域。

国家发改委主任何立峰撰文表示，海南自由贸易港建设过程中，在部分行业和领域出现一定风险是正常的，但不能出现重大风险，更不能陷入"一放就乱、一乱就收、一管就死"的怪圈。"管"的能力和"放"的空间是成正比的。要在实施重大政策之前，开展风险评估和压力测试，及时查堵监管漏洞，扎紧制度"篱笆"。

海南特殊的税收制度建立并非一蹴而就，而是按照海南自由贸易港建设的不同阶段，分步骤实施零关税、低税率、简税制的安排，最终形成具有国际竞争力的税收制度。

何立峰表示，在改革过程中，要把握好改革、发展、稳定的关系，坚持"先立后破、不立不破"。在新的法律法规和制度规则没有出台前，原有的要继续执行，避免出现空档期，确保改革有条不紊、工作平稳有序。

2020年6月2日

分享链接

# 税收立法关键年：两部新法基本确定，房地产税法暂缓

近些年税收立法快马加鞭，目前中国18个税种中已经有9个税种完成了立法，其他税种有不同程度的进展。但今年时间已过半，要实现"力争2020年前完成税收立法工作"这一目标虽几无可能，但依然是立法工作中的重中之重。

6月20日，全国人大常委会公开了2020年度立法工作计划，8月份将再次审议城市维护建设税法和契税法。多位财税法专家告诉第一财经记者，不出意外这两部法律将获得通过。

另外，全国人大常委会还将对列入2019年度立法工作计划、尚未提请审议的立法项目，立法条件成熟的，适时安排审议。专家分析，印花税法、土地增值税法两部法律最有可能上会初审，而备受关注的房地产税法、增值税法等今年不可能上会审议。

**城建税和契税两部法律有望通过**

中国曾有15个税种是以国务院制定的有关暂行条例规定来征收税款的。税收是财政收入的基本形式，收入取之于民、用之于民，税种的设立、税款的征收、收入的使用直接关系纳税人的切身利益，应由立法机关以法律的形式予以规范。

因此，2015年修改后的立法法明确，税种的设立、税率的确定和税收征收管理等税收基本制度只能制定法律，即税收法定。为落实税收法定原则，全国人大常委会提出，将力争在2020年前完成税收法定任务，将税收暂行条例上升为法律或者废止。

经过5年多的时间，目前环境保护税、烟叶税、船舶吨税、耕地占用税、车辆购置税、资源税6个税种完成了立法工作。加上2015年以前就以法律形

式存在的企业所得税、个人所得税和车船税，截至目前我国已经有9部税收法律。

不过，"今年疫情防控对立法工作带来影响，全国"两会"也因此推迟召开。综合考虑疫情影响、经济增长放缓和'六稳''六保'工作实施等，为了确保经济社会稳定发展，应该说原定的税收立法进程有所放缓。"上海交通大学财税法研究中心副主任王桦宇告诉第一财经记者。

税收立法工作依然在积极推进。全国人大常委会将在8月份对城市维护建设税法和契税法进行二审。

中国法学会财税法学研究会会长刘剑文对第一财经记者分析，这两个税种小，且立法条件成熟，今年很可能获得通过。

中国政法大学财税法研究中心主任施正文也认为，这两部税法基本是平移此前的国务院暂行条例，8月审议获得通过应该没问题。

### 房地产税法、增值税法等或不会初审

上述立法工作计划还表示将适时初次审议条件成熟的立法税种。

除了上述两部税法极有可能完成立法进程外，目前还未完成税收法定的税种有8个，其中，印花税、土地增值税、增值税和消费税已经对外公开征求意见，关税、房产税、城镇土地使用税和房地产税尚未对外公开征求意见。专家普遍认为，房地产税将替代房产税和城镇土地使用税。因此，实际上需要完成税收立法的税种有6个，即印花税、土地增值税、增值税、消费税、关税和房地产税。

施正文表示，从目前完成税收立法的税种来看，一个基本特点是税种较小、收入不高，且基本都是将现行暂行条例平移上升至法律，改革难度小，容易完成立法。因此，从税收立法先易后难的原则来看，印花税法和土地增值税法、消费税法可能会优先列入全国人大常委会的初审目录。

王桦宇分析，尚不完全成熟或者对经济社会有一定影响的税种会适时推进。比如房地产税法、增值税法、消费税法和关税法，涉及税率调整、税制结构、对外开放和房地产市场等方面，部分影响也许没那么大，但会对市场预期造成一定波动，从求"稳"的角度考虑，可能会适度暂缓。

刘剑文表示，房地产税法、增值税法、消费税法、关税法是这轮税收立法工作中的重中之重，立法难度大，影响面广，今年提交全国人大常委会初审时机不成熟，需要考虑周密后再推进。

"今年形势下房地产税法肯定不会提交人大常委会审议。第一大税种增值税立法较为复杂，一个小条款变动的影响面都会很广，因此，官方还在征求各方意见，修改完善。今年可能力争在年底前把增值税法、消费税法和关税法草案提交全国人大常委会，但不是提交审议。这为推动下一步税收立法工作打好坚实基础。"施正文说。

**高质量推进税收立法**

刘剑文发现，近些年立法动向从关注数量向关注质量转变，强调立法可操作性，因为只有良法才能善治。

"目前的税收立法比较注重速度，在质量上还有较大的提升空间。在高质量发展的导向下，税收立法不能只是简单地将行政法规改个名字，需要在观念上作出改变，对税制进行根本性变革。"刘剑文说。

王桦宇表示，由于疫情及其综合衍生的影响，税收法定的进程受到了一定影响，但应该是阶段性的，等到经济社会发展恢复到相对稳定的程度，相关立法应该会继续推进。

"目前，增值税法、消费税法、关税法这些立法争议不是太大，应该会更快推进。税收征收管理法（修订）和房地产税法可能要稍微晚一点，等实体税种立法（修改）基本完成和经济社会发展相对较为平稳时适时推出的可能性更大。"王桦宇说。

施正文表示，即使一些税法今年不提交全国人大常委会审议，也应该做好法律草案设计、征求意见、调研论证等工作，为下一步税法审议打好基础，力争早日完成全面落实税收法定原则的改革任务。

多位财税法专家认为，新一轮税制改革之后我国的税制体系基本成熟定型，税收实体法法律层级的整体提升有望实现，制定一部统领税法体系、规定税法领域基本问题的《税法总则》的立法时机已经成熟。

"制定单行立法仅仅是落实税收法定原则的第一步，要将税收法定原则贯

## 十二、财税益侃

穿于财税法律制定和实施的全过程、从形式正义走向实质公正,还需要统筹我国税收领域的法律规范,尽快制定《税法总则》。《税法总则》的法律定位应当是税法领域的'母法'或者'准宪法',对于落实税收法定原则意义重大。"刘剑文说。

2020 年 6 月 21 日

分享链接

# 《预算法实施条例》历时5年终于落地,国库管理权究竟归谁?

迟到的《预算法实施条例》近期终于落地,这是有着"经济宪法"之称的预算法最为重要的配套文件,事关四五十万亿元的财政资金管理,备受外界关注。

导致《预算法实施条例》滞后于《预算法》近6年才出台的原因较为复杂,其中之一就是财政部门与中国人民银行及分支机构在国库管理权的界定。

多位财税专家对第一财经分析,从最终的《预算法》及《实施条例》来看,财政部门依然在国库管理权上起着主导作用,享有库款支配权,具体国库业务对财政部门负责。而央行及分支机构也得以保留"经理"国库业务,而非"代理"。几经博弈难以达成新的共识之后,两部门维持了国库管理的现行做法。由于《实施条例》并未阐明"经理"含义,双方对这一词的理解有所不同。

**央行守住国库"经理"权**

国库是国家金库的简称,是办理预算收入的收纳、划分、留解、退付和库款支拨的专门机构。政府的全部收入都需要上缴到国库,2019年全国各级国库共办理公共预算收支高达43万亿元。现代国库并非传统意义上的实物仓库,堆放大量现金等,而是各级财政部门在银行开设了国库单一账户,财政资金以数字形式存放在账户里,并通过专门的计算机系统记载与核算。

中央财经大学政府预算研究中心主任王雍君告诉第一财经,国库管理中有三大权力:一是管钱,这体现在金额庞大、运作频繁的现金收付上;二是管账,这涉及政府和预算单位的银行账户设置、调整和变更等;三是管投资,即国库库底资金的投资。可以说,国库管理中的实质性权力甚至比预算权力还要大得多,因此特别"诱人"。

与大多数国家一样,我国的国库采取委托国库制,即委托中央银行履行

## 十二、财税益侃

国库职能,这也被称为人民银行代理国库制。中国人民银行根据"一级财政设立一级国库"的原则,建立了中央、省、市、县(区)、乡(镇)五级国库组织机构体系。

1985年,国务院颁布的《国家金库条例》明确规定:"人民银行具体经理国库",实现了人民银行代理国库制到经理国库制的转变。

央行从国库"代理"转向"经理"到底有哪些具体变化?根据多位央行官员的解释,"代理"只是办理国库业务,而"经理"在办理国库业务的基础上,新增了监督管理的含义,即监督财政、征收机关和商业银行等与国库收支相关的业务行为,可以办理;对违法违规的业务行为,也可以拒绝办理。另外,"经理"也有国库现金经营管理的涵义。

但财政部门显然不这么认为。

一位财税专家告诉第一财经,央行认为如果国库管理完全听从财政部门的意见,一些不妥当且有损公众利益的行为由谁来监管?因此,央行坚持"经理"国库,对财政部门相关行为进行监督和约束。而财政部门认为,央行坚持"经理"国库不服从财政部的规定,不符合现代预算制度要求,形成内耗,影响预算执行的效率。

实践中,随着国库集中支付制度等的推进,财政资金支付已不再由人民银行直接办理,而是先由财政部门(直接支付)或预算单位(授权支付)向具备资格的代理银行直接下达支付指令,由代理银行先行支付,每日日终,再由代理银行汇总支付额,向央行国库进行汇总清算。央行的监督职能主要是在与代理银行的清算环节中,对其合规性进行审查。

因此,一些财政人士认为,央行监督无法直接介入预算的执行过程,更不可能对所支付的财政资金进行逐笔动态审核,为了提高资金拨付的效率,可以让代理银行直接把关。

双方对于国库"经理""代理"的不同看法,也可以从这一轮财政部负责起草的《预算法》及《实施条例》修订中看出。

为了适应新形势,2011年《预算法》开始启动修订。在当时的《预算法修正案(草案)》前三版送审稿中,删除了"中央国库业务由中国人民银行经理"的规定,这其实就是将"央行经理国库"改回"央行代理国库"。

王雍君表示,国库代理制下,国库管理由财政部主导,央行权责相对较小,需听从财政部,财政与央行是委托代理关系。而国库经理制下,央行与财政部是平行的合作关系，央行的权责相对较大。

2014年，时任央行国库局局长刘贵生表示，《预算法》修订中，央行经理国库这一制度安排受到了前所未有的"强烈冲击"。

博弈之下，最终财政部与央行在国库管理权上作出妥协与让步。2014年获得通过的《预算法》恢复了"中央国库业务由中国人民银行经理"的规定。但同时也强调了"各级国库库款的支配权属于本级政府财政部门"，并允许"依法设立财政专户"。

**"经理"的定义依然不清**

这一争议并未随着《预算法》的出台而停止。为配合修订后的新《预算法》，《预算法实施条例》也启动了修订，如何界定"经理"这一概念成为一大焦点。

2015年，财政部起草的《预算法实施条例》修订草案征求意见稿对外公布，这一意见稿比较详细地界定了财政部与央行在国库管理的职责。不过部分专家学者认为，相关内容明显偏向财政部。

不久后，央行旗下媒体发表部分学者的观点，认为该意见稿违反了《预算法》中对央行经理国库的规定，指出了一条国库工作对财政负责的歧路。财政部旗下的媒体也发表学者的观点，支持意见稿的相关内容，双方就"经理"的定义开展了一场大论战。

最终，根据近期公布的《预算法实施条例》，此前征求意见稿中双方职责的详细内容被删掉。

中国政法大学财税法研究主任施正文告诉第一财经，财政部和央行对国库"经理"一词有不同的理解，《预算法》没有定义什么是经理，外界本希望能在《实施条例》中予以明确，但最终《实施条例》也没有明确"经理"的定义。这说明有关各方对国库经理的职责定位并未达成一致意见，国库管理两家基本维持现状，今后将根据预算管理改革进程再逐步调整完善。

中国财政科学研究院研究员王泽彩也认为，从《实施条例》来看，国库管理上财政部与央行的职责基本维持现状。

"《预算法实施条例》继续坚持了国库业务由人民银行经理的原则，但必须强调的是，国库业务是由财政部下达支付指令，各级人民银行经办、办理，而不是经营管理。"王泽彩告诉第一财经。

## 十二、财税益侃

上述财税专家表示,从《预算法实施条例》的内容来看,"经理"的实际含义是国库管理中,央行执行财政部门的指令,具体办理业务,央行在国库业务上需要接受财政部门的指导和监督,不能自作主张,进行决策。在国库业务上,财政部门占主导。央行需依照财政部门的指令具体办理国库的所有业务。

"这一定位旨在行政部门内部建立统一集中的核心预算管理机构,高效率地执行人大的财政预算决策。如果行政部门内部出现多个执行领导机构,必然造成预算执行中的内耗,影响预算执行效率。"这位专家说。

施正文认为,为了保障国库资金安全,国库管理应该适当予以分工,以体现相互制约、相互协调的机制。如果没有分工制约和协调机制,财政资金支出的透明度可能会受损。因此,赋予央行国库适当的执行职责,有利于保障国库资金的安全运行。

央行副行长范一飞近日撰文表示,随着财税体制改革的不断推进和国库信息化的持续发展,央行经理国库业务与财政、税务、海关等部门的联系不断加深,人民银行国库部门能否顺利履职有赖于这些部门的支持和配合。因此,要正确处理央行国库与外部单位的工作关系,营造良好的外部履职环境。

他表示,一方面,要坚持和完善中央银行经理国库制度,发挥好央行与相关部门之间既分工合作又相互制衡的作用,确保国库资金安全、合规、高效运行。另一方面,在坚持法定制度的框架下,根据业务需要和形势发展,及时完善国库规章制度,既包容支持各类新业务、新业态、新模式,又注重加强风险识别与管控,增强制度供给的有效性、及时性和系统性。

2020 年 9 月 1 日

分享链接

# 个税改革两周年：超 1 亿人免缴，中产将成下阶段受益者？

"十一"将至，这意味着中国史上力度最大的个人所得税（下称个税）改革已启动近两年。这两年时间里，改革最终惠及 2.5 亿人，实现减税超 5 600 亿元，其中，超过 1 亿人不用再缴纳个税。

这一轮个税改革效果如何？下一步是否还会出台新的减税举措？

**减税超预期**

为了减轻老百姓的个人所得税税负，健全个税税制，2018 年 10 月 1 日，中国启动了历史上第七次个税改革。

其中，外界最关注的减税举措包括个税起征点（基本费用扣除标准）从 3 500 元/月提至 5 000 元/月；三档低税率级距大幅扩大，实质上降低税率；引入子女教育、住房贷款利息或租金、赡养老人等 6 项专项附加扣除，相当于起征点进一步提高。

在上海工作月入近 2 万元的小玲告诉第一财经记者，这次个税改革前，自己一个月纳税接近 3 000 元，改革后每个月少缴近一半的税，一个月收入多了差不多 1 500 元，很开心，这样可以多买点东西。

"这次个税改革的减税效果十分明显，尤其是明显降低了中低收入者个税税负，增加居民收入，一定程度上也提振了消费。"中国政法大学施正文教授告诉第一财经。

根据财税部门的数据，2018 年至 2019 年年底，个税减税总规模约为 5 604 亿元，2.5 亿人因此受益，其中，约 1.2 亿人无需再缴纳工薪所得个税。财政部甚至表示，2019 年个税减税规模超出预期。

中国财政科学研究院研究员梁季告诉第一财经记者，5 600 亿元减税规模占 2019 年全年个税收入的比重超过 50%，总的减税规模大。个税改革惠及 2.5 亿人，占 2018 年全部就业人口的比重超过 30%，受益面广。而且这轮改革主要是中低收入者受益，相较而言，中低收入者的边际消费倾向更高，相应个税减税对经济拉动的效果更好。

除了减税外，个税税制也有了大幅调整。个税改革前，我国采取分类个税体制，针对不同的所得采取不同的征税方式。此次个税改革首次将工资薪金、劳务报酬、稿酬和特许权使用费四项收入合并为综合所得，采取统一的税率来纳税。这一举措使得个税从分类税制迈向了综合与分类相结合的个税体制。

施正文表示，目前国际上主要国家的个税税制均采取综合征税模式，因为它更加公平，体现了量能课税原则，也能在一定程度上避免逃税避税。由于考虑征管能力，目前我国对上述四项劳动报酬收入合并综合课税，从最终实施效果来看还是成功的，兼顾了公平和效率。

梁季表示，引入综合计税方式是本次个税改革最大的亮点之一，是0到1的质的变化，再加之6项专项附加制度，充分体现了个人所得税的量能课税原则，体现公平的改革理念。

与按年综合计税相适应的是，税收征管模式也出现重大变化。

以往个税都是由单位代扣代缴，纳税人很少直接与税务机关打交道。采取按年综合所得计税方式后，就存在部分纳税人上一年度多缴税或者少缴税情形。因此，今年上半年我国首次启动个税汇算清缴，纳税人需要按年度汇总所有收入来重新计税，多退少补。

施正文认为，个税汇算清缴是我国自然人纳税人第一次直接向税务机关缴纳个税，目前来看非常成功。这得益于在制度设计上减少了补税或退税人群，以及纳税人直接申报的情形。比如年收入12万元以下或者补税金额不超过400元可以免申报，不用汇算清缴；单位可以代办员工的汇算清缴等。

北京国家会计学院李旭红教授告诉第一财经记者，在个税征管方面，税务部门主要通过大数据及信息化的手段保障了自然人纳税端便捷、准确地完成汇算，体现出我国征管水平的提高及国家治理水平的提高。

另外，2019年以来，国家对包括粤港澳大湾区、上海自贸区临港片区、海南自贸港等地的高端人才或紧缺人才，出台了个税优惠措施，降低相关人才的个税税负。

李旭红表示，人力资本及技术是促进经济高质量发展增长的核心要素，随着海南自贸港的发展以及粤港澳大湾区人才激励政策的陆续出台，该部分地区的高端人才的税负将有所降低,区域性个税特殊优惠政策将有利于吸引各领域的高端人才集聚,人力资本将通过增强科技研发和技术创新水平来改善产业结构,撬动地区经济增长。

**结构性减负是大势所趋**

2018年的个税改革并非终点,反而是我国综合与分类相结合的个税税制改革的第一步。

梁季认为,我国个税仍有很大的完善空间,未来可以重点考虑以下几个方面:个税起征点调整的科学依据如何确定;税率水平以及级距确定,应考虑中等收入群体的扩大;综合所得范围是否能逐步将生产经营所得纳入等;劳动性所得和资本性所得税负如何平衡,企业所得税和个人所得税的协调等问题。

老百姓十分关注个税起征点(5 000元/月)是否进一步提高。此前,财政部副部长程丽华公开表示,5 000元的标准不是固定不变的,今后还将结合深化个人所得税改革以及城镇居民基本消费支出水平的变化情况进行动态调整。

"起征点背后是基本生计扣除的理念,因此,应科学测算基本生计扣除口径和水平,并建立与物价水平相挂钩的自动调整机制。"梁季说。

施正文认为,这一起征点近两年应该不会调整,因为这次改革后低收入人群不需要缴纳个税,即便纳税也很少。但随着老百姓名义收入的增加,个税减税效应将会削弱,未来个税改革要考虑结构性减税。

他表示,从长远来看,我国需要提高直接税比重,作为直接税之一的个税规模逐步扩大是大势所趋,这也有利于发挥个税对收入分配的调节作用。但从个税结构上来看,中产阶层个税负担相对较重,中央提出扩大中等收入群体,未来可以考虑降低这部分人的税负,可以采取扩大中间档的几档税率级距,起到实质性降低税率的效果。

此前,有不少学者认为,与主要国家相比,我国45%个税最高边际税率过高,不利于吸引高端人才,应该降低这一税率。目前,像粤港澳大湾区、海南自贸港等地为了吸引高端人才或紧缺人才,已给予个税优惠政策,确保实际个税税负不超过15%。

施正文表示,目前个税中劳动所得(如综合所得)收入最高适用45%边际税率，适用这一税率的主要是专家学者、科技人员、文化人士和行业能手等知识分子和各类人才。过高的税率将严重打击创新创造的积极性，背离创新型国家发展目标和提高我国文化软实力的目标。他建议，未来可以考虑将个税最高边际税率降至30%—35%，并将经营所得并入综合所得，让税制更加公平。

此外，目前的资本所得个税税率为20%，明显低于劳动所得最高边际税率，而很多高收入人群的主要收入来自股票、股权等资本所得或财产所得。

此前国务院发布的《关于激发重点群体活力带动城乡居民增收的实施意见》提出，平衡劳动所得与资本所得的税负水平，着力促进机会公平，鼓励更多群体通过勤劳和发挥才智致富。

目前我国从股票的取得、出售，到持有期间的股息、红利，股票、债券，几乎享受了全链条的个税税收优惠。有专家建议取消对短期资本利得的税收优惠。

施正文认为，对投机性资本所得应该适当提高个税税率，相反，对长期持有的资本可以适当降低税率，这有助于资本市场更加健康发展。

梁季表示，未来企业所得税和个人所得税的协调问题，应重点解决资本性所得的重复征税问题以及完善合伙企业所得税。

李旭红认为，未来可以进一步优化综合计征与分类计征的计税模式，在条件许可时完善大综合的计税方式。探索以家庭为单位的计征方式。另外，加大对人力资本型人才的税收激励，同时发挥现代征管的优势，提高数字治税的水平，继续落实个税的减税效应，为中低收入人群减税。

2020年9月24日

分享链接

# 财政资金直达机制转向常态化：涉及哪些资金？谁将受益？

中央财政转移支付资金正发生着深刻变革。

为了缓解疫情对经济社会的冲击，中央财政拿出 2 万亿元资金驰援市县基层政府，惠企利民。以前，转移支付资金层层分解下拨，耗时较长，疫情当下为了快速给企业、困难群众纾困，国务院首次创新设立财政资金直达机制，资金快速拨付给市县基层财政，缓解了基层财政困难，支持"六稳""六保"效果明显。

目前财政资金直达机制还只是一项临时应急性举措，但近期召开的国务院常务会议要求，研究将其上升为常态化机制，并扩大直达资金的范围，完善资金管理和监管。

多位财税专家告诉第一财经记者，财政资金直达机制从应急走向常态，将使得基层财政更快拿到中央财政资金，在资金管理和监管同步强化下，资金投向也更为精准，有利于进一步落实中央宏观调控，资金受益人能比之前更快拿到这笔"救命钱"。

## 应急举措常态化的背后

今年年初，新冠肺炎疫情对经济社会造成前所未有的冲击，财政收入大幅下滑，基层财政"保基本民生、保工资、保运转"面临巨大挑战。

为了缓解疫情冲击，纾困企业，中央出台了史上规模最大的 2.5 万亿元减税降费政策，但这对基层政府来说意味着减收。在今年扶贫、民生、偿债等刚性支出压力较大的背景下，基层政府不折不扣地落实减税降费政策存在挑战，欠发达地区的基层政府运转艰难。

出于推动包括减税降费等规模性纾困政策迅速落地，以及保障基层正常运转的考虑，国务院通过创新设立直达机制，将新增的 2 万亿元财政资金快速拨给市县基层政府。往年财政资金层层分解下达平均用时超过 120 天，今

## 十二、财税益侃

年这笔资金预算指标仅 7 天就下达至基层。另外，省级财政只能当"过路财神"，不得截留这笔资金。

这笔 2 万亿元中央财政直达资金中，3 000 亿元用于支持新增的减税降费，由税务部门精准落实，通过财政减收来体现；另外 1.7 万亿元分配至基层市县，用于支持疫情防控、帮扶困难企业、居民、保基层运转以及支持重大项目建设。

财政部的数据显示，截至 9 月底，在实行直达管理的 1.7 万亿元资金中，各地已将 1.566 万亿元下达到资金使用单位，形成实际支出 10 214 亿元，占中央财政已下达地方资金的 61.2%。

中央财政资金直达机制实施仅 5 个月，但让一些人意外的是，10 月 21 日的国务院常务会议提出，要总结今年做法，研究建立常态化的财政资金直达机制。

"财政资金直达机制，本是应对疫情冲击的一个应急性的过渡性机制，实践后资金拨付环节减少，资金使用效益有明显提高，更好地保障了基层财政运行，调控也更加精准，这符合财政体制改革的方向，因此，国务院将这一应急举措常态化。"中国政法大学施正文教授告诉第一财经记者。

南昌市财政局局长万昱原对第一财经记者分析，将资金直达这一财政管理的创新举措用制度机制的方式固定下来，建立常态化的财政资金直达机制，对基层财政来说是保障方式上的重大变革和优化。在建立中央转移支付资金直达基层的"快速通道"、提高资金拨付效率的同时，切实加强对相关资金分配使用的监督管理，有助于基层进一步用快、用准、用好财政资金，提高"六保""六稳"等重点领域的保障水平。同时，在当前地方财政收支矛盾凸显的情况下，也有助于防范和化解基层财政风险。

上述国务院常务会议决定，进一步扩大直达资金的范围，对可直接分配的中央和地方共同财政事权转移支付、具备条件的专项转移支付、县级基本财力保障机制奖补资金等一般性转移支付，可纳入直达机制，基本实现中央财政民生补助资金全覆盖，确保义务教育阶段教师工资等及时足额兑现，更好支持保基层运转。

施正文表示，除了抗疫特别国债之外，今年已经纳入直达资金管理的中央对地方转移支付，明年多数仍会纳入。未来将纳入直达资金管理的，明确具体分担比例的中央与地方共同财政事权转移支付的金额会超过 1 万亿元；其次是地方可以自由支配的涉及民生的一般性转移支付；专项转移支付的规模会相对较小。

根据官方的数据，今年采取直达机制资金以及参照直达机制监控管理的资金累计约为 3.47 万亿元。

一些基层政府披露的今年当地直达资金管理的具体转移支付类别，包括县级基本财力保障机制奖补资金、困难群众救助补助资金、就业补助资金、城乡居民养老保险补助经费、均衡性转移支付、义务教育公用经费、职业技能提升行动资金、革命老区补助资金等。

**机制仍待完善**

今年部分中央财政直达资金用于地方民生等基础设施建设项目，一些财政、审计部门反映了一个较为普遍的问题：资金下拨速度快，但受制于项目前期工作不扎实等因素，出现了"钱等项目"，短期难以真正形成实物工作量，也难以发挥资金的效益。

中国财政科学研究院财政与国家治理研究中心主任赵福昌告诉第一财经记者，直达机制使得资金下拨效率提升，这也进一步要求地方要提前储备好项目，做好项目可行性研究，以免资金下达后因项目准备不足而导致资金闲置。

万昱原认为，应根据实际工作中遇到的情况和问题，进一步完善财政直达资金机制。建议完善资金管理要求，如对抗疫国债建设类项目，可根据工程进度适当延长资金拨付期限等。

"采取直达资金机制后，一些投资项目目前是直接对接到市县级政府的，如果只是疫情纾困资金，其需求的精准匹配还没有问题，按道理说只是改进了预算管理，不影响体制问题，但如果直达资金范围扩大，投资类项目也都对接到基层，一些基层政府可能没有合适的大项目，这会不会导致资金使用碎片化？因此，未来分配直达资金时，需要匹配好规模，在基层政府项目和省级政府重大项目间做好平衡。"赵福昌说。

上述国务院常务会议要求，各地要强化责任，增强直达资金分配使用的科学性、规范性、有效性。

湖南省财政厅曾公开表示，要坚决防止直达资金分配调拨中的"优亲厚友""见事迟、行动慢""一分了之""一拨了之"等不良倾向。

财政部预算司司长李敬辉近期在国新办发布会上表示，下一步财政部将盯紧直达资金使用，加强直达资金监管，强化问题整改落实，并及时评估完善政策。比如，针对地方反映的一些直达资金具体操作问题，财政部已经发文明确，包括允许地方将预计年内难以形成实际支出的直达资金，调剂用于其他具备条件的项目，减少资金闲置沉淀。

为了做好直达资金监控，财政部在扶贫资金动态监控平台上，搭建了中央财政直达资金监控系统，需要基层财政等人员将直达资金等信息录入到这一系统中。目前有财政、审计部门反馈，一些地方存在录入信息错误的现象。一些基层财政官员反馈，录入工作较为繁琐，需要经常加班加点才能完成。

赵福昌表示，目前资金下拨和监管应该还是两个系统，这两个系统的匹配性还有待提升。未来两个系统如果能够高度一体化，实现同步性，是加快推进预算管理一体化建设的重要意义所在。随着这项改革的深化，不仅资金拨付效率会大大提升，财政治理能力也会大大提升，因为直达资金管理监控体系的完善，能够有效地促进顶层和基层的信息匹配性和时效性，对于上级政府及时了解基层的困难、针对性纾困、做好"三保"、进一步提升其他方面资金管理的效率，都具有重要意义，是现代财政制度和国家治理能力现代化的应有要求。

目前财政部正在加快推动预算管理一体化系统建设，第一批实施省份已经取得了突破性进展，第二批实施省份的建设工作也正在推进。该系统旨在构建现代信息技术条件下"制度+技术"的管理机制，全面提高各级预算管理规范化、标准化和自动化水平。

赵福昌认为，直达资金涉及不同层级政府之间的纵向关系，还涉及政府内部多个部门之间的横向关系，因此，强化资金监管除了上下信息匹配外，还需要部门间加强数据信息互通，数据开放共享，打破信息孤岛。

万昱原建议，构建协调联动机制，加强信息开放共享，实现财政资金拨付和部门管理使用有效衔接，并健全监督问责机制，将有关主管部门和资金使用单位纳入监督考核范围，加大对其使用财政直达资金等工作的督促和约束力度。

"直达资金涉及面广,中央监管存在信息不对称的现象。只有部门间开放数据,发挥各自优势,实现开放共同治理,才能更好地发挥资金的使用效率。"施正文还表示,直达资金多是涉及民生保障的资金,应该进一步加大预算公开的力度,接受社会监督。

2020 年 10 月 29 日

分享链接

## 十三、一佳之言

刘佳 | 第一财经科技主编。长期观察和研究科技领域,融合科技与财经的多元视角,深入报道科技产业的变化、商业故事等。
liujia@yicai.com

# 红包大战能缓解互联网的流量焦虑吗?

一年一度的几十亿大项目——红包大战来了,简单粗暴又满满套路。

集卡已经成了传统保留节目。不过,想要集齐难度系数也不低,下载"全家桶"必不可少。

以去年与春晚合作的百度为例,用户需要集齐10张好运卡,才能在除夕夜瓜分2亿元现金红包。但百度App不是唯一的入口,想要获得更多的抽卡机会,要去好看视频看10秒、七猫小说看30秒、百度贴吧App看帖子10秒、语音搜一下新闻热词、打开度小满金融大礼包,再前往最新的爱奇艺、百度网盘、百度地图等App,更多好运才能扑向你。

抖音上则是金卡和钻卡等着你。首先是集金卡,集齐"发财中国年"五个字的金卡参与平分3亿元红包;集完金卡集钻卡,每集齐一套金卡可以合成一张钻卡,当你集齐"抖音""今日头条""西瓜视频""Faceu激萌""轻颜相机"和"皮皮虾"等6款产品logo的钻卡后,就有了参与平分2亿元红包的资格。而要想领到更多红包雨,下载今日头条、今日头条极速版、抖音、火山小视频、西瓜视频、皮皮虾、Faceu激萌、轻颜8个App一个都不能少。

别以为只要安装"全家桶"就能成功参与几个亿的大项目,运气同样重要,因为总有一张卡像当年的"敬业福"一样千金难求。求"享瘦卡"、求抖音"发"卡……各类求卡信息刷爆微信群的样子,就像小时候永远集不齐小浣熊干脆面里108张水浒卡的我们。

　　除了集卡模式，也有土豪公司直接撒红包。这类属于简单粗暴"送钱"模式，例如各类短视频的红包雨、淘宝清空五万个购物车。不过也有一类红包，想要真正收入囊中并非易事。在快手，只要点开"天天拆红包"就会发现，一个90元以上的随机红包等着你，但它只有达到100元才能提现。其实，玩过拼多多红包的用户一定对此深有感触，因为当你在微信上不断耗费大量的时间、精力和人际关系邀请好友注册，奖励金额无限逼近100元时，你会发现，拉新用户的奖励肉眼可见地变小了，从最初的一两元变成了几角甚至一分。如果这时放弃，沉没成本巨大；如果不放弃，往往要人脉耗尽后方能修成正果提现。

　　不过，当别人家的产品经理还在绞尽脑汁地秀出花式红包玩法时，向企业互联网转型的腾讯已经开始靠卖"皮肤"默默数钱了。今年，企业要想给用户发放自己设计的微信红包皮，一个10元，100个起订。

　　用户抢红包，互联网公司洗用户。

　　眼花缭乱的红包大战背后，有人说，春节是互联网公司突破阈值的最好机遇。利用春晚这个超级流量入口，让用户通过社交关系链为自己的产品引流拉新或是促活，谁也不能例外。

　　2014年春节那场红包大战至今记忆犹新，微信红包对阿里系来了一场"珍珠港偷袭"，实现了海量用户绑卡，打通了社交与支付，扩展了微信的更多场景；希望回敬一场"中途岛海战"的阿里系，支付宝春节集五福也早已深入人心。去年，百度也通过与春晚的合作覆盖了包括手机百度、金融、短视频等业务场景，实现了活跃用户的提升。

　　如果说早年前的春节红包大战是BAT等巨头们在社交关系链和移动支付场景上的"攻防博弈"，那么在人口红利接近尾声而获客成本越来越高的当下，互联网企业要想加速渠道下沉，覆盖更多长尾用户，同时提升存量用户的活跃度，"顶级流量池"春晚成了最好的选择。

　　这一点在短视频领域尤为激烈。按照快手CEO宿华立下的"2020春节前冲刺3亿DAU（日活跃用户）"的目标，与春晚合作独家互动、发放10亿元现金红包无疑是重要一战。而它的竞争对手、日活已达4亿的抖音不甘示弱地喊出了20亿元红包，不愿掉队的微视则拿出10亿元……粗略一算，春晚一夜之间就花完几十亿元。

## 十三、一佳之言

不过,在砸下数十亿元红包吸引了突然激增的海量用户之后,如何留住他们才是重中之重。

去年春晚,4个小时发了9亿元红包的百度,日活从1.6亿冲上了3亿的峰值,但过亿的春晚用户像洪水一样,来了又走了。数据显示,直到去年8月,百度App日活才突破2亿大关。而受大笔投入春晚营销等影响,百度去年第一季度交出一份亏损的财报。

这也是所有红包大战参与者必须考虑的问题:利用春节红包,吸引用户引流到自家的各类产品、App上后,如何进一步获取用户价值,最终实现流量的价值变现,才是真正的考验。

在每一次靠红包消耗用户社交关系的流量裂变背后,用户总有一天会身心俱疲。

不过,钱可是已经真金白银地花出去了。

2020年1月20日

分享链接

# 科技抗疫，为什么区块链却缺位了？

在这场新冠疫情的防控战中，AI、大数据、云计算等技术表现亮眼，但提起区块链，却表现平平。

区块链的特点包括不可篡改、可追溯性、数据公开透明。联系到疫情期间口罩造假、谣言、医疗物资运送透明度等痛点问题，这些看上去本该是区块链最能发挥价值的地方，现实并不尽如人意。

区块链企业自身在疫情之下也遭遇不小的挑战。不久前零壹智库发布的一份针对23家区块链企业的调研报告显示，近七成区块链企业在新冠肺炎疫情期间的业务发展受到一定影响，但已采取相关应对措施；超两成企业表示业务开展未受影响；还有8.7%的企业遭受了较大的负面冲击。影响主要集中在工作进度拖延、固定成本开支较大、与合作机构开展业务受阻等方面。

《区块链革命》的作者唐塔普斯科特（Don Tapscott）所在的区块链研究所曾分析过疫情期间区块链技术的主要应用，包括身份管理、数据共享、供应链管理、推动经济发展和复工复产、判断经营风险以及慈善捐赠等方面。但总体而言，它的表现不算特别抢眼。

究其原因，一定程度上与区块链还处于技术早期阶段有关，也和目前区块链在数字经济中的角色、定位有关。

一种观点是，区块链至今还没有解决"数据孤岛"的问题。中国（上海）自贸区研究院（浦东改革与发展研究院）金融研究室主任刘斌提到，区块链应用缺乏顶层设计，区块链在每个领域都形成了特有的区块链网络，进而再次形成了"数据孤岛"。

过去人们认为区块链可以实现数据共享，但事实上，因为不同的标准、不同主体、不同网络之间与不同的场景构建的区块链应用，并没有实现跨链互通，不同链之间的信息和资产无法互相操作，这影响了区块链发挥作用。

另一方面，无论是公链还是联盟链，资产上链的真实性也是挑战，也就是解决链下真实资产在链上的映射问题。

此外，即使实现了跨链，跨链的可用性与易用性、安全性、拓展性等方面，目前仍有较大的提升空间。

而成为数字经济时代的基础设施，需要建立标准，实现不同网络之间的互联、融合与技术通用，才能真正形成网络效应。产业链环环相扣，区块链与AI、云计算、大数据、5G等信息技术应用有机整合在一起，将最大程度地发挥价值。

对区块链行业来说，新冠肺炎这场"战疫"有危也有机。本周，国家发展改革委正式明确了区块链是"新基建"的基础设施。新基建既是应对疫情冲击的重要手段，也是面向长远构筑数字经济创新发展的基础。

腾讯董事会主席兼首席执行官马化腾认为，今天的区块链有望远离狂热的炒作，从脚踏实地的谷底起步，开始攀爬产业互联网的长坡。

产业区块链被视作国内区块链最大的落地方向。一个典型的例子是，近日各地陆续开出区块链电子发票，非接触的方式降低了聚集性感染可能，提升了工作效率。

区块链何时迎来应用大潮，仍有赖于各个产业领域真正用区块链改造产业底层，实现区块链网络的产品化与平台化。

任何一个新技术落地的过程都伴随着去伪存真的过程。分布式资本合伙人姚镜仪提醒，在政策风口后区块链会产生洗牌效应，太超前于市场的技术不能落地，简单照搬互联网的模式上链会被淘汰。

2020年4月24日

分享链接

# 怒摔杯、抢公章，当当版"庆俞年"没有赢家

就像一部冗长的季播剧，当当版"庆俞年"只有头，不见尾。

尽管已经剑拔弩张到了不惜与对方同归于尽的境地，李国庆和俞渝二人各自为战又有种微妙的默契。例如，俞渝通常下午三点前往公司，于是，李国庆带着董事、董秘、律师、摄像和保安选择了在上午登门"突袭"。李国庆前脚宣布"拿走公章、依法接管当当"，贴上了俞渝七条"罪状"，当当后脚发布了一份没有办法加盖公章的声明，用词是"伙同""抢走"，称已报警。当媒体们拿着当当的声明再去询问李国庆时，他以"接管当当太忙，暂时没时间"婉拒，直到当晚6点，一群媒体被拉进当当网高管电话采访群后不久，李国庆马上把几乎同一群人拉进一个叫作"俞渝不实攻击回应群"里。

遗憾的是，"真理"并未在两个针锋相对的微信群里越辩越明。这边，李国庆说自己获得了小股东支持，拿到当当超过51%的投票权；那边，当当副总裁阚敏说管理层全部支持俞渝。更让外界诧异的是，为什么5个人就能轻易地拿走一家公司的47个公章？李国庆、俞渝还有孩子在当当的真实持股比例究竟是多少？4月24日召开的股东临时大会是否合法合规？

联想到不久前，李国庆爆料说新东方创始人俞敏洪的妈妈曾拎着菜刀从江苏老家杀到公司要求分利，现在看起来，这更像是给自己带人抢走公章做铺垫。

从一年前的春节李国庆赋诗一首离开当当，再到大半年后杯子一摔，摔出了曾经夫妻店当当网背后的恩怨情仇；从家长里短的洗不洗袜子的数落到互揭隐私的撕扯，再到抢走公章，没有正式离婚的二人已经揭开矛盾的核心本质——股权之争。

从枕边人到合伙人，夫妻店是把双刃剑。早年间，这样的治理结构或许抵挡得了来自外界的各种算计，但当企业发展到一定阶段后，感性的亲情、家庭关系与理性的公司治理发生冲突，伴随着所有权不清晰、影响决策和战

## 十三、一佳之言

略等风险，逐渐变成企业发展的阻力。一位投资人对我说，看到"夫妻店"的项目都会比较谨慎，创始人的婚姻状况也成了尽调里的一个隐秘要素。

2010年冬天，纽交所门前李国庆将俞渝拥抱在怀合影留念，是这对曾经"模范夫妻"的高光时刻；9年后，还是这个怀抱，李国庆吹了个了小牛：聊十分钟就可以让"90后""00后"在自己怀里哭泣。还有没有"00后"愿意哭倒在他怀里不得而知，但已经有赴美上市的企业家夫妇不愿在纽交所门口合影了。去年，一家赴纽交所上市的某公司CEO的妻子略带调侃地对笔者说，自己的秘书拿出几张照片千叮咛、万嘱咐：千万不要在纽交所的门口照相。"因为拍了照的好像后来都不太好。"

曾经的商界佳话，走向相反的结局。现在，当当到底是谁的，还需要法律的裁决；抢公章也并非新鲜事，抢得了公章未必抢得了管理权，即使被拿走了，企业还可以挂失补办。但闹剧背后，当当网，这一被李国庆和俞渝争夺的宝贵资产，早已在电商一轮接一轮的竞争大潮中渐失竞争力，面临被边缘化的境地。在第三方机构的数据中，去年当当的市场份额已经不足1%。

早年前，当当就曾因为控制权问题而错失发展的机会。当时的李国庆与俞渝，为了不稀释股权丧失对当当的控制权，在其他竞争对手大力融资的过程中，对融资态度过于保守，先后拒绝了来自亚马逊、腾讯等抛来的橄榄枝，这也被解读为李国庆夫妇的性格决定了当当的发展，错过了做大的机会。

这一次，伴随着二人长达一年的股权争夺持久战，群众们的眼球显然更关注这场如此高调且不顾体面的"庆俞年"第二季又将上演怎样的狗血剧情，至于和阿里巴巴同年成立、已经私有化的当当，未来能否在李国庆或是俞渝的带领下二次崛起，对不起，看上去似乎已经没有太多人关心了。

2020年4月27日

分享链接

# 百度突围直播，能靠 YY 吗？

直播行业唯一不变的就是变化本身。过去一年，有红极一时的失败者黯然离场，有快手、B 站、头条系等新玩家高调入局跃跃欲试，更有巨头主导下的游戏直播"一统江湖"。

近日有消息称，百度收购欢聚集团国内业务 YY 的谈判接近完成，11 月初将官宣并交割。合并后的 YY 客户端将继续保留，内容和技术将同步提供给百度，国内直播团队也将划归百度，但 YY 海外业务不在此次交易的范围内。

双方对此未予置评。目前 YY 市值约 70 亿美元，按照 30 亿美元至 40 亿美元的交易价格来看，这相当于 YY 市值的一半。

看上去，这是一场各取所需的交易。早在 2008 年就推出语音软件的 YY，是直播行业的老玩家。此前，欢聚集团已将旗下游戏直播业务虎牙分拆独立上市，并于今年与斗鱼合并入腾讯系。但受制于流量掣肘，国内 YY 直播已属第二梯队玩家。从国内业务来看，今年第二季度 YY 的营收为 27.8 亿元，较 2019 年四季度的 33.5 亿元减少了 5.7 亿元。伴随着人口红利的消失和疫情影响，国内 YY 的总付费用户数同比下降 2.2% 至 410 万。

类似的情况并非 YY 独有。以同样独立的陌陌为例，今年以来，其营收重心直播业务收入出现下滑，净利润与月活用户也遭遇连续下滑。港股直播第一股映客尽管在今年第二季度扭转了营收下滑的局面，但社交的突围之路难言轻松。

互联网的流量越来越趋向于头部平台。过去，直播行业的一个运行规律是：游戏主播为平台带来流量，但秀场主播能给平台带来收入；秀场直播版权成本较小，粉丝却有着更高的打赏意愿。但随着近年来直播带货的兴起，加上抖音、快手等发力，对包括 YY、映客等在内缺少流量的独立直播平台挑战不小。

相比已经陷入红海厮杀、呈现疲态的国内直播业务，海外市场已经成为欢聚的业务重心和新的增长点。今年第二季度，欢聚旗下海外业务 Bigo Live

已经贡献了直播业务过半的营收。根据第三方移动应用数据分析公司 Sensor Tower 的数据显示，2020 年上半年中国短视频、直播 App 海外收入排名中，欢聚集团旗下的 BIGO 高居榜首，短视频应用 Likee 排名第五。

但出海无坦途，今年 6 月，包括 Bigo 等在内的众多出海应用在印度被禁，长期来看，不同国家的监管政策的限制、本土化等都是出海企业面对的挑战。如果继续剥离国内 YY 业务，意味着欢聚集团将有更充足的"弹药"补给海外市场。

对百度而言，YY 最大的价值或许来自其多年累积的成熟的直播产品体系以及优质的主播资源。假设百度选择自建，难度不小，而引入 YY 的技术、内容和团队，或可补上直播短板，并有望盘活流量。

事实上，百度已在贴吧等产品上探索直播业务。今年 3 月，它还曾与触手直播达成合作，后者独家运营百度旗下的所有游戏直播业务，但不过半年，"队友"触手直播突然停服。

到了今年 5 月，百度 App 上线直播，紧接着百度万象大会为直播业务定调：做以信息和知识为核心的直播。百度 CEO 兼董事长李彦宏更是亲自为直播业务站台。

不过现在看来，百度的直播野心并不限于知识领域。知识直播无疑偏向"阳春白雪"，而 YY 国内直播业务更偏向娱乐，二者具备一定的互补性。

在此前的财报电话会上，李彦宏还曾提及对于直播的看法："直播电商现在已经成为一种趋势，并且我认为它将来还会成为一种重要的商业形式，直播可能会成为和视频、文字一样的重要媒体。"

一位百度高管曾对笔者表示，直播电商行业是一个非常便捷、离钱较近且潜力大的行业。目前电商行业支付、快递、供应链等宏观基础设施已经完全成熟，"哪里有流量、用户，哪里就有消费。"

一个例子是，今年百度图书节的直播带货，一天的订单量就是几十万元，比平时高了十几倍。这也意味着，今天的用户已经不再是买东西一定要上京东、淘宝等电商平台，只要有一个合适的场景，用户都会去消费。在这样的前提下，如果百度真正能够把流量用好，也可为用户提供电商的能力。

此外，直播也可以看作搜索连接的升级，是平行于图文视频的一种内容存在。过去，搜索平台上大量的用户需求，是通过静态的内容和文字来满足的。但对于一些高频问题，比如"宝宝拉肚子怎么办""感情淡了怎么办"

等,上述高管对笔者举例,未来或许有更好的方式告诉用户,比如今晚 8 点半,某专家进行关于儿童健康的直播,主播也可以根据用户的提问了解他们关心的话题。这样来看,直播是比文字和视频更及时、更互动的一种连接方式,搜索也在这种场景下实现了升级。

不过,直播靠的不只是流量,带货要拼主播、拼供应链、拼基本功。抖音、快手早已搅局直播电商平台,知识类直播也涌入入局者,YY 直播偏向娱乐的秀场模式能否顺利转向带货等多元化直播模式仍是未知数。

一位早年间离开 YY 旗下 100 教育的四六级名师,曾对记者提及自己离开的原因之一是,在直播教育课程时,页面上偶尔会有二人转、穿着清凉的美女广告,但老师们则更希望有一个纯净的空间教学。接下来,偏向娱乐秀场模式的 YY 如何与百度主打的知识直播"碰撞",以及与百度 App、好看视频等一系列百度系产品进行联动,有待时间的检验。

2020 年 10 月 28 日

分享链接

十三、一佳之言

# 越投入越亏损，会员涨价能打破视频行业的烧钱僵局吗？

当"双11"的尾款人还在为各种打折优惠的数学题烧脑时，爱奇艺却表示要在"双11"之后涨价了。

11月6日下午，爱奇艺宣布将在11月13日启动对黄金VIP会员、学生VIP会员订阅服务费用的调整，包括连续包月、月卡、连续包季、季卡、连续包年、年卡的价格都有不同程度的上涨。以黄金VIP会员月卡为例，目前的价格是19.8元，即将涨至25元，涨幅约在26%。

对于此次价格上涨，爱奇艺方面回应称是审慎考量了市场环境变化、平台发展需求和创造用户价值等多方面因素，作出了当前价格调整的举措。其他视频网站对于是否跟进涨价一事暂无回应。

在这次涨价之前，爱奇艺、腾讯视频、优酷等主流视频平台推出的基础会员订阅价格，已经持续了9年未变。

9年前，中国的视频行业还没有付费包月买内容的服务，同业也没有可对标的基准。爱奇艺CEO龚宇曾透露，当时用户看电影有盗版DVD，5元钱一张，网络上一个用户平均每月看4部，19.8定价由此而来，并成为视频行业默认的基础月费价格。

事实上，从龚宇在财报会议上铺垫"涨价"，到超前点播、星钻会员等新付费模式的推出，视频行业已经开始围绕改变当前的会员商业体系作出尝试。但如何在追求商业变现的同时平衡好用户体验，仍是长期课题。一个例子是，今年，腾讯视频、爱奇艺两家视频平台针对网剧《庆余年》推出的付费超前点播模式，因为没有很好顾及用户感受进而引发了广泛争议，遭到网友指责。

接下来，会员费的涨价一个最直接的影响，是爱奇艺将在付费会员数量上面临更高的增长挑战，用户多大程度愿意埋单还是未知数。

在涨价的背后，是中国视频行业10年投入10年亏损的残酷现实。作为长视频领域里为数不多摸爬滚打至今的创始人，龚宇带着爱奇艺打过了版权大战，经历了向移动互联网转型，再到视频会员付费模式的探索、亏损上市，但是直到现在，包括爱奇艺在内的行业主流平台还是普遍处于亏损状态。

以爱奇艺近3年的业绩为例，它在2017年、2018年和2019年分别亏损37.36亿元、91亿元、103亿元。最大的成本来自内容。2019财年，内容采购和制作费用高达222亿元。其最大的竞争对手腾讯视频曾在今年年初透露，视频业务的全年营运亏损为30亿元。

从营收构成来看，自2018年第三季度开始，在爆款网剧《延禧攻略》、热门网综《中国新说唱》等的带动下，爱奇艺会员收入第一次超越广告收入，成为公司最大的收入来源，此后这一趋势得以延续；到2019年第三季度，爱奇艺订阅会员营收的占比首次过半，开始支撑起了爱奇艺营收的半壁江山。

不过占据最重要营收的会员收入也面临增长挑战。截至第二季度末，爱奇艺的订阅会员规模达到1.05亿。而在第一季度末，爱奇艺的订阅会员规模为1.19亿。相比之下腾讯视频第二季度付费会员人数为1.12亿，仅比第一季度增加200万。受充满挑战的宏观经济环境影响，广告业务营收下滑是行业不争的事实，付费会员也进入增长平缓的阶段。

高企的内容投入下，营收仍难以覆盖成本，抖音、快手等短视频也在积极争抢用户时间，苦苦追求正向现金流的视频平台要想构建自身发展的正循环，答案指向了高品质的内容创作和可持续商业模式的建立。会员价格成为关键要素之一。

如果对标海外视频流媒体Netflix，2010年以来，Netflix前后涨价5次。2011年7月，奈飞的第一次提价曾导致大量用户流失，股价下跌；此后的奈飞再次提价，导致股价下跌13%；直到2017年提价，股价才一路上扬；2019年的第四次提价，Netflix的取消率上升了，但收入增长加快了；最新一次提价是在今年10月29日，当日股价涨超4%，投资者将涨价视为增强定价能力的信号。

Netflix能够连续涨价的底气，是通过巨额投入成功打造《纸牌屋》《女子监狱》《怪奇物语》等高品质内容，以吸引付费用户，再用付费收益继续投资优质内容，进而反哺用户和行业。

从Netflix的经验来看，用户是否买账的核心在于精品内容的稳定输出。在国内视频行业，可以看到的是，2017年，《白夜追凶》《无证之罪》等高分国产网剧刷屏；今年，《隐秘的角落》等网剧成为爆款，到白玉兰奖入围名单中已经出现多部网剧身影，中国视频平台展现出的品控能力正在逐年提升。

对于已经习惯了9年月费19.8元的视频用户而言，涨价意味着他们接下来将"用脚投票"。未来视频网站如何源源不断地为用户提供不"注水"、高品质的内容才是关键。

2020年11月6日

分享链接

# 十四、宁可直说

宁佳彦｜第一财经科技组副主编。毕业于东北财经大学，获新闻学（经济新闻方向）、金融学双学士学位。从2012年起进入媒体工作，关注科技行业领域的报道，侧重技术对产业的影响。
ningjiayan@yicai.com

## 知识付费迎来跨年窗口：是商业模式还是知识的胜利？

挥别2019年，哪一位的跨年演讲刷屏了你的朋友圈？

罗振宇帮你解析基本盘，吴晓波聊着预见2020的八大预测，丁祖昱评楼市也有年度发布会……

这些跨年演讲向人们兜售一年来明星主讲人（和他的团队）的观察，浓缩了年度热点话题，恰到好处地点到即止，欲知详情可以移步成为会员，堪比一场盛大的知识招商会。

随着知乎、喜马拉雅、蜻蜓、得到等知识付费平台公司的崛起，大众对此已不再陌生。艾媒咨询的数据显示，2018年知识付费用户规模达2.92亿人，预计2019年知识付费用户规模将达3.87亿人。

尽管这个被冠以"贩卖焦虑"的市场创造了多大的利润和营业收入似乎还未见到统计，能撑起一家公司的微信公众号成为情感类、技能类博主课程的销售渠道却是不争的事实。这就好像在他的跨年演讲里，吴晓波问："你们相不相信这件事情？当你们和我一样相信这件事情的时候，中国的商业世界就充满了无数的可能性。"我倒是觉得，这句话点到了知识付费的精髓：只要相信知识付费就可以得到，那么主讲人就可能赚钱。

## 十四、宁可直说

跨年演讲是知识付费的集大成者，也是主讲人的高光时刻——能站在舞台上享受掌声的人都找到了知识和商业的结合点。时间的朋友跨年演讲首创了知识跨年新范式，并开创了跨年演讲这一文化产品类型，打通了电视媒体和网络媒介。一定程度上，它推动了知识服务在大众人群中的普及，也推动了终身学习理念在大众人群中的扩散，以此拓宽知识服务行业的市场空间。不仅如此，还带动了一众在专业领域有着深厚积累的人积极发声。

然而，这是商业模式的胜利还是知识的胜利？

当我晒出时间的朋友邀请函时，有留言求票者，有感叹票价高者，唯有一人留言问如何获取演讲内容。这种随机小范围样本当然不能反映大家对演讲内容的关心程度，但是人们留言的第一反应不禁让我思考，跨年演讲产品品牌的建立和打造意味着什么？

罗振宇在今年的演讲中提到："梁宁老师说：'品牌，就是你愿意和它自拍。'说白了，就是能和用户建立起真实的社会关系互动。你能和多少人建立起真实的社会关系互动，你的品牌就会有多大。"

我是抱着学习如何承办大型活动的目的参加的，发现罗老师是言出必行的。截至2019年12月，得到App的用户数超过3 400万，来参加跨年演讲的人数现场消息是1.2万人。在现场布置上，通往内场的红毯侧方有灯光烘托出求知者的自豪，巨型展板前有摄影师恭候你的造型。在内容上，开篇先肯定了听演讲的诸位是"做事的人"（是躬身入局，把自己放进去，把自己变成解决问题的关键变量），再上升到"我辈"（直面挑战，躬身入局，皆为我辈中人），进而展开你关注过的年度话题嵌入课程销售和对赞助商的必要感谢，配合年终岁尾的自我反思浪潮，就可以让听众在每次PPT上出现人物和金句时一次次按下快门，构建一次跨年窗口迈向新生的仪式感。这是品牌的奥妙：商家在做什么不重要，用户是否获得了自我满足才重要。

我有位可爱的朋友，2019年12月31日在优酷听了罗振宇30分钟跨年演讲，才发现是2018年的内容，他说："从某方面说老罗还是强，演讲内容已经超出了时间的束缚，很多东西不管是两年前听还是两年后听都没啥毛病。"这真的给我上了一堂"什么是品牌"的课。

我肯定在这过程中内容传播的意义，因为形式下需要深厚的内容策划。围绕经济、消费、财富、教育、科技、制造业的基本盘，罗振宇的团队展开了为期近一年的调研，最终形成六份报告。作为媒体人士，我想弄清楚为什么受众选择相信个人强关联的内容而不再是机构。券商的年终策略会、媒体的年会有很多主题相近的内容，比如第一财经数据盛典就呼吁大家"顺流而上"，寻找消费的下一个增长点。为什么机构在把握知识付费的跨年窗口时似乎落了下乘？

"看朋友圈刷屏的几位大咖的跨年演讲，好生感慨：当年贩卖焦虑的是你们，今天告诉大家'急什么'的也是你们，来回收智商税，究竟是你们太聪明了还是大众太愚？还是生活逼迫下芸芸众生连思考的时间都没有？但转念一想，千百年来莫不如此。"朋友圈里一位媒体同行的留言道破我此次参与知识跨年的心境。

媒体是门古老的生意，新闻媒体是媒体，传递可以公开的事实；德云社是媒体，传递段子；如今细分出了知识付费的垂直品类，在明星主讲人的带领下蒸蒸日上。要说不一样，机构在面向大众时缺乏态度，仅做了它们了解到的事实呈现，但个体的态度决定了大众的情感依赖。

知识付费迎来 2020 年跨年窗口，就看机构和个人如何能从中分一杯羹了。

2020 年 1 月 1 日

分享链接

十四、宁可直说

# 特殊时期，我们对科技的特别希冀

今年的开年颇不平静。

以前在路上走，只觉得可以响彻一条街"恭喜你发财"的歌声俗不可耐，而今听着社区的防疫广播，就很难不怀念刘德华。

哦，更有可能过年时压根就没怎么出门。道路的交通拥堵似乎一夜之间得到了解决，宅在家中对外卖小哥望眼欲穿，盼着他们帮你送菜送饭，打理你的购物清单。

于是，闲下来就可以观察那些被科技改变的生活方式。

银发族戴着防蓝光老花镜眯着眼睛刷起了快手和趣头条。以前，他们催你睡前别玩手机，现在反而是你睡觉前去突击查岗，用似曾相识的语气说："不要在黑夜里看手机，眼睛还要不要了！"然后，沉浸在他们一脸愧疚地说"提现完这3元钱就去睡觉"的精神胜利中道一声晚安。

从小，我们被教导要做情绪的主人，然而至今，情绪也只能被引导。在这一点上，要感谢软件服务开发者抚平了特殊时期大众焦躁的情绪——舞蹈教室和健身房停掉了，你可以打开直播在卡顿中勉强跟上老师的节拍手舞足蹈，然后去抖音上交作业，实在不好意思就用keep默默练习卷腹。

延长后的春节假期才结束，你迎来了曾经朝思暮想要试试的远程办公，并理直气壮地对一周不见、对你甚是思念的领导坚决说"不"——"办公远程会议里没有美颜，就不开远程视频了，咱们语音。"除了要求你每两个小时发一次和电脑的合影，领导还有什么好方法监工？面对崩溃的服务器和掉了好几次线才能连上的会议，到了晚上，有小伙伴在朋友圈洗心革面地表示："远程开会太费眼睛和脖子了，还是让我回去上班吧！"

你瞧，科技改变生活，一点一滴，不算完美，但是深刻。

2003年类似的情况下，验证了电子商务等我们当时一度怀疑是否可持续的商业模式。这次对无人场景、在线教育等商业模式同样适用。不仅如此，我们体验到了科技推动的进步。比如，面对疫情灾害的应对能力显然有进一步提升。

你的互助信息转发分享、协助完成一次次紧急物品的对接，在减少了外出暴露风险的同时也为抵抗疫情出了份力。

你的远程监工，和大家共同见证了火神山医院、雷神山医院的建设速度，提振了整体抗击疫情的信心。

你有多个渠道触达疫情最新的实时数据，及时更新消息，谣言才不会蔓延引起进一步的恐慌。

最重要的是，你能远程办公，社会经济的运转得以维持，才为越来越多的企业用自己擅长的方式协助解决社会问题提供了最广泛的保障。

当中山大学药学院教授罗海彬提出"需要大量计算资源"的紧急需求时，有中科曙光会同深圳超算中心等合作伙伴，组建应急工作组，协调计算资源，帮助开展药物筛选作业。

还有以阿里云为首的云计算公司向社会开放了云 AI 和超算平台，争分夺秒地破解病毒的机制。

运用科技的力量，为疫情防控中的信息透明提供基础，去解决最为紧迫的问题。在特殊时期，我们最容易发现科技种种不尽如人意的地方，也最容易对科技抱有希望。

总有时间，等到科技的进步和问题的解决，我们能做的，就是在现有条件下把损失降到最低。

这是新年的第一个月，我们期待就像平常一样，与你再次见面，为逝去的一年而感怀，为新来的一年而准备。如果可以，祝愿阳光早一点打在你的脸上，而不是口罩上。

2020 年 2 月 4 日

分享链接

十四、宁可直说

# 没实力，再 luckin 的公司也会在资本市场 out

我不是一个爱喝咖啡的人，却很难错过这次"品味"瑞幸咖啡的机会。

从营销起家到资本进阶，瑞幸其兴也勃焉，其亡也忽焉。资本市场的钱这么好赚了？

在自曝 22 亿元交易额造假的第一天，据说在线订单系统火爆到崩溃。反应慢者如我，今天打开小程序，意外发现公司还在派发新人礼包，咖啡钱包里写着"买二送一"以及"首次登陆全场饮品半价"。上海街头的周末也能看到有人不时端起瑞幸咖啡的小蓝杯啜上几口。

不是我偏听偏信，有第三方数据为证：根据数据公司 App Annie 的数据，自瑞幸 4 月 2 日承认财务造假事件以来，App 下载量剧增，在中国大陆 iOS 热门 App 下载排名从此前的 70—100 名，一天之内就上升 70 位实现了 4 月 3 日的总品类第 2 名并保持至今。而在 3 月初时，瑞幸 App 的名次还在 350 开外。

这时的下载量对瑞幸是幸运还是不幸？是重新梳理运营数据的好时机还是最后一次对韭菜们提前秋收？从创立之初就与幸运相随的瑞幸到了需要用实力证明自己的关键时刻。

运作这一切的陆正耀并非第一次和资本市场接触，神州租车证明了他的眼光和实力，奠定了瑞幸运作的基础：想要给创投圈讲故事，有过成功经验的"老兵"都容易被信任，这是瑞幸的"天时"；跨国上市的"地利"是投资者不好判断市场，如果不是浑水不远万里来中国门店调研，单凭中国的消费能力日渐增强的趋势，没人能论断咖啡市场有没有可能出现"国货之光"；"人和"则有两方面，除了瑞幸的主要核心成员是从神州系转场而来，还在于选品恰好是在西方已经获得普遍认可的日常消费品咖啡，再加上最早喊出对标星巴克，真是大大满足了国内外投资人和消费者的想象；这时有捧场的研报券商跟着讨论互联网思维里的新零售概念，加上行之有效的裂变营销，瑞幸顺势利用了还不需要考虑盈亏平衡的窗口期上市。这一切完美地契合了资本市场对明星公司的想象，从开始到上市仅用了 18 个月。

或许这一切太过完美，浑水研究公司发布沽空报告当日，瑞幸咖啡股价盘中跌超 26%，但随后回升，收盘跌收 10.7%。瑞幸在否认做空报告后，股价当天盘中最高反弹 7%，第二天大涨 15.6% 直接抹平做空以来的所有跌幅。

一个比较有趣的情况是，今年以来我搜到的曾经能够打开的 7 份券商研报如今多已失效，不知道是不是和标题里有过"在华门店数或超星巴克"之类的论断有关。现在，瑞幸需要说明的是，门店究竟能卖出去多少咖啡，以及瑞幸咖啡的品牌是否要与廉价咖啡划等号。

瑞幸的下一步要看能否实现这次大规模下载后的客户留存。如果只是担心优惠券失效不买会错过，这样的理由不太能说得通下载量的激增，购买一杯定价在 15 元左右的咖啡的人通常是刚需而不是尝鲜者，不太可能存在重新下载的情况。何况如果仅是喝一杯意思一下，基本无需下载 App，小程序就可以点单了。我不得不怀疑是新人的大量涌入，才导致这一切的发生。那或许，即便在资本市场 out，精细化运营后的小蓝杯还有卷土重来之日。对品牌忠实的用户才是消费品公司的实力所在。

瑞幸的成长之路足够幸运，起码开场是一手好牌，但是"从来套路得人心"不一定走得远，还得靠实力，毕竟，资本可能被骗，但从不忘记复仇。

2020 年 4 月 6 日

分享链接

十四、宁可直说

# 工业互联网百花齐放，
# 也暗藏合纵连横

今年，工业互联网被提上了制造企业的日程，而且加上了优先级。

准备好相关方案的大厂一方面避免在公开场合中"撞题"，另一方面也有互相渗透的趋势：阿里推出"犀牛制造"直指制造业，英特尔在持续扩充工业物联网产品线的同时勾勒智能制造"芯"未来，华为的"5机"协同囊括的是全行业全场景的数字化转型——尽管工业互联网和智能制造不是从一个切入点和维度去解决问题，但说工业互联网是智能制造的必经之路也并无不妥，更何况所有的升级都可以用"数字化"一言以蔽之。

在工业场景下探讨连接人和物，已经从"为什么"上升到"怎么做"。难点在于，总有一些设备难以采集到所需要的参数，不足以掌握设备的状态，比如设备的温度、环境周围湿度等。假如改造设备，设备原厂商可能就会拒绝继续支持设备维护，而要求原厂商去修改设备、增加参数，也并不容易。

可是现有的数据利用好已经成效显著：以英特尔的芯片制造为例，为了尽可能降低单位成本和提升产品良率，公司会把智能化技术尽可能地应用到各个流程、各个场景，如系统自检、测量分析、良率预测、生产排期等。从一个晶圆厂的规划建设开始，到IC的设计和工艺的研发，再到制造过程当中的实时监控和分析，在这个复杂的过程当中，也在产生大量新的数据供后续分析改进。

英特尔公司市场营销集团副总裁兼中国区行业解决方案部总经理梁雅莉这样描述整个过程：以生产存储器的晶圆厂为例，一座工厂每天可以产生5TB的数据，一座晶圆厂能产生相当于一个中型的互联网企业的数据量。使用先进的数据分析和AI技术可以分析缺陷图像，查找问题的根源，从而更加准确地预测良率，并对质量问题进行在线检测。良率提升可缩短产品上市时间，厂商因此获得更好的商业回报，这样就有更充裕的资源投入到下一代芯片的研发——AI 算法运行在芯片上，下一代芯片又会让 AI 技术得到更强大的支持，如此形成了"AI+芯片"制造的良性循环。

这是工业互联网助力制造的一个缩影。我倾向于认同英特尔物联网事业部中国区首席技术官兼首席工程师张宇的判断：现在是工业互联网百花齐放、百家争鸣的阶段。"市场需要有不同的方案，因为目前互联网，尤其是工业互联网的发展还没有统一的模式，需要有不同的厂家提出不同的方案，这样才可以有一个最优化的，以及满足特定用户具体需求的方案出现。"根据张宇的判断，工业互联网要走的是从互连到智能、从智能到自主的轨迹。

从目前的情况来看，业内这样的推测不无道理：第一阶段是大企业先做投资拉动装备商的整体提升，第二阶段是设备模块化之后成本降低，让中小企业有能力为相关产品付费。

比如最近除了推出硬件新品，英特尔还正式发布了两款针对工业级打造的工业边缘洞见平台和工业边缘控制平台，分别解决数据收集、处理和分析以及视觉和运动控制相互结合的负载，并在工业互联网方案中强调自身在边缘计算方面的优势。当这些作为工业方案的一部分被拿来与制造业老大哥西门子比较时，英特尔发言人表示两者是客户关系，也在某些项目当中是供应商、系统集成商、软件提供商的多维度合作关系。与此同时，行业观察者们也都清楚他们在准备把中小企业纳为目标客户，或者说是生态合作伙伴。

毫无疑问，大厂是技术的受益者，也是技术的售卖者。但是，企业在看重技术的先进性的同时也不应忽视技术变革引发的流程变革和管理变革。工业互联网除了要解决生产的问题，还要解决人的问题。海研自动化总经理苗振海曾告诉笔者，工厂中的蓝领人才最多会操作一些简单的设备，一旦带有视觉和人工智能或者是跟互联网相关，就不易操作，"我们上了一个比较好的数字化系统，当时的效果还是非常不错的，但是时间长了没有人维护，就会造成比较大的偏差，造成一些效果缺失和投资动力下降。"

"实事求是地说，就全行业而言，工业数字化转型实际上还是没有像金融零售这些行业板块那么突飞猛进，我国工业企业数字化转型的总体规模今年在 2500 亿元左右，大约相当于我们工业增加值的 0.65%，从另一方面来说，

## 十四、宁可直说

如果说要把工业从自动化全面地进行数字化，进而智能化，未来的想象空间非常巨大。"梁雅莉说。

下一步，可能就是在技术赋能下对现有市场份额的重新划分。

2020 年 9 月 29 日

分享链接

# "双11"在即,广告主和媒介都有点慌

"这些年越做越累。"一位在聚合类新闻 App 中工作的广告人这样吐槽。

今年的"双11"又出了新玩法,不变的是广告主总是寄望于通过广告抓住目标客户的注意力。消费者会选择哪些媒介?哪些媒介能够触达消费者?家家都在努力通过广泛触达、情感加记忆来强化品牌,然而,把优质广告纳到统一的预算分配体系中并不容易。

明略科技的报告显示,全行业流量总量加速下滑,第一季度下滑24%,第二季度下滑14%,在流量结构中,视频贴片、banner 和文字链下跌超过30%,信息流、开机开屏和新流量形式增量明显。在流量领域中,BAT 和今日头条的能力不容小觑,位处第二梯队的是以网易、华为、小米、美团等为代表的软件和硬件厂商。

吐槽的朋友表示,投放量的变化不难预料,他更在意的是虽然品牌广告和效果广告曾有区分,但现在越来越多的品牌广告也需要考查转化效果。为此,他所能做的就是整理好用户的画像标签,争取实现精准推送。

这不算孤例,在上海举办的媒介力学论坛上就提到了2020年上半年出现的"品效迁移"——"今年上半年疫情开始,很多广告主没有减营销预算,甚至有些人加了预算,但是整个广告预算会按照品牌跟效果划分,原本营销预算是6:4,由于疫情的影响,企业的操盘手对结果提出更高要求,基本往4:6迁移。"明略营销科学院科学家于勇毅说。

投放的形式也在改变,今年最大的变化是视频贴片的投放。随着视频网站开始追求会员收入,视频贴片从过去占整体流量的50%以上下滑明显,上涨的是开机开屏、信息流和非标广告。

在流量分类的赛道中,短视频和直播的用户使用总时长已经仅次于微信,融媒体也在迅速发展,今年的央视通过做火神山、雷神山的直播迅速发展,甚至做硬件的厂商(如电视机和手机厂商)也已成为流量"新贵"。

广告究竟应该怎么做?"有场景就能把内容体现得好,场景可以解决消费者的体验。"于勇毅认为,直播带货是宣传场景到需求场景的进阶。直播是传

## 十四、宁可直说

播行为，带货是销售行为，是一个综合场景。在这个需求场景中需要和消费者产生共鸣，这样才能创造需求、呼应需求，形成共鸣，形成更好转化效率过程。

直播带货的确是今年的现象级场景，但是广告主在直播带货上究竟是赔本赚吆喝还是名利双收还存在着大大的问号。当从线下转移到线上电商，直播让比价更加赤裸裸。CTR总经理助理赵梅认为，品牌是带给企业赚钱的核心机会，因为可以带给产品合理的溢价空间和忠实消费者，帮助企业逃出被渠道和价格绑架的困境。"虽然直播带货很火，但是基本逻辑没有变化，我们做传播的基础部分还是广泛触达和高频到达。"

无论是电商平台还是急于转型的广电媒体，参与直播带货几乎是今年必踩"风口"。从数据看哪块流量起来了，谁买的，哪些媒体在做——按照于勇毅的说法，这是"上帝视角"，只有站在第三方的身份去看这个行业的异动，才会给出一些真正听上去能落地的方案。

迫于现实，媒体渠道都在挣扎向前。而面临着日益广泛的数字渠道，广告主们也犹豫不决，不知道投向何方才是真正有效，甚至如何定义"有效"。只是我们能看到，为了迎接"双11"以及其他购物节，越来越多的电商平台开始举办晚会试图从其他角度抢占用户心智，而传统广电在探索打造电商闭环的可能性，都忙得不亦乐乎。最终的结果未必是哪方输赢，而是资源和财富重新流转分配，不知道谁先撑不住，谁能赚得盆满钵满。

我问朋友："除了广告你还想不想做点别的?"这位倒是答得干脆："做了这么久，也就只能继续下去。"这就有点像品效合一，能否实现未必有现实解决方案，但如果不这么想，还能做什么呢?

2020年10月21日

分享链接

# 网约车，行向何方

行路难，行路难，多歧路，今安在？

放眼市场，海内外推行无人驾驶的公司中不乏出行公司发力自动驾驶准备"自己革自己的命"，比如Lyft、滴滴都已经尝试在一些指定路段进行无人驾驶车辆的试运营。但真正的颠覆者总是有很大概率来自跨界。比如百度不造车，但是Apollo无人驾驶平台被视为未来的明星项目，更不必说那些因自动驾驶概念而走红的芯片和产业链上的公司。现在布局未来尤为关键。

盘点今年出行领域，火的是共享电单车，曾经的融资大户网约车则相对沉寂。今年7月，滴滴出行宣布与丰田汽车公司在智能出行服务领域拓展合作。丰田将对滴滴进行投资，其中的部分资金将用于双方与广汽丰田汽车有限公司共同成立合资公司，为平台司机提供汽车相关服务，投资总额共6亿美元。有消息称在10月首汽约车完成C轮融资，金额为数亿美元，但并未有官方置评和投资人的公布。

在中国，网约车公司未来的路要怎么走？

天眼查专业版的数据显示，我国目前有超3万家经营范围含"网约车、网络预约出租车、网络预约出租汽车"，且状态为在业、存续、迁入、迁出的网约车相关企业，其中，17.9%的相关企业注册资本在1 000万以上。

有车企背景的T3出行CSO（首席战略官）成凯是以倒推的思路在大出行领域寻找破局之道。"讲到终极行业形态，未来一定是自动驾驶、万物互联、无人驾驶的时代，到那个时点，车联网+B2C运营模式是最贴近未来的运行形态。未来所有车辆都是通过软件在云端进行控制，车上是没有司机的，所以，不会有私家车加盟C2C模式存在，那时，现在的共享出行直接会被颠覆掉。"T3出行背后闪现着中国第一汽车集团有限公司、东风汽车集团有限公司、重庆长安汽车股份有限公司的大型车企和以阿里、腾讯为代表的互联网巨头的身影。

如果把时间线倒推向前，滴滴于2018年4月发起洪流联盟，与30余家国内外领先的汽车制造商和产业链企业展开合作，也是提到要"以开放和赋能

## 十四、宁可直说

为核心,共建汽车运营商平台,推进新能源化、智能化、共享化的产业发展"。

车企加入的背后,是为了争夺未来的市占率,这可是一个吸引资本关注的显著指标。如今除了公认滴滴为业内第一,其他家都努力把赛道进一步细分以提升自己市占率的优越性,这一点很像电商中的GMV——虽然家家都会特别公布"双11"的业绩,但是口径各不相同。

有一点业内倒是有些一致:谁能抢占出租车上的渗透率先机,谁就可能在未来立于不败之地——在一线城市,几乎看不到不用App接单的出租车司机,但在更下沉的市场,出租车的接单数字化程度可能还不够高。

根据成凯的估计,线上完单量中出租车和网约车的比例大概是1:9,出租车的数字化程度不高,"出租车整体市场潜力还没有发挥出来,这也是T3出行下一步聚焦的一个重点,怎么把出租车行业进行线上化升级"。

这需要用技术换取监管信任。当滴滴多次整改上线了安全系统后,后来者必须要走得更远。"我们在做出租车数字化升级的产品。当前其他平台或者其他友商都是在车上放了一个手机,实际上仅仅只做信息对接的平台,我们做的是围绕这个车,把出租车变成类似于智能手机这样的数字智能终端。"成凯介绍了他们的思路是基于车进行数字化升级,然后在平台调度、运营监管上实现强有力的管控。

在实时的监控室里,除了和别家一样有一个概括的多少台车辆在运营、停止运营的数据之外,T3出行还可以看到任意一台车辆的车内情况,甚至可以监控车辆状态、报警等。这毫无疑问是一笔不小的投资,而且对安全和隐私保护要建立相当高标准的要求。

在设想中,这套V.D.R安全防护系统会免费开放给出租车公司以了解每台车的状况和定位信息。通过底层数据打通,可以知道这台车每天的营收情况,包括何时需要维修保养,是不是跑出地界等。

但落地并不简单。

首先,V.D.R安全防护系统如何更便捷地提供给出租车公司?初期还没有做到完全前装定制化,因为车企的产品研发周期相对来说较长一些,有些可以适度定制化,而有些比如摄像头还需要后期加装。提到成本时,成凯表示"整合到主机厂新车里成本有大幅度下降",但是考虑到系统的搭建和配备设施的多元,还需要一定的时间。

其次，从验证商业模式的角度来说，安全已经是行业的达摩克里斯之剑，滴滴已经做到了行业的龙头老大，嘀嗒出行也启动了 IPO 上市，这些公司有了钱是不是可以做同样的事情？而且基于先发优势和已沉淀的数据进行挖掘会不会让后来者的路更难？

12 月 7 日，交通运输新业态协同监管部际联席会议办公室组织对嘀嗒、哈啰等顺风车平台公司进行了提醒式约谈。提醒指出，近期媒体多次报道嘀嗒、哈啰等顺风车平台公司产品有关问题，主要是"附近订单"功能偏离顺风车本质，涉嫌以顺风车名义从事非法网约车业务。

如果后人仅是追随前人的脚步，行业里的深层次问题不能改变，无论是商业模式还是监管，都将成为发展中的掣肘。

2020 年 12 月 14 日

分享链接

# 十五、如数家珍

王　珍｜第一财经高级记者，毕业于中山大学中文系，跟踪家电行业新闻超过十年，对家电业上下游及显示面板行业有深入了解，重点关注物联网时代智慧家庭、智能制造等话题，剖析跨国公司的模式与经验，并为中国家电企业成长为世界巨头鼓与呼。
wangzhen@yicai.com

## 打开智慧生活的万花筒，5G 只是一个支点

智慧生活要落地，除了 5G，应用场景更是至关重要。

在刚落幕的 2020 CES（国际消费类电子产品展览会）上，琳琅满目的新产品让人眼花缭乱。但细心的观众不难发现，在今年 CES 上被划重点的"5G、8K、AI、IoT"也是上届 CES 上火热的概念。本届 CES 看似热闹，但其实几乎没有真正的新概念，大家都在描绘蓝图、展现远景。

智慧生活的应用场景、软硬件结合、多设备联动，成为各家厂商的展示重点。

5G 通信的商用，固然是 8K 显示、人工智能技术实施的有利条件，但它只是一个支点，从应用场景寻求真实需求仍是重中之重。

5G 的应用场景越来越多，从移动设备到电视、物联网、自动驾驶。

在显示方面，8K、柔性显示成为主角，可卷曲、可折叠风潮继续劲吹，可卷曲 OLED 电视、喷墨打印 QLED 电视、可折叠手机、5G 可折叠电脑等目不暇接。

日韩欧美领军电子企业均展出了概念汽车，包括三星、LG、索尼、松下、博世，高通也首次发布了智能驾驶平台。汽车正从出行工具逐渐变为消

费电子产品。像索尼 Vision-S，卖的其实是以传感器为核心的智能驾驶方案。

在可穿戴领域，无线蓝牙耳机、智能手表升温，可穿戴设备与睡衣、鞋子等结合，解决人们睡眠、运动健身等问题。松下超过 4K 的分辨率、支持 HDR 的 VR 眼镜，可在 5G 通信下观看体育比赛或模拟体验旅游。三星 AR 眼镜可让消费者与虚拟教练一起，在客厅健身爬山。谷歌将扩充 Fitbit 的产品线。

在机器人方面，日本欧姆龙展示了洗碗、清洁、打乒乓球的机器人，三星发布了球状小型可滚动家庭看护机器人、厨房烹饪助理机器人，LG 也展示了冲咖啡等多种机器人。机器人将从工业场景更多地走入日常生活场景。创维总裁刘棠枝笑说，若没 AI 和机器人，都不好意思来 CES 参展。

AI（人工智能）、智慧家庭、智慧城市，进一步落地。LG 电子的 CTO 描绘了人工智能的四个阶段，从效率、个性化、推理到探索；三星电子的总裁认为，5G 与 AI、IoT（物联网）等技术结合，智慧家庭、智慧城市在 2020 年已开启了体验的时代；海尔展示了 5G 时代的智能家居解决方案。

彩电企业也趁着这股东风，向家庭互联网服务商转型。创维正在建设智能人居生态；TCL 的"AI×IoT"战略落地，今年将借 5G 手机重返北美市场，完善智能生态，其整套智能家电也在印度发布；康佳展示了 AIoT 芯片；长虹也展示了 IoT 模块和解决方案。

正是看好彩电将是手机之后的又一智慧生活的重要入口，华为、荣耀、一加、MOTO 去年均跨界进入彩电江湖。业内预计，2020 年 OPPO、vivo 也很有可能会涉足大屏领域。其实，格力的画框空调已经带有大屏。彩电行业的洗牌，以及原有企业与新晋玩家分食细分市场，都可以预期。

GFK 预测，2020 年全球 5G 手机销量将达到 1.7 亿台，其中，中国市场的 5G 手机销量将达到 1.1 亿台。GFK 高级分析师孙景辉预计，5G 时代，智慧生活将是多个入口，从手机到智能电视、智能汽车等，因此，龙头手机厂商将向全球市场、全产品线扩张，通过品牌专卖店，推广整体科技生活体验。

智慧生活落地，5G 只是一个支点。智慧生活要实现真正意义上的落地，还需要更多的创新和协同。正如中国电子视像行业协会副秘书长董敏认为的那样，应用场景、商品化层面需进一步发力；同时需要吸收新材料、生物科技等更多跨界技术，实现协同创新，才能持续支撑 CES 绚烂的舞台和吸引力。

## 十五、如数家珍

在群智咨询副总经理陈军看来,无论是机器人还是无人驾驶,现在更多是厂商推动,是否是真实的应用场景和用户需求,还需要检验。因此,作为信息高速公路的 5G 通信网络,只是给智慧生活落地提供了必要条件,如何应用并带来真正的用户价值才是关键。

2020 年 1 月 15 日

分享链接

# 小米系联手飞科做厨电，能否打破"美苏九"格局？

面对疫情，小米系逆势扩张，加码厨房小家电，"美苏九"的垄断局面会否被撼动尚需观察。

以电吹风、剃须刀起家的飞科电器（603868.SH）3月21日公告透露，拟斥资2 986.86万美元，受让小米的关联企业上海纯米电子科技有限公司（下称纯米）部分股权并对其增资，交易完成后，飞科电器将持有纯米15%的股权，双方将联手拓展厨房小家电。

受新型冠状肺炎疫情影响，国内家电市场今年一季度同比收缩，但是"宅经济"之下健康类、厨房类小家电的线上销售却表现抢眼。这次"联姻"，从飞科电器的角度来看，是在其剃须刀等业务增速放缓的情况下，从生活小家电跨入厨房小家电的重要一步。

从小米系的角度来看，今年2月中国智能手机销量环比下降62%，小米要保持业绩增长、完善家庭互联网的布局，需要继续扩张其业务的边界。小米有品牌和渠道资源，擅长互联网玩法，此前小米在国内彩电、净水器、扫地机器人领域的销量已跃居前列，这次"扩军"厨房小家电正当其时。

不过，目前国内厨房小家电领域已形成"美苏九"（美的集团、苏泊尔、九阳股份）三强鼎立的格局。飞科电器坦言，如果纯米未来智能产品开发滞后，不能引领消费需求，则会影响投资收益。

小米向来是一位野心家，尤其在家电领域雄心勃勃。把小米电视做起来的王川，今年升任小米的首席战略官，去年小米凭借低价策略，彩电出货量已在国内领先，空调也进入第三阵营。而四年前，纯米已推出米家IH电饭煲，还可远程操控，不过其在煮饭的基础功能的创新速度上仍不及美的。

过去，小米一直崇尚轻资产，如今，供应链和物流体系正变得越来越重要。家电日益与家居环境融合，更具个性的"80后""90后"已跃升为消费主力，无论是功能还是外观，厨房小家电都将走向大规模定制。所以，纯米

## 十五、如数家珍

找到有供应链、制造基础的飞科电器来合作，无疑是补上了"短板"。

双方的资本和业务联姻，能否最终取得成功取决于两个关键因素：一是能否充分信任、精诚合作；二是能否研发出创新的差异化产品。

小米与美的也曾经进行过资本和业务合作，双方相互参股，成为对方的战略股东，双方还曾联手推出过美米空调，后来却是相互提防，最终"同床异梦"，合作流于形式。厨房小家电对于飞科电器来说是新的蓝海，对小米系来说也属非核心业务，双方要真诚合作，才能"开花结果"。

值得关注的是，这次引入飞科电器参股15%后，在纯米的股权结构中，创始人杨华仍为第一大股东，持股18.14%，飞科电器是第二大股东，小米创始人雷军旗下的顺为资本、天津金米投资的持股比例下降，变为第三、第五大股东。如何避免纯米与小米系生态其他企业的同业竞争也需探讨。

"美苏九"在厨房小家电领域地位稳固，电饭煲是美的起家产品之一，九阳则以豆浆机发家，苏泊尔是从压力锅业务"出身"的。它们在厨房小家电领域浸润多年，有品牌口碑和技术积累，还有成熟的供应链和物流体系。比如，美的研发电饭煲已延伸到研究大米，实验室里有大米地图。

纯米要异军突起，除了继续发挥小米的家庭互联网生态优势之外，还需要找到真正能解决用户痛点的智能功能，同时要"以小博大"，在基础功能上实现差异创新。与欧美家庭相比，中国厨房小家电的品类尚有较大的拓展空间，所以，推出差异化的创新品类也是捷径之一。目前，纯米的主打厨电产品仍是电饭煲、电磁炉、电压力锅，还有烤箱、微波炉，尚有很大的想象空间。

据奥维云网（AVC）的推总数据，2020年1—2月，国内厨房小家电市场总体承压，销售金额、销量分别下跌28.7%和12.3%；不过，电饭煲、电压力锅、豆浆机、料理机、榨汁机的线上销量分别同比增长12.4%、5.2%、5.4%、109.5%和12.9%，尤其是新品类料理机在线上线下渠道的总销量同比逆势大幅增长54.2%。这对天生有互联网基因、创新速度快的小米系来说，无疑是大好机会。

不过，今年在疫情之下，正如美的国际总裁王建国所言，高端需求不会变，中端需求将缩小，低端需求会增加。最近，美的频频推出性价比产品，其扫地机器人在顺丰优品甚至打出799元的低价。微波炉龙头之一的格兰仕，其多年没出的399元微波炉近日在直播电商中又重现江湖。所以，纯米如果只拿低价做"杀手锏",在今年加剧的竞争中,恐怕难以奏效,要"虎口夺食"还需差异化。

事实上,纯米除了为小米做米家品牌的电饭煲之外,自己也已推出 TOKIT、圈厨的子品牌,试水中高端市场。一定程度上,纯米做 399 元的低价 IH 电饭煲,也是"服从"小米生态的需要。因此,纯米想打破"美苏九"的垄断格局,恐怕还需视其"脱米"的进程。在走向成熟的路上,"依托小米还是摆脱小米"将是一个悖论。

2020 年 3 月 23 日

分享链接

十五、如数家珍

# 中国面板业：艰难的当下，
# 向好的未来

一季度国内主要面板类上市公司均净利润大幅下滑、亏损或收入减少，本来今年电视面板价格回暖，韩厂又逐步淡出LCD（液晶）面板领域，行业形势好转，没想到却遇到新冠肺炎疫情这只黑天鹅，行业不得不重新面对产能过剩、需求不振、价格承压的挑战，股价最近也下挫。

京东方（000725.SZ）2月底的股价曾达5.85元/股，之后阴跌，5月7日的收盘价为3.77元/股；TCL华星的母公司TCL科技（000100.SZ）2月底的股价也曾达7.37元/股，5月7日的收盘价为4.71元/股；深天马（000050.SZ）从18.95元/股到14.01元/股；维信诺（002387.SZ）从15.95元/股到13.19元/股。

由于韩国三星、LGD减少LCD面板产量，加上春节前后国内疫情暴发影响了部分供应，今年一季度液晶电视面板价格环比大涨一成。在行业迎来新周期的欢呼中，相关上市公司在2月24、25日的股价飙升到今年以来的顶峰，但是随着疫情在全球蔓延，彩电和手机需求的萎缩打击了这股热情。

群智咨询的数据显示，2020年一季度全球液晶电视面板出货6 303万片，同比大幅下滑10.6%；出货面积为3743.8万平方米，同比下滑3.2%。另据CINNO Research的监测数据，2020年Q1国内智能手机销量仅约5 000万部，同比大幅下降44.5%。目前，电视面板价格已止涨，手机面板价格仍在下跌。

2020年一季度，京东方的净利润同比减少四成；TCL科技的净利润也减少逾四成；深天马的净利同比增加4%，但收入同比减少5.26%；维信诺的净利同比增长超三成，但是仍然亏损。调研机构Omdia已下调今年全球彩电、手机预测销量，其中，彩电销量将比去年减少2 200万台，降幅达10%—11%。

一些年初从面板上市公司股票中获利的投资者，开始变得谨慎，纷纷离场。京东方、TCL科技、深天马不约而同地发行债券或进行定向增发，以此来募集更充足的资金，以度过这个行业"寒冬"。京东方过去三个月已发了 60 亿元债券，TCL 科技拟定增募资收购武汉光谷所持武汉华星 39.95% 的股权。

表面看，面板业似乎一片黯淡，其实却隐藏着希望之光。从中长期看，面板业还是有机会的：一是在大尺寸液晶面板领域，中国企业的主导权不断增加；二是行业重组整合已是大势所趋；三是在小尺寸领域，柔性 OLED 的需求今年将超过刚性 OLED，中国大陆在柔性 OLED 上的投资和产能持续扩大。

中国大陆液晶电视面板的产能，今年一季度在全球的占比已跃升至 55%，去年这一比例是 46%。京东方、TCL 华星在出货量排名中分别居第一、第二位，惠科、中电熊猫和彩虹分别是第六、第八和第九位，随着三星、LGD 今年年底关停大部分的液晶面板产线，中国企业的整体份额和排名还会提升。

面板业还蕴藏着重组的机会。控股南京中电熊猫 8.5 代线的华东科技（000727.SZ）去年巨亏 56 亿元，今年一季度又亏损 4.6 亿元；握有咸阳 8.6 代线的彩虹股份（600707.SH）今年一季度也亏损了 5.8 亿元，它们的实际控制方中国电子（CEC）出售液晶面板业务的传闻已经不胫而走。

另外，三星显示、中国台湾的友达和群创，今年首季也出现巨额亏损。三星显示首季亏损 16.9 亿元人民币，群创和友达首季分别亏损 12.5 亿元和 11.8 亿元人民币。在中国大陆面板业重组风云突起之时，日韩和中国台湾面板业会否进一步整合也引人遐想，韩企淡出 LCD 也提供了替代机会。

在小尺寸面板领域，柔性 OLED 成为增长点。群智咨询预测，2020 年柔性 AMOLED 的需求将超过刚性 AMOLED。Omdia 则预计，今年全球智能手机出货量同比下降 13%，但是今年智能手机中使用的 AMOLED 面板出货量将增长 9% 至 5.13 亿片，其中，柔性 AMOLED 手机屏的出货量将增长 50%。

中国企业在柔性 OLED 上持续扩张。京东方继成都、绵阳 6 代柔性 AMOLED 生产线量产后，重庆 6 代柔性 AMOLED 线也将投产；武汉华星 6 代柔性 AMOLED 线生产的样品已送客户；深天马在武汉和厦门的 6 代柔性 AMOLED 线都在建设中；维信诺的柔性 AMOLED 项目在华北、华东、华南均有布局。

从艰难的当下到达美好的未来，关键是技术创新和应用创新，新基建将给商用显示（包括智能会议系统、智能教育系统、智能交通系统、智能零售系统等）带来巨大的机会，而柔性 OLED 还可应用于可折叠手机、可折叠笔记本电脑、可穿戴设备、车载显示等领域。新应用倒逼新技术，Mini/Micro LED、印刷 OLED、环绕屏等，中国企业都在积极研发，从单纯产能扩张转向协同创新。

2020 年 5 月 7 日

分享链接

# 大尺寸柔性屏或将成今年彩电市场的爆点

柔性屏幕今年将步入百姓家。无论是 OLED 阵营,还是激光电视阵营,以及下一代 Micro LED 电视阵营,今年预计都会推出大尺寸柔性屏产品。大尺寸柔性屏将成为今年彩电市场的突破口之一。

先看彩电厂。光峰科技的高管近日在投资者交流会上透露,今年将与合作伙伴一起推出 100 英寸柔性屏幕的激光电视。海信今年 1 月在 2020 CES(国际消费类电子产品展览会)上已发布了可卷曲屏幕的激光电视。

不仅屏幕材质走向柔性,真正的柔性显示也将开启。创维今年继发布新的壁纸 OLED 电视之后,下半年可能推出可变形 OLED 电视。LG 可卷曲 OLED 电视今年也将正式推向市场。

康佳今年年初公开招聘氮化镓工程师,希望自主突破 Micro LED 的核心技术,推进其商品化,Micro LED 由于与 OLED 一样都是自发光,也可以做成大尺寸的柔性显示产品。

再看面板厂。LG Display(LGD)在广州的 8.5 代 OLED 面板生产线项目今年将正式量产,提供更多大尺寸柔性 OLED 的面板成为可能。惠科 8.6 代 OLED 面板生产线在长沙积极推进,今年厂房封顶。

三星今年年底前将关闭其所有液晶面板生产线,并斥资百亿美元在韩国建设 10.5 代 QDOLED 面板生产线,预计 2021 年投产,也是剑指大尺寸柔性显示,拟与 LGD 韩国 10.5 代 OLED 线并驾齐驱。

京东方福州 6 代柔性 AMOLED 面板生产线至今未有动静,外界猜测该项目有可能将改建为大尺寸 OLED 的生产线。TCL 华星则可能在广州建一条印刷 OLED 的中试线,旗下聚华已出相关样品。

然后看市场。今年以来,受疫情等因素影响,彩电市场持续低迷,"五一"市场回暖,但仍然是同比负增长。据奥维睿沃(AVC Revo)的统计,2020 年一季度全球电视出货 4 512 万台,同比下降 8.7%;国内市场的零售量为996万台,同比下降20.1%。中怡康的数据显示,今年"五一"促销期(4月13日—5月3日),国内彩电的零售量为244万台、零售额为68亿元,分别同比下跌6.3%和16.4%。

多家彩电企业都已经打破了原来家用电视机的业务条框,向多场景(酒店、社区、教育、会议等)显示解决方案提供商转型。5G通信时代,显示将无处不在,应用场景多元化将给大尺寸柔性显示带来更大的市场想象空间。

所以,预计大尺寸柔性屏将成为今年彩电市场的爆点之一。明年随着上游更多柔性面板生产线投产,以及大屏柔性显示的进一步推广,将会刺激更多的新增需求。

2020年5月12日

分享链接

# 5G商用在即,广电"全国一张网"呼之欲出

6月1日开盘,广电类上市公司大部分继续股价拉升,板块整体飘红。上周继歌华有线(600037.SH)之后,东方明珠(600637.SH)等10家广电系上市公司也透露拟参与组建中国广电网络股份有限公司(简称中国广电股份公司),广电"全国一张网"呼之欲出。

短短两天之内,11家广电系上市公司宣布入局中国广电股份公司,速度之快、动作之齐,出乎意料。这也显示了各地有线电视网络运营商破釜沉舟的决心,因为原来的有线电视网络业务模式已经举步维艰。受移动互联网、IPTV、OTT TV(互联网电视)、短视频及各种App等的冲击,有线电视的用户和市场正在不断流失。

这次拟参与组建中国广电股份公司的11家地方广电上市企业,包括歌华有线、天威视讯(002238.SZ)、东方明珠、贵广网络(600996.SH)、广西广电(600936.SH)、江苏有线(600959.SH)、湖北广电(000665.SZ)、华数传媒(000156.SZ)、广电网络(600831.SH)、吉视传媒(601929.SH)、电广传媒(000917.SZ),它们2020年一季度的净利润全部都出现同比负增长。

今年2月底,中宣部等颁发的《全国有线电视网络整合发展实施方案》指出,以5G建设为契机,推动全国有线电视网络整合发展。由中国广播电视网络有限公司牵头,联合省级有线电视网络公司、战略投资者等共同组建中国广电网络股份有限公司(暂定名),实现全国有线电视网络的统一运营管理。

今年3月,中国广电700 MHz频段提案获得移动通信国际标准组织3GPP采纳列入5G国际标准,成为全球首个低频段大带宽5G国际标准。全国有线电视网络整合发展实施方案的红头文件,以及手握700 MHz频段的5G牌照资源,成为广电系企业扭转命运的两大"武器"。

过去几十年,全国各地广电系统及机构对于其手上的700 MHz频段资源

## 十五、如数家珍

只是用于公益属性的广播电视业务（如地面数字电视、移动电视、CMMB等）。如今，各省都由相关地方政府机构联合当地委办局共同对 700 MHz 频段资源开展了"清频及重新规划"工作，为其在 5G 通信领域的商业应用铺平道路。

今年 5 月，中国移动与中国广电（中国广播电视网络有限公司）签订 5G 网络共建共享的合作框架协议。今后，中国移动 5G 网络的 2.6 GHz、4.9 GHz 频段与中国广电 5G 网络的 700 MHz、4.9 GHz 频段可以共建共享。这也意味着，中国移动也可以共同享有 700 MHz 频段的使用权。

如今，中国广电股份公司呼之欲出，将引入新技术、新机制、新模式，重新激发广电板块的活力。新技术是 5G 通信技术；新机制是"全国一张网"、股份制企业；新模式是传统有线电视网络与移动通信网络的结合，广电业务与增值业务嫁接。

所以，11 家广电系上市公司拟参与组建中国广电股份公司、广电"全国一张网"雏形初现仅仅是一个开始，下一步的关键是 700 兆频谱与 5G 牌照资源的商业化、如何与市场资源的对接。中国广电股份公司将引入怎样的战略投资者，引人遐想。

未来，中国广电的 5G 牌照资源、各地有线电视网络运营商的现有网络资源，以及战略投资者带来的资金、技术、人才和 5G 商用业务等方面的资源，将产生化学反应。所以，广电系上市公司在资本市场的表现值得继续期待。

2020 年 6 月 1 日

分享链接

# 牵手京东、拼多多后，国美这个"6·18"能翻多大盘？

国美零售（00493.HK，下称国美）6月2日股价大涨19%至1.19港元/股。上周四晚，国美公告与京东达成战略合作，向京东发行1亿美元可换股债券，转换价为每股1.255港元。一个月前，拼多多用2亿美元购买国美可转债才刚完成。国美接连牵手拼多多、京东，这个"6·18"能否翻盘？

今年"6·18"是国内新冠肺炎疫情平复之后首个大型促销节点，战火仍十分激烈。淘宝6月2日公布6月1日直播一天成交支付金额超过51亿元，号称天猫"6·18"一开局就锁定绝对主场。京东在电梯间滚动播出第17个"6·18""不负每一份热爱"的广告。苏宁则打出比京东便宜10%的旗号。

不过，今年"6·18"赛场上的一些"画风"与往年已截然不同。去年此时，国美召开媒体会，发布"6·18"促销政策，称某某产品比京东便宜多少；京东家电早已发布了年度战略，准备在重庆等城市陆续设立上万平方米的超级体验店，加上县乡加盟店，三年内在线下再造一个京东家电。

京东不仅在线下想直接挑战国美、苏宁在中心城市的大卖场，在线上还防着以社交电商起家的拼多多。京东曾借势腾讯手机QQ，也大力拓展社交电商的供应商体系，希望黏住更多的年轻用户。如今，国美与京东、京东与拼多多从"对手"变为"队友"，通过业务与资本形成新的"铁三角"。

继进驻拼多多之后，今年国美官方旗舰店也进驻了京东。今年"五一"直播活动中，国美已从与京东、拼多多的联动中尝到甜头。拼多多和京东在直播中提供强有力的平台交易和推广支持，用户除了可以在国美美店微信小程序下单，还可以在拼多多、京东、抖音观看和下单，当天成交达5.3亿元。

其实，去年年底京东重庆超级体验店开张之时，线上与线下渠道之间剑拔弩张的竞争形势已到达了顶峰。如果京东在一线城市的超级体验店"试水"成功，国美在线下大卖场的门槛将被冲垮。为什么曾经斗得你死我活的对手如今握手言和？也许是疫情让大家看到"斗则两伤，合则双赢"。

国美凭借在线下上千门店的资源，有更丰富的中高端家电产品的供应链和服务资源，以及线下零售管理经验。在一季度国内家电市场同比大降36%、线下渠道受到冲击的情况下，京东没必要再"浪费子弹"，在线下"烧钱"。对国美来说，从线上获取流量不是选项，而是生存的必由之路。

京东与拼多多何尝不是？拼多多的活跃用户已达6亿多，比京东3亿多活跃用户几乎多了一倍，拼多多的市值已经超过了京东。但是，两者的用户群还是有明显差异的，京东的用户更多在一二线中心城市，拼多多的用户更多在三四线城市及乡镇市场。而它们面对抖音、快手等迅速崛起的直播电商，都需要从国美获取更多中高端家电产品的供应链和服务资源，来进一步提高客单价和用户忠诚度。

这个"6·18"促销季将是检验国美、京东、拼多多新"铁三角"含金量的一个重要的时间窗口。国美美店、拼多多、京东等还会联手举行几场大型的直播销售活动。几家的合作不只是表面上的热闹，今后线上线下用户之间的相互引流将会常态化，下一步更大"杀伤力"的动作也许还在于联合采购、共享仓储物流资源。

用户从京东、拼多多拿到优惠券后，既可以到国美门店体验，也可以当场下单，或者回家在国美微店或京东、拼多多上下单。配送上门的产品，既可以从京东的仓库发出，也可以就近从国美的门店发出，未来国美上千门店将变为线下的"前置仓"，线上线下渠道的仓储资源将打通。国美门店的店员也可以在线上、线下灵活转换角色，既可在门店做促销和服务，又可变身微信社群里的带货主播。

2020年，线上线下渠道，从用户、卖家到仓储资源，都更加彻底、更加充分地融合在一起。今后，国美计划与京东家电一起联合采购，过去厂家为了"应付"它们，要分开线上、线下不同的产品型号，做好渠道区隔，一旦线上线下渠道产品型号打通之后，整个家电产业链的运营效率将大大提升。国美、京东、拼多多的合作被视为归于"泛腾讯系"的大旗下，相对而言，天猫、苏宁则属于"泛阿里系"。面对新形势，两大阵营内的营销、物流、供应链等线上线下资源都将深度打通。

国美近年积极向新零售转型，但无论向非家电商品拓展，还是社交电商，都似乎欠缺一点火候。如今通过开放商品、店面和服务资源，换取流量和数字化转型的突破，"凤凰涅槃"此役不可谓不重要。

2020 年 6 月 2 日

分享链接

# 中国 OLED 产业三路齐发,
# 与韩企并跑至少还要两三年

随着 5G 时代的到来,显示将无处不在,具备轻薄、自发光、柔性显示功能的 OLED 将迎来快速发展的机遇期。6 月 22 日,维信诺发布 360 度折叠柔性 OLED 手机屏,而几天前 TCL 科技拟斥资 20 亿元战略入股日本 JOLED,促进大尺寸喷墨印刷 OLED 面板量产。

今年国内还掀起硅基 OLED 的投资热,但笔者认为,中国 OLED 产业正从大尺寸、中小尺寸和微型三路齐发,而要实现与韩国企业并跑至少还要两三年。

随着韩国三星、LG Display(LGD)逐步淡出液晶面板领域,中国大陆企业在全球液晶面板市场的份额有望首次突破 50%。韩国企业转而加快向 OLED 领域转型,中国要实现下一代显示器件与国际先进水平同步发展的目标,必须在巩固液晶地位的同时,在 OLED 领域快步跟上。

5G 智能手机将进入量产阶段,群智咨询预测,2020 年全球 5G 智能手机销量约 2.31 亿部,其中,中国大陆 5G 智能手机销量约 1.46 亿部。随着 5G 时代到来,具备轻薄、自发光、柔性显示功能的 OLED 将迎来快速发展的机遇期。

我国在中小尺寸柔性 OLED 上的追赶势头最猛。京东方、TCL 华星、深天马、维信诺等都在加码 6 代柔性 OLED 面板生产线的投资和建设。

目前国内已有 10 多条 6 代 OLED 产线,业内预计两三年后,中国中小尺寸 OLED 尤其是柔性 OLED 面板的产能将逼近韩国企业。不过,在大尺寸 OLED 领域,中国企业仍有待破局。

三星在全球中小尺寸柔性 OLED 面板市场垄断的局面已被中国企业改写,但是 LGD 至今仍是全球唯一的大尺寸 OLED 面板供应商。今年,三星斥资百亿美元投入 QD OLED 领域，欲在大尺寸柔性 OLED 领域与 LG Display 分庭抗礼。

相比 LGD 的白光 OLED、三星的 QD OLED，TCL 华星和京东方都希望在喷墨印刷 OLED 上另辟蹊径，实现在大尺寸柔性 OLED 面板上的突破。今年受疫情影响，全球面板业都承受经营压力，也提供了联合的良机。此次 TCL 华星入股有印刷 OLED 量产经验的 JOLED，将助力其两三年内量产大尺寸印刷 OLED 面板的目标实现。

除了中小尺寸柔性 OLED、大尺寸 OLED，微型 OLED 也成为国内投资热点。与大尺寸 OLED 主要用于电视、中小尺寸 OLED 主要用于手机和车载不同，微型 OLED（或称硅基 OLED）主要用于 AR（增强现实）、VR（虚拟现实）等近眼式显示和投影系统，也是信息化军用装备的核心显示器件。

国内主营微型 OLED 的奥雷德今年已完成上市辅导，即将赴科创板 IPO。此前，奥雷德与京东方在昆明的合资公司已建成 8 英寸硅基 OLED 项目，2019 年 12 月又宣布投资 34 亿元上马 12 英寸硅基 OLED 项目，主要产品是 0.99 英寸、1.31 英寸 OLED 微显示器件，预计 2021 年点亮。其对手合肥视涯的硅基 OLED 项目也预计 2021 年满产。

新的玩家还在不断涌现。今年 4 月，维信诺旗下昆山梦显的 OLED 微显示器项目进行环评公示，拟投资 3.6 亿元，形成每年 60 000 大片 OLED 微显示器的产能。今年 5 月，熙泰科技在浙江湖州总投资 120 亿元、年产 25 万片硅基 OLED 微型显示器的项目签约。

在中国 OLED 产业联盟常务副秘书长耿怡看来，今年 OLED 产业有三个亮点：一是采用了柔性 OLED 面板的折叠屏手机受热捧；二是三星加大在大尺寸 OLED 领域的投资；三是硅基 OLED 迎来投资热潮。她提醒说，中国在全球液晶显示领域已进入无人区，如何兼顾 OLED 技术是中国企业的挑战之一。

事实上，吸取了液晶产业的经验教训，中国要尽快缩小与韩国在 OLED 上的差距，必须产业链协同发展。可喜的是，OLED 上游设备和材料也备受青睐。今年 6 月，小米以 1.44 亿元入股 OLED 上游设备商智云股份

5.37%。今年 4 月，国内 OLED 材料供应商奥来德在科创板 IPO 获得受理。而 TCL 科技与 JOLED 的合作内容之一就是大尺寸喷墨印刷 OLED 设备的设计开发。

2020 年 6 月 23 日

分享链接

# 家电业流行相互举报，良性竞争才能保障行业健康发展

经常公开揭发行业不规范行为的"打假斗士"格力电器董事长兼总裁董明珠，这次遭到了对手举报。格力今年参与中国移动高压离心式冷水机组集中采购项目招标，获得中标资格后被投诉造假，被中国移动取消中标资格。格力电器回应称系申报材料整理失误，非虚标能效和技术参数。

此次投诉格力的，被曝是同时参与该项目招标的竞争对手美的，美的至今没有就此事作出回应。据了解，为了获得中国移动的这一合同，相关候选人都举报了对方。格力还在回应的声明中称，广东某某同行企业利用此次事件恶意诽谤攻击格力，将保留追究其法律责任的权利，矛头也暗指美的。

格力电器、美的集团都是中国家电业的龙头企业，也是国内A股家电类上市公司中市值最高的两家公司，更是全球空调业的"双寡头"。竞争之中，你来我往，产生摩擦，难以避免。笔者认为，相互监督无可厚非，良性竞争才是促进中国家电行业健康发展的根本保障。

双方向来有不少积怨。曾几何时，美的推出"一晚一度电"的节能空调，董明珠多次公开指责"一晚一度电"是虚假宣传，还多次公开指责美的等竞争对手到格力"挖人"、是"小偷"；美的与小米战略合作，董明珠又称是"小偷与小偷在一起"。格力与美的还曾因知识产权纠纷而对簿公堂。

2019年年初，董明珠在格力电器临时股东大会上对2018年的公司业绩作出预测，被证监会警示要注意上市公司信息披露的规范。格力电器独立董事刘姝威随后公开发文指出，美的集团董事长方洪波在公开场合演讲时也涉及公司业绩预测，结果美的集团和方洪波也收到证监会的警示。

与"格美之争"相比，"格奥之争"更为激烈。董明珠不仅多次公开指责奥克斯到格力"挖角"，在2019年"6·18"电商促销季前夕，格力还公开举报奥克斯空调能效虚标。一年之后，奥克斯空调因利用能效标识进行虚假宣传被罚10万元。董明珠去年11月演讲时说："对劣质产品不发声，就是对

## 十五、如数家珍

市场不忠诚",企业发展"与斗是分不开的"。

去年6月14日,国家发改委等七部委联合下发《绿色高效制冷行动方案》,提出三年内空调能效提高30%、严厉打击能效虚标、鼓励企业互查等监督行为。

在宣贯会上,董明珠曾表示,格力会购买多个同行的空调产品来拆解,如有能效虚标都会举报。由于有对手也曾指责格力部分产品能效不合格,董明珠表示,格力也愿意接受社会的监督,将在内部各部门之间展开"挑刺行动","跟自己过不去,才能满足消费者的需求"。

身正不怕影斜,谦虚使人进步。依法依规相互监督,有利于行业的良性竞争。但同时值得注意的是,经过改革开放40多年的发展,中国家电业从激烈竞争中获得的全球行业地位来之不易,龙头企业要真正转型为跨国科技巨头仍任重道远。所以,避免"口水仗"和恶性竞争,聚焦技术创新和品牌建设,在良性竞争中,才能实现企业和行业的健康发展,在全球树立"中国制造"的正面形象。

2020年7月4日

分享链接

# 智能电视运营市场熟了？

新冠肺炎疫情催热"宅经济"，今年智能电视激活率飙升，引发新一轮互联网电视运营大战。

创维集团（00751.HK）7月15日公告透露，将分拆旗下的互联网电视运营子公司酷开独立上市；海信视像（600060.SZ）互联网电视运营的子公司聚好看7月24日将联手爱奇艺在电视端首映4K电影《征途》；TCL电子（01070.HK）旗下的互联网电视运营子公司雷鸟科技将扩大与腾讯的关联交易。

这背后，是2020年中国智能电视运营市场的快速成长。据勾正数据的研究报告，2019年中国家庭互联网电视（又称OTT，over the top，通过互联网提供服务）的渗透率已达48%，今年预计会超过50%。今年1—4月，OTT用户日活率平均达到50%，日均开机用户数超过1.1亿，环比增长20.3%。

OTT用户运营已经到了可以看到用户价值的阶段。像创维旗下的酷开智能电视运营系统，今年前三个月的互联网增值服务收入达2.64亿元人民币，同比增长36.1%。截至2020年3月31日，酷开系统在中国的累计智能终端数达4 679万，月活跃用户量3 045万，其中，日均活跃用户量1 899万。受新冠肺炎疫情影响，中国居民减少外出，酷开系统的活跃用户及互联网增值服务收入均录得可观增长。

酷开公司早在一两年前就有酝酿上市的构想，它不只运营创维、酷开品牌的互联网电视，还输出服务，承接了一些其他品牌互联网电视的运营业务，近年保持了高速成长、高利润率。加上创维集团在香港联交所的市值被低估，股价低于每股净资产，所以一直想分拆酷开单独上市。

如今，酷开系统不仅有智能电视运营系统，还有智能家居运营系统。之前，百度旗下的百瑞翔创投、爱奇艺已分别在酷开中战略入股11%和4.13%，并与酷开开展智能语音、服务搜索、娱乐内容的合作；腾讯旗下的林芝利创也战略入股酷开6.9%。

作为创维的劲敌，海信旗下的互联网电视运营子公司聚好看近年也发展迅猛，涵盖了影视、购物、教育、游戏及相关应用的功能。两年前，阿里巴巴、爱奇艺都认购了聚好看公司定向增发的股份，在聚好看共持股10%。有意思的是，爱奇艺副总裁段有桥同时在酷开和聚好看担任董事。

聚好看与酷开一样，覆盖智能电视运营系统和智能家居运营系统。截至2019年年末，海信互联网电视全球用户数突破5127万，同比增长29.44%；国内日活用户数超过1850万，同比增长32.14%；日均观看时长达334分钟，付费用户同比增长143%。

TCL科技今年6月22日公告，旗下的互联网电视运营子公司雷鸟科技上调与腾讯关联交易的金额。目前，腾讯控股旗下的腾讯数码在雷鸟科技中持股16.67%。雷鸟科技去年收入5.5亿港元，同比增长50.7%。今年前四个月，雷鸟科技实现收入2.7亿港元，同比增长67.6%，其中，会员业务及增值业务收入分别同比提升74.8%和215.1%；净利润达1亿港元，同比增长103%。

创维集团总裁刘棠枝曾告诉笔者，彩电已是存量市场，关键要提高运营利润，所以，互联网电视运营业务越来越重要。事实上，互联网电视运营业务既可以增加利润，还可以增加用户黏性，从而反向拉动电视销量。

酷开拟分拆上市、聚好看推动电影在电视屏首映、雷鸟筹划新一轮融资，以及BAT入股互联网电视运营公司、抢占家庭互联网入口，这些都显示互联网电视运营市场日益升温，但是否已经成熟仍是众说纷纭。

国内OTT渗透率持续提升，但是总体广告营收规模还是偏小，只有百亿元左右，付费用户有待进一步挖掘，智能生活的增值业务还在培育之中。移动互联网的流量红利已经见顶，家庭互联网被视为蓝海，大屏价值如何才能真正兑现？需要打通IPTV、OTT及DTV（有线电视）用户之间的大数据、不同品牌电视机之间的大数据以及电视屏与手机屏之间的大数据；还需要打通电视与各种智能家电、各种生活服务之间的数据……要走的路还很长。

2020年7月20日

分享链接

# 家电自营渠道新一轮"三国杀"上演

尽管上周国美零售（00493.HK，下称国美）与京东集团（09618.HK，下称京东）首次启动300亿元家电的联合采购，但是合作背后的竞争却丝毫没有减弱。京东全资收购五星电器后将其更名为京东五星电器，制定了三年"一城一店"、五年"线下再造一个京东家电"的计划。国美则成立线上平台，任命原百度高级副总裁向海龙为CEO，被视为大股东黄光裕假释后的首个大动作。它们的老对手苏宁易购（002024.SZ，下称苏宁）则扩大与华为等的生态合作。家电自营渠道正上演"三国杀"。

今年新冠肺炎疫情使线下渠道受到冲击、直播电商兴起和短视频平台勃发，给家电销售渠道带来很大变化。奥维云网（AVC）的全渠道推总数据显示，2020年1—5月国内线上家电零售量占比首次突破七成，成为家电市场的绝对主流。与此同时，抖音、快手等短视频平台迅速抢占直播电商的风口。所以，今年以来，原来"对峙"的线上线下家电渠道阵容，消融界限、跨界合作。拼多多、京东先后斥资认购国美的可转债，并进行战略合作，国美旗舰店进驻拼多多和京东平台。

8月10日，国美和京东启动300亿元联合采购计划，是此前合作的深化，使双方的合作涵盖资本、流量、供应链、物流、采购和服务的全价值链。中国电子信息产业发展研究院发布的《2020年上半年中国家电市场报告》显示，上半年中国家电行业整体零售3 690亿元，同比下降14.13%。显然，后疫情时代，国美和京东从"对手"变为"队友"，联合采购可以扩大采购规模，降低采购成本，在复杂的竞争环境下，向厂家拿到更有利的产品和价格，获得更多竞争筹码。

但是，如果认为"天下大同"，那真是错觉。通过联合采购，京东共享了国美线下渠道的中高端家电、定制化产品和包销产品，国美也共享了更多新兴网红潮流家电和非家电商品。它们互换了一下"兵器"，但是"仗还是要打的"。

联合采购启动的两天后，京东8月12日在全资控股五星电器的发布会上宣布，到2025年，京东将在一线城市开设20家京东电器超级体验店，在地级以上城市以"一城一店"模式开设300家京东电器城市旗舰店，开设5000家乡镇店。五星电器是中国家电连锁第三强，目前各类门店超过1000家，未来将升级为京东五星电器双品牌门店，并向线上线下融合全渠道模式转变。

想想看，如果五年内，京东在一线城市开设5—10万平方米的体验店、在地级市开设1—2万平方米的旗舰店的计划实现，那么目前国美、苏宁在一二线城市大卖场的"护城河"将受到严重威胁。因此，虽然上半年国美在京东平台的GMV预期增长超过100倍，但其必须在竞合中找到新的"杀手锏"。

有意思的是，8月13日，国美宣布成立线上平台公司，任命向海龙为公司CEO。国美有中高端家电供应链和线下门店的优势，但是缺乏流量，今年建立超10万个社群，联手拼多多、京东，与央视新闻在全国做巡回直播带货，借力抖音，都是为了接入流量。不用怀疑，上半年国美的总GMV肯定是逆势上升的，但是怎么发展壮大自主可控的线上渠道和平台才是关键，也是向海龙的重任。

这边京东与国美在竞合，那边苏宁也在加码供应链竞争力。8月11日，苏宁零售云合作伙伴大会召开，同日，苏宁与海尔敲定三年内1010亿元销售规划；次日，苏宁与华为消费者业务签订了三年全场景生态合作协议，销售目标拟翻倍增长，苏宁当天还与海信达成合作。苏宁想通过三年采购规划，提高供应链的效率，让同等品质的商品价格更便宜，来与国美、京东的采购联盟"对垒"。

京东、苏宁至今仍为谁是家电零售行业第一而"打口水仗"。据全国家用电器工业信息中心的数据，2020年上半年，苏宁在国内家电零售额中占23.9%，京东占17.2%，天猫占10.3%，国美占5.2%，五星电器占1.2%，其他占42.3%。而据中国电子信息产业发展研究院发布的数据，京东稳居2020年上半年国内家电零售市场全渠道第一位。其实，表面的"虚名"并不重要，由于直播电商方兴未艾，家电渠道的流量入口正在"重构"，在乱局中关键要扎稳供应链和销售端口的"马步"。

环视"赛场"，天猫是电商平台，不做自营业务；京东主要做线上自营电商和平台电商，现在"吞下"五星电器，全力开拓到线下；国美则努力克服电商短板，积极拓展微信小程序的"微商"、社群营销和线上平台；苏宁在巩固自营业务的同时,积极发展平台业务,未来十年将构建"10万商户+10万门店"。所以,撇开天猫,在家电自营渠道领域,苏宁、京东、国美都在深化线上线下融合,"三国演义"的竞争将越来越激烈。

黄光裕今年 6 月 24 日获假释出狱,这次"出手"成立国美线上平台公司,旨在通过产品、技术赋能,为公司电器、家装、生鲜及火锅食材等各业务模块赋能。未来的 5G 通信时代,都是场景销售,任何物品"扫码"即可购买,家电多是耐用消费品,要提升消费频次,必须扩张零售业务边界,才可有更强的用户黏性。从这个角度看,国美在新一轮"三国杀"中要补的课最多。

2020 年 8 月 16 日

分享链接

十五、如数家珍

# 方洪波减持，格力集团"移情别恋"，家电业转型不易

家电业两个"三好学生"美的集团（000333.SZ，下称美的）和格力电器（000651.SZ）最近有两个相关的新闻，让人从侧面感到家电业转型升级的不易。

首先是美的集团董事长兼总裁方洪波9月2日大笔减持美的股份，他原持有美的1.17亿股股份，这次卖掉2000万股，减持参考市值达13.62亿元，减持成交均价为68.12元。美的市值7月底已突破5 000亿元，如果短期内将很容易再攀高峰，他是否会选择此时进行任内的首次大笔减持呢？

其次是格力电器原大股东格力集团与小米集团战略合作。今年年初，格力集团完成出让格力电器控股权，后来格力电器受疫情和渠道变革因素影响而业绩波动，格力集团可谓"高位套现"。如今它扶持小米集团完善集成电路、人工智能、工业互联网等领域布局，为何当初不支持格力电器呢？

美的集团目前是国内A股市值最高的家电类上市公司。今年7月初市值站稳4 000亿元时，美的集团的创始人、实际控制人何享健曾请美的集团高管层吃饭。没想到过了约20天，7月29日美的集团就迎来了市值首次突破5 000亿元的高光时刻，当日收盘股价71.63元，美的内部都举杯相庆。

今年上半年，美的集团实现营业收入1 390.67亿元，同比下降9.56%，归母净利润139.3亿元，同比下降8.29%，虽然受疫情影响而业绩下降，但降幅在中国三大白电龙头公司中是最小的。不过，保持营收规模、净利润、市值的领先，并不意味着美的可以高枕无忧。

今年7月，美的集团中国区总裁吴海泉在介绍美的推进渠道变革、覆盖不同应用场景的做法时指出，以用户为中心，最关键的还是有创新性的好产

品。美的高端子品牌 COLMO 的相关人士私下交流时说，期待一款颠覆式创新的产品把 COLMO 品牌引爆。

何享健曾提出美的两个"5 000 亿"的目标：一个是市值 5 000 亿元，已经达到；另一个是营收 5 000 亿元，预计实现还要三五年。美的通过数字化转型，运营效率领先已经做到，但是真正引领行业的产品还在孕育之中。

对于方洪波的减持，美的集团回应称，因方总个人资产配置需要，且系首次减持；交易受让方以海外投资机构为主，会继续长期持有，且根据法规要求交易后六个月内受让方也不得减持；未来三季度美的基本面继续向好，预计单季收入将实现强势增长。这些均需时间来验证。

另一白电巨头格力电器，其原大股东格力集团 9 月 3 日与小米集团等签署战略合作协议，将出资 35.45 亿元参与投资和管理由小米集团发起的小米产业基金，围绕集成电路、人工智能、工业互联网、核心装备、前沿科技等领域的小米生态链和优质供应商进行深度布局。

格力电器、小米集团都是从珠海起家的知名企业。今年上半年，格力电器实现营收 695.02 亿元，同比下降 28.57%，归母净利润 63.62 亿元，同比下降 53.73%。今年年初，格力集团将所持格力电器 15% 的股权以 416.6 亿元的价格转让给高瓴资本，仅保留格力电器 3.22% 的股权，成为小股东。

格力电器董事长兼总裁董明珠与小米创始人雷军过去曾有一个"10 亿赌约"，董明珠险胜，去年格力电器总体营收仍高过小米集团，但是今年一季度已被小米集团超越。当下，格力面对着空调业受房地产调控和疫情双重影响下收缩的挑战，并经历由以线下渠道为主向新零售转型的阵痛。

一方面，空调业整体营收规模如何保持稳定增长，从美的手中夺回空调"一哥"的地位；另一方面，冰箱、洗衣机、小家电、智能装备等新兴业务如何突围发展，形成更显著的规模。更重要的是，格力产业链上下游的各个环节，如何通过数字化转型提升整体的运营效率。这些都是董明珠面对的课题。

作为国资公司的格力集团让出控股权，让格力电器可以用更加市场化的机制来跨越式发展。有意思的是，格力集团这次支持小米集团的工业互联网、核心装备、集成电路、人工智能等领域，正是格力电器目前急需深化布局的。"格力电器+高瓴资本"和"格力集团+小米集团"，谁会赢？

总之,美的集团还缺乏引领行业的颠覆式创新产品,格力电器的多元化和数字化期待真正破局。作为家电业市值排第一、第二的龙头公司尚且如此,中国家电业要实现由大到强,显然仍需更多努力。

2020 年 9 月 6 日

分享链接

# 手机企业要革彩电业的命，路还远

该来的还是会来。半年前 OPPO 做电视的传闻如今成真。10 月 19 日晚，OPPO 首次正式发布电视产品。至此，中国主流的手机企业都已涉足彩电业。不过，与小米、华为跨界时引发的轰动效应相比，OPPO 做电视在家电圈几乎没有激起半点浪花。大家已经见惯不怪了。

手机与电视，小屏与大屏，融合的趋势更加彰显。今年 5G 通信开始大规模商用，万物互联的时代扑面而来。手机灵活操作的用户界面，电视大屏显示的视觉冲击力，一旦结合，将碰撞出更多应用场景和服务。显示无处不在、多屏联动、信息内容随人而走，将不再是梦想。

当然，手机企业跨界还有一个重要背景，就是全球手机市场销量增长遇到瓶颈。尤其是今年新冠肺炎疫情令手机需求下滑，预计 2020 年全球智能手机的出货量为 11.87 亿部，将比 2019 年的 13.72 亿部减少 13.5%。彩电与手机的渠道、供应链有相通之处，顺延到彩电领域可以增加多元化收入。

它们更大的野心在于完善家庭 AIoT（智能物联网）的生态。未来，家庭中联网的设备可以达到几十种之多，空调、冰箱、洗衣机、净水器、空气净化器、安防设备、扫地机器人、油烟机、炉灶、洗碗机、热水器、电饭煲……大屏能够一目了然，成为中控中心，因此，手机企业也觊觎大屏的话语权。

不是每个人都能成功。既做手机也做电视的乐视，红极一时，轰然倒下，现又重生。小米以低价冲上了国内彩电出货量首位，尽管增长放缓。华为与荣耀一起以"智慧屏"重新命名电视，份额还有待提升。OPPO 控股子公司一加去年在印度首发彩电，先行试水，如今 OPPO 也在国内发力。

在手机企业的跨界冲击之下，彩电业"变天"了吗？可以说变了，也可以说并未根本改变。

从竞争格局看，群智咨询的数据显示，2020 年上半年中国电视市场品牌出货量排行中，小米以 420 万台居首位，但是其出货量同比下降 12%。随着面板供需趋紧及价格上涨，小米电视下半年的增长压力变大。奥维云网的数

## 十五、如数家珍

据显示，截至今年10月18日，小米电视在国内彩电线上渠道的销量份额同比下降5.7个百分点至21.1%，排在第一位；在线下渠道销量份额为0.8%，排第十二位。

小米电视向来以性价比收割市场，今年新冠肺炎疫情和房地产业低迷使彩电市场需求不振，价格敏感型消费减少，追求更高品质的升级换代型消费相对稳定，所以，小米电视出现销量波动。小米最近推出了透明OLED电视等新品，欲提升品牌溢价，高端化能否成功将决定其行业地位是否稳固。

相比之下，TCL、海信、创维等传统彩电龙头企业表现出了"韧性"，并学会了"师夷长技以制夷"。它们凭借供应链的优势，不断迭代创新产品。更重要的是，AIoT已经成为它们的核心战略。TCL有上游华星光电面板资源的支持，今年推出了5G 8K的量子点电视；海信押宝激光电视；创维是国内首家具备OLED电视模组自制能力的企业。它们都在持续扩大家庭互联网和智慧商用显示的生态和"朋友圈"。

奥维睿沃的数据显示，2020年1—8月全球品牌电视出货量份额排名中，TCL以11.1%并列第二名，海信以8.5%列第四位，小米以5.7%列第五位，创维以4%列第六位。截至2020年10月18日，国内彩电线上渠道销量份额排名前八依次是小米、海信、创维、TCL、海尔、长虹、康佳、酷开；线下渠道销量前八为海信、TCL、创维、康佳、海尔、长虹、索尼、三星。

小米是"杀出来"了，华为带来了新概念，但是说彩电业彻底"变天"还为时过早。正如Omdia中国区研究总监张兵所言，在彩电市场低迷、上游面板涨价的时候，新品牌进入"成功的挑战较大、可能耗费的时间也会较长"。市场调查公司洛图科技预计，OPPO电视2020年的出货在10万台级别，这在国内彩电市场一年约4 000多万台的销量中占比甚微。

有意思的是，国内彩电市场这几年退出或没落的，反而是一大批跟着乐视蜂拥而至的互联网新兴品牌，如微鲸、17TV、看尚、风行等。传统的主流电视品牌虽然被抢走了一些份额，但根还在。

2020年10月21日

分享链接

# 十六、娜姐笔记

李 娜 | 第一财经高级记者,关注科技行业,在手机、通信以及芯片领域具有超过十年的报道经验。
lina@yicai.com

## 5G手机厂商的全球之战,人才抢夺只是个开始

2020年的第一个工作日,被称为"万磁王"的联想手机高管常程正式加入小米。惜才的雷军发了个朋友圈,欢迎这位在联想已经呆了19年的手机老将加入。

这本应该是一次正常的工作变动,但常程高调而略显仓促的转身,还是让联想陷入尴尬。两天前的官方回应还是:"基于个人身体健康和希望有更多精力照顾家庭的原因离职",今天表示:"公司与所有高管均签有竞业禁止条款,如确有违约,公司将在法律框架内寻求问题的妥善解决。"

此刻,新年的味道里糅杂了一些火药的味道。

但这并不是孤例,头部科技企业之间人才抢夺的暗战早在去年已经开打。前有芯片厂商高管抱怨手机厂商把招聘地点设在自家公司门口,后有手机厂商开出两倍甚至三倍薪酬从同行挖人。

在5G即将起量的关键节点,这或许会成为今年的常态。

GfK的数据显示,2017年到2019年,中国手机品牌占全球销量的份额持续增长。2019年,中国手机品牌占全球销量的份额已超过一半,达到54%。盘面下降,体量上升,竞争全球化成为中国手机厂商绕不开的新征途。而随着5G商用的开启,2020年将成为全球手机市场的特殊时间窗口,下半年开

## 十六、娜姐笔记

始进入发展快车道。

GfK 称，2020 年，全球 5G 手机市场零售量将达到 1.7 亿台，中国 5G 手机零售量将占全球 5G 手机零售量的 65%。

在这样的市场机会下，手机厂商特别是中国的手机厂商不会放弃任何一个可以进攻的机会，换机潮让头部手机厂商们垂涎欲滴，尤其是在国际舞台上，它们更加需要有经验有能力的人才加入。

从市场层面来看，联想和华为在全球化的布局上早于其他厂商，高端人才也成为市面上抢手的"香饽饽"。从自身职业生涯来看，对于国内的二三线手机厂商的高管来说，这也许也是转换跑道的最后机会。

可以看到，手机头部厂商的向下挤压，让二三线手机品牌的生存空间越来越小。来自 IDC 的数据显示，2019 年第三季度，国内"其他"厂商的出货量为 510 万台，不到去年同期出货量的一半，市场占比也从去年同期的 12.1%下滑至 5.1%。

从常程的离职来看，联想手机的中国业务已被其他头部厂商拉开了差距。这几年，联想手机数次易帅，不过均未带领联想手机重返中国市场前五的行列。常程在任期间，因推出 Z5、Z5 Pro 等多款产品，让联想成为 2018 年出货量增速最快的手机品牌，进入了前十。但在份额上，中国市场份额仍未有明显起色。

联想集团董事长杨元庆每次财报时均会对外强调，不会放弃中国区市场，但联想手机要聚焦在盈利市场，亚太新兴市场不会作为重点发展。

所以说，在硬件同质化严重以及市场门槛越来越高的前提下，二线厂商的存活很难"小而美"，研发资金不足、供应链缺乏话语权让很多高端人才无法施展才华也是事实。

2020 年 1 月 2 日

分享链接

# 鸿蒙发布 5 个月，华为的生态战略进展如何

尽管 2019 年华为在全球卖出了 2.4 亿部智能手机，但海外市场的重新提振以及生态系统的补洞速度才决定了这家企业未来能走多远。

在近日召开的冬季达沃斯论坛上，华为创始人任正非表示，鸿蒙系统已经上网，未来会应用到华为旗下手机、平板、电视等系列产品。这是华为创始人对鸿蒙的最新表态。

关于鸿蒙，华为消费者业务软件部总裁王成录曾表示，华为手机仍然会优先选用安卓，实在用不了才会用鸿蒙。此外，鸿蒙系统也在不断完善和成熟的过程中，预计今年 8 月正式全面开源。

另一个值得关注的动作是，就在最近，华为在海外低调发布了带有谷歌应用的 P30 Lite 智能手机新版本，由于只是升级了内存和存储容量，新版本依然可以使用谷歌的应用，包括 Gmail、YouTube、云端硬盘、地图和其他软件。

这种做法被海外媒体视为华为挽回市场销量的一种补救方式，短期来看，华为依然愿意将谷歌视为海外生态的首选。但从生态补洞的速度上看，华为显然不愿意仅仅就此"被动"等待。

笔者注意到，几乎是在同一时间，华为在英国宣布了一项 2 000 万英镑的投资计划，以鼓励英国和爱尔兰的开发者将应用程序整合进入"HMS"华为移动服务生态系统。在亚太一些国家，华为也在拿出真金白银加速推进这一计划的落地。

HMS 即 Huawei Mobile Services，在去年的华为开发者大会上首次对外亮相，与鸿蒙系统相辅相成。类似于谷歌的 GMS 移动服务，HMS 包含一整套开放的 HMS Apps 和 HMS Core、HMS Capabilities、HMS Connect，以及相应的开发、测试的 IDE 工具。其中，HMS Apps 包括云空间、智能助手、应用市场、钱包、视频、音乐、阅读和生活服务等组成的核心应用。

# 十六、娜姐笔记

在生态补洞环节，HMS 也被华为终端内部视为"油箱"，用以支撑终端整架"新飞机"的转动。

在最新公布的一组数据中，华为的全球注册开发者已经超过 130 万人，全球接入 HMS Core 的应用数量超过 5.5 万款，笔者注意到，这个数字比 5 个月前第一次公布 HMS 时的 101 万开发者多了 30%，而 HMS Core 4.0 版本也在近日正式上线。

在新的版本中，HMS 新增了一些新能力，包括机器学习服务、情景感知服务、统一扫码服务、近距离通信服务、全景服务等。但对于是否将用这套生态替代谷歌，华为始终没有给出明确的信号。

不过，在 2020 年新年致辞中，华为轮值董事长徐直军曾表示，HMS 生态的建设和发展是智能终端海外销售的必要条件。2020 年，华为要全力打造 HMS 生态，支持智能手机在海外可销售以及促进应用伙伴创新。

这似乎在释放一个信号，无论实体清单在未来是否存在，HMS 生态的加速构筑已经成为华为终端突破当前困境和挑战的必然选择。

目前，HMS 已经在 170 多个国家中拥有 6 亿活跃用户，包含英国在内的 7 200 万欧洲用户。

但这一数字依然无法撼动谷歌的地位。

在移动端操作系统中，谷歌 Android 系统占 74.85%、苹果 iOS 占 22.94%，其余平台占比都不超过 1%。比起技术本身，消费者的习惯和认知很难在短时间改变。

对于开发者来说，华为最具优势的地方在于较强的渠道优势，以及华为目前在终端市场的份额。华为一年 2.4 亿部的智能手机销售量预计将会吸引大量的开发者为 HMS 做出尝试。虽然没有谷歌的海外支配能力，但如果在利益分配环节有足够的让利，相信会有更多的开发者拥抱这一生态。

2020 年 1 月 22 日

分享链接

# 复盘非典疫情走势，手机厂商在"战疫"期等待拐点

新型冠状病毒肺炎疫情给正在复苏中的手机产业带来了新的挑战，在分析机构给出的最新报告中，中国市场智能手机的出货量在今年一季度将会下滑近三成。

得出这样的结论，一方面是由于4G手机市场饱和导致的销售放缓情况尚未得到缓解，整体手机行业依然在探底前行。另一方面，在5G与4G手机的切换关键期，疫情给线下手机实体销售以及生产供应链带来的影响目前仍在发酵，并且逐步向全球传导。

眼下，包括苹果、三星在内的手机厂商已经关闭了中国的几家直营零售商，一些分销商也关闭了门店，仍开门的商店也缩短了营业时间。受到疫情影响，全球调研机构Strategy Analytics预测，今年全球智能手机的出货量将比预期减少2%，中国智能手机的出货量将比预期减少5%。

但从手机行业的成长规律来看，换机周期通常不会超过三年，而目前，5G的换机已经开始启动。可以预测，疫情结束后的几个季度内，手机销售将会迎来报复性反弹，但对企业的影响则取决于疫情时间的长短。这一点或许可以与SARS疫情期间通信市场的表现做一些对比。

大环境看，两次疫情均处于通信技术代际升级的关键节点。

SARS疫情从2002年12月开始，持续半年后，到2003年5月末逐步消退，这一阶段国内正处于2G向2.5G升级的关键阶段。在这一阶段，中国移动主打GSM网络，并从2001年开始升级GPRS，2003年大规模推广。中国联通以GSM为主，同时推进CDMA网络和手机。中国电信则主推小灵通，从2002年年底开始，政策层面放开使得小灵通开始呈现爆发式的增长，电信小灵通业务迅速覆盖全国。

天风证券的一份报告显示，SARS疫情期间，通信设备产业链几乎未受影响。运营商资本开支增长带动通信设备产业链主要厂商，尤其是无线设备厂

商的业绩快速增长，光纤光缆、宽带传输设备等部分厂商的业绩有所下滑，但主要为运营商资本开支倾向于无线网络建设所导致。

虽然 SARS 疫情导致去线下营业厅开通业务的新客户数量环比出现下滑，用户数和业务量的增量受到一定影响。但随着疫情消退，用户开通 2.5G 新业务的热情恢复。从电信行业公布的业绩收入看，2003 年上半年电信业收入环比出现小幅下滑，但在下半年迅速恢复。

从手机生产、分销产业链的角度来看，虽然 2003 年处于 2.5G 手机换机周期，但手机生产和分销产业链相关公司的业绩面临较大的下滑压力，疫情解除后，手机终端行业又进入激烈的市场竞争和价格竞争，导致业绩持续承压。

今年是否也会重复同样的走势？在笔者看来，和 SARS 期间相比，中国的智能手机产业链发展和中国手机品牌的全球化已经有了本质的提升，目前全球 70% 的智能手机都是在中国制造，在终端价格竞争上倚靠的也不仅仅是价格优势。

多家供应链制造厂商此前透露，已经做好充足方案，以通过有效的全球协作，保障业务的有序运营。同时，有手机厂商负责人向笔者表示，虽然此次疫情打乱了一些市场节奏，但从手机行业的整体发展来看，疫情带来的影响并不完全是坏事。"在最低迷的时候往往是储备弹药的好时候，也是队伍的考验期。"该名厂商负责人说。

可以看到，从去年下半年开始，多家手机厂商发布了新的战略规划，将软件、芯片以及多终端布局提到了战略层面，并将研发投入比重提高至历史高位。在市场判断上，不少厂商负责人也做好了"长期备战"的准备，在 5G 时代正式来临前保持低利润的状态，积聚弹药为打粮仓做好准备。

短期内，此次疫情将会在一定程度上冲击中国手机企业的销量及利润，但从长期来看，手机行业本身也在经历着变革与角色转换，从原有的通信工具衍生出更多的形态，而这些形态也在向上发展。在"战疫"期储备弹药等待拐点，或许比单一的关注份额变化更重要。

2020 年 2 月 5 日

分享链接

# "芯片"计划浮出水面，OPPO选择了一条最难的路

马里亚纳海沟是地球上所知的最深的海沟，海平面直线深度达到 11 034 米。在人类有限的历史中，能够顺利抵达这里的人寥寥可数，也有人称其"比珠峰更难征服"。

在近日媒体曝光的一份内部文件中，"马里亚纳"成为了国产手机厂商OPPO 的一项"芯片计划"，由芯片技术委员会保证技术方面的投入，后者去年 10 月刚刚成立，负责 OPPO 内外部资源协调、重点项目评审等。

至此，从招聘技术人员、成立独立公司到明确管理团队权责，OPPO 的自研芯片计划有了明确的发展路径。

一直以来，OPPO 在手机行业算是一个"另类"的存在，不吹、不黑、不跟随，营销上大胆张扬，创始人却鲜在公开场合露面，和业内的另一家"蓝厂" vivo 从三四线城市"杀出"，并在近两年近乎惨烈的手机厂商洗牌潮中，站到了全球智能手机出货量榜单中的前几名。

据 OPPO 的一名员工描述，OPPO 至今没有任何副业，每年的利润都会按一定的比例分配给股东和员工，剩余的钱，除了常规投资外，更多的则是被投到未来的产品研发上。

芯片就是研发投入之一，OPPO 要自己做芯片，产业界其实并不意外。目前的头部手机厂商无不对芯片深入介入。

想要做更好的产品，芯片自研是一条必经之路，虽然投资巨大，但在行业内逐渐成为共识。从行业竞争的角度来看，每一代通信技术的更迭都伴随着手机品牌的洗牌，同时，手机背后的芯片厂商也将重新划分势力。5G 智能手机基带芯片承载着争夺新一代移动终端话语权的重任，如果能够掌握核心 SoC 的设计，这对手机厂商提升自身竞争力与战略灵活度所带来的机遇是不言而喻的。

以 5G 芯片为例，Canalys 分析师贾沫认为，大部分国内的手机厂商仍需

要依赖且受限于高通、联发科或三星 LSI 的解决方案，如果有一定的自研能力，在时机把握上将会更加主动。

同时，在与芯片厂商合作时，对芯片有所了解的话，手机厂商也不会过于被动，不然，双方的合作永远是浅层次的。

但双刃剑的另一面则是资金与时间的考验。一个普通的芯片设计公司做 SoC 芯片，大概一个项目最低需要 1 000 万美元，一旦市场定位不准，这些钱将全部打水漂。

此外，自研芯片也会给厂商的未来增加不确定性。基带是 SoC 中非常关键的一环，单独去研发基带会带来许多兼容性风险。厂商需要从芯片战略开始就做好长期计划以权衡各种风险。从发展模式上看，手机厂商的短期目标还是以逐量为主。

不过，OPPO 对于这些困难应该早有预计。

在一年半前的一场见面会上，笔者与 OPPO 创始人陈明永有过一次交流，那时候的他已提及了核心技术对于手机厂商的价值，并且认为厂商在有能力的条件下应该不断在技术创新上下功夫，这是这一代企业应有的使命感。

从大背景上看，中国用 40 多年的时间开展了人类有史以来最大规模的一场商业运动，人口红利从本质上看是改革红利、开放红利、以经济建设为中心的红利。其中，制造型企业以世界工厂的名义站上了世界舞台的中心，可以说东莞、深圳打个喷嚏全球消费市场就能感冒。但和日本、德国相比，真正称之为高科技的技术还是不够多，贸易摩擦下的"缺芯少魂"敲响的不应该只是个别企业的警钟。

中国的手机品牌目前已经走在了世界的前列，但能否继续走下去，怎么走下去，赚快钱还是做百年老店，对于企业家而言是眼下必须思考的问题。其实答案也很清晰，大机会时代已经远去，机会主义的经营观不仅过时，而且容易越走越窄。

从这个维度来说，投入芯片对 OPPO 来说也许是最难的一条路，但也是最"正确"的一条路。

在此前的一场会议上，陈明永对未来的方向似乎更加坚定，他把即将到来的时代称为"万物互融"时代，认为技术、组织、文化都将走向融合。这个时代不再会有纯粹意义上的手机企业，而 OPPO 要跳脱出手机行业布局新领域，对研发的投入就不能吝啬。

更重要的是，对于OPPO来说，在全新的技术和商业周期里，如何更加快速地适应全球化发展的轨道，成为必须去触碰的"痛点"。越早地完成技术护城河的构建以及组织架构、人员配置、流程管理的适配，意味着在未来的竞争中越能掌握主动权。

反之，不管是疫情还是将要到来的全球经济寒冬，也会让一些羸弱或虚胖的、管理不善或产品落后或产业落后的企业走向消亡。

2020年2月20日

分享链接

十六、娜姐笔记

# 美国出口新规"卡"了华为什么技术？

美国对半导体出口提出的新规定，让全球半导体产业链的无数从业者经历了不眠之夜。

作为"游戏"的规则制定者，一年多来，美国通过不同的法律手段向中国的科技企业施压，从限制美国公司和华为的合作开始，到"管制"上游所有使用了美国软件、技术、设备的芯片制造商，通过反复横跳力求获得最大的利益。

在最新的规定中，重点打击的是华为的芯片上游供应链，包括晶圆代工在内的芯片生产制造流程中的多个环节。也就是说，未来华为生产的每一颗芯片都需要经过美国政府的核准，不管是手机芯片、服务器芯片还是电源管理芯片、机顶盒芯片，不管是在中国、韩国还是在日本。

行业机构芯谋研究认为，这意味着全球所有制造公司只要采用美国相关技术和设备生产的芯片、半导体设计都需先取得美国政府的许可，这不仅是对华为的拔本塞源，更是对中国整个高科技产业的釜底抽薪。

"现在过不去的话，就没有长远。"芯谋研究院首席研究员顾文军如是表示。

那么华为是否有应对的方法？

这一点也许要从芯片设计的上游说起。

虽然华为海思芯片经过 20 年的发展已经在众多领域达到世界顶级水平，甚至在部分领域领跑全球。但芯片是世界上最硬核的高科技产业，以纳米来计量的制造过程极为复杂，包括芯片设计、芯片制造、芯片封测、芯片材料、芯片设备几大领域，产业链涉及 50 多个行业，没有哪个国家能做到全产业链自主可控。

华为海思是芯片设计中的佼佼者，虽然目前中国的半导体产业在设计、封装与整机上达到了较高水平，但底层的高端装备、EDA 软件、材料，还是以西方为主。

以制造芯片的半导体设备为例。我国已经成为全球第二大半导体设备市场，仅次于韩国，下游市场对半导体设备的需求也极度旺盛，但是国产设备的自给率程度却不高。2018 年我国半导体设备的进口金额为 112.3 亿美元，国产设备产值 15.9 亿美元，自给率仅为 12%。

目前全球集成电路专用设备生产企业主要集中于欧美、日本、韩国和我国台湾地区等，以美国应用材料公司（Applied Materials）、荷兰阿斯麦（ASML）、美国拉姆研究（又译泛林半导体）（Lam Research）、日本东京电子（Tokyo Electron）、美国科磊（KLA-Tencor）等为代表的国际知名企业起步较早，占据了全球集成电路装备市场的主要份额。

从国内半导体设备各细分市场来看，刻蚀设备国产化进程最快，中微半导体的介质刻蚀设备已达到 7 纳米工艺节点，成为台积电 7 纳米产线刻蚀设备 5 家供应商中唯一一家国产设备公司。北方华创 28 纳米硅刻蚀设备已经量产，16/14 纳米硅刻蚀设备进入国内主流生产线验证。但在光刻机领域，与国际厂商仍有不小的差距。

一业内人士曾对国产化有过这样的总结，从终端到芯片，再到芯片设计工具，然后到芯片制造和制造设备的材料，走到最后才发现设备和材料底层的材料、物理、化学、数学的原创理论基础都是中国半导体产业要补的"课"。

华为创始人任正非曾表示，要重视基础科学的教育，只有长期重视基础研究，才有国家和工业的强大。没有基础研究，产业就会被架空。

换言之，只有数理化等基础科学的强大，才有半导体设备和材料的底层突破，才有代工、存储的工艺突破，才有华为等企业的上层创新。

不过，从全球产业来看，现代科技产品需要高度专业化，也就是说，成熟的制造商已经形成了一个高效率和高产的产品制造和交付系统，以相对较低的成本为客户提供了大量的产品，这就使得制造业供应链往往很难集中于某一个国家，也很难轻易搬迁。

美国对其他半导体企业的重拳出击与对"美国制造"回流的执念，影响的不仅仅是单一地区的产业链。对于半导体上的制造厂商来说，三十年前在哪里设厂考量的因素也许只有成本，但现在风险与供应链韧性也成为新的选项。

2020 年 5 月 17 日

分享链接

十六、娜姐笔记

# 玩家激增，A股龙头涨停，TWS耳机成长空间还有多少

5月28日，处在TWS（True Wireless Stereo，真无线立体声）耳机风口上的漫步者（002351.SZ）股价再次触及涨停，并创下4月以来的新高。虽然此前接连遭到股东的减持，但TWS市场的暴发依然让这家公司成为资本市场中为数不多的宠儿。

这家曾经走在多媒体音箱跑道上的企业，现在更喜欢对外谈论TWS耳机，后者在2019年给漫步者贡献了近2亿元的收入，在今年的一季度，该公司净利润同比增长了77%。此外，TWS市场空间的进一步打开，也让包括佳禾智能、雷柏科技、共达电声在内的供应链企业走出一波行情。

对于未来的成长性，有机构认为TWS市场远未触顶。

根据GFK的数据预测，TWS耳机市场将从2017年的2亿美元增长到2020年的110亿美元以上。如果TWS平均渗透率达到50%，则理论上全球TWS耳机的年产值在1 500亿元以上。

中泰电子的一份报告则显示，根据全球每年14亿部智能手机的出货量估算，目前TWS的渗透率远低于50%。假设2020年TWS的均价为300元，则全球TWS耳机市场规模2020年有望达到450亿元；若未来渗透率达到60%，假设平均价格下降到150元，则市场空间约为1 260亿元。

千亿元的市场意味着足以容纳更多的玩家。

2016年9月8日，苹果在秋季新品发布会上推出iPhone 7的同时发布了其首款无线耳机AirPods，将无线蓝牙耳机市场推向一个高潮。四年间，除了苹果以外，来自传统音质厂商、手机厂商以及低端低价白牌厂商的"三股势力"也在涌入这一市场。

手机厂商往往依靠自身品牌优势推出配套的TWS耳机，目前主要玩家有苹果、华为、三星、OPPO、vivo、小米等。传统的音质厂商则包括索尼、JBL以及国内的漫步者、万魔等，在行业风向转换时利用技术优势抢占市场

机会。在非正规军中,则以华强北白牌 TWS 为主要势力,随着白牌产业链的完善,特别是主控芯片的价格下降,迅速拉低 TWS 出厂价格快速占领市场。

与山寨手机时代类似,光大证券认为,TWS 产业格局将经历以下过程:①苹果 AirPods 创造新品,高端客户使用。②白牌 TWS 耳机将借价格低廉打开市场。③品牌厂商凭借产品质量与品牌优势使 TWS 耳机向品牌厂商集中。④通过 TWS 耳机与智能手机形成的生态,TWS 行业将向头部手机厂商集中。

从目前的竞争格局来看,笔者认为依然处于 TWS 的初期发展阶段。苹果的市场占有率在去年达到 40% 以上,并且产品类型主要集中在 100 美元以上,白牌 TWS 耳机及安卓系在 TWS 上的渗透率也在个位数徘徊。

但空间大并不代表市场没有风险。

根据产业链的消息,上游芯片厂商中科蓝讯、杰理的芯片价格已经降到 1 美元以内,高通的 TWS SoC 芯片的价格也已降至 1.4 到 1.5 美元。虽然价格的下沉能够助力 TWS 耳机的普及,但随着更多覆盖中低端领域等主控芯片方案的推出,下游产品间的价格战厮杀不可避免。

与此同时,TWS 耳机的技术迭代也在继续。从技术趋势来看,主动降噪(ANC)和高分辨率音频、更低的延时等将是产品差异化的核心因素,其中,主动降噪虽然原理简单,但涉及算法、处理器、内部电路的设计等,对于厂商来说,研发投入不可忽视。

2020 年 5 月 28 日

分享链接

十六、娜姐笔记

# 华为高端芯片"绝版"之后，下一步怎么走？

"华为没有芯片用了"成为周末热搜榜上的热门话题，在不断升级的美国技术禁令下，这是华为高层第一次在公开场合坦露芯片业务的艰难。

华为消费者业务 CEO 余承东在中国信息化百人会上说，华为在芯片里的探索从十几年前的严重落后经历了"比较落后、有点落后、赶上来再到领先"的过程，虽然投入了极大的研发力度，也经历了艰难的过程，但遗憾的是在半导体制造方面，华为并没有参与重资产的投入，制造环节的缺失让华为即将发布的 5G 芯片麒麟 9 000 很可能成为麒麟高端芯片的最后一代。

作为中国最强的芯片设计公司，已经在 5G 跑道上领先的华为海思在人们的眼皮底下被锁死了未来，至少在短期内的先进制程赛道上，麒麟无法正常参赛。

即便对这个"最坏的结果"有所预料，但对于华为来说，与时间争抢空间的困难还在升级。对于外界来说，华为如何应对"缺芯"的挑战，如何在缺乏工具和先进制程的底层上保持核心竞争力，都成为备受关注的焦点。

从芯片的供应来看，华为早在两年前就通过对现有的供应链的调整进行了超前的备货。

华为的财报数据显示，2018 年年底，华为整体存货达到 945 亿元，较年初增加 34%。具体来看，2018 年年底，华为原材料余额为 354.48 亿元，较年初增加 86.52%，增幅创造了近九年的新高，原材料占存货的比例为 36.72%，创造了近十年的新高。2019 年年末，华为整体存货同比增长 75% 至 1 653 亿元，原材料一项较 2018 年年末增加了 65%，占所有存货的比重为 35%，总价值达到 585 亿元。而原材料库存这一数字在 2017 年年末仅为 190 亿元。

也就是说，华为在芯片供应链上的囤货是有准备的。同时可以看到，从上半年开始，华为加大了对外部芯片公司的采购力度。有消息称，华为近期向联发科订购了1.2亿颗芯片，在今年发布的手机中有六款均采用了联发科芯片，但对于5G旗舰手机芯片上的进展，双方都三缄其口。

从长期来看，备货和外购芯片能够在一定程度上缓解华为产品的缺货压力，但也可能会让其丧失产品的核心竞争力。以目前手机5G芯片的竞争趋势来看，下半年旗舰手机的芯片主流将会是5纳米，而在麒麟9000后，华为已经无法与台积电开展5纳米芯片上的合作，外部采购的芯片目前主要是在7纳米以上。

中芯国际曾经被视为华为在上游晶圆代工中的"救火队"，但此次同样受制于美国的最新禁令。

在8月7日财报会上，被问到是否在9月14日以后继续对华为供货时，中芯国际联合首席执行官梁孟松回应称，不针对某个客户评论，但是绝对遵守国际规章，"我们绝对不做违反国际规章的事，有很多其他客户也准备进入我们有限的产能里面，所以这个影响应该是可以控制的。"梁孟松说。

"天下没有做不成的事情，只有不够大的决心和不够大的投入。"余承东说，解决制造能力的问题需要实现基础技术能力的创新和突破。仅仅依靠华为远远不够，还需要全产业的共同努力。

华为内部人士表示，目前华为也在摸索自建或者合作IDM工厂的可能性，但有时候针尖对麦芒不一定是最佳的竞争策略，在新赛道长出核心竞争力才是更好的道路。

通过一系列的打压事件，可以看到华为内部也在不断地复盘以及思考未来的新赛道，从而为华为建立真正的创新机制，比如增加手机外业务的投入、IoT上操作系统生态的构建以及与产学研联动加强基础材料工艺的研究。

一个信号是，从今年7月29日至31日的三天时间内，少有露面的华为创始人任正非罕见出行，在上海和南京接连访问了上海交通大学、复旦大学、东南大学和南京大学，陪同的还有华为战略研究院院长徐文伟和2012实验室总裁何庭波。这四所大学都是中国信息科技领域基础科研中的领军者，徐文伟和何庭波则是华为基础科研两大技术创新组织的领军人。

也许正如余承东所说:"构筑产业的核心能力,要向下扎到根,向上捅破天,根深才能叶茂。"

2020 年 8 月 10 日

分享链接

# 十七、滴水成海

王　海 | 第一财经科技部记者。关注电商、新零售、大数据、AI等新赛道，擅长基于财务数据的商业逻辑分析报道。
wanghai@yicai.com

## 新文化牵手李佳琦是不错的"组合拳"吗

近日，网红概念股尤为热闹，多只股票连续涨停。

1月15日晚，新文化（300336.SZ）公告称，将与网红带货达人李佳琦所在公司美腕达成战略合作，帮助李佳琦获得更多资源曝光和商业营销机会。次日（16日）一早，深交所向新文化发出关注函，要求其说明是否具备为李佳琦提供客户及整合营销方案的能力；核实说明公司是否存在炒作公司股价的动机，并向投资者充分提示风险。

新文化股价当日一字涨停。

新文化暂未正式回应深交所的关注函，但电商直播的热潮带火了网红经济，也确实吸引着资本的投入。

电商直播起步于2016年，相较于传统电商的图文形式，电商直播更为鲜活。进入直播间，首先看到一个主播给消费者介绍产品，可以全景展示某个产品，消费者不仅可以向主播提问，还可以在评论区互动。这种强互动、高转换的电商直播模式受到直播/短视频平台、供货平台、供应链、MCN机构等角色的热捧。

新文化成立于2004年12月，是一家以影视剧制作、发行为核心，发展电影、综艺、新媒体、户外广告投放、产业投资等业务的企业。财报数据显示，2019年前9个月，新文化实现营业收入4.49亿元，同比下滑19.05%；

归属于上市公司股东的净利润 0.84 亿元，同比下滑 62.46%。2018 年公司营业收入同比上期（2017 年）下滑 34.66%，至 8.05 亿元，其中，户外 LED 大屏幕广告营收为 5.09 亿元，同比上年下滑 16.73%；影视内容营收为 2.71 亿元，同比上年下滑 44.09%。

新文化广告营收的下滑并非个案。以楼宇电梯广告为主业的分众传媒（002027.SZ）也遭遇盈利难题，2019 年前 9 个月，公司实现营业收入同比下滑 18.12%，至 89.06 亿元；归属于上市公司股东的净利润 13.60 亿元，同比下滑 71.72%。

在经济调整的背景下，广告主在品牌营销投放的过程中，更加看重一项广告投放能够为其带来的客户数量、销售额、转换率等硬指标。相比传统的户外大屏、楼宇电梯广告等形式，电商直播卖出去多少货、收多少佣金，更能满足广告主的需求。

在此背景下，对新文化来说，拥有头部主播李佳琦的美腕是一个不错的合作对象。美腕可以接入新文化的户外大屏（户外 LED、机场大屏、车屏等）资源等优势，扩大艺人李佳琦自身及活动精准营销业务的媒体源范围及线下曝光度；新文化则通过与李佳琦的战略合作，增强其与客户的连接度和在线上媒体渠道的推广宣传曝光，形成"移动互联网媒体+传统媒体"全媒体整合营销方案。

MCN 本质上仍是一个中介机构。一方面，它通过聚集、签约内容创作者，帮助网红解决推广和变现的问题；另一方面，它连接着品牌广告主、电商平台、版权购买方等，寻找各种商业变现的渠道。

在以"口红一哥"李佳琦、"直播一姐"薇娅为代表的头部主播背后均能找到 MCN 机构的身影。MCN 机构专门负责包装孵化新网红、策划执行优质内容和多元化商业变现。因此，很多商家选择与 MCN 机构合作，由其孵化的主播为店铺带货。

在内容传播渠道、信息生产特别发达的时代，网红经济让人想到一个词叫"品牌返祖"现象。人们开始不完全相信权威，不轻信大品牌广告里的那些信任状，转而愿意相信身边某个朋友的安利或者某个网红的推荐。

笔者认为，电商直播对于传统电商的市场份额挤占不可避免，拥有户外大屏、报纸、楼宇等广告资源的公司在业绩下滑的情况下，出于为客户提供价值的考虑，与一些 MCN 机构对接或许是一个不错的"组合拳"。

李佳琦本身是一个渠道品牌或者说导购品牌，但押注网红的风险在于，网红的人设跟品牌价值都混在一起，人设一旦崩塌，其公信力就会受到影响。

2020 年 1 月 16 日

分享链接

# 5G 催动电商直播产业升级

从过去的街头卖艺,到如今去映客看唱歌跳舞;从过去在游戏厅围观大神打游戏,到如今去虎牙看一堆大神打游戏;从过去在超市当推销员,到如今的淘宝直播……

时代在变,商业本质并未发生变化。街头卖艺、映客主播生存的根基都在于观众的打赏,游戏厅大神、虎牙主播都能够收获成就感,推销员、淘宝直播的目的都在于将商品卖出去。不同之处在于,映客、虎牙、淘宝直播面对的群体数量要远远高于街头卖艺、游戏厅、超市推销员所面对的群体数量,其收入水平、影响力也要远远高于后者。

笔者认为,伴随着 5G、VR/AR 等新技术的成熟,人们的体验感、获得感会进一步得到满足,以电商、娱乐、教育为代表的产业也将进行新一轮升级。

以电商直播为例,2016 年开始,淘宝、蘑菇街等电商平台将直播引入平台,与图文、短视频相比,电商直播的信息触达和转化效率更高,缩短了品牌和消费者之间的营销链路。在看到电商直播的优势后,阿里、拼多多、蘑菇街等各方纷纷加码,整个电商产业链路也在升级。

与图文为主的网红店一般一个月上新 2 次不同,直播基本天天播,每天播出至少 4—6 个小时,对于货品的款式要求巨大。"多款式、小库存"的特点,对供应链的速度提出了很高的要求。

电商直播的竞争,本质上还是人、货、场的竞争。在人方面,主播需要不断创新,形成差异化;在货方面,比拼的是商品的丰富程度以及上新速度;在场方面,需要优化直播的场景设计,让内容更加丰富。

在电商直播已经完成了初步探索的基础上,伴随着新技术的革新,购物模式将发生改变,5G 等新技术与直播电商资源融合,在购物中融入 VR 和 AR,营造虚拟的购物环境,让衣服码数、颜色都能立刻展现在消费者的眼前。此外,在销售模式创新方面,基于直播平台,通过 5G 网络,让消费者能快速、清晰、直观地了解产品细节,给他们提供更好的购物体验。

对于四年以后淘宝直播将会是怎样的状态，淘宝直播做过推演。"直播间可能会再诞生一个物种——超级直播机构，它是把人、货、场三个方面全部做到极致而出现的，它在内容运营端的整个达人体系、主播体系是非常完整的，兼具了广告公司+MCN机构+红人经纪的角色。"淘宝直播运营负责人赵圆圆告诉笔者，在货端，拥有自主供应链、自主工厂、自造品牌，兼具自我孵化品牌以及对品牌提供服务，以及自己生产补货、仓配销的能力；在场端，拥有运营端对电商和线下都具有极其丰富的经验。

当前，人们看到张大弈、雪梨等红人自己开店，叫红人店铺；未来会出现"直播机构+MCN机构+商家+供应链"四合一的超级直播机构。

伴随着新技术的到来，笔者认为，以映客、虎牙、淘宝直播等为代表的行业将打破时空界限，为消费者构建"真实"的消费虚拟场景，实现消费者与产品"零距离"接触的目的，进一步进行人机交互，深度沉浸的消费场景有望实现。

2020 年 3 月 26 日

分享链接

十七、滴水成海

# 主流电商大力布局直播，
# 但它并非万能

继阿里、拼多多等电商平台纷纷加码直播后，苏宁易购也将于"6·18"之前入驻抖音，开启直播带货。

直播带货的优势显而易见。一方面，直播带货的互动性更强、亲和力更强，消费者可以像在大卖场一样，跟卖家进行直接交流甚至讨价还价；另一方面，直播带货绕过了经销商等传统中间渠道，直接实现了商品和消费者对接，价格方面能占据优势。

一夜之间，各大商家纷纷"上马"直播带货，然而，直播真的是拉动销量的"灵丹妙药"吗？其实，热闹的直播带货背后是头部网红的超大流量与多数网红有限的带货能力，以及行业尚存的不规范因素。

首先，直播带货以低价优势吸附的流量，几乎被几大头部网红垄断。对于一般网红来说，低价卖货，再加"买它、买它、买它"这种简单口号式的内容号召力逐渐失去竞争优势，日益引起观众的审美疲劳。

翻看淘宝直播、拼多多、蘑菇街等电商平台的直播间可见，一场直播观看人数在数十万人以上的毕竟属于少数，大多数直播间的观看人数在几百人、几千人的规模，成交量有限。电商直播行业发展极快，但仍处于缺乏精良内容制作的阶段。对于新晋直播网红来说，能吸附流量的直播间一定是专业、有趣、有内容的，这就是几大短视频平台不断丰富内容生态的原因所在。

在难以调动消费者购买欲望的情况下，部分MCN机构、主播开始用刷单来粉饰功绩。

笔者了解到，一场直播下来，根据带货数量的多少，MCN机构会抽取20%—40%的佣金。为了服务费不被抽走，同时获得提成，主播及MCN机构便会自己操作下单补足销量，此后再通过退货等方式收回投入的金额，且一般直播带货的商家允许出现一定比例的退货率，因此，这样操作既完成了目标任务，又获得了提成。

巨大的利益难免有人走捷径，出现了恶意刷单的现象。

6月10日，杭州子屹文化传媒有限公司（下称子屹文化）便向杭州朴润文化传播有限公司（下称朴润文化）发函，要求对方返还坑位服务费并赔偿一切损失。据子屹文化透露，该公司支付朴润文化直播坑位服务费20万元，同时朴润文化承诺完成50万元的销售额。但由于朴润文化恶意刷单，不仅未能完成销售要求，更导致品牌方店铺被淘宝平台认定为虚假交易，被处以降权及扣除12分的处罚，给品牌方及公司造成巨大的经济损失。

需要注意的是，直播只是一个展示产品的入口，用户收到货之后的感受和体验才是真正考验直播带货的关键。依托于电商平台的直播带货，已然有成熟的信任关系，但依托于网红主播的带货行为，仍有不少问题。比如，"名品"变赝品，"好货"变水货。如果这些问题不解决，直播带货就只能是一次买卖，无法形成良性的交易闭环。

直播带货产业链条非常复杂，信息也不对称，在这类模式中，品牌商看重主播流量，消费者信任主播背书，而主播不用承担任何责任，就可能出问题。网络主播、内容发布平台、产品供应企业等相关参与者均缺乏明确的管理标准和监管机制，相关行业、产业链条的规范化和标准化缺乏依据。首部全国性直播电商标准《视频直播购物运营和服务基本规范》预计将于7月份正式发布执行。

笔者相信，直播带货已成趋势，直播行业会随着监管的加强而逐步规范，但如何在投入和产出之间、销量与诚信之间找到平衡，也考验着商家的应对能力。

2020年6月15日

分享链接

# 入局买菜大战，拼多多拼什么

在微信小程序内测 2 个多月后，拼多多正式在 App 内上线买菜业务多多买菜，与其他平台不同，拼多多的买菜平台主打"次日达"配送，业务范围覆盖武汉、南昌等多个二三线城市。

为了尽快打开市场，多多买菜延续了拼多多用补贴和低价快速抢占市场的打法。

线上买菜平台可为消费者提供蔬菜水果、肉禽蛋类、水产海鲜、牛奶乳品等生鲜食品的线上下单、配送上门服务。在盒马、叮咚买菜、美团买菜等选手进入后，线上买菜业务已是一片红海。

那么，拼多多为何要选择在此时加入"买菜大军"呢？

笔者认为，一方面是由于公司在农产品、供应链等要素方面有所沉淀；另一方面是由于公司的月活用户量增速放缓，电商业务遭遇增长瓶颈，需要新的业务增长点。

"买菜是个苦业务，将是多年的全力长跑，也将是拼多多人的试金石。"在拼多多上周的五周年庆典上，其董事长黄峥表示，买菜业务的模式并不能简单地解释为社区团购，而是前置仓、拼小站、社区站点等多个形态混存。

早在疫情暴发不久时，拼多多就推出线下团购工具快团团，希望帮助商家收集社区居民相关的生活物资需求，完成在线下单，农产品等也在业务范围之内。

目前，买菜业务的玩家主要分自营型及平台型两种，其中，自营型又分为前置仓（如每日优鲜、美团买菜、叮咚买菜）和仓店一体（如盒马、永辉等），而拼多多属于平台型。

前置仓和仓店一体模式最核心的区别在于前者完全放弃线下引流，通过压缩地租成本，追平纯线上获客的高额成本；后者承担较高的地租成本，门店具备线下引流的功能，同时从线上和线下获客。

然而，前置仓和仓店一体模式之间的优劣争议不断。目前，每日优鲜主要的获客来源依然是社交，例如，通过和腾讯的战略合作在微信朋友圈进行在线广告投放。作为每日优鲜的对手，2018年盒马曾尝试前置仓模式，盒马创始人兼CEO侯毅称前置仓模式不是未来生鲜电商的终极业态。2020年3月，侯毅宣布现有的前置仓将部分退出，全力推进相比大店成本更低、开店更快的小店（盒马mini）业态。

作为平台型玩家的拼多多，其优势在于平台庞大的流量，但对产品品质的把控很难做到和自营模式相媲美。与此同时，从多多买菜的配送时间来看，其在生鲜领域也不具优势，而在品类上拼多多也许可以拼一把。

不管是何种模式，它们都需要解决流量、货源、配送等最基础的问题。为了获取稳定的货源，盒马、每日优鲜、叮咚买菜等纷纷与各个蔬菜生产基地合作。在物流配送方面，各家利用智慧供应链，通过打通传统生鲜行业的多重中间环节，最大程度地缩短从田间到餐桌的流通环节，进行价值重新分配。

笔者认为，生鲜电商的争议不是模式之争，而是执行能力之争。疫情期间流量红利解决了买菜业务长期存在的客单价、复购率低等问题，如何在稳定单价、控制损耗率、降低配送成本的前提下，将盈利模式打造出来，并迅速实现复制，是接下来各方的重点工作。

伴随中国居民消费习惯的转变、冷链配送技术的更新迭代，资本不断涌入中国线上买菜平台行业。未来，线上买菜平台将与线下渠道逐步融合，共同推动生鲜配送发展。

2020 年 10 月 11 日

分享链接

# 十八、科技心语

钱童心 | 第一财经科技记者，专注于报道国际科技行业和企业的最新动态。
qiantongxin@yicai.com

## 不被马斯克看好的富士康又要造车了

不被马斯克看好的富士康又打算涉足造车业务了。

菲亚特-克莱斯勒汽车集团（FCA）证实，目前正与富士康就成立合资企业进行谈判，以在中国开发和制造新一代电池驱动汽车并参与车联网业务。

据悉，FCA将持有合资企业50%的股份，富士康将直接或者间接持股50%，其中，直接持股不超过40%，双方将在本季度签订合同。未来，FCA将负责汽车制造，富士康则支持包括硬件、软件在内的电子技术，但不参与整车的组装。

预计未来富士康的汽车业务有望占整体销售额的10%。

特斯拉公司首席执行官埃隆·马斯克曾调侃称："与手机或智能手表相比，汽车非常复杂。你不能去找富士康这样的供应商，然后说：'给我造辆车'。"时任特斯拉汽车工程主管道格-菲尔德（Doug Field）也曾表示："富士康的模式和特斯拉很不同，因为富士康是用体力劳动来迅速实现规模经济。"

但FCA还是对造车前景表达了乐观的预期。公司表示："合作能够让双方把各自主导全球的能力发挥出来，包括汽车设计、工程和制造以及移动软件技术等，并聚焦于不断增长的电池电动车市场。"

过去一段时间，富士康通过投资已经在电动车领域有了较深的布局。过去几年中，富士康投资了滴滴出行、拜腾、小鹏汽车以及包括宁德时代在内的中国技术公司。

富士康的造车之路并不顺利。2015年，富士康与腾讯、和谐汽车联手在新能源汽车领域开展创新合作。依照设计，和谐富腾"铁三角"由富士康负责电动车的设计与生产制造；和谐汽车负责汽车项目的营销和服务网络搭建；腾讯负责车联网系统和技术平台供应商。不过到了2016年，富士康已经终止向这一造车项目继续注资，三方合作未能得以持续。

借助与FCA的合作，富士康可能有望实现更多元化的经营。随着苹果iPhone的销售增长放缓，富士康2019年全年的营收增长不到1%，富士康必须寻求电子产品以外新的增长点，电动车正好迎合了富士康发展的需求。

FCA这家并没有多少电动车生产经验的跨国汽车公司也正在中国大举投资电池动力汽车，以满足政府的监管要求。另一方面，FCA与PSA的合并计划才刚刚开始，双方在各个领域将如何进行整合还是未知数。借助富士康在电子产品零部件供应链管理方面的经验，将为FCA带来电动车制造方面的潜在优势。

汽车咨询公司Automobility创始人罗威（Bill Russo）告诉笔者，这看起来是一对"奇怪"的组合，两家公司都没有电动车生产的经验，但想法不错。不过这也并不意味着两家"风马牛不相及"的企业抱团就一定能成功。还是那句话，电动车能成功的企业寥寥无几。

正如马斯克所说的，造车并不是造一个iPad或者一部智能手机，设计只是第一步，此后的生产工艺要比设计复杂一百倍。

以生产真空吸尘器闻名的戴森也曾雄心勃勃地要进入电动车领域，戴森不仅拥有强大的工业设计团队，还开发了全球最先进、最安全的固态电池技术支持快充，公司也不缺资金。但是去年早些时候，戴森宣告"造车梦"破灭。公司承认，尽管团队已经开发出一款令人期待的电动汽车，但还是无法确保这款汽车的商业可行性。

对此，业内人士告诉笔者："搞定从工程设计、制造生产再到测试监管等一系列的问题，对于在造车方面完全'欠缺经验'的企业来说难度很大。"

但富士康与FCA结盟后，与戴森的情况就略有不同了。因为FCA拥有成熟的造车工艺，双方发挥各自优势也许能够令造车"事半功倍"。

尽管如此，造车也并不是光有技术就行，要把一辆汽车推向市场是一个漫长的过程。一位传统汽车企业的管理者对笔者表示:"要推出一款电动汽车,从五六年前就要启动整个流程,而且这是在已经拥有制造设备、成熟的供应链以及人力的前提下。"

2020 年 1 月 19 日

分享链接

# 丰田借高精地图，推自动驾驶中国落地

丰田汽车日前宣布牵手中国自动驾驶技术公司 Momenta，正式打入中国自动驾驶的关键领域——高精地图。

Momenta 将提供基于摄像头视觉技术的高精地图及更新服务，双方将携手推进丰田的自动化地图平台（AMP）在中国的商业落地。

随着汽车向电动化、智能化转型速度的加快，各大汽车厂商也都加大自动驾驶技术的研发力度。车载高精地图是支撑自动驾驶功能的关键技术。

高精度地图对自动驾驶之所以重要，是因为它可以帮助汽车预先感知路面复杂信息，如坡度、曲率、航向等，结合智能路径规划，让汽车作出正确决策。

丰田凭借与中国自动驾驶公司 Momenta 的合作，创造了一种新的商业模式。利用 Momenta 的自动驾驶算法，丰田能在中国对自动驾驶技术进行验证。

笔者了解到，地图测绘属于战略性领域，尚未对外资开放。Momenta 拥有国内地图测绘资质，而且算法能力在初创公司中领先。Momenta 成立于 2018 年 10 月，投资者包括腾讯、招商局创投、国鑫资本、元禾资本和建银国际等。

通过与丰田的战略合作，Momenta 的技术也能得到商业化。"后续就看丰田和 Momenta 如何进行利益的分配了，这对双方都是好事，各取所需。"一位自动驾驶领域人士告诉笔者。

目前，中国汽车前装地图服务市场主要是由高德和四维图新两家企业提供，上述业内人士告诉笔者，丰田汽车的地图服务提供商也是四维图新。

丰田为何在自动驾驶领域选择与 Momenta 达成合作？笔者认为，四维图新的基因仍然只是一个地图数据的提供商，没有自动驾驶的基因。相比较而言，自动驾驶的新势力厂商 Momenta 在技术方面更具优势。

高精地图的制作是一个繁复的过程，需要巨额的前期投入。这是因为高精度地图信息的收集相比于普通地图对信息的需求更大，行驶路段都需要配备激光雷达的数据采集车进行实测。

# 十八、科技心语

丰田汽车已经在构建高精地图方面展现雄心。上周，丰田汽车自动驾驶软件研发公司丰田高级研究所展示了一款路面高精地图的概念验证，该地图的相对精度达到 50 厘米以下。丰田还创建了东京 23 个区以及全球 6 个城市相对精度达 25 厘米的地图，可用于自动驾驶。

根据 Momenta 的介绍，可将自动化高精地图的相对精度提升至 10 厘米级别。其地图技术不仅涵盖丰富的道路信息，还包括道路级、车道级别的语义连接关系和语义信息，并能广泛适配多种量产传感器，实现大规模低成本的商业应用。

在此前的概念验证中，丰田已经证明了以下两种方法对于构建高精地图都是有效的：其一，利用从普通车辆摄像头获取的地图数据以及卫星图像来构建自动驾驶地图信息；其二，通过转换数据格式，将其自动地图平台的车辆数据应用到其他公司的平台上。

为丰田提供系统卫星图像的是太空技术公司 Maxar Technologies（前数字地球公司 DigitalGlobe），车载光学传感器来自一家名为 Carmera 的公司。通过高精度卫星地图与光学传感器采集的路面信息相匹配，计算机便可以实时判断车辆所在的精确位置，从而实现自动驾驶功能。

上述验证将能缩短高精地图更新的延迟时间，迅速扩大高精地图的覆盖范围，并大幅降低高精地图的构建和维护成本。

丰田计划在今年晚些时候将该自动驾驶技术应用在雷克萨斯车型上，不过该技术可能仅用于高速公路的辅助驾驶。另外，丰田还计划在今年夏天的 2020 年东京奥运会期间展示 L4 级别的自动驾驶汽车，在场馆和运动员住所区提供移动出行服务。

为了加速占领自动驾驶的发展先机，丰田近期频频押注中国自动驾驶初创公司，今年 2 月，丰田出资 4 亿美元投资中国自动驾驶初创企业小马智行，加速自动驾驶研发和商业化应用。

2020 年 3 月 18 日

分享链接

# 美国远程医疗如何在疫情中受益

新冠肺炎疫情加速了远程医疗的发展。由于有限的医疗资源，一些轻症患者已经开始咨询虚拟门诊，其他疾病的患者也通过网上咨询来获得信息。借助智能手机、可穿戴设备等工具，全球越来越多的医生正在为隔离中的病人提供必要的帮助。

在美国，数字化医疗的发展成果已经在疫情中得到验证。远程医疗创新将不仅能使社区和整个世界更加富有弹性，而且也能提升医疗专业人员在诊断过程中的效率、准确性和安全性。

通过网络视频会议、远程监控、电子问诊和无线通信等现代科技，远程医疗企业已经把成千上万的患者连接到关键的医疗服务机构。

而要进一步实现远程医疗的愿景，就必须对技术进行长期的投入和创新。

据研究机构 IBISworld 的数据，美国远程医疗市场规模 2020 年预计达到 26 亿美元，增长率约 9.2%。2015 年至 2020 年的 5 年中，美国远程医疗市场规模增长了 25%。去年，68% 的医生表示，未来几年，他们更倾向于使用远程监控技术设备来监控病人的情况。

美国消费者技术协会（CTA）主席加里·夏皮罗（Gary Shapiro）告诉笔者，美国大公司已经开始大规模投资数字化远程医疗，从而为患者提供支持。比如谷歌旗下的生命科学公司 Verily，就开发了一款 App，方便人们查询附近的核酸检测地点。目前在 Walgreens 和沃尔玛等药店、零售店都提供相关检测服务。

远程医疗的普及将推动美国的医疗体系逐步走向去中心化。目前美国已经有大约 76% 的医院提供了远程医疗服务。

但挑战仍然存在。

根据美国医院协会的报告，由于网络带宽的限制，一些偏远地区的远程医疗技术无法普及，跨州的医疗许可也成为阻碍远程医疗普及的主要障碍之一。

此外，远程医疗还有待建立起一种全球性的标准，从而公开透明地为全

## 十八、科技心语

球范围的开发者、服务提供商以及患者提供指导工具。

远程医疗中使用人工智能技术也需要建立起标准化。夏皮罗告诉笔者，CTA已经召集了包括飞利浦、IBM等在内的50多个组织和协会，开发了有史以来的首个医疗保健的人工智能认证ANSI，从而确保人工智能在医疗保健中的使用标准。

ANSI标准提供了一个框架，能够帮助人们更好地理解人工智能的AI术语，从而使消费者、科技公司和护理提供商可以更好地交流，开发和使用基于AI的医疗技术，为医疗数字化的安全性和便捷性迈出关键一步。

数字化远程医疗服务已经得到美国政府的鼓励。

美国政府上个月称，美国将临时把远程医疗纳入医疗保险中，美国卫生与公共服务部门也表示，将免除对远程医疗从业者的潜在处罚，从而鼓励更多人使用虚拟医疗工具来提供问诊服务。

尽管如此，互联网女皇玛丽·米克尔在最新的年度报告中指出，美国的科技和创新并没有在初级诊疗中发挥显著的优势，比如虽然电子设备的普及让医疗机构收集到海量的数据，但是这些数据缺乏联系和洞察，公共卫生官员仍然只能依靠传统的指数模型进行预测。

这就是说，虽然过去几十年美国在电子健康记录领域进行了大量投资，但是目前仍然存在几百个相互没有联系的医疗数据"暗池"，即使拥有数据，医疗部门也被庞大数据的工作负荷所压垮，因此，他们无法从医疗信息的数字化中得到好处。

笔者认为，创新公司需要在政府的支持下，加速数据系统的连接，推动自动化和人工智能的使用，从而减少医务人员的工作负担，提升数据获取的质量。此外，应用型人工智能与丰富的电子健康记录数据相结合，也能在适当的时机给医疗机构带来所需要的数据洞察力。

2020年4月21日

分享链接

# 禁止 TikTok 将加剧美国科技企业的垄断格局

上周，在美国四大巨头的听证会上，Facebook 创始人 CEO 扎克伯格辩驳他的公司并没有垄断，扎克伯格提了一系列竞争者的名单，他强调快速崛起的 TikTok 将成为 Faccbook 的威胁。

TikTok 目前在美国已经拥有 1 亿用户，是唯一能够与市场上占主导地位的社交媒体平台相抗衡的应用软件。

事实上，谷歌和 Facebook 已经在模仿 TikTok 的部分功能。今年 6 月，谷歌的 YouTube 开始测试 15 秒视频，功能类似 TikTok，Facebook 的 Instagram 也于 7 月宣布其仿制 TikTok 的功能正式推向全球市场。

TikTok 美国负责人梅耶尔（Kevin Mayer）对美国科技巨头的模仿行为予以回应。梅耶尔在一篇博客文章中指出："Facebook 推出了与 Instagram 绑定的模仿产品 Reels，但是它的另一款模仿产品 Lasso 很快就失败了。让我们把精力集中在推出有竞争力的产品上，而不是恶意地攻击对手。"

梅耶尔在 3 个月前加入了 TikTok，他曾被认为是有希望接任迪士尼前 CEO 鲍勃·伊格尔（Bob Iger）的人选，但现在他正在为 TikTok 的命运进行抗争。

目前，美国的互联网市场已经被谷歌、亚马逊、苹果和 Facebook 所主导，如果特朗普政府对 TikTok 的禁令向前推进，TikTok 将不得不面临拆分美国业务的选择，而收购其美国业务的很可能是另一家科技巨头，微软处于收购最有利的地位。这无疑将令巨头垄断进一步加剧，并且不利于美国互联网市场的竞争。

更为重要的是，微软收购 TikTok 可能不需要有商业逻辑。"如果这是一个条件非常好的交易，就算与微软的业务没有协同，它也会选择收购。"一位投资人告诉笔者，微软目前的市值已经高达 1.5 万亿美元，收购 TikTok 不在话下。

上述投资人认为，只要资产价格足够便宜，那么就是一桩好的买卖。比

# 十八、科技心语

如历史上康卡斯特对环球影业（NBC Universal）的收购，当时，康卡斯特仅花了 137.5 亿美元，就从通用电气（GE）手中收购了环球影业的一半股权，两年后，康卡斯特又以 167 亿美元收购了另外一半股权，环球影业如今的估值已经超过 600 亿美元。

根据路透社的预估，TikTok 目前的估值大约为 500 亿美元，尽管相比 Facebook 超过 7 000 亿美元的市值而言仍有不小的差距，但是 TikTok 正在开始通过广告将其巨大的用户量变现。

微软收购 TikTok 一个最大的优势，就是微软尚未被列入美国四大互联网巨头。这一方面也是由于微软缺乏消费科技的基因，而 TikTok 正好能够补足微软在消费类产品方面的不足。历史上，微软尽管也有诸如 Xbox 和 Minecraft 这样的消费类产品，但消费产品并非其核心业务。

与此同时，收购了 TikTok 后的微软是否会加入互联网垄断的大军也很难说，至少网友们已经对政府准备叫停 TikTok 表达了不满。在美国，很多年轻人越来越依赖 TikTok 平台，TikTok 不仅是一种文化力量，而且可以让人们通过直播和广告收益来赚钱。用户担心针对 TikTok 的禁令会让他们花了几年时间积攒的粉丝化为乌有。

上周美国四大巨头的听证会结果认定，这些科技公司已经拥有市场主导地位，美国众议院反垄断小组委员会主席西西林（David Cicilline）议员表示："科技公司的权力应该部分削减，所有大型科技公司都必须受到严格监管。"但是隔天公布的四大巨头财报利好，推动科技公司股价大涨，苹果、谷歌、亚马逊和 Facebook 上周五市值总共增加了 2 000 亿美元，苹果更是突破 1.8 万亿美元，超过沙特阿美石油公司，市值排名居全球首位。

特朗普已经表示他有权动用紧急经济权力或者行政命令来禁止 TikTok 在美国的运营，目前，这种行政命令可能还面临法律上的障碍。但是梅耶尔已经表态："TikTok 不会去任何地方，它会留在那里。"

2020 年 8 月 2 日

分享链接

# TikTok 被强行收购动了谁的利益？

收购拥有 1 亿美国用户的 TikTok 将给微软带来难得的机遇。微软周一市值一夜暴增 800 亿美元。这项收购被视为能让各方都满意的"避雷针"式的协议，但 TikTok 的投资人对此表达了批评。

字节跳动的投资人、春华资本董事长胡祖六表示，华盛顿的"枪弹"威逼下的强制交易会给私人股东带来非常不利的结果，可能引发无休止的诉讼。

胡祖六认为，微软虽然是一个可靠的收购者，但是他质疑在如此早期的发展阶段出售 TikTok 的大部分业务，对字节跳动可能并不是一桩好的交易。

"这绝对没有道理，字节跳动就是疯狂的政治游戏的无辜受害者。"胡祖六表示，"这对于企业、创业资本和全球商业的未来都是非常可悲的。"

很显然，投资人并不希望现在就出售这家正在茁壮发展中的科技巨头。2018 年，软银和春华资本对字节跳动进行了 15 亿美元的股权投资，当时的那轮融资将字节跳动的估值推至 750 亿美元。

到了今年 5 月，字节跳动的估值已经超过千亿美元，TikTok 的估值也已经达到 500 亿美元。但是投资人对公司的预期更高，胡祖六的担忧也代表了字节跳动大部分投资人的想法。目前，字节跳动尚未盈利，发展尚处于早期阶段，如果在现在的阶段就将公司卖掉，在价格方面肯定处于不利的局面。

"我要是字节跳动的投资人，现在肯定很着急。"一位国内的投资人告诉笔者。但他认为，字节跳动投资人的成本肯定还是会低于卖给微软的价格。"卖掉肯定不亏，但是如果被禁止那损失就大了。"这位投资人说道。

这也将是一次意义不同寻常的收购案，是中国科技企业在生与死之间作出的一种抉择。TikTok 在北美面临封禁威胁，和微软交易要被美国总统特朗普"抽佣"后，张一鸣两天内二度发声。8 月 4 日下午，字节跳动全球 CEO 张一鸣再次发出内部信，重申自己并不认同美国海外投资委员会（CFIUS）强制字节跳动出售 TikTok 美国业务的决定。他表示，公司在全球化的过程中遇到了文化冲突和反华情绪的挑战。

"如果一定要在被禁止和被收购当中作出抉择，那么答案是非常明确的。"

启明创投一位合伙人告诉笔者,"收购将会消除现在无休止的混乱场面。"

微软和 TikTok 将会有 45 天的时间去商谈具体的收购价格条款以及 TikTok 如何在微软的架构下运营。地缘政治和公司政治两个因素都在起作用。

资本市场对微软收购 TikTok 的关注不仅是因为这项收购事关 TikTok 的命运,更加重要的意义是,TikTok 的命运将对试图在全球化被削弱的商业环境中寻找出路的投资人发出重要信号。

目前仍然有不少中国企业赴美上市,但是它们要在美国做生意却面临更大的挑战。"赴美上市主要是受到投资人的压力。去美国上市是给美国送钱,但是做生意就会触发抢占市场、涉及国家安全等敏感话题。"一位国内投资人告诉笔者。他认为长期来看,中国企业回归科创板上市或者港股上市会成为主流。

美国政府已经扬言要对更多中国在美国运营的软件进行监管整治,尤其是像拥有微信这样体量的中国大型科技公司平台,这无疑会影响中国企业在海外的业务。

投资人认为,尽管大公司会吸引美国监管者的更多注意,但小公司还会因为业务的需求继续出海,比如游戏公司和电商企业,这些企业受监管的目标相对较小。

美国数字安全技术公司阿卡迈(Akamai)大中华区产品市场经理刘炅近日对笔者表示:"中国企业是否选择出海主要还是以其业务需求为先导,虽然现在的环境让一些中国企业出海受到影响,但是中国互联网企业出海仍然是趋势,我们的业务反而是增加了。"

但投资人也担心,随着美国加大对中国企业的监管和制裁,未来亚洲科技公司的资产将面临更大的风险。上周,标普全球评级发布报告称,美国对全球最大的通讯设备制造商华为的最新制裁措施,将使得与中国科技公司存在贸易往来的亚洲科技公司至少 250 亿美元的收入面临风险。

2020 年 8 月 4 日

分享链接

# 半导体利好来了，中国 IDM 模式迎机遇？

半导体行业的利好不断传来，行业如何发展也引发关注。

国务院日前印发《新时期促进集成电路产业和软件产业高质量发展的若干政策》，提出聚焦高端芯片、集成电路装备和工艺技术、集成电路关键材料、集成电路设计工具、基础软件、工业软件、应用软件的关键核心技术研发。

毫无疑问，中国是半导体的最大消费国，占全球芯片总需求量的一半左右。然而，中国 90% 的芯片需求依赖进口。中国的集成电路公司较晚进入半导体市场，在这个成功与否依赖规模与学习效率的产业里，中国仍在追赶全球的竞争对手。

按照中国半导体自主化的目标，到 2025 年国产半导体的整个市占率要达到 70%。

在政府政策的引导下，未来芯片行业的投资仍将采取以市场为基础的投资方式，由专业人士决定以获利为目的的投资基金如何配置，但仍会配合政府的政策目标。

国家集成电路产业投资基金就是为促进集成电路产业发展设立的，其主要投资方向为：集成电路制造、设计、封测、设备材料等产业链，各环节的比重分别是 63%、20%、10% 和 7%。到 2019 年，一期账面盈利超 300 亿元，截至去年年底，累计浮盈最高的前五家公司分别为中微公司、安集科技、兆易创新、长川科技和国科微，盈利在 209% 至 1 437% 不等。

大基金二期也已于去年成立，注册资本超过 2 000 亿元，比一期扩大了 45%，有望直接撬动近万亿元资金进入集成电路产业。今年 4 月底，二期基金 22.5 亿元投向紫光展锐；5 月，大基金二期与上海集成电路基金二期向中芯国际子公司中芯南方总共注资 22.5 亿美元。7 月 21 日，中芯国际上市，大基金二期浮盈超过 60 亿元。

半导体芯片行业主要有三种运作模式，分别是 IDM（整合设备制造）、Fabless（无厂半导体公司）和 Foundry（晶圆厂，代工厂）模式。IDM 模式即芯片从设计到成品的整个过程都由制造商负责，这种模式可以保证产品从

# 十八、科技心语

设计到制造环节的一体性。但从迭代效率和成本来看，Foundry 模式在目前更为主流。

中芯国际创始人张汝京近日在展望第三代半导体行业的发展时表示："第三代半导体，IDM 是主流，Foundry 照样有机会，但是需要设计公司找到一个可以长期合作的芯片厂。"

过去几年，无厂半导体公司（Fabless）在中国快速崛起，市场份额迅速提升，诞生了包括紫光展锐、华为海思、全志科技和寒武纪等本地半导体设计公司。根据研究机构 IC Insight 的数据，截至去年 6 月，中国大陆及中国台湾地区在无厂半导体的全球市场份额分别达到 13% 和 16%。

中国大陆的本地晶圆厂（Foundry）则呈现缓慢但稳定的成长，目前中国最大的晶圆厂包括中芯国际、华虹旗下的华力微电子以及紫光旗下的武汉新芯等。半导体制造厂商在产能及规模方面还需要发展，此外，芯片制程工艺也仍有待提升。

中国市场 IDM 的份额很小，中国台湾地区仅为 2%，中国大陆则小于 1%。美国 IDM 的市场份额占 46%，韩国也高达 37%，日本、欧洲等 IDM 厂商的占比都在 10% 以下。

一般来讲，IDM 规模庞大，运营费用高，资本回报率低，但有观点认为，IDM 有设计、制造等环节的协同优势，随着国内半导体行业投资的增多，IDM 厂商也会逐渐增多。Gartner 芯片分析师盛陵海认为，IDM 做通用芯片可以，但扩产风险较大。

目前国内 IDM 的龙头企业包括华润微、士兰微等。两家公司都为上市公司，其中，华润微的市值近 700 亿元，市盈率超过 100 倍。科创板上市以来，华润微的股价涨幅近三倍。

国家集成电路产业基金也在布局 IDM 模式。7 月 25 日，士兰微发布公告称，定增 13 亿元购买集成电路资产，并引入国家集成电路产业投资基金股份有限公司为主要股东。士兰微将把此次交易资金用于 8 英寸集成电路芯片生产线二期项目等。

2020 年 8 月 6 日

分享链接

# "苹果税"矛盾升级,平台商业模式遭受挑战

《堡垒之夜》开发者 Epic Games 上周对苹果和谷歌发起诉讼,行业一片叫好。如果 Epic 赢得这场官司的胜利,谷歌和苹果将面临商业模式的颠覆,并不得不使得他们的 App 平台对开发者更加友好。

最新加入对抗苹果阵营的是另一家美国科技巨头 Facebook。Facebook 表示当他们推出一款全新的收费应用功能时,苹果公司就将抽取 30% 的提成。"我们已经向苹果公司提出交涉,希望他们把 30% 的抽成费用降下来,但是苹果公司拒绝了我们的要求。"Facebook 应用软件的副总裁 Fidji Simo 称。

苹果和谷歌宣称他们的 App 指南适用于所有的开发者,以确保苹果商城用户的安全。但业内人士指责称,苹果以生态系统巨额的开发成本为理由,维护自己 30% 抽成的合理性,但事实上整个行业都在为苹果的巨额利润做贡献。

在这样的情况下,有企业站出来对苹果发起面对面的挑战,既能够在反垄断呼声高涨时,进一步引起监管者和公众的注意;也能在法律上给科技巨头的政策施压,迫使其作出改变。

现在所有移动 App 的开发者都需要通过苹果或者安卓系统的平台进行应用软件的发布。而且与安卓生态系统不同,在苹果的 iOS 系统里,如果不"越狱",就只能通过应用商店安装软件应用,用户和发行商都没有选择权。

Epic Games 认为,谷歌的政策也有垄断嫌疑,因为谷歌在用户界面上设置了障碍,让用户在不使用谷歌商城 Google Play 的情况下,很难在安卓手机上安装软件。

根据研究机构 Sensor Tower 的数据,去年用户通过苹果的应用商城购买的数字商品和服务总额高达 610 亿美元,在 Google Play 上购买总额超过 300 亿美元。这意味着两家巨头能够总共抽取接近 300 亿美元的佣金。

上个月底,美国国会众议院对包括苹果和谷歌在内的美国四大科技巨头

## 十八、科技心语

举行听证会。此前，众议院司法委员会认为，大型科技公司的商业行为可能违背了市场的公平竞争准则。司法委员会的调查聚焦于如何更新反垄断法律以应对数字经济带来的新挑战。

听证会后，议员们一致认为科技巨头已经构成了市场主导地位，美国国会可能会形成一份报告和立法建议。而这些新的法律一旦颁布，将对联邦和美国各个州的监管机构打击垄断做法产生深远和持久的影响。

目前要判定苹果或者谷歌是否涉及垄断，主要的要素是对市场的定义，市场的定义越窄，越能证明企业垄断。用户权益组织 Public Knowledge 专家认为，Epic Games 要起诉苹果在分发和 App 购买方面垄断，必须说服法官苹果已经控制了全球 10 亿部设备，除了苹果的平台，无法触及如此大规模的用户群体。

苹果则需要向法官证明，苹果的设备只占市场的一部分。尽管目前苹果在全球智能手机设备市场的占比只有 13.3%，但在美国市场苹果可以说是占据了主导地位，根据研究机构 Counterpoint Research 的数据，今年第一季度苹果智能手机 iPhone 在美国的市场份额为 46%。

如果 Epic 赢得了官司，苹果和谷歌将不得不取消对开发者 App 内购收入的收益分成。法庭也可以裁定禁止苹果和谷歌与 App 商城绑定服务支付，这也将使得用户绕开苹果和谷歌的支付平台，直接向开发者进行支付。

但也有一种可能性，就是苹果和谷歌直接与 Epic Games 达成协议，通过给到对方更多的资源以及私下修改协议，让 Epic Games 放弃诉讼。

如果 Epic Games 败诉，至少能够引起公众的关注，证明现行的反垄断法是有边界限制的，可以迫使立法者考虑修订法律。

笔者认为，这场诉讼无疑是漫长的，可能会耗费好几年的时间。就像 1974 年针对美国电信巨头 AT&T 的反垄断诉讼，前后持续了 8 年左右，并最终以 AT&T 拆分告终。

2020 年 8 月 17 日

分享链接

# 关掉 Jet.com 后，沃尔玛把手伸向 TikTok

4 年前，零售巨头沃尔玛以 33 亿美元的高价收购了一家誓言"颠覆亚马逊"的公司——科技初创电商 Jet.com。今年 5 月，沃尔玛突然宣布关闭该公司。但沃尔玛的"科技之心"不死，仅仅 3 个月后，沃尔玛又突然宣布将参与竞购 TikTok。

沃尔玛周四表示，它将与微软联手竞购 TikTok，并称赞 TikTok 的电商和广告功能的整合能力在其他市场发挥得非常充分，还表示三家公司联合将会让这种能力在美国市场释放。

沃尔玛看重的其实是抖音在其他市场的带货模式，这起交易如果成功，将会帮助沃尔玛通过线上与线下结合的渠道触及更多消费者，并提升其线上业务的市场份额以及广告业务。受消息提振，沃尔玛股价周四收盘大涨 4.5%。

一方面，沃尔玛进军科技领域的欲望强烈；另一方面，过去的经验让沃尔玛认识到寻找一个强大的科技合作伙伴，对初创公司进行收购的重要性。这项收购的价格预计在 200 亿至 300 亿美元。

沃尔玛 CEO 董明伦（Doug McMillon）一直坚信实体店与电商结合是零售业发展的方向。近年来，在他的带领下，沃尔玛在电商领域不断发力。2016 年，沃尔玛以 33 亿美元收购美国线上版的 Costco——Jet.com，创下该公司当时历史上最大规模的一笔收购。收购的理由就是"沃尔玛线上业务增长过于缓慢"。

但是收购了 Jet.com 之后，沃尔玛似乎仍然没有想清楚如何建立第三方市场渠道的问题，这也导致了 Jet.com 难以整合进沃尔玛的业务。在收购四年后，今年 5 月，沃尔玛宣布将逐步淘汰 Jet.com 品牌。但董明伦并不承认收购失败，他表示："这次收购推动了我们过去几年电商业务取得进展。"

去年，沃尔玛的销售额增长了 37%；今年疫情期间，沃尔玛电商第一季

# 十八、科技心语

度销售额激增74%，并吸引了首次尝试其在线服务的顾客。

此次向TikTok发起收购也彰显了沃尔玛加大资本押注线上销售的野心。沃尔玛并不甘于仅做这项收购的参与者，而是希望成为TikTok的主要股东，获得该公司的大部分股权。

沃尔玛在一份声明中透露："我们认为与TikTok和微软的合作，能够强化TikTok电商和广告的功能，让我们触及并服务于全渠道客户，并发展我们的第三方市场渠道和广告业务。"

沃尔玛可能会寻求成为TikTok的独家电商和支付提供商，并通过访问用户数据来强化电商和支付的功能。但最终沃尔玛是否能够占有TikTok的大部分股权，仍要看微软的态度。美国政府可能更加希望由一家科技公司来主导对TikTok的收购，这更符合其要求字节跳动公司剥离TikTok美国业务的初衷。

长期以来，沃尔玛都在寻找能够帮助它实现数字化转型的"最强大脑"，并对抗日益崛起的强大的竞争对手亚马逊。

沃尔玛目前的市值约3 870亿美元，今年以来股价涨幅约15%；亚马逊的市值已接近1.7万亿美元，今年以来股价飙涨84%；亚马逊创始人兼CEO贝佐思的身价也已突破2 000亿美元，稳居全球富豪榜榜首。

TikTok是否有望成为沃尔玛的下一棵"摇钱树"，帮助其实现"颠覆亚马逊"的大计？答案可能会在未来的几十个小时内揭晓。

2020年8月28日

分享链接

# 特斯拉寻求掌控电池的话语权

特斯拉将于9月22日举行年度股东大会和"电池日",在"电池日"开始前夕,特斯拉相关概念股已经开始上涨。三花智控股价大涨近2%,均胜电子和南天信息股价上涨超过1%。不过,国内电池巨头比亚迪的股价大跌8.4%,市值蒸发超过265亿元。

电池技术是电动汽车供应链上的关键核心技术,动力电池占电动汽车成本的40%左右,特斯拉正在寻求掌控电池技术更多的话语权,这将决定特斯拉未来的竞争力。目前雷诺、通用等传统汽车厂商都在寻求电池方面的突破,可以说谁先掌握了领先的电池技术,谁就能占领电动车行业的制高点。

市场预计特斯拉可能会在"电池日"上披露该公司正在开发的至少一种新型超级电池,并有望透露大规模生产电池的时间表。今年早些时候,特斯拉已经在其位于美国加州的弗里蒙特工厂附近建立了一条新的电池原型生产线。

自2017年1月以来,特斯拉电池的主要生产基地位于内华达州里诺附近的超级工厂,该工厂是特斯拉与其合作伙伴和主要电池供应商松下共同投资和量产了其汽车和储能产品电池。上个月,松下还被曝计划在内华达州的超级工厂投资1亿美元建立一条新的电池生产线。

与此同时,特斯拉还开始从宁德时代和LG采购电池,并为其上海超级工厂制造的Model 3电动车提供电池组。今年下半年或明年初,特斯拉还有望在中国推出新型低成本的长续航里程电池。特斯拉中国生产的汽车目前仅在中国销售,但未来可能出口欧洲。

特斯拉的电池团队正在寻求降低生产成本、延长电池使用寿命和充电速度的新方法。马斯克去年曾表示,要使电动飞行正常运转,电池的能量密度需要提高到400 Wh/kg以上,这是五年内可以达到的阈值。

目前,特斯拉 Model 3 中使用的松下 2 170 电池的能量密度约为 260 Wh/kg,如果实现 400 Wh/kg 的能量密度,这意味着与目前的能量密度相比跃升了 50%。

如何实现这个目标?特斯拉在"电池日"海报中透露了线索。这张海报的背景中的许多点以线条形式聚集,外界猜测这种技术就是所谓的硅纳米线,这是一种有助于实现百万英里电池的技术。

今年早些时候,一家正在开发硅纳米线技术的企业安普瑞斯(Amprius)悄悄地搬到特斯拉加州工厂的隔壁,有望成为特斯拉未来的供应商,尽管马斯克否认了其中的关联。

特斯拉更有可能自己研发并生产一种新型的电池,从而对产业链上的核心环节掌握更大的话语权,并减少对电池供应商的依赖。

研究机构 Auto Forecast Solutions 新能源汽车研究分析师康拉德·莱森(Conrad Layson)表示:"很多汽车制造商正在寻找新的方法,以占据电动汽车市场的技术制高点。如果特斯拉能够按需定制自己的电池,而无需支付供应商费用,它将能够对整个产业链拥有更大的控制权。"

在谈到电池对电动车行业的发展制约时,马斯克表示,真正限制特斯拉增长的是电池的价格。他在最近一次的财报分析师会上称:"现在困扰我的最大问题是,我们的电动车还不够便宜。"

市场猜测"电池日"上推出的技术是否符合预期将会导致特斯拉股价的波动。上周五收盘,特斯拉股价大涨超过 4%,近一周该公司股价就上涨近20%,过去一年,特斯拉股价累计涨幅接近 800%。

当然,马斯克在官方场合宣布的很多消息也未必一定能实现。比如 2016 年 10 月,马斯克展示了太阳能玻璃屋顶瓦片,并说服股东同意特斯拉以 26 亿美元的价格收购太阳能公司 SolarCity。但迄今为止,特斯拉仍没有大量制造或安装太阳能玻璃屋顶瓦片。

去年 4 月,马斯克还表示,特斯拉有望在当年实现全自动驾驶功能,但这一时间表也一拖再拖。今年夏天,马斯克透露,该公司的全自动驾驶系统(FSD)正在经历"根本性的改写"。

不过,业内仍然看好特斯拉长期的增长。波士顿咨询公司(BCG)董事总经理、全球资深合伙人徐杨对第一财经记者表示:"对自动驾驶和电池

等新技术的投入无疑会增加汽车企业短期的成本,并导致它们利润的损失,但对于车企的长期发展将会是不可或缺的,将决定它们是否能够取得未来的成功。"

2020 年 9 月 21 日

分享链接

十八、科技心语

# 美征收关税增加电动车供应链的成本，特斯拉的盈利能力堪忧

市场期待科技公司不断有奇迹发生，但特斯拉近期宣布的发展策略正在让投资人看清现实。

这家由马斯克领导的电动车厂商正在由一家科技公司转型成为规模化的制造企业，控制供应链的成本成为特斯拉在电动车市场竞争中的制胜关键，成本也将决定特斯拉能否超越传统燃油机汽车厂商。

特斯拉周三就美国征收的关税起诉美国政府和美国贸易代表罗伯特·莱希泽（Robert Lighthizer），要求美国政府退回税收和利息。

具体而言，特斯拉希望法院宣判特朗普政府针对从中国进口的两批商品关税无效，分别为2018年生效的针对从中国进口的2 000亿美元进口商品征收25%的关税，以及2019年生效的包括对1 200亿美元中国进口商品征收7.5%的关税。这两个列表都包含数百个非常具体的项目，从原材料到电子组件。

特斯拉认为，增加这一特殊关税将对特斯拉造成经济损害，因为这将增加成本并影响企业的盈利能力。

尽管特斯拉已经连续四个季度实现盈利，但马斯克在周二的股东大会上仍然表示，公司的盈利并不高，估计利润率仅1%左右。公司希望推动电动车的成本进一步下降，主要是避免亏损。

诉讼没有描述特斯拉向哪些商品支付关税，也没有说明支付了多少商品，但根据美国贸易代表办公室网站的记录，特斯拉于2019年对人造石墨、氧化硅和定制的门环焊接坯料申请了关税豁免。

2019年，美国贸易官员曾以特斯拉使用对国家安全计划具有战略重要性的技术为由，拒绝了特斯拉对Model 3车载计算机征收25%关税的减免提议。

特斯拉表示，受影响的部件是其自动驾驶系统的"大脑"，由于Model 3

车载计算机的复杂性以及特斯拉产能的迅速提升，公司无法找到其他制造商来满足其要求。

笔者认为，随着特斯拉产能的提升，它需要更好地管理全球供应链的风险。但美国政府对从中国进口的用于制造电动汽车的零部件征收关税，大幅增加了特斯拉的供应链成本，这阻碍了特斯拉向规模化发展的过程中降本增效的努力。

和苹果公司一样，特斯拉正在经历由一家科技公司发展成为一家具有规模化的汽车制造商和能源供应商的转型，而汽车产业链是一个很长的供应链，任何一个供应环节的成本增加都将影响整车的成本。

当今全球各国都在大力发展新能源汽车，以电动汽车为例，电池占到电动车成本近三分之一的比重。而中国占据了包括电池在内的新能源车供应链的主导地位，这令汽车厂商很难摆脱中国的供应链体系。

就在一天前，特斯拉举行"电池技术日"，称将用三年时间把电动车的价格降至 2.5 万美元。特斯拉还称，今年电动车销量将增长 30% 至 40%，有望实现 50 万辆的年交付目标，并且终极产能目标是年产 2 000 万辆电动车。

美国标普公司今年 7 月发布的一份报告指出，许多制造业供应链，包括科技和汽车行业的供应链，已经变得越来越专业化和复杂化，形成一个庞大的网络系统。

标普公司称，美国公司虽然面临削减中国供应链的压力，但是它们几乎没有其他选择。因为任何供应链的转移都需要耗费大量的时间，在一级汽车供应商中，大多数企业表示，供应链配置在很大程度上取决于汽车厂商。

标普公司引用数据称，美国最近从中国进口的汽车零件数量下降的趋势表明，一些供应商正在重新采购。但是鉴于中国从上游原材料到电池供应的主导地位，中国在新能源汽车供应链中的突出地位是全球很多地方难以替代的，尤其是中国公司在全球钴的生产以及全球锂化学品和精制锂产品市场占有重要地位。

通过可靠的产品质量、较低的成本和不断的创新，中国公司一直在增加美国和欧洲汽车厂商的供应链中的渗透率，并且中国电池生产商与国际汽车制造商之间的合作也得到了加强。

十八、科技心语

今年,包括大众汽车和戴姆勒在内的欧洲汽车生产商收购了中国电池生产商的股份,这是进一步确保供应并更好地利用中国这一全球最大的新能源汽车市场的重要一步。

2020 年 9 月 24 日

分享链接

# 十九、海斌访谈

彭海斌 | 第一财经产经新闻部副主任。毕业于四川大学经济系，2010年开始从事媒体工作，专注产业与公司报道。
penghaibin@yicai.com

## 小米不到"无人区"

雷军和余承东越来越不掩饰对彼此的反感了。

雷军是小米集团的创始人和董事长，余承东是华为消费者业务的领导者。小米集团与华为的消费者业务，在手机业务、物联网设备等领域展开全球竞争。两者最近一次交锋是关于企业研发。

今年4月接受包括第一财经在内的媒体采访时，余承东表示："别的厂商发布的研发费用，他们跟我们完全不在一个数量级。他们是增长几十亿元人民币，我们是研发费用200亿美元。"

此前不久，雷军在微博则说："小米只有十年历史，大家可以查一下友商在十周年时候的研发投入。"更早一些时候，雷军更是称："华为不懂研发。干研发，没有钱是不行的。但也不是某些公司机械的理解，没有10%的研发投入就不行，那是胡扯"。

余承东与雷军对研发的理解分歧巨大。两家公司也处于不同的发展阶段。现阶段的小米，承受不了华为式的研发强度；作为一个消费电子技术和资源的整合者，而非创新者，小米现在对高强度的研发需求也没那么紧迫。

从研发的绝对投资额来看，华为和小米之间差距明显。

华为在2019年的总体研发费用为1 317亿元。华为财报中未对各个板块的研发投入进行拆分，上述金额既包括手机业务的研发投入，也涵盖华为在传统通信业务领域的投入。不过，在2019年4月的一次采访中，余承东透露，华为手机的研发投入约60亿美元，近420亿元人民币。

小米集团的财报披露，2019年的研发开支是75亿元人民币。

从研发相对营收的比例来看，华为集团2019年的研发/收入比例是15.3%，小米集团的研发/收入比例是3.6%。

当下的小米，无力承担营收10%的研发投入，这会击穿它的盈利。

以小米集团2019年的营收2 058亿元计算，如果它当年投入的研发比例达到10%，则意味着205亿元的资金投入。在小米的财报中，扣除研发开支、销售及推广开支、行政开支等费用后，它的经营利润是117.6亿元。205亿元的研发开支，意味着小米在2019年的经营利润是–12.4亿元。

小米是一家手机硬件占主导、物联网设备日渐壮大起来的企业。它的业务结构和消费电子行业的领军者苹果公司有相似的地方。当前，小米集团估值已经不低：苹果公司的市盈率是20.4倍，小米集团的市盈率是21.5倍。

截至4月22日收盘，小米股价为10.12港元，较上市以来的最高点已经腰斩。小米如果骤然提高研发强度，利润会大幅折损，下一个被击穿的将是它约2 434亿港元的市值。

万得数据显示，截至2019年6月30日，小米集团的第一大股东为Smart Mobile Holdings Limited，占已发行普通股比例27.12%。Smart Mobile Holdings Limited的全部权益为以雷军及其家人为受益人的信托基金所持有。这意味着雷军家族持有小米集团股份的市值超过650亿港元。

小米集团市值的大幅下调，是小米的投资者难以接受的，也是雷军本人难以接受的。

上市公司的身份，束缚了小米和雷军的手脚。反观华为，作为一家非上市公司，它享有更大的自由度。当受到美国制裁，国际市场剧烈萎缩的时候，华为做的不是收缩研发、节省开支，而是加大投资、研发开路。

在通信等领域，华为的技术能力排在世界的前列。这意味着没有成熟的道路可以走，所以，任正非在2016年曾表示华为身处"无人区，处在无人导航、无既定规则、无人跟随的困境"。在"无人区"做研发，意味着一定比例的投入将是试错成本，这部分地解释了华为的高研发投入。

小米集团使用高通的芯片、三星的屏幕以及国内成熟的产业链，生产出极致性价比的手机。成立十年，小米以2 000亿元的销售规模，成为世界五百强。这是了不起的成就。作为资源的整合者，它现在享受成熟产业链的红利，还无需做高强度的研发投入。

华为到了"无人区"、高通到了"无人区"、三星到了"无人区"，小米还没到。有一天，当它走到"无人区"的时候，就需要付出更多的试错成本。届时，除了提高研发强度，它没有太多的选择。

2020 年 4 月 22 日

分享链接

# 自动驾驶上半场基本结束了

当自动驾驶车辆开始从车型验证向产品化和商品化阶段过渡的时候，行业的上半场就基本结束了。

此前不久，小马智行的首席执行官彭军在接受包括第一财经在内的媒体采访时作出上述判断。在自动驾驶的上半场，整个行业的技术得到了提升，出现了以谷歌Waymo、百度、小马智行等为代表的一批头部企业。上半场发展的不错，"不光是自动驾驶公司，还包括芯片，高精地图以及计算中心等方面的发展"。

今年2月末，小马智行获得来自丰田汽车的4亿美元投资。这项投资之后，小马智行估值达到30亿美元，成为中国自动驾驶领域估值最高的独角兽之一。几乎在同一时间，另外一家自动驾驶技术公司驭势科技宣布获得来自博世的战略投资。

小马智行的核心产品是"做一个虚拟司机，或者说，造一个会开车的、拥有真正智能的大脑"。彭军表示，想要真正改变人类的出行方式，大脑还需要结合强壮的身体，"当我们有了一定的技术积累之后，便与世界一流车厂开展合作。"

以奥迪、丰田、博世等为代表的传统整车及零部件企业有成熟的制造能力，谷歌Waymo和百度、小马智行等科技企业具有对新技术的敏锐洞察和研发能力。这两起投资案例显示出，传统车企与新兴科技力量日渐融合。

"早期大家都尽可能地去拓展不同的业态和方向，让自己有更强的弹性。随着投资的审慎以及头部企业的浮现，我相信大家的分工会更加分层。"罗兰贝格全球合伙人方寅亮在接受第一财经记者采访时表示，无人驾驶进入下半程已是业内的基本共识，接下来行业内公司会从百家争鸣转向术业专攻。

"一部分的企业可能会更专注于端到端的解决方案；一部分的企业会专注于做好的赋能者：既可能是硬件上的（比如雷达），也可能是软件上的（比如云技术、信息安全），从而带来整个生态上的进一步优化。"方寅亮表示，"未来企业间的竞合，'合'这个字越来越重要。"

中国和美国是自动驾驶技术发展的领导性力量,企业是两国间技术合作的纽带,众多科技企业同时在中美两国之间设立研发机构,进行道路测试。百度公司、滴滴出行以及小马智行等,均同时在中国和美国部署研发力量。

中美两国之所以具备自动驾驶发展的优势,部分原因在于政策的更大开放性。

2020年1月,记者在北美消费电子展期间采访了Mobileye的首席执行官Amnon Shashua,他认为中国的自动驾驶政策的推进力度走在世界前列。作为汽车ADAS系统的领先性公司,Mobileye起步于以色列,后被英特尔以153亿美元全资收购。它早早涉足中国业务,与上汽集团、长城汽车等有广泛合作。

这一评价也得到了彭军的响应:"从全球范围看,中国的法律法规在很多方面是领先的,比如国家发改委、科技部、工信部等11个部门近日联合印发《智能汽车创新发展战略》,对中国智能汽车的技术标准创新是很大的支持。"

同时,他对政策进一步开放抱有期待。

"自动驾驶就像人一样,光在驾校里学车是学不出来的,还需要到公开道路不断学习、尝试。自动驾驶在中国的发展,需要在保证安全的情况下,慢慢开放更多、场景更丰富的路段做测试"。

当前,广州、重庆、长沙等地区均开放了自动驾驶的道路测试区域。各个地方的路况迥异,比如重庆多山路,广州则更平整。但各地对于自动驾驶车企在异地的道路测试结果还没做到互相认可。

"到底要做多少测试?什么样的测试做完才能够判断技术是好的还是不好的?企业达成了什么样的里程碑?各地没有统一的认识和标准"。方寅亮对第一财经记者表示,现在企业还处于自发摸索的过程中。

"很多法律法规还是在省市的层面,国家层面没有协同",彭军表示,战略和政策层面的全国一盘棋对自动驾驶发展至关重要。

2020年4月16日

分享链接

十九、海斌访谈

# 英伟达收购 Arm，引发中国芯片企业广泛担忧

英伟达对 Arm 的收购震荡行业。中国的半导体企业担心这项收购一旦完成，Arm 会失去其中立性，英伟达则将与半导体企业形成不对等的竞争关系。

2020 年 9 月 14 日，英伟达正式宣布将从日本软银公司手中全资收购 Arm，它为此支付的总价最高可达 400 亿美元。英伟达将向软银支付总计 215 亿美元的英伟达普通股和 120 亿美元现金。同时，英伟达将向 Arm 员工发行价值 15 亿美元的股本。此外，在 Arm 达到特定财务绩效目标的前提下，软银可能会获得最多 50 亿美元的现金或普通股。

软银在 2016 年收购 Arm 的时候，付出的代价是 320 亿美元。接受第一财经记者采访的芯片产业人士认为，英伟达与 Arm 的 400 亿美元并购案溢价不算高，对前者来说是"特别好的一笔生意"。

这桩收购对中国甚至是全球的芯片企业来说，可能并不是好消息。

Arm 的业务是授权其指令集或者微架构（具体形式是一些文档和代码）给予芯片设计公司，并收取相关费用。目前，Arm 占据了移动终端领域 90% 的市场份额，采用其架构的芯片数以百亿计。不管是苹果生态还是谷歌安卓系统上运行的各类应用，都要与底层的 Arm 指令集相兼容。

Arm 不生产芯片，这是它保持技术中立、取信合作方的关键因素。这也是它能够与芯片企业、应用开发公司以及硬件设备公司共同构筑全球范围内庞大生态体系的原因。但这桩并购令 Arm 的技术中立的地位遭到质疑。

"英伟达和 Arm 的合并对整个业界，对全世界芯片领域是不利的，因为 Arm 确实将丧失中立。它的很多客户是英伟达的竞争对手。"一家中国芯片公司的 CEO 接受第一财经记者独家专访时表示，这家芯片公司同样采购了 Arm 的服务。

此前英伟达多次尝试进入移动通信芯片领域，不过均铩羽而归。英伟达在移动通信领域的失败，部分原因是它将业务重心放在图形处理器（GPU）

领域。芯片企业高层担心，收购了 Arm 的英伟达一旦重启在移动通信芯片业务的攻势，其他芯片公司将无所适从。

"英伟达通过得到 Arm，扼住了现在所有移动终端芯片厂商的脖子。这恰恰是它过去十年间想进入而一直没能进入的领域。"一家国内移动通信芯片企业的高层接受第一财经记者专访时表示。

"当然，是否做（移动终端芯片）取决于它的战略。一旦想做移动终端芯片，它进入的门槛更低了，这是毋庸置疑的。"这位芯片企业高层告诉记者。他所在的芯片公司是国内的头部企业，且与 Arm 的合作超过十年。

英伟达官网上披露的文件称，收购完成后将"延续 Arm 的开放式授权模式，保持其客户中立性，并利用英伟达技术扩展 Arm 的 IP 授权组合"。

这一表态不足以打消芯片企业的疑虑。"我们不好判断，英伟达具体用什么方式来保证 Arm 客户的信心。"

英伟达与 Arm 的这笔交易需要获得英国、中国、欧盟和美国监管部门的批准，英伟达预计交易将在约 18 个月内完成。

"监管机构应该会广泛收集各方意见，再决定是否批准。但是站在产业角度，我们还是比较忧虑的。"这位芯片企业高层表示，对于这桩并购案带来的潜在风险，"芯片产业应该都可以看出来，这是一个基本的理解"。

出于反垄断的考虑，国内和国外的监管机构都曾否决芯片领域的重大交易。2018 年，美国政府以国家安全为由，否决了博通对高通 1 170 亿美元的收购，中国的监管机构也未放行高通对恩智浦的 440 亿美元交易案。

"这次我猜也不会批的"，上述芯片公司的 CEO 对第一财经记者表示。

2020 年 9 月 15 日

分享链接

## 二十、精华实报

胡军华 | 现任第一财经产经部主任,硕士毕业于复旦大学新闻学院,2007年加入第一财经,有10余年公司报道经验;关注快消、科技、地产等领域的新产品、新技术与商业模式创新,对跨国公司在中国的本地化发展有浓厚兴趣。
hujunhua@yicai.com

# "乱封路"拆台稳经济努力

乱封路的新闻还在不断传来。

最新的报道是,安徽省宿州市符离镇,被称为"中国烧鸡之乡",因为村庄封路,饲料运不进来,肉鸡卖不出去,养鸡大户只能10元钱一只卖给当地村民,养得越多,亏得越多。

符离镇封路看上去保护了一个村,甚至一个镇,伤害的却是肉鸡产业链的上下游从业者。

阻断交通,一头是对养殖业的打击,饲料等原料进不了村,养殖场收入来源被切断,只能关门大吉。

农业在国民经济中的比重这些年整体在下降,但是养殖业仍然解决了农村大量富余劳动力的就业问题,如果因为防控疫情,养殖被迫中断,农民去哪里就业挣钱,马上会成为大问题。

肉蛋奶蔬菜进不了城,一头打击的是农业生产者,另一头直接冲击城市物价。

笔者所在的上海,春节期间,社区菜场猪肉、鸡蛋价格与春节前相比,价格变动不大,保持稳定,但是大白菜、西红柿等蔬菜价格一度大涨。以大白菜为例,春节期间价格一度涨至每公斤4.56元,春节前大白菜价格最低时每公斤1元左右,价格大涨的背后是蔬菜从产地到销区运输不畅。最近几天,上海在加强疫情防控的同时，农产品供应明显改善，蔬菜价格已经回落。

第一财经此前报道，因铁路、水路、公路交通管制，全国各地到湖北省的饲料原料运输受阻，湖北省养殖企业的饲料和饲料企业的原料供应面临断档危险，形势急迫，特别是大规模畜禽养殖企业如饲料断供更易出现畜禽饿死、冻死、病死，甚至引发严重疫情。据不完全统计，目前全省库存的商品饲料仅够维持2—3天，从1月29日到2月底，全省饲料原料（豆粕、玉米等原料）缺口近60万吨。

现在疫情非常严重，但是与大规模战争、自然灾害等不同，全国的农业基础设施没有受到破坏，只要组织得当，加强农业从业人员的身体状况监控，农业生产恢复正常，部分城市物价上涨、居民抢购食品的问题可以迎刃而解。

战争打的是后勤保障，防控疫情同样需要一个稳定运行的经济基础。在做好人员防控病毒的基础上，让农业、工业释放出最大的生产能力，米袋子、菜篮子应有尽有，口罩、防护服的供应源源不断，打赢新型冠状病毒肺炎防控战指日可待。

乱封路，各种画地为牢，让劳动力在农村里、城市里坐吃山空，没有经济实力支撑的疫情防控将举步维艰。

现代经济让社会的各个角落高度关联，自给自足与外界不相往来的田园牧歌式生活更多是一种理想，经济越活跃，人与人之间的互动越多，中国与世界的关联越密切；疫情的防控，应该最大限度地保障经济活动的正常进行。

封路乃至封城，是非常重大的动作，需要依法行政，作出决定需要非常慎重，按照《中华人民共和国传染病防治法》第四十三条，省、自治区、直辖市人民政府可以决定对本行政区域内的甲类传染病疫区实施封锁；但是，封锁大、中城市的疫区或者封锁跨省、自治区、直辖市的疫区，以及封锁疫区导致中断干线交通或者封锁国境的，由国务院决定。疫情发生后，农业农村部、交通运输部等已经再三通知，"严禁未经批准擅自设卡、拦截、断路阻断交通等违法行为，维护'菜篮子'产品和农业生产资料的正常流通秩序。"

2020年2月3日

分享链接

## 二十、精华实报

# 方便面保供应遇阻，怨谁？

多年之后，回首 2020 年，寄口罩的人，送方便面的人，我们会特别感激；送口罩是救命之恩，没齿难忘；送方便面的，让"家里蹲"们少了生火做饭的烦恼，也是真爱。

2020 年春天方便面的抢手热度，远远超过茅台，现在茅台无人问津，而方便面却吸睛无数，还有人在意它是垃圾食品吗？

跟茅台断货不同，茅台仓库里就有，只是不想卖给你；方便面，仓库里真没有。

在上海，也买不到方便面。

上海凭什么就能买到方便面？

上海就有方便面的工厂。

以汤达人为例，上海统一企业饮料食品有限公司就在金山区，汤达人碗面就在这里生产。

昆山统一企业食品有限公司虽然在江苏，距离上海人民广场约 60 公里，跟统一金山公司差不多距离。

上海消费者为什么买不到汤达人方便面？

这一波新冠肺炎疫情，统一是少数生意红火到爆的公司，生意人会嫌自己赚钱太多吗？2019 年上半年，统一企业中国控股有限公司（下称统一）销售了 43 亿元的方便面，同比只增长 2.8%，而现在，可以把 2.8% 变成 28%。

情人节那一天，统一的员工已经顾不上浪漫，全面复工，当时统一告诉第一财经记者，缺货情况未来将得到缓解。

一周过去了，方便面的缺货状况并没有得到缓解。

卡在什么地方？

上海超市的一个货架的汤达人卖光了。没有货的原因是："疫情期间物流受阻，敬请谅解"。

物流是经济的血管，血管阻塞，人体瘫痪；经济好不好，看看路上有多少货车在跑。

一个叫肖红兵的货车司机，春节期间一直在高速上跑路，因为是湖北人，下不了高速，回不了家，这位在高速流浪20多天的司机最大的心愿是能够停下来，有个地方好好睡一觉。

肖红兵的悲剧，悬在很多货车司机的头上。

国道、省道到村道，处处都有"红袖章"，货车司机是重点检查对象，只要你来自重点疫区，要么劝返，要么就地隔离14天，注意这隔离的14天，是你自己付费。

货车司机现在变成了紧缺人才，工资涨40%甚至翻倍的都有企业愿意买单，相比住14天自费酒店，吸引力还是一般般。

方便面不是什么高科技产品，即便生产出来，没人运输，一样干瞪眼。

然而统一遇到的问题，或许不一定是运不出去。

生产方便面，不是工厂大喊一声，撸起袖子就能做出来：需要面粉，需要棕榈油，需要蔬菜，各种调味品，还需要包装的纸盒、塑料袋等，只要某个地方的"红袖章"放下一根杆子，方便面的原辅料就运不出来。

方便面要正常生产，统一要复工，它产业链上各个环节的大小工厂也得复工，不然还是白瞎。

最近，零点有数与新沪商联合会联合调研了全国1852位企业家，收集复工复产遇到的问题，提到39.0%的企业因上下游产业链难以协同复工导致复工困难。在供给方面，由于交通运输的封闭，中游产业供给受阻，无法及时送货以及面临涨价等问题，导致下游产业被动停滞；在需求方面，下游需求削弱，不能协同复工，订单减少，导致中上游企业的库存积压。

方便面看似不起眼，但"麻雀虽小五脏俱全"，同样有自己的上下游产业链条；在一个正常的市场经济环境里，任何一个环节出了问题，上下游可以灵活地进行调整，让产业链条保持正常运作。

新冠肺炎是非常特殊的一个事件，为了防控疫情，各地管控措施五花八门，市场停摆，"市长"说了算；现在疫情有了新的变化，有条件的，让市场说了算，"市长"回归本位。

2020年2月22日

分享链接

## 麦当劳、肯德基为何不喊"救救我"

女儿喜欢吃麦乐鸡，配上甜玉米和牛奶，她说："我每天都要吃。"

大人也喜欢麦当劳。

新冠肺炎期间，一位顾客在麦当劳餐厅的餐盘纸上写到："作为麦当劳的常客，在这里看见的是温暖的灯光照在辛勤工作的员工脸上，热情地为进门和点外卖的客人服务。在这么艰难的时间，她们让人尊敬，我会天天来这里用餐，同她们一起。"

疫情发生至今，麦当劳有3 000家门店持续营业，占到全国门店总数的90%左右。

拥有肯德基、必胜客的百胜中国也有60%左右的门店开着。

我很好奇，他们赚钱吗？

很熟的麦当劳朋友避而不答。

当然不赚钱。

春节期间，百胜中国还开业的门店，销售额同比下降了40%—50%。一般来说，肯德基餐厅的利润率不到20%，必胜客餐厅约10%，销售额下降40%以上，赔本毫无悬念，麦当劳应该也不能幸免，不然，朋友也不会避而不答。

开门亏钱，不开门问题更大，很多餐饮业的从业者深知停工就意味着停口，而像麦当劳、肯德基这样的全国连锁快餐店，员工数以万计，谁来给他们发工资，放谁手里都是一个烫手山芋。

亏钱也得开着，我的下一个问题是：洋快餐们能硬抗多长时间？

之前，西贝餐饮董事长贾国龙表示，加上银行贷款发工资，撑不过三个月。

贾国龙还说："我们一个月工资发1.56亿元，两个月就三个多亿，三个月就四五个亿了。哪个企业会储备那么多现金流？"

美国的上市公司很重视自由现金流（free cash flow）这个指标，就是企业日常经营获得的现金减去资本支出的余额，这笔钱企业可以自由支配，很多人拿来判断一家企业会不会陷入财务危机。

现在，我做一个假设，在极端的情况下，像现在新冠肺炎疫情期间，餐饮企业开门几乎没有生意，企业自由现金流如果拿来给员工发工资，能发几个月？

百胜中国现在有近万家门店，员工45万人，2019年发工资花了18亿美元。

百胜中国2019年经营获得的现金为11.85亿美元，减去资本支出4.35亿美元，自由现金流是7.5亿美元，如果按照2019年全年18亿美元的工资支出，简单粗暴地用7.5亿美元除以18亿美元，能够覆盖41.7%的工资开支，按一年12个月算，能撑差不多5个月。

百胜中国手里可以自由支配的钱，如果只给员工发工资，能撑5个月。

麦当劳能撑多久？

麦当劳全球2019年的自由现金流是57亿美元，它的运营总成本是120亿美元，没有单独列出工资开支，如果也简单粗暴地计算，按照2019年的运营成本数字，57亿美元能支付47.5%的运营总成本，也就是说，麦当劳没有任何收入继续营业，凭手里的现金支付成本，可以撑将近半年的时间。

这么看起来，麦当劳的耐力比百胜中国还强一点。不过麦当劳是全球的数据，中国麦当劳的实际情况说不好，可能比百胜中国高，也可能低，但是麦当劳全球的表现可以作为一个参考。

新冠肺炎对中国经济的冲击，餐饮业首当其冲，声音大的大声疾呼"救救我"，很多中小餐饮企业在沉默中焦急如焚。

餐饮业号称现金流奶牛，这个行业现金流周转很快，在一般的商业环境里，很多餐饮企业不会在手里留存太多的现金，如果财务总监说要预防万一保留一定比例的现金，估计会被当成外星人，或者得卷铺盖走人。

很难有人想到，有一天会暴发新冠肺炎，洋快餐也没想到。值得称道的是，他们比中国同行更保守，保守也能救命。

在商业的世界里，有时候，速度更快的能成为佼佼者；有时候，看谁能够活得更长，撑到最后的，笑到最后。

洋快餐们没有传出"救救我"的声音，手中有粮，心中不慌；手里有钱，更可以笑看风云。

2020 年 2 月 29 日

分享链接

# 消协缺钱，消费者缺专业知识

消协，有些地方叫消保委（消费者权益保护委员会），经费不够用，保护消费者有心无力，这是中国消费投诉居高不下的重要原因。

2019年，各级消协受理的消费投诉总量为82.1万宗，解决率只有75%。

上海市消费者权益保护委员会秘书处，2018年的收入是1 738.5万元，全部来自财政拨款，工资福利支出约600万元，有1 000万元左右用于消费者维权活动、"3·15"专题活动经费、各类商品质量检测经费等。

据第一财经记者调查，北京、深圳等一线城市的消协与上海类似，经费捉襟见肘，只能重点维权，无法全面覆盖。

中国经济高速发展，各种产品和服务空前丰富，硬件、软件中的专业门槛、高科技元素让人叹为观止，普通消费者因为不懂行而吃闷亏的不计其数。

在与大公司的维权争议中，消费者个体是绝对的弱势群体。

此前，苹果就降频门与美国消费者达成诉讼和解，支付最高5亿美元的和解费，这是能够获得的最好结果，因为消费者要证明苹果公司是恶意降低老苹果手机的运行频率，很难。

同样在美国，发现大众汽车排放造假的不是消费者，而是美国环境保护署，大众因此付出了数百亿美元的代价。

一个人要掀翻一家大公司，要有超人的能力。

商家成千上万，鱼龙混杂，在其中披沙拣金，扶正祛邪，消协更有可能性。

各地消协的身份相对超然，不做广告，资金由政府财政提供，不接受公司捐赠。

提供消费指引，或者在定争止纷中居间协调，消协能够起到为消费者赋能的作用。

但是首先还得为消协赋能。

财政拨款为消协保持超然地位提供了保证，有限的经费也限制了消协的维权半径。

## 二十、精华实报

消协是舶来品,欧美在消费者维权方面探索的时间更长,也积累了不少经验。

美国消费者报告是一家独立的非营利性组织,创办于1936年,它评测市面上的各种产品,为民众提供消费指引,涵盖的商品和服务达到8 500种以上。

作为比较,北京、上海、深圳消协每年只能做几十项比较试验,涉及的商品品牌只有几百个,很少涉及汽车、首饰等价值较高的商品。

美国消费者报告靠收取会员费实现可持续运营,消费者每年支付39美元的会员费可以看到所有商品和服务的评测内容,如果每年付59美元可以获得消费者报告的所有附加服务,现在美国消费者报告拥有600万名以上的会员。

提供更加及时、全面的服务,收取会员费,欧美消费者组织这样维持生计。

欧美维权的模式,国内消协要引入,卡在政策上。

消协现在接受政府拨款,就不能收取消费者的会员费,知情人士说。将来能不能破局,要寄希望于消协的下一步改革。

2020 年 3 月 16 日

分享链接

# 越南禁止出口大米，中国农民应该高兴

媒体报道，新冠肺炎疫情在全球传播，越南考虑本国的粮食安全，停止对外出口大米。

有人担心，中国从越南等国进口不少大米，越南一断供，中国粮食紧平衡被打破，吃饭问题会出现。

担心多余了。

中国是世界水稻的第一生产大国，排排座下来，依次是印度、印度尼西亚，越南排第四名。

美国农业部的数据显示，2018—2019 市场年度，中国水稻产量约为 1.5 亿吨，越南约 2 800 万吨。

中国自己生产的水稻不仅够吃，上一年度还对外出口了 277 万吨，在世界主要水稻出口国中，能跻身前十。

中国对粮食出口实行配额制，有资格、有配额出口的主要是国有企业，如果全面放开，中国水稻出口还有不小潜力。

中国也进口水稻，2018—2019 市场年度，中国进口了 300 万吨。

既出口水稻也进口水稻，并不别扭，泰国的香米不少人吃过，口感跟国内大米就是不一样，中国消费者的口味越来越刁，进口好大米的需求一直都有，这是改善型需求，不是填饱肚子的刚需。

往年，因为粮食托市收购等原因，中国粮食价格更贵，周边国家如越南大米，千里迢迢运进中国，成本上也许还有优势，所以，国外大米在国内也有市场。

即便如此，中国每年从越南进口的大米并不多。

越南媒体报道，2019 年，越南是世界第三大大米出口国，排在印度和印度尼西亚之后，出口总量为 637 万吨，进口越南大米的国家中，依次排序，菲律宾 210 万吨，象牙海岸 58 万吨，马来西亚 58 万吨，中国 47.7 万吨，列在第四位。

47.7万吨的越南大米,中国每年大米的消费量上亿吨,越南占比微乎其微。

越南停止大米出口,中国农民应该高兴,留下的市场缺口,中国大米很快就能补上,买越南大米的那些钱,将回到中国人自己的口袋里。

中国还拥有天量的水稻库存。

2018/19市场年度,中国期末水稻库存约1.15亿吨,按照中国人去年水稻消费1.43亿吨来算,中国农民一年不种庄稼,不从国外进口一粒大米,全国人民可以吃9个月。

全世界上一市场年度水稻库存是1.75亿吨,中国的库存占了一大半。

而且,中国上一市场年度还有1.4亿吨的小麦库存和2.1亿吨的玉米库存。

大米吃腻了,来点包子馒头或者饺子馄饨也可以,玉米也可以当零食吃,中国人还真有换着花样吃的实力。

越南停止出口大米,也还有不少变数。

这条消息出来没多久,越南官方就赶紧辟谣说是暂停出口,没有出台大米出口禁令;3月28日之前,越南要评估国内大米的库存量,是否能够保障本国的需求,这个时间段里越南不接受大米出口的新订单。

2019年,大米出口给越南贡献了28亿美元的收入。

美国农业部预计,2019/20市场年度,水稻需求减少,供应增加,全球水稻库存1.82亿吨,增长420万吨。

2020年3月26日

分享链接

# 特斯拉称王，敲响4S店的丧钟

不知道从何时开始，汽车4S店得了一个外号"4儿子店"，调侃4S店各种套路让消费者花冤枉钱，"坑爹"的可不就是"儿子"？

特斯拉没有"4儿子店"，城市中心的特斯拉门店，只展示和体验，买车还得上特斯拉网站下单；特斯拉的一位高管说，很多人问有没有内部折扣，真没有，全国一个价。

6月11日，特斯拉股价冲破1 000美元关口，超越丰田，成为美股市值第一高的汽车公司。

特斯拉在股市称王，销售也夺冠。

乘联会的数据显示，特斯拉国产Model 3电动车5月批发销量达11 095辆，环比增长205%，成为中国新能源汽车的"销冠"。

特斯拉上海工厂已经建成，产能进一步释放，大街上的特斯拉会越来越多。

特斯拉蛋糕越做越大，4S店们看得着却够不着，特斯拉自己卖车，不需要经销商帮忙。

全直营的打法，颠覆了中国汽车业几十年的商业模式。

以往，整车厂强，经销商弱，好卖的车和不好卖的车按比例搭配，不管经销商愿不愿意，都得接受；不少整车厂是上市公司，为了业绩亮眼，不管市场好不好，给经销商的指标年年上涨；新车一出厂，整车厂已经确认收入，至于窝在经销商的仓库里没卖出去，那是经销商的问题。

身负库存重压的经销商，为了把车卖给消费者，五花八门的手段层出不穷，坑爹的事情比比皆是。在经销商与消费者的博弈中，信息不对称始终存在，再精明的消费者，也难逃被宰，侥幸处也就是被少宰一点而已。

最新的易车App广告里，沈腾拍出一叠叠的买车发票，宣称："我只信发票成交价！"而易车以买车不吃亏作为广告的诉求核心："上易车App，查发票成交价，买车不吃亏！"

在传统的4S店里，价格等关键信息不透明，消费者知情权得不到保障，是汽车业的"癌症"。每年的"3·15",汽车消费都是消费者维权的重点领域,也是维权难的典型代表。

特斯拉进入中国,引入汽车销售直营模式,不管男女老幼,都是一个价,直接铲除了传统4S店玩价格猫腻的土壤。

直营的不仅是特斯拉,蔚来、小鹏汽车等"造车新势力"也纷纷效仿。

特斯拉被称为"造车新势力",但"汽车新势力"这个名字应该更适合它。

智能驾驶、电动汽车等硬指标能满足出行的硬需求,而直营等服务方式的变化,更能迎合消费者注重高质量和透明服务的软需求,与汽车制造技术相比,同样重要甚至分量更重,特斯拉走到了前面。

财大气粗,特斯拉可以不管不顾做直营;对于实力稍弱的汽车企业,恐怕还需要经销商帮助搭建销售渠道和提供服务。

传统的4S店能大行其道,因为整车厂不用自己掏钱去建店雇人,相当于经销商为整车厂垫资拓展市场,所以有些4S店乱来,整车厂也就睁一只眼闭一只眼。特斯拉做大,汽车消费者用脚投票,4S店体系到了不得不改的时候。

2020年6月12日

分享链接

## 附一　一财朋友圈

## 2020 的地产"转会期"
## 比以往来得更早一些

罗 韬

今年地产圈的"转会"黄金期比以往来得更早一些。

岁末年初，做人力和猎头的朋友可真是忙坏了，每天都在做信息互换，互相了解谁正在看机会。

元旦当天，正荣商业前董事长肖春和发了一条朋友圈："归零，空杯。重新出发！"在 2019 年的最后几天，肖春和最终选择康桥集团作为新东家，担任康桥集团副总裁兼江浙区域董事长。

两个月前，肖春和从正荣离职。在正荣工作的时候，他一直扮演着"救火队长"的角色，在区域公司和集团都担任过比较重要的职位。过去两个月，猎头圈对他穷追不舍，大家都在猜测他最终选择哪家。

肖春和告诉笔者，之所以选择康桥集团，第一看重企业的资产质量，第二看重老板给予的授权和信任。

肖春和打响了 2020 年"转会"的第一枪。元旦过后，短短几天，"转会"消息接连而来。

比如，华夏幸福基业孔雀城住宅集团前总裁傅明磊，就在元旦后的第一个工作日加盟龙光地产担任执行总裁。融信中国前首席营销官张文龙，元旦后选择去蓝绿双城担任副总裁。

以往，"转会"都会发生在春节之后，而2020年的"转会"来得却比预期早了一点。即便是放弃年终奖，这些明星经理人也选择提前"转会"。

究其原因，无外乎有几个。

2019年作为地产行业的过冬之年，很多公司的薪酬绩效本来就有所打折，年终奖的期待值自然也没有以往那么高。春节前"转会"，也算是给这些空降高管的一个缓冲期，快速熟悉环境，以便节后更好地推进工作。另外，今年的机会比以往还是少了很多，很多规模上了台阶的公司，对空降高管需求开始减少，若不把握机会岂不可惜。

这些"转会"成功的还算幸运，据笔者了解，目前市场上还有大量看机会的人。有些人发现平台不适合，一直在主动寻找机会。还有些人面临新任领导被边缘化的境地，也不得不重新看机会。

这些成功"转会"的经理人，有几个共有的特质。要么是有早年在大公司的从业经历，要么是在任期间帮助过公司发展壮大。比如傅明磊，早年就有着万科、旭辉的经历，一直成为市场追捧的对象。再比如肖春和，因为在正荣担任多个要职，随后伴随企业从区域到全国化布局，因而得到市场的青睐。而张文龙在华润、融创均有过营销经历，可谓是体系化培养的人才，自然受到猎头圈关注。

从另一方面看，地产公司老板也越来越注意寻找更高量级的人才来为自己的企业保驾护航。过去几年，受资本推动，大多数时候拿地都可以赚钱，企业的规模发展对人才的依赖并不高。行业进入平稳期后，每一笔投资都是风险，这个时候考验组织智慧就迫在眉睫。如果再不提高组织能级，可能就会成为下一个出局对象。

龙光地产成为这一轮"转会期"的第一个赢家，大量招聘明星经理人的背后，一定是该公司希望在下一轮周期选择进攻而非防守。不只是傅明磊，包括融信前执行总裁吴剑、泰禾前副总裁沈力男都相继加盟了这家粤系地产商。他们都见证了自己的前东家的某些高光时刻，在圈内也一直受到欢迎。按照这个发展态势，龙光地产的战略在未来两年应该还会选择加速扩张，因而提前做好了人才储备。不过，这个团队最终能否带来惊喜，还需要时间去证明。

无论是企业还是职业经理人都心知肚明，好的平台和好的候选人在市场都是有限的。即便是好的经理人，选择错误平台也可能几年后就销声匿迹。

对于好的平台而言，如果选错高管，也容易带来一定的阵痛。

决策的不确定性增加，不得不让大家都开始提前决策。毕竟，年终奖虽然重要，后半段的职业发展更为重要。

2020年的"转会"故事已经提前拉开序幕，细节背后也许是大改变。在中国房地产进入新周期后，越来越多的人开始明白了一个道理：行业开始逐渐转向以人力资本推动的风险投资时代。对于中国地产商而言，向外要寻找规模边界，向内则需寻找组织的内生能量。

2020 年 1 月 5 日

分享链接

# "抢菜大战"能否助力生鲜电商迎来春天

邱智丽

如果有比"双11"更拼手速的事情,那大概就是疫情期间在生鲜平台上抢菜了。

受新型冠状病毒肺炎疫情的影响,在线买菜成为"宅家"标配,几乎每个人的手机里都下载了多个生鲜APP,晚上熬夜抢菜,早起定闹钟,继续在线蹲守,网友们甚至还贴心地总结出了各平台的抢菜攻略。"今天你抢到菜了吗?"成为时下最热门的问候语。

为了配合防疫工作,在家执行"自我隔离"的我以及一度对在线买菜有些不解的父母,也成为抢菜大军中的一员,不得不感慨,特殊时期的市场教育的确比平日里地推人员的苦口婆心来得更直接,也更容易。

笔者认为"破圈"或许正是生鲜电商平台最乐于看到的趋势,即以最快、最低的成本,触达此前并无线上购买意识却又最具购买实力的用户群体,例如我们的父母一代,毕竟他们是家庭"菜篮子"消费的主要决策者。

事实上,早在去年4月份笔者就曾关注到不少互联网大佬和新秀已经盯上了"菜篮子"这门生意,彼时各平台高密度地布局地推人员,在社区、菜场周边进行补贴拉新,但主要的用户群体依旧聚焦于新手爸妈、单身白领等群体,且仍有不少投资人质疑这一模式非刚需、烧钱扩张。

此次在线买菜瞬间走红,除了特殊时期消费者别无选择之外,笔者认为更得益于移动支付的渗透、大数据的分析预测能力,以及前置仓模式让生鲜产品能以更快的响应速度和更高的配送效率来触达消费者。

例如菜市场早就铺满了付款二维码,父母一代对于移动支付并不陌生,甚至比你我还能玩转抢菜攻略。平台根据历史销售数据可以进行货品预测,尽可能地降低爆单带来的成本损失,此外,高密度网点支撑让订单效率实现最大化。

除了缩短市场教育时间，疫情之下生鲜电商客单价、复购率低的问题也得以解决。在此次"抗疫战"中几乎所有的生鲜电商平台都取消了促销和补贴活动，客单价也从几十元上升到百元左右，对于大部分仍处于亏损的生鲜电商平台而言，需求侧红利创造了新的窗口期。

如此看来，生鲜电商颠覆传统商超的机会似乎近在眼前，甚至很多人在问"非典"时期催生了淘宝、京东两大电商巨头，那么生鲜电商平台是否会在新冠肺炎之后快速崛起？

笔者认为两者不可同日而语，生鲜电商并非单纯的流量生意，背后离不开复杂的供应链生态体系，生鲜电商未必会因疫情而整体受益，这场"突击考"更有可能成为行业生死淘汰的关键节点。

其实，生鲜电商并非新鲜事，早在2012年就曾迎来一波生鲜电商投资热潮，但为何至今生鲜电商的渗透率依然只有3%不到？一个很重要的原因就是生鲜电商是一个重供应链的商业形态，供应链优劣最终会体现在菜品的新鲜程度、售价以及品质保证上。

供应链不稳定、产品损耗率高、冷链物流建设落后、末端配送困难是生鲜领域一直面临的难题，疫情之下供需的极度失衡，使得这些问题被放大。我们也看到在订单爆增的背后，各大生鲜电商平台一直面临着供应链紧张和运力不足的问题。

与此同时，为了迅速拉拢客户并保证用户体验，生鲜电商平台既要保证供给，又要保证价格稳定，但特殊时期生鲜采购成本、物流配送成本、员工薪资的提升，都会给企业现金流造成极大压力。或许正如叮咚买菜创始人梁昌霖所言，此次疫情会成为一个分水岭，一部分生鲜电商会萎缩下去，另一部分生鲜电商却是愈挫愈勇。

另外，疫情期间的新增客户究竟有多少能够沉淀为平台的活跃用户仍是一个疑问。至少我的父母仍在期待菜市场里烟火气的美好，熙熙攘攘的人群，菜贩子高低不一的吆喝声，热气腾腾的早餐摊，更是一种生活的气息。

2020年2月12日

分享链接

# 如何看待疫情下医生好感度倍增？

吕进玉

从年初开始的疫情让我们再一次真切感受到了"白衣战士"的伟大，在这场战"疫"中医生和患者积极配合。如今，用一位一线医生的话来说："医者全力救治，患者全心信任。"

笔者发现近期有关医生的发布频频出现在微博、抖音、微信朋友圈等各类社交平台上，且以正向为主，医患关系回暖显而易见。笔者在微信指数中搜索"医生"一词，截至 3 月 9 日的指数为 15 173 056，日环比增幅为 27.33%，在 2 月 7 日，武汉中心医院李文亮医生离世当日，这一指数一度达到 98 096 149，日环比增幅达到 179.02%。输入"医务工作者""医患关系"等关键词均呈现出上升的态势。微信指数显示出的热度情况来源于微信搜索、公众号文章及朋友圈公开转发形成的综合分析。

上海市新冠肺炎医疗救治专家组组长、复旦大学附属华山医院感染科主任张文宏就被网友亲昵地称为"张爸"，还有钟南山、李兰娟等专家也引起大家一致点赞，贴上了满是信任的标签。种种打气鼓劲的关心纷纷指向医务工作者。

不久前，笔者在上海多家三甲医院辗转发现，医院里井然有序。就医的人不仅表现出对医护的充分尊重，在医院内也自觉遵守相关规定。排队保持距离，几乎没有大声交谈或是对别人的干扰。这种融洽的医患关系、平和的医疗环境令人感动。但如何让这种良性的关系持续成为常态呢？

笔者认为有几个因素在医患关系中起到了重要的作用。首先，政府在此次疫情中承担了确诊和疑似病例的全部医疗费用，从根本上缓解了医患冲突和矛盾。一位三甲医院感染科主任医师曾对笔者说道，医院每年都有创收的任务，那么就要求周转率高，这与患者的经济负担是对立的。

其次，医疗政策制定与实际执行中存在的偏差也增加了矛盾。例如，乙肝患者用药，医嘱是让乙肝患者终生服药，但医院规定最多只能开两周的药。患者不了解这样的规定，就会把情绪强加给临床医生。

笔者作为大健康产业的记者，经常要与医生打交道。医生们向来严谨，医护工作流程不透明增加了患者对其工作的不理解。但在此次疫情中，患者对病毒的了解尚浅，从而更加信任和依托医生的专业知识和水平。医护形象也被诸多具体的案例生动形象地刻画出来：原来他们和我们一样，也为人子女、为人父母，他们也有委屈、畏惧等。

此外，医疗人员待遇也是老生常谈的话题。一个医学毕业生成长为主任医师，如果是本科毕业，至少需要 15 年；如果是研究所毕业，至少需要 10 年。时间的投入还只是一个方面，其他学术论文、考试、晋升流程等都让医生这一职业的发展充满挑战，然而待遇方面却并不完全匹配。

上述三甲医院医师就对笔者直言，要维持当前大众对医生的好感度，当然是要让医生很真切地站在老百姓的角度，但同时也必须兼顾到医生群体的利益。医护人员提供的医疗服务跟其他服务性行业提供的服务不同。医疗服务的目的是治疗或治愈疾病，而不是在看诊的时候让你舒服就好。

不久前，笔者在看中南大学湘雅二院耳鼻咽喉头颈外科医生李仕晟写其用气切手术直面新冠肺炎重症患者呼吸道经历的文章时，他形容："一个大夫的幸福就是这么简单：病人需要你！"

笔者理解的医患关系中，医生仅仅是一方。张文宏医生之所以能受到大众喜爱，除了他是会说真话的好医生，也与其说话具有艺术性有关。同时，在成为全民"张爸"以前，他在感染领域本身就有很高的知名度。但医患关系的提升靠少数有影响力的医生难以实现，靠疫情这样的公共卫生事件也是短暂的。

在《众病之王癌症传》一书中，有一段对医生职责的表述颇为真实："拯救某个病人并不是医生最重要的任务，虽然医生花费大量精力来拯救每个病人的生命，或者说至少尽可能地延长他们的生命，但是，他们的最终目的并不是拯救某个特定病人的生命，而是要找到方法去拯救所有人的生命。"

也许，对医患关系的期待不应把期望全放在医生身上。

2020 年 3 月 10 日

分享链接

# 保供稳价更要保质，食品安全的风险意识不能丢

陈 慧

疫情期间，重点疫区的居民宅在家，生鲜食材等生活物资采购基本依靠社区或小区组织团购，保供稳价成为各地生活物资供应的第一要求。

笔者了解到，在湖北省多个地市，随着疫情逐步得到控制，居民生活物资的供应已经趋于稳定并有了多样化选择。但需要注意的是，特殊时期的采购、流通、供应方式不同于一般情况，在保供稳价的同时，食品安全的风险意识和严密监管也不能少。

作为核心疫区的湖北省，宅家居民对生活物资的要求从一开始就并不高，米面肉蛋菜，有就好，多样化和质优价廉是升级版的需求，毕竟，初期封城和道路管控带来的供应压力确实不小，随着相关保供政策的出台，生活物资的紧张状态很快就有所缓解，但保供和稳价依然是各地生活物资保障工作的头号要求。

比如买菜，有本地生鲜电商、超市、社区、小区、志愿者、便民小店等多个主体组织的团购形式，居民可以在这些形式里选择，但大多数人并不清楚到手的菜经过了哪些流通环节。笔者也听到关于菜肉缺斤少两、品质不佳的声音，但更值得关注的是一些居民反映买到变质或疑似变质食材，如三黄鸡脚上遍布黑点、冻鸡翅出现异味等。

因为特殊时期要尽量避免与家庭成员之外的人员接触，买到有质量问题食材的居民大都选择了倒掉食材，最多在团购群里发发照片抱怨两声，并没有投诉或深究。居民能理解特殊时期保供不易，不能按平时的状态来要求的想法占了主流。

3月3日，湖北省新冠肺炎疫情防控指挥部印发通知，要求进一步做好疫情防控期间群众生活必需品的稳价保供工作，打好"物资后勤保卫战"。该通知要求强化货源组织保障，落实生活物资储备，畅通商品流通渠道，畅通社

区团购供需两端信息渠道,加强配送运力组织,积极发挥电商平台的作用,多渠道解决社区团购"最后一公里"的配送问题。对于哄抬价格、串通涨价等违法行为,实施严厉打击。

黄石、孝感、黄冈、宜昌等多个地市的市场监管部门,也采取了各种措施来保供稳价:黄石市场监管局不断推出多样化的团购套餐,严控物价,工作人员每天都会流动抽检;孝感市场监管局组织了49个工作队下沉到社区商超,开展稳价保供和市场监管;宜昌市场监管局成立抽检组,对市场上的食品生鲜开展计量抽查,对无接触配送商品进行抽检。

笔者了解到,各地政府对生鲜食品等生活物资基本从供应源头进行了筛选,保证数量充足、价格稳定的同时,强化了"最后一公里"配送环节的监管力度,集中力量解决了物资供应的主要矛盾,但对于一些非主流渠道的监管还有待加强,对冷冻食品等产品流通环节的食品安全监管也需要强化。

在1月初召开的全国市场监管工作会议上,市场监管总局提出了一个食品安全"小目标"——2020年食品安全抽检合格率达到98%,剩余不合格的2%,主要来自生产和流通环节。特殊时期,物流、快递运力还没有完全恢复,配送效率也不比平常,流通环节是存在一定食品安全风险的;另一方面,重点疫区的居民团购参考的是各种标注价格的表单、图片,只有配送到手的时候才能看到实物,对此前的生产流通环节知之甚少,也容易给极少数不合规的生产者、不合格的产品提供钻空子的机会。

食品安全是健康保障,也是底线。

此时,笔者一方面要呼吁市场监管部门加强生鲜及加工食品生产、流通、销售多个环节的从严监管,杜绝有安全风险的食材通过分散、临时的渠道流入市场,杜绝相关企业、组织和人员钻疫情期间物资保供的漏洞。另一方面,依然宅家的疫区居民,在满足对食品充足、多样需求的同时,也一定要提高食品安全的风险意识,自行加以甄别,发现问题尽快上报或投诉,多地的监管部门都公布了消费者投诉热线,有渠道让宅家的居民维护自身的合法权益。

2020年3月11日

分享链接

# 湖北逐步解封，离鄂复工人员需更多温情和支持

陈 慧

中国新冠疫情的中心湖北省已经连续多日新增确诊个位数，今日的新增病例降至1例，且无新增疑似病例，无境外输入性病例。湖北省卫健委16日通报全省除武汉市以外的地区已连续10日无新增确诊病例，疫情风险降至中低级别的市、县（区）、镇、村越来越多，这对艰苦奋战了两个月的湖北人民和所有一线医护及工作人员来说，着实是个好消息。

根据日前湖北省防疫指挥部关于低中风险区实施分区分级差异化策略管控人员及车辆流动的要求，近日来武汉之外的多个地市陆续发布了限定行业复工复产和人员逐步解封的通知，虽然离鄂通道仍处在严格管控中，但复工复产带来的省内、省际之间人员流动已经势在必行。

作为滞留在湖北的一员，笔者与家人刚刚从湖北省黄石市自驾返回上海家中，开始居家隔离。从接到湖北省当地发出对滞留人员可申请离鄂的通知、依规办理相关手续到自驾返回上海，用时4天，中间也有遇到关卡差一点就不能成行，但在各方协调下问题最终一一得到了解决。

从多位滞留在鄂的人员那里得知，与笔者有同样需求、相似经历的人不在少数，但每个人在办事、返程过程中遇到的问题不尽相同，关心的问题主要集中在办理离鄂手续具体怎么操作，滞留湖北的人员能顺利返回外省并得到当地妥善安排么，接收地目前对湖北省返程人员的态度和措施是什么。

查询湖北省多个地市的官方通报，能看到从3月13日凌晨开始，鄂州、黄石、孝感、随州、黄冈等多地陆续发出通知，要求在继续实施严格的离鄂通道管控措施的基础上，对需要出省的滞留人员开放离鄂申请，采取点对点、一站式办法为相关人员办理离鄂手续，且根据各地市的实际情况实施差异化的处理方式。

比如黄石市在13日凌晨发布通知后，15日夜晚再次发布了办理程序的具

体操作指南及相关问题答疑。鄂州市 13 日发通知称帮助外地滞留在鄂州的人员安全有序返乡。孝感市在 15 日发布了赴外省务工人员申请放开的通知，并提醒相关人员及车辆一定要办理流入地接收证明，避免出现拒绝接收、遣返的情况。随州市 13 日下午发出通知可以申请离鄂，14 日发布湖北交警申请电子通行证操作指南，15、16 两日再次发出通知不断完善相关手续的操作流程。劳务输出大市、湖北东大门黄冈市 13 日下午发通知，落实分区分级差异化防控策略，切实履行离鄂通道管控属地责任，守住离鄂道口，对需要出省复工的在黄滞留人员，采取点对点、一站式办法，集中精准输送外出务工人员返岗，帮助外地滞黄人员返乡；对本市需要赴外省复工复产的农民工，采用点对点、一站式包车运输形式。

  笔者结合自身办理手续的过程，有两点感受：一方面，从政府发布相关政策通知到落实到个人的操作流程，中间有一定的时间差和调整期，社区、防疫指挥部等基层组织未必能马上给出切实可行的操作指南，甚至可能会存在一些误导或拖延，但能看到的是政府的应对和调整完善步伐还是比较快的。另一方面，不同省份的不同地市、社区对湖北省返程人员的接受程度不一，有按规定接收并协助安排居家（集中）隔离的，也有一刀切把湖北省返程人员当麻烦拒绝接收的，接收问题需要反复沟通甚至借助派出所、市民热线等外部力量，但好在随着湖北省的疫情通报逐日向好，一些之前拒绝的地区（社区）也开始松口了。

  封闭抗疫已经两个月的湖北，刚刚从一场对新冠病毒的恶战中缓过来，一线医护人员、政府各职能部门工作人员、广大社区工作者，要马上从抗疫第一的战时状态转换角色，应对大量涌出的流动人员、各项服务需求，确实需要一点时间缓个神，做好各项准备，进而不断地完善各项解封、复工复产政策的执行落地，让居民的生活、工作、生产、消费逐步恢复到正常状态。

  笔者呼吁，湖北人民出门、出市、出省都应该按规定、听指挥，不信谣、不传谣，防控措施逐步解封的同时防控意识并不能跟着解封，零新增不等于零风险，低风险也不等于无风险，防控意识依然不能松懈，防控措施越降级，居民的自我防护意识就越要提高，保持警惕和有效距离，才能安全复产复工、返乡返岗。

  与此同时，呼吁湖北以外省份的接收方，给予办理正规手续离鄂的湖北省返程人员尊重和公平待遇，提供相应的支持和协助。对支持配合防疫工作关在家里已经 50 多天，此时能办好手续陆续离鄂的湖北人来说，返回接收地也能配合防疫需求继续隔离 14 天。等到他们隔离结束真正能出门透口气时，时间已接近清明节。

2020 年 3 月 17 日

分享链接

# 公立医疗机构"火线"入局互联网医院的背后

吕进玉

自上月底，上海市徐汇区中心医院成为首家公立医院获批互联网医院牌照至今，上海又有多家公立医疗机构陆续获得"云医院"的身份证。

如何看待公立医疗机构"火线"入局互联网医院？这对已有的互联网医疗生态会带来哪些影响？作为处方源头的实体医院能否"玩转"互联网呢？互联网医院赚钱了吗？

首先，笔者尝试先厘清互联网医院、互联网诊疗、远程医疗及网上医疗咨询的区别。

根据国家机关政策，互联网医院和互联网诊疗均需要相关资质及实体医院才可以申请。其中，互联网医院可包含互联网诊疗服务。区别在于，互联网医院开展网上诊疗活动的医师既可以是本实体医疗机构的，也可以是其他实体医疗机构的，而互联网诊疗只可利用自己医院的医生在线问诊。

远程医疗则是机构对机构之间，通过供需对接为患者诊疗提供服务，并不直接面向大众。网上医疗咨询则是只能提供信息咨询，不能诊疗，更不能开处方。

接着，还需要理顺分别以实体医疗机构为法律主体和互联网医院（虚拟医院）独立承担法律责任的两类互联网医院的区别。前者是实体医疗机构设置，经审批后将互联网医院作为第二名称登记；后者则是互联网医疗机构挂靠实体医院成立的互联网医院。

显然，公立医院属于第一类互联网医院，微医、平安好医生、好大夫在线等为第二类。无论哪一类医院，国家政策对互联网医院的建设与发展提出了明确的要求：必须依托实体医疗机构。与此同时，无论是哪一种类型的线上医疗服务，其诊疗范围均以慢性病和部分常见病复诊为主，严禁首诊（患者必须已在线下医院进行诊断或进行过相关治疗，以确保就诊需求真实，不存在骗保等）。

笔者获悉，2016年互联网医院当年的问诊量仅为0.04亿人次，而到了2019年，这一数字已达到近2.7亿次，以三年67.5倍的速度增长。值得注意的是，经过此次新冠肺炎疫情，互联网医疗更是脱颖而出，在线问诊数量迎来暴增的态势。

此前，用户教育一直是行业发展的难题。政策（医保支付、处方药等）及医生方面也有限制。疫情后，患者、医生、医院，甚至政策制定者都对互联网医疗有了新的认识。根据前瞻产业研究院和健康界研究院的数据，2020年市场规模有望突破1 000亿元。

但互联网医院就意味着赚钱么？笔者从港股上市的平安好医生和阿里健康财报了解到，平安好医生2019年在线诊疗服务贡献收入为8.58亿元，占公司整体收入的16.9%，但公司整体净亏损仍达7.47亿元。阿里健康则已连续亏损十年。

笔者观察，这些平台亏损背后与互联网医疗平台一直用"烧钱模式"培养用户习惯有关。公立医院在医院IP和医生IP上具有天然优势，获客难度相对较小。此外，如前文所述，疫情为公立医院入局互联网医院做了大规模的用户教育。其入局后最大的考验是如何实现用户付费转化。实际上，这也是绝大多数互联网医疗平台需要面临的挑战。

让用户为线上问诊付费并不容易。疫情过后，用户是否还会继续停留在线上，仍未知。

笔者还注意到，为了控制新冠肺炎疫情的交叉感染，医院关停部分门诊和病区，患者就诊量断崖式下降的背后也是医院收入和收益的大幅下降，可医院防控成本和运营成本却未减少。

同时，互联网诊疗是一个系统性的行为，涉及医疗、医药、医保、支付等一系列问题，不同环节需要打通互联，任何一个环节缺失或不完备，都会影响医疗机构的正常运营。

公立医院火线入局的背后，也正经历多重考验。最后，如何实现对互联网医院诊疗质量和行为进行有效监管，仍待相关政策法规规范。

2020年3月31日

分享链接

# 地产规模经济告终

罗韬

中国房地产的规模红利时代正在逐渐走向尾声。

过去几年,中国房地产高速发展,让许多地产商通过高财务杠杆和快速拿地赢得了不错的市场机会,继而从百亿级销售规模的公司一步跨过千亿级门槛。

其中,阳光城(000671.SZ)、正荣地产(06158.HK)、融信中国(03301.HK)、中梁控股(02772.HK)、中南置地等公司几乎都是受益者。几年前,这些公司内部的销售目标无疑都要一年翻一番,在地产圈快马加鞭地发展。

不过,今年开始,大家都意识到,通过规模增加话语权的路径行不通了。

从目前各个公司披露的年度销售目标看,规模增速超过20%的公司寥寥无几。比如万科(000002.SZ)就只保证今年销售比去年高,碧桂园(02007.HK)干脆不披露销售目标。世茂房地产(00813.HK)的销售目标则是3 000亿元,公开数据增速不超过20%。正荣地产公布的销售目标从增长看则低于10%。唯独中骏集团(01966.HK)和宝龙地产(01238.HK),把自己的增长率定在20%—30%的区间。

一线地产商规模逐渐触碰天花板,但是二线地产商依旧有规模发展的空间。不过,无论是一线还是二线地产商,都开始把"行稳致远"作为企业长期发展的关键词。

实际上,当各大开发商都基本完成全国布局之后,规模带来的利润增长呈现边际效用递减的趋势,可持续增长势必需要通过其他途径。

旭辉控股(00884.HK)董事长林中认为,中国房地产未来将走向管理红利乃至品牌红利时代。

向管理要效能,实际上是地产公司从高规模发展迈向高质量发展的必经之路。其中,重新梳理组织构架、释放组织活力、提高人均产能,几乎是每个公司都正在做并还要一直做下去的重要工作。

比如，新城控股（601155.SH）就在今年 1 月初将原来的 25 个区域公司合并为 19 个区域公司，减少管理岗位冗余，提高单人的人均产能。

旭辉控股从今年开始进行 HR 三支柱变革，重新梳理人力条线的业务关系，重新定义了人力的角色，通过变革其测算提高 30% 的效能。

实际上，向管理要红利，也是许多公司对于不确定时代的唯一确定性的应对办法。从粗放发展之后，一个公司的长久与否，很重要的就是良好的企业治理能力。

美国管理学家詹姆斯·柯林斯、杰里·波拉斯在著作《基业长青》中分析了美国大量的企业，研究它们如何应对世界发生急剧变化（两次世界大战、大萧条、革命性的科技、文化动荡等）而依然基业长青。其中非常重要的就是清晰的企业战略、良好的组织与流程设计以及先进的管理思维。

比如，此前很多公司会在总经理旁边设置一位副总经理，但是从目前的管理理念看，副职实际上会造成更多的汇报节点，继而导致组织效率下降。这两年，很多公司就逐渐把这个职位取消，不仅可以降低人力成本，还可以提高组织的沟通效率。

很多公司在向管理要效率的过程中，很多人开始没有安全感。最近，就有很多地产圈的朋友在找寻新的机会，大家都希望可以在 TOP20 公司寻找职位。

行业好的时候，这些地产人每次跳槽都可能是双倍涨薪。而当行业真正开始重视发展质量之后，这里面就有一些人开始难过。很多中小房企虽然有发展需求，但是没有了周期红利之后，同样没有那么多招聘需求，带来了所有人的不安。

想找管理要红利，实际上意味着房地产还要开始向精细化制造业靠拢。弘阳集团执行总裁张良就曾对笔者表示，未来房地产行业要学习制造业的柔性生产，即为适应市场需求多变和市场竞争激烈而产生的市场导向型的按需生产的先进生产方式。

在市场越来越透明的背景下，通过管理降低成本，保证自身盈利正成为每个地产商的新命题。以往纯买地建房的时代正逐渐成为过去，可以预期的是，在未来的房地产市场，拥有核心商业模式和管理能力的地产商将获得更多的市场红利。

接下来，提高人均产能将成为 2020 年组织变革重要的一个任务。

2020 年 4 月 12 日

分享链接

# 医疗投资切忌"风口论"

邱智丽

资本寒冬加之疫情冲击，创投圈的凉意甚于从前，在少有的几个热门赛道里，医疗大健康领域一枝独秀。这种热闹不仅体现在投资项目的数量上，更体现在投资金额和项目估值上。

投中2020年一季度的一组数据印证了这一趋势。对比近三年一季度的创投数量来看，医疗健康领域成为VC/PE机构最为关注的赛道，医疗健康增长了8个百分点，涨势最为迅猛。788家参与投资的机构中，265家参与了医疗健康领域的投资，占比高达33.63%，其中，创新药、诊断技术和互联网+项目最为热门。

热闹的背后泡沫破了又现。一位投资机构人士告诉笔者，有些还没开始临床实验的项目，就已经拿到4亿多美元的投资，而按照常规标准这类项目的估值在千万美元级别。此外，大量没有投资过生物医疗的机构也在加速入场，有些新成立的投资机构，两年内就投出12个项目，如今一半项目已经死掉，一半项目正急于抛售。

这样"过山车式"的发展在中国创投市场出现过多次，从2016年的互联网医疗，到2018年的创新药，再到2019年的AI+医疗，背后都不乏政策催化，"新三板"、港股新政时期的"pre-IPO""pre-科创板"，回头看真正跑出来的项目寥寥。

"又贵又慢"的医疗大健康领域为何总是热钱频现？在笔者看来，除了突发疫情让投资人重新审视医疗健康公司的价值之外，还有一个很重要的原因是一级资本市场在"募、投、管、退"全链条面临困境，医疗健康项目不仅可以帮助机构从LP那里获得募资，在后续退出方面也期望享受政策红利和绿色通道。

但医疗健康是一个对专业性要求极高的领域，用投资互联网的思维来押注医疗健康企业，最终只会挫伤真正的创新。

首先，医疗健康赛道是公认的门槛高、专业壁垒高、监管严、投资周期长的行业，这种专业壁垒不仅仅体现在技术壁垒上，还包括审批壁垒、生产壁垒和营销壁垒等。以近一两年投资圈最热的创新药为例，新药从研发到上市的时间周期一般都在 10 年以上，单个品种创新药研发需要 10 亿—50 亿美元的投资，进入临床 1 期且最终能够通过审批的新药比率仅为 5%—17%。

这些投资规律都与互联网赛道截然不同，投资人必须要有足够的耐心和专业度，缺乏经验的投资人可能会低估风险，也会在行业低迷时选择逃离。一位从事创新药的创业者告诉笔者，医疗投资人更换是家常便饭，一个项目从早期到成长期，常常换了两三个投资人负责，由于缺乏长期跟踪，外行人指导内行人的现象尤为普遍，项目计划频频调整或新投资人对项目不感兴趣，都可能致使项目流产。

其次，与互联网赛道赢者通吃不同，由于需求的多样性和每项技术的投入成本的原因，在医疗健康很多细分领域，企业是依靠并购或通过产品技术合作成长壮大的，一个赛道内允许多个项目并存，差异化胜于规模效益。但当大量资本涌向头部几个标的时，会拉升行业整体估值，最终出现一、二级市场估值倒挂的问题，这些问题又会反向致使一级市场投资紧缩。

重构良性循环需要回归价值投资本身，疫情会催生热点，但短期需求不等同于长线价值。面对新一轮的医疗投资热，投资人还需谨记：第一，高回报高风险；第二，风停了摔死的都是猪。

2020 年 4 月 16 日

分享链接

# 疫苗接种挑战知多少

吕进玉

每年 4 月的最后一周是"世界免疫周",这个由世卫组织举办的全球性活动,目的是促进接种疫苗以保护各年龄人群免患疾病。在新冠肺炎疫情全球扩散的情况之下,2020 年的这一周更显得非同一般。

对于传染病,疫苗是人类最有力的武器。在尚无特效药的背景下,大众对新冠肺炎疫苗有了更为迫切的期待。新冠肺炎疫苗在各个流程上也堪称"火箭式提速"。

一份由世卫组织于 4 月 11 日公布的疫苗清单显示,目前全球已经至少有 70 种新冠疫苗正在研发中,而且有 3 种疫苗正在进行临床试验;我国已经有超过 15 家企业和科研机构展开了疫苗研制方面的科研攻关。

国内外均有消息称,首批面向大众的新冠肺炎疫苗有望最快在 9 月面世。不过,中国疾病预防控制中心流行病学首席科学家曾光却在一场线上沟通会上,对包括笔者在内的媒体人士提出他对疫苗面世后的担忧。

曾光认为,新冠肺炎疫苗研制成功是大概率事件,但这一疫苗接种如何惠及每个人将会是更大的挑战。疫苗接种是非常大的工作量。

"中国目前一年新出生儿童是 1 500 万,这已经让计划免疫工作负担繁重。而新型冠状病毒全国 14 亿人口都是易感者。这个接种量相当于是儿童接种量的 100 倍。"曾光说。

根据《疫苗管理法》,在疫苗接种过程中,接种点工作人员需要完成"三查七对一验证"的流程。初步计算,以一个儿童每去一次疫苗接种点(一个孩子从出生到 6 岁,接种总次数几乎超过 30 剂次)现场工作人员需要完成 11 个步骤的工作量来计算,14 亿人口如若都要完成接种,则需原有配置的医务人员额外增加 154 亿个工作步骤。

据国家统计局的数据,截至 2019 年年末,全国共有基层医疗卫生机构 96.0 万个,其中,乡镇卫生院 3.6 万个,社区卫生服务中心(站)3.5 万个。

笔者在上海市多个社区卫生服务中心留意到,负责疫苗接种的社区卫生服务中心专职疫苗接种的工作人员数量与接种人数比例也存在错配,长时间等候排队现象时有发生。

这一现象的背后正是基础接种服务环节投入不足。如若新冠肺炎疫苗面世后带动接种需求猛增,原有的系统则难以支撑。

疫苗基础服务的薄弱与公众对疾病和预防接种的认识不够充分有极大的关系,尤其是在二类自费疫苗上。

数据显示,在我国国家免疫规划覆盖的一类疫苗接种率已达到95%以上。但二类疫苗接种率低,以流感疫苗为例,国内接种率不到2%,与欧美国家流感疫苗接种率一般在50%以上相比,差距显著。而在肺炎、带状疱疹、HPV等疫苗接种上也是如此。

根据腾讯健康发布的一组调研数据,有53%的人不认为接种疫苗可以提高预防疾病的免疫力。同时,分别对应有42%、53%和63%的人不知道宫颈癌、肺炎、带状疱疹可通过疫苗接种来预防。也就是说,成人对接种疫苗的认知低,对疫苗尽早接种的观念薄弱。

实际上,国民健康屏障这堵墙,国家投入只是一个部分,更为重要的是接种者的认知。

葛兰素史克(GSK)中国疫苗负责人唐海文就告诉笔者,大众对于新的未知疾病的恐惧似乎要远大于对习以为常的疾病的恐惧。宫颈癌每年在我国导致3万例女性死亡,但是宫颈癌完全是一个可以预防和控制的癌症。在整个人的生命周期内,都应该保持对疾病预防的关注,疫苗是预防和控制传染病最有效的手段。疫苗不仅仅是用于对小孩子的保护,成年人特别是因为年龄增加而免疫力下降的中老年人也应该得到保护。

2020年4月29日

分享链接

# "后浪"B站的新机和隐忧

邱智丽

"奔涌吧,后浪!"

伴随国家一级演员何冰铿锵有力的演讲,一夜之间互联网圈被划分为"前浪"和"后浪"两大阵营。有人认为这是对年轻文化的包容、鼓励和尊重,有些人则认为这很不"B站",是有意让"后浪"迎合主流文化。

无论你是否认可"前后浪"之说,这部由B站推出的品牌形象宣传片,再次让B站成功破圈。截至发稿,《后浪》在B站的播放量已经达到1 083.8万次,有超过15万条弹幕和近4万条评论,稳居B站全站排行榜的榜首。在《后浪》刷屏的同时,当天B站美股盘前涨超4%,开盘后,B站股价一度涨近8%。

加大品牌宣传也好,扩充内容生态也罢,在用户增长的策略下,B站的破圈效应持续。笔者认为破圈为B站带来了业务拓展和用户基数的高速增长,将B站从流量聚集地变为新营销阵地,为其摆脱亏损现状带来更多的可能性,但与此同时,新挑战已经开始显现。

从新年伊始的B站跨年晚会,到钉钉事件,再到五四青年节的《后浪》,B站为何总是能够打造出现象级的营销产品,并获得阿里、腾讯、索尼的加注,在笔者看来这得益于B站拥有年轻人、高增长、高活跃度、多元内容四大红利。

"除了B站,你不会在别的地方找到这么会接梗、这么会造梗的观众。"一位UP主曾如此评价B站。

作为年轻人最集中的泛兴趣社区,维系B站的并非二次元内容(事实上,在B站上与二次元相关的内容仅占20%左右),而是PUGC创作者生态和社区氛围,这种由创作者和用户连接所构成的内容生态,已经具备文化和价值观输出能力。例如,在《后浪》播出之后,B站UP主围绕"浪"进行了各种各样的创作,这种自嘲、质疑和再解构、再创作的社区文化,在其他视频平台上并不多见。

相较于"爱优腾",B 站的用户黏性、用户付费率增长空间、DAU 固定成本等都优于长视频,但在游戏业务绝对值增长呈下滑之势下,不添加贴片广告的 B 站也面临变现压力。唯有探索更多门类的内容,渗透更多的垂直领域和用户群体,才能摆脱亏损现状,真正打开 B 站的商业化和用户付费空间。

在过去一年,二次元起家的 B 站,开始实施积极的用户增长、拉新策略和多元商业化试水,在"万物皆可 B 站"的口号下,B 站的广告收入获得了逆势增长,并在内容生态上覆盖了时尚、体育、影视、综艺、纪录片等各种品类,日渐多元的业务板块和迅速涌入的消费群体,都成为 B 站破除游戏单一营收结构的基础。

破圈所带来的新挑战也不容小觑。一面是挑剔的 Z 世代年轻用户,一面是不断提速的商业化进程,作为老赛道中的新选手,在走向全民视频平台的过程中,B 站如何平衡商业化和小众社区氛围,如何将积淀下来的用户价值转化成被大众用户接受的商业价值,同时不失去平台的独特性,依旧是一个老问题。

无论是《后浪》引发的两极化讨论,还是近期"花花与三猫 CatLive""徐大 sao"等知名 UP 主相继陷入争议,引发大范围质疑和攻击,大量新会员进入后,社区文化的融合隐忧已经显现。

除此之外,伴随 B 站的破壁,视频领域的竞争也越发激烈,有关创作者内容的争夺更是在平台之间打响,在这场与"爱优腾"、抖音、快手同台竞争的新战场上,B 站的销售和营销支出也在拉升,在自制内容和版权内容持续投入的情况下,B 站转型带来的财务阵痛仍不可避免。

2020 年 5 月 5 日

分享链接

# 螺蛳粉火起来靠什么

陈 慧

在休闲方便食品更迭的潮流中，干脆面、来一桶等都曾风靡一时，如今这些早已被拍在遥远的沙滩上，今年疫情期间和口罩、消毒水被一起送上电商平台热搜榜的，还有新晋"后浪"螺蛳粉。

对螺蛳粉的评价和喜好，一直以来呈现两极分化，喜欢的人隔几天不吃就日思夜想，不喜欢的人闻到味道就想退避三舍。神奇之处在于，这样一个两极分化的食品，从2014年以预包装形式开启电商营销之路后，迅速冲出了广西柳州，成为走红全国乃至海外的一款名小吃。

螺蛳粉之前，地方小吃走出本地向外扩张的案例有不少，沙县小吃、桂林米粉、重庆小面、四川担担面……这些小吃大都比20世纪80年代才出现的螺蛳粉历史更悠久，现在在全国的城市也都能吃到，而且已经融入当地居民的日常饮食消费中，但没有一个有螺蛳粉这么红、这么多话题量，预包装的螺蛳粉在疫情期间，线上一度卖断货甚至需要延迟一个月发货。

螺蛳粉真的这么好吃？为什么能火起来并保持热度？

2012年，纪录片《舌尖上的中国》对螺蛳粉的介绍，算是帮其做了一个传播度较高的引流，更重要的，还是因为螺蛳粉自带网红属性。

笔者线上下单购买了一款网红品牌螺蛳粉，一包粉干搭配了七八种配料配菜，撕开包装的一刻确实觉得很有料，煮粉放配料不到十分钟就能吃上了，一大碗加满配料的粉给人做了丰盛一餐的错觉和满足感，整个屋子里都飘散着似臭非臭的气味，味道重口浓郁，对偶尔想换一下刺激口味的人来说，不失为一种选择。

"一个人在满屋子螺蛳粉味道里嗦粉，有一种隐秘又放纵的快乐，很难形容这种上头的感觉。"一位螺蛳粉爱好者如是形容。

爱上螺蛳粉并不断有线上复购行为的消费者，绝大部分都是年轻人，追求多样化、有个性、新鲜特别、有话题性是这一群体的特点，螺蛳粉的特点正中这一群体需求的靶心。另一方面，"一人食"作为一个正待开发的巨大市场，螺蛳粉因为气味特别适合独自享用的特点，吸引了不少单身人士。从网红直播吃螺蛳粉带货的高关注度来看，具备社交属性的螺蛳粉红起来不是没有道理。

为网红螺蛳粉冲出柳州走向全国和海外提供坚实支撑的，是其背后迅速发展的产业链，螺蛳粉搭上了电商、直播营销的快车，也得到了当地政府对产业的大手笔扶持。

2014年，柳州市第一家预包装螺蛳粉企业注册，在柳州街头卖了几十年的螺蛳粉才正式走向产业化，随着米粉制作工艺、物理杀菌、真空包装等食品生产技术的引入，精包装的速食袋装螺蛳粉上市。到2019年年末，柳州预包装螺蛳粉注册登记企业已有81家、品牌200多个，日均销量超过170万袋，2019年，柳州市袋装螺蛳粉销售额突破60亿元。2014—2018年的四年时间里，螺蛳粉成为阿里巴巴平台销售排名第一的米粉特产类商品。

一碗粉撑起一座城，一点不夸张，螺蛳粉成为柳州市的新招牌和地域标识，真正实现了政府搭台企业唱戏。米粉加工、甜竹笋种植、豆角种植、螺蛳养殖……螺蛳粉产业为当地超过5万人提供了就业机会，还带动了当地产业扶贫、生态扶贫。柳州市政府和企业正在推动当地一二三产融合发展来延长产业链，致力于将螺蛳粉打造成为"双百亿"产业（袋装螺蛳粉和原材料等附属产业产值均超过100亿元）。

2016年被称为中国直播元年，螺蛳粉也是在这一年开始成长为国民网红食品。社交媒体上各种关于螺蛳粉的段子、各路主播的吃播视频、明星们的微博助推、电商平台推出的地域美食地图和榜单等，不断激发年轻消费者的体验诉求，对螺蛳粉的销量起到了强大的带货效果。

螺蛳粉的爆火不是偶然，背后是年轻一代消费需求变化和新零售营销渠道模式的变更，但其实际发展也不过五六年时间，整个行业依然有许多不确定性，最早做预包装螺蛳粉的柳州本土品牌已经死了一波，能活下来的，也多以自主品牌产销、贴牌代工两种形式，面对越来越多的跨界入局者，螺蛳粉市场的竞争必然更加激烈。

螺蛳粉想要持续做大,政策扶持、资本加持、产业升级、渠道助推、消费群体拓展这五个环节需要环环相扣,实现互融共通,否则,成为常青树的愿望也会难以实现。

2020 年 5 月 6 日

分享链接

# 行业最后一块蛋糕——童装的红利有多大

陈 慧

要说服饰行业在新冠肺炎疫情暴发前后活得相对好的，应该只有运动和儿童这两个细分领域。相比于巨头林立、格局已经基本确立的运动服饰领域，儿童服饰这一细分赛道在国内还处于百花齐放的状态，行业集中程度低，让这个板块成为不少业内人眼中的最后一块蛋糕。

这块蛋糕有多大？

艾媒咨询2019年发布的一份报告显示，自2012年来，中国儿童鞋服行业的零售额保持逐年增长的态势，2018年市场规模已经达到2 615亿元，预计2020年、2021年、2022年中国儿童鞋服行业的零售额将分别达到3 302亿元、3 710亿元、4 169亿元。

也就是说，今年中国儿童鞋服市场的总体规模或能与2018年全球运动服饰市场规模相当，儿童服饰也是目前复合增速仅次于运动服饰的一个细分领域。

与行业整体快速增长、扩容的现状对应的，是中国儿童服饰过于分散、集中程度低、10亿元体量的玩家屈指可数的现状，这意味着行业还存在很大的整合空间。基于此，不难理解近几年来一大批成人服饰起家的巨头纷纷加码儿童服饰板块举动背后的意图。

据笔者不完全统计，目前中国儿童服饰的主要玩家，包括巴拉巴拉（森马旗下的童装品牌）、安奈儿、小猪班纳、铅笔俱乐部、安踏（ANTA KIDS、FILA KIDS、KINGKOW）、李宁YOUNG、太平鸟等国产品牌，以及Adidas Kids、Nike Kids、优衣库、GAP、H&M、ZARA等运动及快时尚外资品牌。而且在走访消费者的过程中，笔者发现上述大多数品牌都在加大线下店面中儿童服饰的陈列面积以及更新营销方式。

以森马集团为例，以成人休闲服饰起家的森马，支柱业务早已变成儿童服饰，旗下的儿童服饰矩阵包括巴拉巴拉、Minibala和马卡乐，其中，定位中端童装的巴拉巴拉为其核心业务板块，2002—2017年巴拉巴拉品牌童装门店从零增长至超过4 000家，目前仍在持续增长中。森马服饰2019年的年报显示，其儿童服饰板块实现营收 126.63 亿元，同比增加 43.50%，营收占比为 65.49%，营收贡献占比接近成人休闲服饰板块的 2 倍。2008—2011 年，巴拉巴拉童装收入年复合增速为 55.30%，国内童装市占率达到 6.9%，已经成为行业的领头羊。

另一家不断传出关店消息的休闲服饰品牌 GAP 的儿童服饰板块，增长也远胜于其成人服饰板块，该品牌在 2010 年进入中国市场时就一并带来了婴童系列，相较于其成人服饰冗长的设计上新周期，童装的款式变化、上新速度、营销活动都有更多亮点。在 GAP 的天猫官方旗舰店销量前 30 名的产品中，童装占据了半壁江山，在不少消费者心里，该品牌已经被归到童装品类。

梳理市场上主要的儿童服饰品牌，不难发现增长迅速、活得比较好的都是较早进入行业的老品牌和主流服饰品牌，这些企业在供应链、质量把控、经销商体系打造等多方面都积累了大量经验，更具竞争优势。而且采购儿童服饰的消费者基本上都是家长，更加看重的是品牌信誉、原料品质、产品质量这些关乎健康的因素，对款式、潮流等方面的关注反倒没那么高。因此，新晋品牌要想在儿童服饰行业中分得一杯羹，仍然任重道远。

中国童装企业超过 4 万家，背后是制造业产业链优势和巨大市场带来的生存空间，也有行业分散、门槛较低、同质化竞争严重、质量良莠不齐等行业问题。从每年各地市场监管局通报的抽检情况可以看到，被曝出质量安全问题的儿童服饰产品不在少数，其中不乏一些大品牌产品。

国民生活水平不断提升、人口结构的变化，伴随着社会与家庭对下一代的重视程度不断提高，婴童的消费支出在家庭的消费支出中所占比例逐年上升，中国童装市场正在步入快速发展的阶段。

随着童装市场这块大蛋糕被业界认可，国内外大品牌和新晋品牌都在加快布局中国市场的步伐，儿童服饰已经成为商家必争之地，行业集中度不断提升是必然趋势。中小规模儿童服饰企业想要活下去、活得好，须在质量安全、成本把控、营销创新等方面不断升级迭代，只有抓住行业细分化、功能化、个性化等发展趋势，建立明确定位和优势，才能得到更多中国家长和孩子们的青睐。

2020 年 6 月 1 日

分享链接

# 互联网医疗企业赚钱不靠医疗靠什么

吕进玉

新冠肺炎疫情来袭，互联网医疗被认为进入了快车道，但盈利挑战仍悬而未解。

回顾互联网医疗从2012年诞生至今可谓经历了几轮"过山车"式的疯狂。先是2014年资本狂风把互联网医疗捧上风口，再到2016年跌落，2019年越来越多的政策松绑。

一位资深业内人士告诉笔者："2014年、2015年的时候，所有互联网医疗的参与者都幻想过各种引爆互联网医疗的条件，但做梦都没有想过会发生这次疫情。当时参与市场的80%的玩家，如今都已经不干了。"

2014年，两大互联网巨头腾讯和阿里进入互联网医疗，开启了互联网医疗领域的"圈地"。腾讯在当时通过大手笔投资前身为挂号网的微医，阿里则通过支付宝和阿里健康双路布局互联网医疗。

如今，腾讯旗下自主创建的互联网医疗平台腾爱医生关停，但并不影响其在互联网医疗领域占据半壁江山。笔者梳理目前互联网医疗的玩家中，包括丁香园、微医集团、卓健科技、医联、好大夫在线、企鹅医生等都有腾讯资本在内。

阿里健康（00241.HK）则已跃升为互联网医疗市值最高的企业。其5月27日发布的最新财报显示，2020财年，阿里健康营收96亿元，同比增长88.3%，毛利润22.3亿元，同比增长67.6%，亏损1 570万元，同比缩窄82.9%。

不过，笔者注意到，自带电商基因的阿里健康，医药销售仍是其最大的业务板块，包括自营销售业务和平台销售业务。数据显示，2020财年，阿里健康以提供平台服务为主的销售收入达11.7亿元，占营收的12.2%；以自营医药为主的收入达81.3亿元，占营收的84.8%。两者相加，有93亿元的营收来自医药销售，占营收接近97%，医疗服务的占比则不足3%。

另一方面，疫情期间扮演"流量收割机"的丁香园正忙着去医疗化，向更宽泛的大健康领域延伸。丁香园创始人李天天此前在接受笔者采访时否认了互联网医疗企业尚未有企业盈利这一说，但也强调，互联网医疗企业要实现盈利，提供与医院业务重合的医疗服务绝不是最优选择。

成立于 2000 年的丁香园，目前已经涵盖丁香园、丁香妈妈、丁香医生等面向不同受众的平台矩阵并全资筹建了线下诊所。然而，线上医疗服务却只是丁香园 C 端业务之一，据李天天透露，目前从人力配备、资金投入、营收规模等角度来看，线上医疗服务远谈不上是丁香园内部的支柱业务，更多是一种对行业前景的提前布局和动作卡位。

传言正在为上市准备的东软熙康实际上走的是 B to B to C 的业务发展模式。据了解，作为东软集团旗下在健康管理与互联网医疗领域"打头阵"的东软熙康侧重以区域市场为入口，连接居民健康数据、医疗服务供给、支付方赋能等方式，构造医疗健康生态的循环，建设和运营线上线下融合的健康管理与互联网医疗服务平台。

疫情让互联网医疗烧了好多年钱都没能解决的获客问题有了突破，今年上半年注册的真实用户数应该超过了过去几年的总和；同时，过去不重视线上问诊的大三甲医院也纷纷入局，一把手亲自抓互联网医院建设；更为重要的是，以前互联网医疗人做梦都想开通的医保支付也实现了且遍地开花。

不过，目前互联网医疗的致命问题并没有消除，就是如何利用互联网平台显著提高医疗效率。如果只是简单问诊或者开药，提高的效率太低，不足以支撑太高的估值。这或许是为什么各家的故事和商业模式里，医疗服务似乎是增值服务，而非主业。

互联网医疗出现的初心是把分配不均的医疗资源再分配，提高资源利用率。如今看来，医疗服务本身增值仍任重而道远。

2020 年 6 月 4 日

分享链接

# 陷退市预警，拉夏贝尔何以至此

陈 慧

赶在年报披露规定时限的最后一天，拉夏贝尔（603157.SH）于6月29日晚掐点发布了2019年年报。因连续两个会计年度经审计的净利润为负值，根据证监会的相关规定，拉夏贝尔6月30日当天遭停牌，股票将从7月1日起实施退市风险警示，代码变更为ST拉夏。

这家本土女装为主的上市企业龙头从2018年由盈转亏后，业绩一泻千里。截至2019年12月31日，拉夏贝尔2019年度实现营业收入约76.66亿元，较上年同期减少25.1亿元，同比下降24.66%；归属于上市公司股东的净利润为－21.66亿元，较上年同期增加亏损20.1亿元，同比下降1 258.07%。今年一季度，在新冠肺炎疫情的冲击下，拉夏贝尔的业绩进一步恶化，一季度营收同比下滑57.75%，净利润为－3.42亿元，同比下滑3 609%。

另一方面，2019年全年该品牌关闭了境内47.37%的经营网点，先后处置了所持的杭州黯涉电子商务有限公司54.05%的股权、天津星旷企业管理咨询合伙企业（有限合伙）98.04%的份额、形际实业（上海）有限公司60%的股权，并同意杰克沃克（上海）服饰有限公司实施破产清算。

拉夏贝尔已然难挽颓势，作为曾经本土女装一块招牌的企业何以至此？

拉夏贝尔主攻的年轻中低端女装市场，在一众实力雄厚的外资快时尚品牌和本土中低端淘品牌的争夺下，早已饱和，拉夏贝尔在上新速度比不过ZARA等品牌，价格拼不过众多淘品牌的情况下，要在这个市场突围，成功的可能性非常小，何况其主营业务女装的盈利能力已经大幅下滑。

在此背景下，拉夏贝尔的增长驱动方式早已发生变化，自2017年后，拉夏贝尔主要依靠大幅增加销售费用来拉动公司收入的增长，这种增长驱动方式从去年的年报就能看出已经失效，以该企业目前紧张的资金链来看，未来也难以持续。

此外，拉夏贝尔失败的海外并购也加重了其财务负担。随着公司经营业绩不断下滑，拉夏贝尔的资金压力越来越大。

2015—2019 年，拉夏贝尔的资产负债率分别为 43.6%、44.31%、48.31%、59.01%、85.59%。今年第一季度末，资产负债率攀升至 88.87%，创下了该公司上市以来最高的资产负债率水平。

与此同时，拉夏贝尔即将面临债务压顶，至今年一季度末，上市公司的货币资金仅为 2.51 亿元，而短期借款和一年内到期的非流动负债累计高达 16.08 亿元，且经营活动的净现金流为 -5 441 万元。该公司已经无法创造正的净利润和现金流，这无疑是十分危险的信号。

尽管该公司从去年开始就在采取各种手段试图扭转不利局势，如大面积关店、甩卖旗下资产、剥离亏损资产等，但在笔者看来，这些动作只能帮助其快速止损，缓和难看的财务数据，想要整体扭亏为盈，除非对其主业大刀阔斧地变革。

中国服饰市场整体已经处于产能过剩的状态，大众服饰市场的争夺尤其激烈，新冠肺炎疫情带来的冲击和不确定性还在延续，在行业整体下行的环境下，拉夏贝尔想要扭亏为盈，难度非常大，留给它的突围空间和路径也已经非常明显。

一方面是摆脱目前在大众服装市场的同质化竞争，利用已有的设计、供应链等优势，找到适合其转型的个性化路线，收缩规模转向小而美，保持良好的盈利水平，对目前的拉夏贝尔来说首先要活下去，从其宣布今年要继续精简线下销售网点可见一斑。

另一方面是创新商业模式，只有找到一条线上线下联动融合良好的路径，才能适应经过疫情冲击后发生变化的消费习惯，抓住更多年轻消费者的心智。

冰冻三尺非一日之寒，拉夏贝尔只有先挺过眼下的难关，走上差异化竞争道路，调整和创新商业模式，才能不至于面临从市场消失的危险局面。

2020 年 6 月 30 日

分享链接

# 中国企业能借功能性护肤品弯道超车？

吕进玉

"口红效应"常被用来形容经济萧条时口红热卖的现象，也被称为"低价产品偏爱趋势"。不过在经历了几个月的疫情后，口罩彻底打败了口红，与此同时，护肤品类迎来利好，尤其是主打功能性护肤和健康概念的护肤品。

根据电商大数据服务机构ECdataway的数据，彩妆中的口红品类在今年2月前销量为1 162万个，销售额为14亿元，疫情发生后的销量和销售额为603万个和7.8亿元，环比分别降低48%和44%。从欧莱雅、上海家化等公司的财务数据来看，功能性护肤品（活性健康品类）的业绩贡献突出。上海家化旗下的玉泽一季度增速达到500%，欧莱雅旗下活性健康化妆品部在疫情期间也保持着两位数增长。

尽管同属于日化产业，但彩妆和护肤无论是在市场上还是行业壁垒上均有较大的差异。在市场规模方面，根据投资机构青山资本的数据，中国彩妆市场规模约为450亿元，面部护肤市场的规模则为1 700亿元，约为前者的4倍。

在进入门槛上，曾有业内资深人士对笔者指出，新的彩妆品牌只要渠道和营销做得好，销量也会随之水涨船高。但护肤品牌则是在品牌定位、产品研发、供应链能力、资金储备上都有更高的要求。

目前，国内企业在彩妆和护肤品牌赛道上均有"卡位"，但相较于外资巨头集团化运作，内资企业在品牌矩阵上相对较弱，能够覆盖多元化需求的品类相对较少。例如，丸美主打眼霜，御家汇主打面膜等。

针对功能性护肤这一赛道，笔者梳理发现，目前市场上主要有两大类别。一类是专门针对敏感肌、痘痘肌等特定肤质人群使用的皮肤学级护肤品，俗称"药妆"。外资代表品牌包括雅漾、薇姿、理肤泉、修丽可等，这些品牌在国内市场规模达到80亿—100亿元；国内的"后来者"包括玉泽（上海家化）、薇诺娜（贝泰妮）等，尽管增速飞快，但体量仍较小。另一类主打强功能性化学成分，针对保湿、美白、抗衰等强功能诉求的护肤品，代表品牌包括悦薇（资生堂）、润百颜（华熙生物）等。

在功能性护肤品这一细分赛道上,国产护肤品有多大可能实现弯道超车呢?

青桐资本投资副总裁涂灵琳告诉笔者,国产护肤品牌首先在供应链上有较好的基础,很多国外大牌的工厂就在中国,从产业端来说市场本身具备供应链优势。其次产品力强,人群吻合。中国品牌用中国消费者做临床,产品更加适合中国消费者;同时年轻消费者接触产品的渠道更加多样,有针对性的投放,比如B站、抖音等,是可以做到高ROI的。最后则是近年来国潮崛起,"95后"和"00后"对国货的认同度很高,也愿意尝试新品牌,他们注重产品品质,而不是盲目追逐大牌。

相比较已经成熟并渗透较高的大众护肤品而言,功能性护肤品类不失为一个好的赛道。不过涂灵琳也表示,国产日化企业在品牌打造上仍显弱势。外资美妆护肤公司日积月累,消费者的口碑强,中国公司需要花更多时间和金钱打造品牌。与此同时,产品研发能力上也仍待突破,成熟的外资护肤品通常是和全球知名实验室合作,有能力买断最新的护肤成分。

此外,规范和标准也是国产护肤品牌需要关注的问题。

2019年1月,国家药监局发布相关公告,明确指出以化妆品名义注册或备案的产品不得宣称"药妆""医学护肤品"等"药妆品"概念;今年6月29日,国务院公布《化妆品监督管理条例》,自2021年1月1日起施行,同时废止1990年1月1日起施行的《化妆品卫生监督条例》,其中,明确规范化妆品标签禁止明示或者暗示具有医疗作用的内容。

监管之所以给企业套上这样的"紧箍咒",与行业频发的乱象有关。一些企业宣称的"打开肌肤通道""修复肌肤屏障""抵抗黑色素"等,常常是伴随着副作用的,会对使用者的皮肤造成一定伤害。"药"本身就是双刃剑。例如,含维甲酸的化妆品能去角质,但用量过大会使皮肤出现灼热、脱屑等症状;又如,称能治疗黑色素过多的"药妆品",常含有4-异丙基儿茶酚,会对皮肤产生刺激并有杀伤作用。

2020年7月15日

分享链接

# 包装水市场还有多少想象空间

陈 慧

农夫山泉的获批上市让我们再一次将目光投向了看似平淡无奇的包装水。

根据农夫山泉的招股书，2019年，农夫山泉实现主营收入240.21亿元，其中，包装水产品收入143.46亿元，占比将近60%。

尽管果汁饮料、功能饮料和茶饮料产品迭代迅速，层出不穷，包装水依然是农夫山泉的"现金牛"，其实，放眼整个饮料大品类，瓶装水依然是占比最高的细分市场。

包装水看似普通，不过农夫山泉该品类的毛利率是真的高，2019年，农夫山泉包装饮用水产品的毛利率高达60.2%，这个比例在食品饮料行业中几乎只逊色于白酒。

这一市场也从来不缺乏竞争者。根据AC尼尔森统计的数据，2018年中国瓶装水行业CR3（前三品牌的市占率）、CR6（前六品牌的市占率）已经分别达到57.9%、80.5%，农夫山泉、怡宝、百岁山、康师傅、冰露和娃哈哈六大品牌占据了八成份额。

包装饮用水行业在过去十几年经历了高速发展，2005—2013年产值从200亿元快速增长至破千亿元，年均复合增长率超过22%；此后，包装饮用水市场规模增速开始逐渐放缓，并在2018年出现了近20年来的首次增速下滑。

根据欧睿国际的统计数据，2018年中国瓶装水的行业规模为1 830.9亿元，同比增长9.5%，近五年复合增长率为11.5%，该机构预测未来5年行业销售额有望维持7%—9%的增长，销量增速将保持在6%—7%。

从六大厂商的市占率演变趋势来看，2015—2018年间农夫山泉、怡宝和百岁山的市占率稳步提升，背后是中高档产品和天然矿泉水获得消费者越来越多的认可；产品线偏低端的康师傅、冰露和娃哈哈的市场份额则出现不同程度的下滑，低端瓶装水的市场占比在逐渐下降。

在行业集中度高、增速放缓的背景下，越来越多的企业开始迈向高端，这其中有国产品牌，也有外资品牌。从具体品类来看，中端及以下包装水市场集中度较高，格局已经基本定型，目前的竞争空间集中在中高端市场。

全球排名前两位的包装水生产商雀巢和达能，都把高端水作为中国包装水市场的战略发展方向。过去的两个月里，达能将旗下经营了 30 余年的益力饮用水业务（品牌及工厂）出售给深圳市互通有无商贸有限公司，仅保留了依云（Evian）、富维克（Volvic）等进口高端饮用水品牌。雀巢则决定出售在华的雀巢优活、云南山泉两个本土品牌的包装水业务，并引入旗下高端饮用水品牌普娜，加码中国高端水市场。

多位业内人士对笔者表示，对外资企业选择剥离市占率低、缺乏竞争优势的中低端包装水业务，转而加码中国高端水业务是看好的，说明他们对市场需求和发展趋势很敏感、把握较准。

高端瓶装水的毛利率是普通瓶装水的六七倍。根据尼尔森的数据，中国市场高端水的增长率目前高达 46%—50%，据保守估计，未来几年内中国高端水市场容量将不低于百亿元，俨然已经成为包装饮用水最有想象空间的板块，瞄准这一板块的不只有具备品牌和资本优势的外资企业，本土企业也在跃跃欲试。

伊利在 2018 年宣布拟投资 7.44 亿元在吉林省安图县长白山天然矿泉水产业园区新建伊利长白山天然矿泉水饮品项目（计划 2021 年投产），对标百岁山、昆仑山等中端品牌。农夫山泉则早在 2015 年就推出了玻璃瓶高端矿泉水、天然饮用水（适合婴幼儿）和学生天然矿泉水等产品，进一步强化高端产品线的布局。

包装水行业看似简单暴利，技术壁垒并不高，实际上也有一定壁垒，主要集中在优质水资源、品牌和渠道上，拥有优质水资源、品牌营销能力强、渠道成本管控能力强的企业才能占据行业领先位置。

以占比最高的农夫山泉和怡宝为例，两家企业分别生产天然水和纯净水产品，都是 20 世纪 90 年代开始生产包装水，也都在全国范围内建立了生产基地和强大的分销网络，可以有效地降低运输等渠道成本。而无论是品牌历史久、资本实力强的外资高端水，还是更具本土特色的国产高端水，意欲从即将成长为百亿元规模的高端水市场分一杯羹，做好产品、讲好故事和搭建好渠道，缺一不可。

2020 年 8 月 5 日

分享链接

# 生物药企密集赴港上市为哪般

吕进玉

近两周，中国香港证券交易所迎来三家创立于中国内地的生物科技公司，分别是再鼎医药（ZLAB.O，09688.HK）、嘉和生物（06998.HK）以及云顶新耀（01952.HK）。这三家公司均未实现盈利，且仅再鼎医药有获批商业化的产品。

自 2018 年 4 月港交所发布上市新规，允许未有收益或盈利的生物科技企业在中国香港主板上市以来，未盈利的生物医药公司就成为港股的重要焦点之一。笔者不完全统计，截至 9 月中旬，今年上半年向港交所主板递交上市申请（含上市）的生物科技公司共有 14 家，其中，10 家已成功登陆港交所，1 家已通过上市聆讯，另外 3 家仍在处理中。

这样的节奏仍会持续吗？科创板注册制放开后，为何中国香港依然是尚未盈利的生物医药公司入市集聚地呢？

礼来亚洲基金风险合伙人苏岭表示，一个地区发展生物科技，必须拥有扎实的科研能力以及商业转化能力、良好的知识产权保护、科学高效的审核审批体系、资金支持等各项要素。很多生物科研临床试验耗时长、风险高，粤港澳大湾区拥有 7 000 万人口，中国香港有先进的医疗卫生体系和很多有经验的临床专家。如果临床试验相关政策可以进一步优化，包括样本、物流、信息流等方面可以优先安排，那将对生物科技公司有更大的吸引力。

与此同时，作为一家中国生物科技公司，未来产品销售也在中国，未来的现金流主要是中国和亚洲，因而中国香港会是更优的选择。

此外，笔者梳理发现，在公司市值方面，这些公司也得到了较高认可。许多生物医药股不仅在上市首日实现"开门红"，还能够持续获得较高的股价认可。以康基医疗（09997.HK）为例，其上市股价为 13.8 港元，截至 10 月 12 日收盘，其股价达到 23.85 港元，上市至今股价上涨达 73%；上述再鼎医药、嘉和生物和云顶新耀的股价涨幅也接近 30%。

未盈利生物医药公司或是还没有产品上市，或是未能实现营业收入，因此，对其进行估值格外复杂。多数情况下是以公司商业化产品的产品数量、研发进度和市场规模等为影响公司估值的评判标准。

以再鼎医药为例，其目前已有两款上市产品及16个临床产品。在研发管线的布局上，主要聚焦在抗肿瘤、自身免疫系统和抗感染三个领域。已上市的产品分别作用于卵巢癌治疗及脑胶质瘤治疗。

再鼎医药目前获批治疗卵巢癌的药物PARP抑制剂是肿瘤领域近年来具有潜力的靶点，目前该靶点最大的产品是阿斯利康的奥拉帕尼，去年奥拉帕尼全球销售大约为12亿美元，而国内市场还未完全开发，因而2019年上市的则乐所面临的竞争相对海外市场会好许多；治疗脑胶质瘤的肿瘤电场治疗设备，原理是通过特定频率的电场抑制癌细胞分裂，这款疗法的创新价值颇高，授权给再鼎医药的Novocure公司本身也被众多资本看好，不过这一疗法的独特性让其推广和实施具有门槛，使得放量进程相对较慢。

此外，再鼎在候选药物方面，如CD20双抗、PDL1双抗、ROS1、FGFR2等产品都进入临床2/3期关键试验等因素作用下，港股IPO完成后，再鼎医药获得约60亿港元的外部资金，其股价已经从发行价格的562港元上涨到如今的725港元。

不同于再鼎已有实现商业化的产品，嘉和生物及云顶新耀则完全处在研发临床阶段，也就暂无产品可销售。不过在研发管线和聚焦领域，这些企业都有极大的相似性，包括肿瘤、自身免疫治疗、感染性疾病等。

此外，背靠的资本或都有不少重合，包括高瓴资本、启明创投等都是其中不可或缺的重要角色。也因此，不少业内人士将此类快速进入资本市场的生物科技企业称为"鲇鱼"，搅动了传统医疗的玩法，带动了整个市场的活跃度。

云顶新耀董事长、执行董事傅唯在公司上市敲钟时指出，在大多数治疗领域，中国患者是世界上最多的，大量未满足的医疗需求、新的监管改革和扩大的报销范围，正在提高对高质量创新药物的需求。公司通过上市，希望可以继续拉近中国与全球创新市场的距离，让患者得到更迅速、更好的治疗，同时为员工提供职业发展的平台，为股东带来利益。

2020年10月13日

分享链接

# 《原神》出圈，阿里游戏奇袭，腾讯错过了什么？

邱智丽

伴随字节跳动 CEO 张一鸣批评员工上班摸鱼聊游戏，《原神》这款二次元游戏彻底出圈开始进入大众视野。在"二八分化"的手游市场，腾讯、网易夹缝中的游戏第二梯队迎来诸多新面孔，它们不仅包括米哈游、莉莉丝、鹰角、叠纸等游戏新生力量，就连一直被诟病没有游戏基因的阿里巴巴，也凭借《三国志战略版》成为游戏市场不可忽略的玩家。

不得不说以垄断著称的游戏行业，正在进行新一轮的排位争夺赛。SensorTower 发布的 2020 年 11 月中国手游发行商全球收入排行榜显示，米哈游凭借《原神》收入达到去年 11 月的 7.8 倍，稳居本期中国手游发行商收入榜前三，莉莉丝、趣加、阿里巴巴集团旗下的灵犀互娱则紧跟其后。

在"天下手游苦腾讯久矣"的积怨下，非腾讯系游戏的崛起总是能触及大众的敏感神经，错失《原神》背后腾讯游戏垄断市场的制胜基因是否还在？游戏新生代力量的崛起又能在多大程度上改变游戏市场的竞争格局？

在笔者看来，边缘崛起不等同于核心没落。凭借微信、QQ 和应用宝三大渠道优势，以及对游戏产品的精细化运营能力，腾讯仍将在很长一段时间内稳坐手游头把交椅，但游戏内容市场的"二八格局"会发生调整，将会有越来越多的游戏公司在细分市场成长壮大，并侵蚀整个用户市场。

米哈游为什么不接受腾讯投资，当我们搞清楚这个问题的答案后，也就理解了整个游戏生态发生了哪些变化。当笔者将这一问题抛至游戏圈时，多位业内人士给出的答案是"三观不合"，具体体现在腾讯游戏的研发体系和评审机制。

在腾讯和网易，研发一款游戏首先是少部分人做 Demo，然后立项评级，给予相应力度的支持，在游戏正式上线前还会进行多次付费和不付费用户测试，进而决定整个游戏最终能获得的宣发资源和宣发力度。

在这一评审机制下，很多游戏因为资源不足获得不了好的评级，进而导致后续可调配的资源更为有限，最终致使整个项目草草收场。创新环境的友好度、资源和流量分配体系限制、强数据和流水指标考核，以及大IP、高流量和低成本宣发优势依赖，这套打法既让腾讯筛选出《王者荣耀》这样的爆款，也让腾讯错失了新品类、小众品类的成长机会。

腾讯的另一大隐忧在于游戏用户群体的变化，尤其是在二次元游戏品类上，腾讯的渠道优势开始走低。传统游戏的宣发方式依赖买量、导入大量用户，然后收割留下的少部分用户，但这一打法并不适用于二次元游戏。

众所周知，二次元手游玩家是所有手游玩家里对游戏要求最苛刻的玩家群体，他们对游戏品质有着极高的要求，且拥有自己的交流平台和评价体系。尤其是以米哈游、莉莉丝为代表的游戏公司，此前凭借优质游戏已经赢得了口碑，积累了一批忠实用户，且现金流表现良好，因此，哪怕脱离腾讯体系渠道，依然能够获得巨大的市场关注。

腾讯渠道溢价能力的削弱，也源自新分发渠道的崛起。依托抖音、西瓜视频、今日头条，字节跳动已经建立了自己的流量池，并且还通过自研和投资的方式向内容领域渗透，这种生态闭环一旦建立将会给腾讯游戏业务造成直接冲击，渠道之争无疑让内容生产方拥有更多的话语权和选择权。

笔者认为，游戏行业本质上是文化创意行业，并不十分强调标准化和工业化生产能力，一款游戏的研发与创始人的气质、情怀有着极强的关联度，即使是资本力量也很难全部垄断，而这正是创意产业的魅力所在。此外，伴随国内玩家对于游戏品质的要求越来越高，二次元游戏独立发行将成为常态。"内容为王"将替代"渠道至上"，精品内容+优质服务会打造新的增量市场。

2020 年 12 月 15 日

分享链接

# 附二 时间轴索引

| 日期 | 标题 | 作者 | 专栏名 | 页码 |
|---|---|---|---|---|
| **1月** | | | | |
| 2020年1月1日 | 知识付费迎来跨年窗口：是商业模式还是知识的胜利？ | 宁佳彦 | 宁可直说 | 290 |
| 2020年1月2日 | 13省份实现养老保险省级统筹，全国统筹渐行渐近 | 郭晋晖 | 晋谈养老 | 225 |
| 2020年1月2日 | 5G手机厂商的全球之战，人才抢夺只是个开始 | 李娜 | 娜姐笔记 | 336 |
| 2020年1月5日 | 2020的地产"转会期"比以往来得更早一些 | 罗韬 | 一财朋友圈 | 404 |
| 2020年1月6日 | 去哪儿要"独立估值"，是准备上市还是重塑自身？ | 乐琰 | 乐言商业 | 032 |
| 2020年1月8日 | 长安汽车开始触底反弹了吗 | 唐柳杨 | 唐言柳语 | 109 |
| 2020年1月8日 | 化妆品新规将出台，有人被闷头一棒，有人却收大礼包 | 马晓华 | 知晓健康 | 202 |
| 2020年1月9日 | 政府内部利益调整！"不差钱"的深圳也在压减财政支出 | 陈益刊 | 财税益侃 | 244 |
| 2020年1月14日 | 新宝骏能否靠智能化蹚出新路 | 杨海艳 | 燕说车市 | 083 |
| 2020年1月15日 | 打开智慧生活的万花筒，5G只是一个支点 | 王珍 | 如数家珍 | 305 |
| 2020年1月16日 | 新文化牵手李佳琦是不错的"组合拳"吗 | 王海 | 滴水成海 | 352 |
| 2020年1月19日 | 累计结余6万亿元，投资比例仅20%，养老金面临贬值风险 | 郭晋晖 | 晋谈养老 | 229 |

| 日期 | 标题 | 作者 | 专栏名 | 页码 |
|---|---|---|---|---|
| 2020年1月19日 | 不被马斯克看好的富士康又要造车了 | 钱童心 | 科技心语 | 361 |
| 2020年1月20日 | 红包大战能缓解互联网的流量焦虑吗？ | 刘佳 | 一佳之言 | 277 |
| 2020年1月21日 | 长安福特开始反弹，神龙汽车为何还在持续下滑 | 唐柳杨 | 唐言柳语 | 112 |
| 2020年1月22日 | 鸿蒙发布5个月，华为的生态战略进展如何 | 李娜 | 娜姐笔记 | 338 |

## 2月

| 日期 | 标题 | 作者 | 专栏名 | 页码 |
|---|---|---|---|---|
| 2020年2月3日 | "乱封路"拆台稳经济努力 | 胡军华 | 精华实报 | 391 |
| 2020年2月4日 | 特殊时期，我们对科技的特别希冀 | 宁佳彦 | 宁可直说 | 293 |
| 2020年2月5日 | 复盘非典疫情走势，手机厂商在"战疫"期等待拐点 | 李娜 | 娜姐笔记 | 340 |
| 2020年2月12日 | "抢菜大战"能否助力生鲜电商迎来春天 | 邱智丽 | 一财朋友圈 | 407 |
| 2020年2月20日 | "芯片"计划浮出水面，OPPO选择了一条最难的路 | 李娜 | 娜姐笔记 | 342 |
| 2020年2月22日 | 方便面供应遇阻，怨谁？ | 胡军华 | 精华实报 | 393 |
| 2020年2月23日 | 疫情初期决策复盘：稍纵即逝的三个关键"战机" | 马晓华 | 知晓健康 | 206 |
| 2020年2月24日 | 疫情之下的旅游产业，如何转危为机 | 乐琰 | 乐言商业 | 035 |
| 2020年2月29日 | 麦当劳、肯德基为何不喊"救救我" | 胡军华 | 精华实报 | 395 |

## 3月

| 日期 | 标题 | 作者 | 专栏名 | 页码 |
|---|---|---|---|---|
| 2020年3月2日 | 车企老总化身"李佳琦"，云卖车能为行业带来什么？ | 杨海艳 | 燕说车市 | 086 |
| 2020年3月3日 | 电视剧收视全线飘红，但留给视频平台的利好有限 | 葛怡婷 | 婷见影视 | 159 |

## 附二·时间轴索引

| 日　期 | 标　题 | 作　者 | 专栏名 | 页码 |
|---|---|---|---|---|
| 2020年3月4日 | 零售业自救：重构"人、货、场"，在线业务与前置仓面临大考 | 乐　琰 | 乐言商业 | 038 |
| 2020年3月10日 | 如何看待疫情下医生好感度倍增？ | 吕进玉 | 一财朋友圈 | 409 |
| 2020年3月11日 | 保供稳价更要保质，食品安全的风险意识不能丢 | 陈　慧 | 一财朋友圈 | 411 |
| 2020年3月15日 | 二线豪华车品牌的最大症结是失去了自我身份认定 | 唐柳杨 | 唐言柳语 | 115 |
| 2020年3月16日 | 特殊情况下应该怎么卖货？疫情或加速零售业未来发展 | 刘晓颖 | 晓说消费 | 174 |
| 2020年3月16日 | 消协缺钱，消费者缺专业知识 | 胡军华 | 精华实报 | 398 |
| 2020年3月17日 | 湖北逐步解封，离鄂复工人员需更多温情和支持 | 陈　慧 | 一财朋友圈 | 413 |
| 2020年3月18日 | 中欧班列逆势受宠，政府该完全放手了？ | 李秀中 | 秀言城事 | 129 |
| 2020年3月18日 | 丰田借高精地图，推自动驾驶中国落地 | 钱童心 | 科技心语 | 364 |
| 2020年3月23日 | 小米系联手飞科做厨电，能否打破"美苏九"格局？ | 王　珍 | 如数家珍 | 308 |
| 2020年3月26日 | 《寄生虫》之后《王国》热播，奈飞布局亚洲，加码与韩国合作 | 葛怡婷 | 婷见影视 | 163 |
| 2020年3月26日 | 5G催动电商直播产业升级 | 王　海 | 滴水成海 | 355 |
| 2020年3月26日 | 越南禁止出口大米，中国农民应该高兴 | 胡军华 | 精华实报 | 400 |
| 2020年3月31日 | 公立医疗机构"火线"入局互联网医院的背后 | 吕进玉 | 一财朋友圈 | 416 |

**4月**

| 日　期 | 标　题 | 作　者 | 专栏名 | 页码 |
|---|---|---|---|---|
| 2020年4月1日 | 好莱坞裁员、降薪成普遍现象，流媒体争夺家庭娱乐时间 | 葛怡婷 | 婷见影视 | 167 |
| 2020年4月2日 | 疫情致业务量负增长，为什么上海机场会好过些 | 陈姗姗 | 姗言两语 | 001 |
| 2020年4月6日 | 葡萄酒进口量大跌，国产葡萄酒弯道超车良机？ | 栾　立 | 快消栾谈 | 183 |

| 日 期 | 标 题 | 作 者 | 专栏名 | 页码 |
|---|---|---|---|---|
| 2020年4月6日 | 没实力，再luckin的公司也会在资本市场out | 宁佳彦 | 宁可直说 | 295 |
| 2020年4月8日 | 中国汽车制造让内外销相互搀扶跨越疫情的篱笆 | 李溯婉 | 推本溯源 | 065 |
| 2020年4月9日 | 航空货运的春天来了吗 | 陈姗姗 | 姗言两语 | 004 |
| 2020年4月12日 | 地产规模经济告终 | 罗 韬 | 一财朋友圈 | 418 |
| 2020年4月16日 | 蔚来"绑定"特斯拉求带货 | 杨海艳 | 燕说车市 | 088 |
| 2020年4月16日 | 自动驾驶上半场基本结束了 | 彭海斌 | 海斌访谈 | 387 |
| 2020年4月16日 | 医疗投资切忌"风口论" | 邱智丽 | 一财朋友圈 | 421 |
| 2020年4月17日 | 美国给航司员工发百亿红包，各国是如何救助航空业的 | 陈姗姗 | 姗言两语 | 006 |
| 2020年4月19日 | 4月车市没有报复性消费 | 杨海艳 | 燕说车市 | 090 |
| 2020年4月20日 | "五一"旅游或现"补偿性消费"？安全出行最重要 | 乐 琰 | 乐言商业 | 041 |
| 2020年4月21日 | 美国远程医疗如何在疫情中受益 | 钱童心 | 科技心语 | 366 |
| 2020年4月22日 | 小米不到"无人区" | 彭海斌 | 海斌访谈 | 384 |
| 2020年4月24日 | 撕开雷诺在华战略转型的"遮羞布" | 唐柳杨 | 唐言柳语 | 118 |
| 2020年4月24日 | 科技抗疫，为什么区块链却缺位了？ | 刘 佳 | 一佳之言 | 280 |
| 2020年4月26日 | 合资自主究竟是真命题还是伪命题？ | 唐柳杨 | 唐言柳语 | 120 |
| 2020年4月27日 | 怒摔杯、抢公章，当当版"庆俞年"没有赢家 | 刘 佳 | 一佳之言 | 282 |
| 2020年4月28日 | 没有车展的4月，自主与外资新能源车约战云端 | 李溯婉 | 推本溯源 | 068 |
| 2020年4月29日 | 疫苗接种挑战知多少 | 吕进玉 | 一财朋友圈 | 423 |

## 5月

| 日 期 | 标 题 | 作 者 | 专栏名 | 页码 |
|---|---|---|---|---|
| 2020年5月5日 | 白酒行业中为什么没有"后浪" | 栾 立 | 快消栾谈 | 186 |
| 2020年5月5日 | "后浪"B站的新机和隐忧 | 邱智丽 | 一财朋友圈 | 425 |
| 2020年5月6日 | 螺蛳粉火起来靠什么 | 陈 慧 | 一财朋友圈 | 427 |
| 2020年5月7日 | 中国面板业：艰难的当下，向好的未来 | 王 珍 | 如数家珍 | 311 |

| 日　期 | 标　题 | 作　者 | 专栏名 | 页码 |
|---|---|---|---|---|
| 2020年5月10日 | 机票退款从现金变为代金券，旅客该接受吗 | 陈姗姗 | 姗言两语 | 008 |
| 2020年5月10日 | 不合格口罩到底还有多少？产业链的最大纰漏找到了 | 马晓华 | 知晓健康 | 214 |
| 2020年5月11日 | 口罩比卖车更吸睛，比亚迪制造天平哪边偏？ | 李溯婉 | 推本溯源 | 071 |
| 2020年5月12日 | 全时遇危机：便利店博弈需要过几关 | 乐琰 | 乐言商业 | 044 |
| 2020年5月12日 | "成都东进""重庆西扩"，双城经济圈重磅开局，破解"中部塌陷" | 李秀中 | 秀言城事 | 133 |
| 2020年5月12日 | 大尺寸柔性屏或将成今年彩电市场的爆点 | 王珍 | 如数家珍 | 314 |
| 2020年5月14日 | 国家级新区审批冻结后，这批省级新区依托国家战略崛起 | 李秀中 | 秀言城事 | 136 |
| 2020年5月14日 | "假"奶粉和真缺德 | 栾立 | 快消栾谈 | 189 |
| 2020年5月14日 | 长护险全国扩围筹资难：脱离医保后，谁来出钱？ | 郭晋晖 | 晋谈养老 | 233 |
| 2020年5月15日 | 银泰加码新世界，能否助力老字号升级转型 | 乐琰 | 乐言商业 | 047 |
| 2020年5月17日 | 特别国债发行方式之争：央行"印钞"买国债可行吗？ | 陈益刊 | 财税益侃 | 248 |
| 2020年5月17日 | 美国出口新规"卡"了华为什么技术？ | 李娜 | 娜姐笔记 | 345 |
| 2020年5月18日 | 车企转型，从换标开始？ | 杨海艳 | 燕说车市 | 092 |
| 2020年5月18日 | 中央财政掏钱助西部追上东部！高层文件400字作出详细部署 | 陈益刊 | 财税益侃 | 252 |
| 2020年5月28日 | 玩家激增，A股龙头涨停，TWS耳机成长空间还有多少 | 李娜 | 娜姐笔记 | 347 |

### 6月

| 日　期 | 标　题 | 作　者 | 专栏名 | 页码 |
|---|---|---|---|---|
| 2020年6月1日 | 5G商用在即，广电"全国一张网"呼之欲出 | 王珍 | 如数家珍 | 316 |

| 日期 | 标题 | 作者 | 专栏名 | 页码 |
|---|---|---|---|---|
| 2020年6月1日 | 行业最后一块蛋糕——童装的红利有多大 | 陈慧 | 一财朋友圈 | 430 |
| 2020年6月2日 | 海南自贸港重构税收制度：减税负，简税制，不当"避税天堂" | 陈益刊 | 财税益侃 | 255 |
| 2020年6月2日 | 牵手京东、拼多多后，国美这个"6·18"能翻多大盘？ | 王珍 | 如数家珍 | 318 |
| 2020年6月3日 | 中欧班列变局：未来将形成数个枢纽节点 | 李秀中 | 秀言城事 | 139 |
| 2020年6月4日 | 互联网医疗企业赚钱不靠医疗靠什么 | 吕进玉 | 一财朋友圈 | 432 |
| 2020年6月12日 | 结盟真的是传统车企的最优解？ | 杨海艳 | 燕说车市 | 094 |
| 2020年6月12日 | 特斯拉称王，敲响4S店的丧钟 | 胡军华 | 精华实报 | 402 |
| 2020年6月15日 | 主流电商大力布局直播，但它并非万能 | 王海 | 滴水成海 | 357 |
| 2020年6月18日 | 航空枢纽争夺战：哪些城市能拿下第五航权？ | 李秀中 | 秀言城事 | 142 |
| 2020年6月21日 | 从"周末随心飞"看航企的花式自救 | 陈姗姗 | 姗言两语 | 010 |
| 2020年6月21日 | 税收立法关键年：两部新法基本确定，房地产税法暂缓 | 陈益刊 | 财税益侃 | 260 |
| 2020年6月23日 | 中国OLED产业三路齐发，与韩企并跑至少还要两三年 | 王珍 | 如数家珍 | 321 |
| 2020年6月30日 | 陷退市预警，拉夏贝尔何以至此 | 陈慧 | 一财朋友圈 | 434 |

## 7月

| 日期 | 标题 | 作者 | 专栏名 | 页码 |
|---|---|---|---|---|
| 2020年7月2日 | 自主品牌能否重新攻破40%的"市占率红线" | 李溯婉 | 推本溯源 | 074 |
| 2020年7月4日 | 家电业流行相互举报，良性竞争才能保障行业健康发展 | 王珍 | 如数家珍 | 324 |
| 2020年7月13日 | 伊藤忠商事拟100%收购全家，中国门店未来何去何从 | 乐琰 | 乐言商业 | 050 |
| 2020年7月15日 | 中国企业能借功能性护肤品弯道超车？ | 吕进玉 | 一财朋友圈 | 436 |

附二·时间轴索引

| 日　　期 | 标　　题 | 作　者 | 专栏名 | 页码 |
|---|---|---|---|---|
| 2020年7月19日 | 2020年的餐饮业：有人黯然关店，有人乘机扩张 | 刘晓颖 | 晓说消费 | 177 |
| 2020年7月19日 | 中国三千亿茶叶市场，为什么没有百亿茶企？ | 栾　立 | 快消栾谈 | 191 |
| 2020年7月20日 | 智能电视运营市场熟了？ | 王　珍 | 如数家珍 | 326 |

**8月**

| 日　　期 | 标　　题 | 作　者 | 专栏名 | 页码 |
|---|---|---|---|---|
| 2020年8月2日 | 禁止TikTok将加剧美国科技企业的垄断格局 | 钱童心 | 科技心语 | 368 |
| 2020年8月3日 | 为何原奶企业一提被收购就股价暴涨？ | 栾　立 | 快消栾谈 | 194 |
| 2020年8月4日 | TikTok被强行收购动了谁的利益？ | 钱童心 | 科技心语 | 370 |
| 2020年8月5日 | 包装水市场还有多少想象空间 | 陈　慧 | 一财朋友圈 | 438 |
| 2020年8月6日 | 半导体利好来了，中国IDM模式迎机遇？ | 钱童心 | 科技心语 | 372 |
| 2020年8月10日 | "西部硅谷"兴衰史，四川乐山的这10年 | 李秀中 | 秀言城事 | 145 |
| 2020年8月10日 | 华为高端芯片"绝版"之后，下一步怎么走？ | 李　娜 | 娜姐笔记 | 349 |
| 2020年8月11日 | 《花木兰》放弃北美院线，中国市场成好莱坞回暖的风向标 | 葛怡婷 | 婷见影视 | 170 |
| 2020年8月12日 | 高端自主品牌蚕食部分二线合资品牌的市场空间 | 杨海艳 | 燕说车市 | 096 |
| 2020年8月16日 | 家电自营渠道新一轮"三国杀"上演 | 王　珍 | 如数家珍 | 328 |
| 2020年8月17日 | 贵阳大数据产业"退烧"，两大新目标能否顶上？ | 李秀中 | 秀言城事 | 149 |
| 2020年8月17日 | "苹果税"矛盾升级，平台商业模式遭受挑战 | 钱童心 | 科技心语 | 374 |
| 2020年8月19日 | 阿里与百联共同孵化新零售，不仅仅是便利店 | 乐　琰 | 乐言商业 | 053 |
| 2020年8月23日 | 小众美妆品牌的春天 | 刘晓颖 | 晓说消费 | 179 |

451

| 日　期 | 标　　题 | 作　者 | 专栏名 | 页码 |
|---|---|---|---|---|
| 2020年8月26日 | 车企"抓大放小"成趋势　小型车市场如何竞争 | 李溯婉 | 推本溯源 | 077 |
| 2020年8月28日 | 关掉Jet.com后，沃尔玛把手伸向TikTok | 钱童心 | 科技心语 | 376 |
| 2020年8月31日 | 上半年航企多亏损，为何只有这家盈利了 | 陈姗姗 | 姗言两语 | 014 |

## 9月

| 日　期 | 标　　题 | 作　者 | 专栏名 | 页码 |
|---|---|---|---|---|
| 2020年9月1日 | 《预算法实施条例》历时5年终于落地，国库管理权究竟归谁？ | 陈益刊 | 财税益侃 | 264 |
| 2020年9月3日 | 养元入天丝红牛局，一场理论上的强强联合 | 栾　立 | 快消栾谈 | 196 |
| 2020年9月6日 | 疫情之下的购物中心，是时候调整了 | 乐　琰 | 乐言商业 | 056 |
| 2020年9月6日 | 方洪波减持，格力集团"移情别恋"，家电业转型不易 | 王　珍 | 如数家珍 | 331 |
| 2020年9月9日 | 航空市场何时复苏？ | 陈姗姗 | 姗言两语 | 016 |
| 2020年9月10日 | "随心飞"火了，来说说航司们的"套路" | 陈姗姗 | 姗言两语 | 018 |
| 2020年9月14日 | 网红饮料品牌为何急着着陆 | 栾　立 | 快消栾谈 | 199 |
| 2020年9月15日 | 英伟达收购Arm，引发中国芯片企业广泛担忧 | 彭海斌 | 海斌访谈 | 389 |
| 2020年9月16日 | 比亚迪的想象空间还有多大 | 李溯婉 | 推本溯源 | 080 |
| 2020年9月18日 | 韩系车突围之战，从中级车切入战场 | 唐柳杨 | 唐言柳语 | 123 |
| 2020年9月21日 | 特斯拉寻求掌控电池的话语权 | 钱童心 | 科技心语 | 378 |
| 2020年9月23日 | 医美行业乱象：从业者不专业，假产品泛滥 | 马晓华 | 知晓健康 | 220 |
| 2020年9月24日 | 个税改革两周年：超1亿人免缴，中产将成下阶段受益者？ | 陈益刊 | 财税益侃 | 268 |

## 附二·时间轴索引

| 日　期 | 标　　题 | 作　者 | 专栏名 | 页码 |
|---|---|---|---|---|
| 2020年9月24日 | 美征收关税增加电动车供应链的成本，特斯拉的盈利能力堪忧 | 钱童心 | 科技心语 | 381 |
| 2020年9月29日 | 工业互联网百花齐放，也暗藏合纵连横 | 宁佳彦 | 宁可直说 | 297 |

### 10月

| 日　期 | 标　　题 | 作　者 | 专栏名 | 页码 |
|---|---|---|---|---|
| 2020年10月6日 | 中国汽车品牌欲"夺回"行业标准定义权 | 杨海艳 | 燕说车市 | 098 |
| 2020年10月8日 | 东风汽车重构自主乘用车业务矩阵 | 唐柳杨 | 唐言柳语 | 125 |
| 2020年10月11日 | 入局买菜大战，拼多多拼什么 | 王　海 | 滴水成海 | 359 |
| 2020年10月13日 | 生物药企密集赴港上市为哪般 | 吕进玉 | 一财朋友圈 | 441 |
| 2020年10月20日 | 汽车4S店乱象，为何屡禁不绝？ | 唐柳杨 | 唐言柳语 | 127 |
| 2020年10月21日 | "双11"在即，广告主和媒介都有点慌 | 宁佳彦 | 宁可直说 | 300 |
| 2020年10月21日 | 手机企业要革彩电业的命，路还远 | 王　珍 | 如数家珍 | 334 |
| 2020年10月24日 | 跨国零部件巨头"瘦身"，聚焦电气化 | 杨海艳 | 燕说车市 | 101 |
| 2020年10月28日 | 百度突围直播，能靠YY吗？ | 刘　佳 | 一佳之言 | 284 |
| 2020年10月29日 | 财政资金直达机制转向常态化：涉及哪些资金？谁将受益？ | 陈益刊 | 财税益侃 | 272 |
| 2020年10月30日 | 围猎欧洲纯电动车市场，中国车企能站稳脚跟吗？ | 杨海艳 | 燕说车市 | 103 |
| 2020年10月31日 | 上市航司三季报比拼，哪家恢复最快 | 陈姗姗 | 姗言两语 | 021 |

### 11月

| 日　期 | 标　　题 | 作　者 | 专栏名 | 页码 |
|---|---|---|---|---|
| 2020年11月1日 | 7个中西部省会首位度超30%，"一市独大"引高层关注 | 李秀中 | 秀言城事 | 153 |
| 2020年11月3日 | 即使在家也要动起来，运动服饰依旧好卖 | 刘晓颖 | 晓说消费 | 181 |

| 日　期 | 标　题 | 作　者 | 专栏名 | 页码 |
|---|---|---|---|---|
| 2020年11月6日 | 越投入越亏损，会员涨价能打破视频行业的烧钱僵局吗？ | 刘　佳 | 一佳之言 | 287 |
| 2020年11月11日 | "双11"电商盛宴，快递公司赔本赚吆喝 | 陈姗姗 | 姗言两语 | 024 |
| 2020年11月16日 | 环球影城来了，是分流迪士尼还是促进发展？ | 乐　琰 | 乐言商业 | 059 |
| 2020年11月16日 | RCEP正式落地，西南省份收获一大波红利 | 李秀中 | 秀言城事 | 156 |
| 2020年11月26日 | 延迟退休方案已趋于成熟：养老金领取机制、退休年龄怎么改 | 郭晋晖 | 晋谈养老 | 237 |
| 2020年11月26日 | 最大一波"婴儿潮"人口两年后退休，专家建议延迟退休"分步快走" | 郭晋晖 | 晋谈养老 | 241 |
| 2020年11月30日 | 快递用户信息泄露谁之过？ | 陈姗姗 | 姗言两语 | 027 |

## 12月

| 日　期 | 标　题 | 作　者 | 专栏名 | 页码 |
|---|---|---|---|---|
| 2020年12月1日 | 丁真很好，但文旅业发展不能只靠一个小伙 | 乐　琰 | 乐言商业 | 062 |
| 2020年12月2日 | 切入高端市场，车企转型出行服务商的"第三种模式" | 杨海艳 | 燕说车市 | 105 |
| 2020年12月4日 | 谁能分羹疫苗运输的"蛋糕" | 陈姗姗 | 姗言两语 | 030 |
| 2020年12月14日 | 网约车，行向何方 | 宁佳彦 | 宁可直说 | 302 |
| 2020年12月15日 | 《原神》出圈，阿里游戏奇袭，腾讯错过了什么？ | 邱智丽 | 一财朋友圈 | 443 |
| 2020年12月29日 | 零跑造"芯"，能否超车？ | 杨海艳 | 燕说车市 | 107 |

# 附三　城市原力

## 城市原力

　　这一年，我们的城市经历了遭受疫情—休眠疗愈—慢慢复苏—恢复活力的轮回。

　　这一年，我们亲历了城市的回归，这种回归不仅是生活上的，更是商业、文化、产业等方方面面。

　　城市里的人对重拾"正常生活"的踏实感，可能来自一些更细微的体感。

　　第一财经摄影记者在这一年先后拍摄的城市对比主题，同一个空间，完全不同的情景，给我们留下的不仅仅是感慨，也是另一种洞察。

2020年2月22日,上海,南京东路步行街上永安百货门口的新年装饰还未撤下

张健/图

2021年5月11日,上海,南京东路湖北路路口的市民、游客往来穿梭

张健/图

2020年2月21日,上海,地铁一号线上班高峰期间车厢里只有寥寥数人

张健/图

2021年5月6日,上海,地铁一号线车厢内站在过道的乘客已经习惯保持着"安全"距离

张健/图

2020年2月23日,上海,浦东陆家嘴空旷的滨江大道上一家三口在自拍留念

张健/图

2021年5月9日,上海,车企在浦东陆家嘴滨江大道上做推广活动

张健/图

2020年2月21日,上海,襄阳公园入口处的牌子上写着"闭园"

张健/图

2021年5月11日,上海,襄阳公园入口处有很多市民戴着口罩在树荫下跳舞休闲

张健/图

2020年2月18日,北京,京礼高速葛村收费站已很少有车辆往来

王晓东/图

2021年5月5日,北京,京礼高速葛村站收费口

王晓东/图

2020年3月11日,北京,大栅栏　　　　　　　　　　　王晓东/图

2021年5月2日,北京,大栅栏　　　　　　　　　　　王晓东/图

2020年3月17日,北京,798艺术创意园区　　　　王晓东/图

2021年5月4日,北京,798艺术创意园区　　　　王晓东/图

2020年2月19日下午,北京,三里屯的环卫工人正在清理地面 **王晓东/图**

2021年5月6日,北京,三里屯恢复往日繁华

**王晓东/图**

# 后　记

  2020年是极不平凡的一年，新冠肺炎疫情全球大流行不仅危及所有人的身体健康和生命安全，也极大影响到世界各国的经济社会发展，商业世界也因此发生了剧烈震荡和结构重整。防疫用品和医疗用品需求暴增，新冠疫苗研发、生产争分夺秒，但至今仍然供不应求乃至全球分配失衡；与此同时，服务业遭到毁灭性冲击，航空、旅游、餐饮、娱乐等行业的市场需求极度萎缩。

  这一年，我们国家从"统筹推进新冠肺炎疫情防控和经济社会发展"，提出"要辩证认识和把握国内外大势，统筹中华民族伟大复兴战略全局和世界百年未有之大变局"，到"把握新发展阶段，贯彻新发展理念，构建新发展格局"，中国经济在全球主要经济体中一枝独秀，继续保持正增长。我们在汇总整理2020年发表的专栏文章时，发现第一财经记者给本书留下的也是极不平凡的观察和思考，并真实记录了新冠肺炎疫情全球大流行时期的商业世界风云。与之前三本书相比，《商业·洞察2020》因此就更具震撼力和冲击力。

  在《商业·洞察2020》中，我们从2020年《第一财经日报》名记者专栏中精选了161篇专栏文章，以及一财摄影记者拍摄的一组城市对比主题的摄影作品。第一财经一如既往地在采编团队中培养名记者名编辑，新闻中心产经部主任胡军华和副主任彭海斌、政经部主任杨小刚和副主任黄宾、特稿部副主任李刚坚持打造名记者专栏，陈姗姗、乐琰、刘佳、宁佳彦、李溯婉、唐柳杨等主编成为专栏的主力作者。专栏编辑冯小芯、姚君青等为书稿的挑选和整理付出了宝贵时间，此外，除了本书主编杨宇东、蔡云伟，其他几位报纸终审发稿人姚剑、应民吾、苏蔓薏，都对名记者专栏给予诸多指导。与复旦大学出版社的合作已经是第四年了，我们很荣幸由戚雅斯继续担纲《商业·洞察2020》的责任编辑。

  《商业·洞察》从2017到2020已经出版4本作品集，我们希望这套书对于商界人士分析商业事件逻辑和把握未来趋势，对于机构和个人投资者研究行业和公司规律，对于商学院师生开展学术研究，可以具有一些参考价值。

# 后　记

　　本书每个专栏下留有作者邮箱，读者可以直接和这些第一财经名记者交流；每篇文章后面的二维码链接到第一财经客户端的相应文章，读者可随时保存或者分享自己喜欢的文章，以及在文章评论区发表评论与作者互动。这是您书橱里的第四本《商业·洞察》，真诚希望广大读者对本书提出批评和指导，您的意见将会使下一本《商业·洞察2021》更加精彩。

编者

2021年9月于上海

图书在版编目(CIP)数据

商业·洞察.2020/杨宇东,蔡云伟主编. —上海:复旦大学出版社,2021.11
ISBN 978-7-309-15921-9

Ⅰ.①商… Ⅱ.①杨…②蔡… Ⅲ.①贸易经济-文集 Ⅳ.①F7-53

中国版本图书馆 CIP 数据核字(2021)第 180833 号

商业·洞察.2020
SHANGYE·DONGCHA 2020
杨宇东 蔡云伟 主编
责任编辑/戚雅斯

复旦大学出版社有限公司出版发行
上海市国权路 579 号 邮编:200433
网址:fupnet@fudanpress.com http://www.fudanpress.com
门市零售:86-21-65102580 团体订购:86-21-65104505
出版部电话:86-21-65642845
上海盛通时代印刷有限公司

开本 787×960 1/16 印张 29.75 字数 487 千
2021 年 11 月第 1 版第 1 次印刷

ISBN 978-7-309-15921-9/F·2829
定价:98.00 元

如有印装质量问题,请向复旦大学出版社有限公司出版部调换。
版权所有 侵权必究